Lektorat: Sigrid Ott, Würzburg-Germany

Leben ist mehr als Überleben

The Rivers of Blood

Ein Überblick über die Entstehung von Revolutionen, deren Bedeutung für die Menschen und die Machthaber. Gesehen, besonders in der jüngsten Zeit, die Zeit der arabisch, moslemischen Revolutionen des Jahres 2011 in Nordafrika und dem Nahen Osten.

Von Hans-Jürgen Briest

Der Große erscheint nur groß, wenn wir vor ihm auf den Knien rutschen.

Wladimir Lenin

Revolution ist eine Meinung, die auf Bajonette trifft.

Napoleon

Alle Menschen sind frei und gleich an Würde und Rechten geboren. Sie sind mit Vernunft und Gewissen begabt und sollen einander im Geiste der Brüderlichkeit begegnen.

Ich widme diese Zeilen meinen indonesischen Freunden in Denpasar Bali, Ost-Java, Surabaya, Malang und Pasuruan, Jakarta, Bandung, Semarang und den Nachbarn in Singapore und Malaysia. Sie haben es mir ermöglicht, meine Geschäfte in Tonga aufzubauen und mit Erfolg zu führen. Unsere gemeinsame Zeit war und ist mit echter Freundschaft und gegenseitigem Respekt und Verständnis erfüllt.

Selamat Tinggal

Terima Kasih

Vielen Dank

Vorwort von Dr. Karl-Friedrich Schulze

„Leben ist mehr als Überleben".

Schon der ausgewählte Titel des Buches zeigt mir die Bedeutung des behandelten Themas. Das gewählte Thema enthält religiösen Sprengstoff, ist vielseitig und passt in unsere Zeit. Ich möchte es nicht unterlassen, einige geschichtliche Anmerkungen über die Eroberung des Islams in Europa zu machen und muss eingestehen, dass die heutige Entwicklung des Islams alle Voraussagen übertrifft und so kann der Untertitel **„Rivers of Blood"** nur eine, zum Teil, gewaltsame Revolution in der moslemischen Welt, besonders gravierend in den Ländern Tunesien, Ägypten, Libyen, Jemen und Syrien unterstreichen.
Hans-Jürgen Briest hat einen gut fundamentierten Bericht unserer Zeit geliefert und ein Stück Weltgeschichte festgehalten.
So möchte ich auf den geschichtlichen Werdegang des Islams zu sprechen kommen. Vor 1.300 Jahren setzte der islamische Kriegsherr Tariq über die Meerenge von Gibraltar und eroberte weite Teile der spanischen Halbinsel. In der Folge entstand ein muslimisches Reich, in dem Wissenschaft und Kunst gefördert wurden und religiöse Freizügigkeit herrschte.
Algebra, Algorithmus, Ziffer – diese Lehnwörter aus dem Arabischen sind ein Nachhall einer Zeit, als Wissenschaft in Europa vor allem im islamischen Spanien praktiziert wurde. Ihren Anfang nahm die muslimische Epoche auf der Iberischen Halbinsel vor 1.300 Jahren im Zuge der Expansion des Islam im gesamten Mittelmeerraum.
Im Frühjahr des Jahres 711 endete das Reich der Westgoten in Spanien. Unter ihrem Heerführer Tariq ibn Ziyad drangen muslimische Eroberer weit ins Festland ein. Innerhalb weniger Jahre hatten sie weite Teile der Iberischen Halbinsel erobert und siedelten sich in den besetzten Gebieten an. Sie drangen jedoch auch durch das Rhonetal bis ins Herzen Frankreichs vor, bis sie von dem fränkischen Fürsten Karl Martell in der Schlacht bei

Tours und Poitiers besiegt wurden. Später wurde diese Schlacht zur Errettung des Abendlandes vor den Muslimen hochstilisiert.
Man vermutet jedoch ganz andere Gründe, weshalb die islamische Expansion an den Pyrenäen endete. Die Ausbreitung hat sich in den weiten Gebieten Spaniens totgelaufen. Man hatte nicht genug Leute, dass weitere Eroberungen Sinn gemacht hätten. Ein weiterer Grund könnte sein, dass sich in Spanien die Berber, die die einfachen Soldaten stellten, gegen die herrschenden Araber erhoben, weil sie bei der Verteilung des eroberten Territoriums die schlechteren Gebiete zugewiesen bekamen. Hier zeigt sich schon aus der Frühzeit die Ungleichbehandlung und die damit verbundene Unzufriedenheit, wie wir es heute klar erkennen können. Der große Aufschwung für Al-Andalus, wie die Muslime ihre neue Heimat nannten, kam mit der Dynastie der Umayyaden, die aus den arabischen Gebieten nach Spanien fliehen mussten. Dort errichteten sie das Emirat von Córdoba und vereinten die eroberten Gebiete zu einem Staatskörper. Im Jahr 929 nahm der Herrscher von Córdoba sogar den Titel eines Kalifen an, wodurch er seine Unabhängigkeit von den übrigen islamischen Reichen betonte. Nun begann das Goldene Zeitalter der Wissenschaften im mittelalterlichen Spanien. In Quellen ist die Rede von 70 öffentlichen Bibliotheken und 50 Krankenhäusern allein in Córdoba. Eine Bibliothek soll ganze 500.000 Bücher besessen haben, so viele, wie die Stadt Einwohner hatte. Man warnt aber davor, diese Zahlen für bare Münze zu nehmen. Die Zahlenangaben in mittelalterlichen Quellen sind oft symbolisch zu verstehen. Das Angebot muss aber wohl sehr reichhaltig gewesen sein, dass Zeitgenossen solche Zahlen nennen konnten.
Der europäische Islam ist demnach 1.300 Jahre alt und ist nun auf dem Weg eine tief greifende Öffnung zu erfahren.

Eine interessante Zeit des Wandels steht uns bevor.

Der Weg ist das Ziel.

Wenn über das Grundsätzliche keine Einigkeit besteht, ist es sinnlos, miteinander Pläne zu machen.

Jeder kennt den Namen des **Konfuzius** und vielleicht auch noch das eine oder andere Zitat. Aber wer war dieser Konfuzius eigentlich, wo kam er her und was lehrte er? Das wissen wohl die wenigsten von uns. Daher möchte ich Ihnen diesen großen chinesischen Gelehrten kurz vorstellen.
Kong Qiu, so sein chinesischer Name, wurde im Jahre 551 v. Chr. in Qufu in der heutigen Provinz Shandong geboren. Bekannt wurde er aber als **Kung-Fu Tse, Kongfuzi oder Meister Kong**, was die Jesuiten Jahrhunderte später zu Konfuzius lateinisierten, während sie seine Werke ins Lateinische übersetzten.
Da sein Vater schon sehr früh verstarb, wurde Konfuzius von seiner Mutter allein aufgezogen. Vom Großvater erhielt er Privatunterricht. In den ersten 30 Jahren seiner Beamtenlaufbahn übte Konfuzius nur niedere Tätigkeiten aus, wie z. B. das Amt eines Scheunenaufsehers. Erst im Jahre 500 v. Chr. beginnt sein politischer Aufstieg. Er wird erst Bauminister, dann Justizminister und schließlich stellvertretender Kanzler. Seine Karriere dauert aber nicht lange, denn 497 v. Chr. verlässt er seinen Heimatstaat Lu für 13 Jahre. In dieser Zeit besucht er verschiedene chinesische Fürstentümer, sucht dort erfolglos eine Anstellung als Hofberater und verbreitet seine Lehre.
Bereits mit 21 Jahren beginnt Konfuzius zu unterrichten. Im Zentrum seiner Lehren steht der „Edle", ein moralisch vollkommener Mensch, dem es nachzueifern gilt. Als Mittel, dieses Ideal zu erreichen, sah Konfuzius die Bildung an. Wobei er strikt unterschied zwischen **„echter" Bildung,** die sich im täglichen Leben anwenden lässt, und **„totem" Wissen,** das einem nicht weiterhilft.
Ein wichtiger Bestandteil seiner Lehren ist die Gesellschaftsordnung samt Menschlichkeit, Sitten, Rechtlichkeit und Respekt vor den Ahnen. Konfuzius sah darin Regeln, die in ihrer äußeren

Form Veränderungen unterliegen, deren Idee aber als unveränderbar betrachtet werden sollte. Seiner Meinung nach würden diese Strukturen Stabilität und Harmonie in einer Gesellschaft ermöglichen.

Konfuzius oder „**Lehrmeister Kong**" war der wichtigste Philosoph im Kaiserreich China. Er lebte vermutlich von 551 vor Chr. bis 479 vor Chr. und wurde in der Stadt Qufu im chinesischen Staat Lu geboren, wo er auch starb. Die Familie Kong gibt es nach wie vor. Sie zählt zu einer der ältesten nachgewiesenen Familien der Welt. Die heutigen Nachfahren existieren bereits in der 75. Generation. Konfuzius ist historisch sehr genau nachweisbar. Die Vorfahren des Konfuzius waren die Könige von Shang, denen der König von Zhou nach dem Sturz der Shang-Dynastie das Lehen von Song zugeteilt hatte. Die Familie verarmte jedoch im Laufe der Zeit. Bereits mit zwei Jahren verlor Konfuzius seinen Vater und wurde von seiner Mutter aufgezogen. Mit 19 Jahren heiratete er und in den Jahren 532–502 vor Chr. war er als Scheunenaufseher sowie in anderen niedrigen Anstellungen tätig. Seine Mutter starb 529 vor Chr. Nach einem angeblichen Treffen mit Laotse in Luoyang 518 vor Chr. musste er zwei Jahre später nach internen Machtkämpfen die Flucht ergreifen und um Exil im Nachbarstaat Qi nachsuchen.

Nach seiner Rückkehr nach Lu begann etwa 500 vor Chr. der politische Aufstieg des Konfuzius. Er wurde zunächst Bauminister und dann Justizminister von Lu und schließlich 498 vor Chr. stellvertretender Kanzler. Doch nur ein Jahr später quittierte er seinen Dienst, weil sein Vorgesetzter, der Herzog Ding von Lu 80 Singmädchen des Nachbarstaates Qi angenommen hatte. Heute würde man diese Handlung wohl als Korruption bezeichnen. Konfuzius zog jedenfalls die Konsequenzen. 481 vor Chr. wurde der Herzogs von Qi ermordet, was als Beginn der „**Zeit der Streitenden Reiche**" bezeichnet wird. 479 vor Chr. stirbt Konfuzius.

Es ist schwierig, ein klares Bild von Konfuzius zu zeichnen. Das liegt daran, dass er kein einziges schriftliches Werk hinterlassen hat. Seine Lehren wurden erst ca. 100 Jahre später von seinen Anhängern niedergeschrieben. Am meisten über seine Gedankenwelt erfahren wir aus den Gesprächen, in denen viele seiner Aussprüche überliefert sind. Konfuzius könnte man als einen gescheiterten Politiker mit einer hohen moralischen Integrität bezeichnen. Seine Aussagen haben daher meistens moralische und ethische Inhalte. Nach der Auffassung von Konfuzius kann man ein mehr an Weisheit nur durch lebenslanges Lernen erhalten. Im Gegensatz zu Laotse ist Konfuzius sehr auf Beständigkeit fixiert, so befürwortet er durchaus bestehende gesellschaftliche Ordnungen. Die chinesischen Kaiser erkannten bald, dass seine Lehre staatstragend wirken konnte. So erhoben sie sogar Konfuzius zu einem Gott. Der Konfuzianismus beeinflusste die chinesische Entwicklung wie keine andere Philosophie.

Konfuzius gilt als einer der 10 großen Denker der Welt. Seine Philosophie beeinflusst das Leben in China und in ganz Ostasien. Konfuzius ist der Gründer des Konfuzianismus.

Konfuzius war ein großer Denker. Er plädierte für Ren, die Nächstenliebe. In seinen Doktrinen forderte er die Herrscher auf, sich mit Fürsorge und Liebe um das Volk zu kümmern, sparsam mit dem Reichtum und den Arbeitskräften umzugehen und das Volk nicht auszubeuten. Konfuzius vertrat die Ansicht, dass die Herrscher als moralisches Vorbild das Land mit Tugend zu regieren hatten, und lehnte jegliche Tyrannei ab.

Konfuzius ist auch ein großer Pädagoge. Damals war Bildung ein Privileg des Adels. Konfuzius vertrat allerdings die Meinung, dass jeder, **egal welcher gesellschaftlichen Herkunft**, ein Recht auf Bildung hat. Ungeachtet ihres gesellschaftlichen Status nahm Konfuzius alle auf, die bei ihm lernen wollten. Der große Pädagoge behandelte seine Schüler mit Gleichberechtigung. Die von Konfuzius eingerichtete Privatschule brach das Kultur- und Bildungsmonopol des Adels. Konfuzius soll mehr als 3.000 Schüler

unterrichtet haben, 72 davon haben sich einen Namen gemacht. Konfuzius war der Ansicht, dass der Lehrer seine Schüler nach ihrer unterschiedlichen Begabung fördern sollte. Er lehrte seinen Schülern: „Gelerntes muss man regelmäßig wiederholen, man muss aufrichtig sein beim Lernen und nicht vortäuschen, etwas zu wissen, was man eigentlich nicht weiß." Konfuzius forderte seine Schüler auf, beim Lernen ihre eigenen Gedanken anzuwenden.
Später sammelten seine Schüler seine Gedanken und ihre Gespräche mit Konfuzius in dem Buch „Die Gespräche." Das Buch „Die Gespräche" gehört zu den Klassischen Werken des Konfuzianismus. Konfuzius Lehre galt während der 2.000 Jahre dauernden Feudalzeit als offizielle Doktrine der chinesischen Kultur.

So sagte Konfuzius:

Wer einen Fehler gemacht hat und ihn nicht korrigiert, begeht einen zweiten.

Fordere viel von dir selbst und erwarte wenig von den anderen.

Es ist besser, ein einziges kleines Licht anzuzünden, als die Dunkelheit zu verfluchen.

Erstes Kapitel

Die muslimische Welt, die Ende 2010 erbebte und seit 2011 brodelt, erfährt Umwälzungen, die die diplomatischen Kreise aller Kontinente überrascht haben. Massendemonstrationen erschüttern die aus dem Zweiten Weltkrieg oder der Entkolonialisierung ererbten politischen Strukturen. Auf dem Boden von allgemeiner Armut und Korruption fordern die **sunnitischen und schiitischen** Massen radikale Veränderungen. Demokratie, freie Wahlen, eine größere Medienfreiheit und weitere Elemente, die dazu angetan sind, die Entfaltung des Menschen zu fördern, sollen künftig die politischen muslimischen Strukturen bestimmen. Diese Forderungen können den Regierungen und der öffentlichen Meinung in den europäischen und amerikanischen Ländern nur gefallen.

Diese idyllische Vorstellung muss jedoch aus dem Blickwinkel der politischen Realität untersucht werden. Denn «die menschliche Komödie», die Honoré de Balzac in seinen Romanen vielschichtig beschreibt, hat uns gelehrt, dass die großen Ereignisse immer die Frucht der Handlungen einer Elite sind. Die Massen sind immer als Instrument zugunsten einer wohldefinierten Politik benutzt worden. **«Schüttelt das Volk, bevor ihr davon Gebrauch macht»**, beliebte der Diplomat Charles-Maurice de Talleyrand zu sagen, der sich in dieser Domäne sehr gut auskannte.

Um die Umwälzungen, die in den muslimischen Ländern im Gange sind, besser zu verstehen, müssen wir vom Allgemeinen zum Speziellen gehen. Die entscheidende Grundlage, die all diesen Ereignissen zugrunde liegt, ist die Entwicklung der neuen Weltordnung, die wesentlich mehr ist als nur eine Ideologie – sie ist eine «Mystik». Es geht darum, überall die Entstehung verschiedener Kontinentalblöcke, Europa, Afrika, Nordamerika, Südamerika, die politisch vereint sind und von den gleichen Gesetzen bestimmt werden. Die Gesamtheit dieser Blocks soll die grundlegenden Strukturen einer Weltregierung bilden, die eine gleichförmige und nomadenhafte Menschheit vereint. Diese Politik nimmt schon Form an mit der Schaffung einer parlamentarischen Versammlung bei den Vereinten Nationen (United Nations Parliamentary Assembly UNPA) unter der Führung des Deutschen Andreas Bummel.

Eine Weltwährung soll das Ganze strukturieren. Der IWF hat dies bereits im April 2010 verkündet, als er sich für eine Weltwährung (den Bancor) ausgesprochen hat, herausgegeben von einer Welt-Zentralbank (vgl. Bericht IWF vom 13.4.2010: «Reserve accumulation und International Monetary Stability»). Das bedingt die Aufgabe des Dollars und eine komplette Reform des weltweiten Finanzsystems. Diese babylonische Konstruktion kann jedoch nur unter der Bedingung errichtet werden, dass die Denkweisen vereinheitlicht werden. Neben der Einheit des Denkens müssen die gemeinsamen psychologischen Reflexe, ein Konsumgeist und ein entfesselter Beweis in die tiefen Bereiche der menschlichen Seele eingraviert werden. Nun aber fügt sich der Islam in dieses System nicht ein.

Dies wird verstärkt durch einen grundsätzlichen unterschiedlichen Wesenszug des Islam im Vergleich zur westlichen Welt. Die Länder, die der christlichen Kultur entstammen, machen eine klare Trennung zwischen dem Weltlichen und dem religiösen. Der Islam hingegen kennt diese Unterscheidung nicht, da in ihm das Weltliche und das religiöse eng verbunden sind. Der Islam ist gleichzeitig Glaube und Gesetz. Aus diesem Grund hat sich auf islamischem Boden auch nie eine Zivilgesellschaft herausgebildet. Diese auf Fakten beruhende Darstellung muss unbedingt berücksichtigt werden, da sie verständlich macht, dass die westlichen und islamischen Länder sich in zwei Parallelwelten befinden.

Nach dem Fall der Berliner Mauer haben die angelsächsischen Eliten den Rhythmus beschleunigt, indem sie in Kooperation mit Deutschland die Errichtung einer ihren Interessen unterworfenen

Europäischen Union vorangetrieben haben. Diese europäische Union soll theoretisch bis 2015 eine komplette transatlantische Partnerschaft mit der Neuen Welt bilden, die ihrerseits aufgerufen ist, sich im Rahmen einer Nordamerikanischen Union nach den Wünschen des Council on Foreign Relations zu vereinigen. Angesichts des Machtzuwachses der asiatischen, insbesondere der chinesischen Welt wollen sich London und Washington die vollständige Kontrolle des Erdöls der Länder des südlichen Mittelmeerraums und des Nahen Ostens sichern. Die mit eigennütziger angelsächsischer Unterstützung erreichte Unabhängigkeit des Süd-Sudan liegt in den reichen Öl-Reserven begründet, die fortan Peking entzogen sind. Diese Politik in Richtung Nord-Afrika und Naher Osten wurde seit 1995 durch die Europäische Union, die den «Barcelonaprozess» lancierte, unterstützt.
Das offizielle Ziel war:

1. Die Festlegung eines gemeinsamen Raumes für Frieden und Stabilität;
2. die Errichtung einer gemeinsamen Zone des Wohlstands mit einer stetigen Entwicklung einer Freihandelszone und
3. die Annäherung zwischen den Völkern.

Aufgrund wenig überzeugender Resultate beschleunigte die Europäische Kommission im Jahr 2003 durch die Schaffung der «europäischen Nachbarschaftspolitik» das Tempo. Diese besteht darin, den Ländern des Mittelmeerraums das euroatlantische Modell aufzuzwingen, indem man ihnen eine ganze Reihe von Normen vorlegt, die zu übernehmen sind: z.B. Marktwirtschaft, Achtung der Menschenrechte oder Förderung des Rechtsstaats. Im Geiste der «Europäisten» sollen gemeinsame Normen alle Länder des nördlichen und südlichen Mittelmeerraums lenken. Eine vollständige Integration soll zu einer Vereinigung des «zivilisierten» Westens mit dem «komplizierten» Osten führen. Was uns da vorgeschlagen wird, ist der Versuch einer Wiederherstellung des römischen Imperiums, nun aber mit einer geografischen Ausstülpung in Richtung Nordamerika. Was die Integration angeht, sind die Texte unmissverständlich:

«Das Konzept, das in der europäischen Nachbarschaftspolitik verankert ist, ist das eines Kreises von Ländern, die die grundlegenden Werte und Ziele der EU teilen und die sich für eine immer enger werdende Beziehung einsetzen, die über die Kooperation hinausgeht, was ein bedeutendes wirtschaftliches und politisches Integrationsniveau impliziert.»

Aufgrund dieser Dynamik wurde im Jahr 2007 auf Anregung von Präsident Sarkozy die Schaffung einer Mittelmeerunion beschlossen. Das offizielle Ziel war die Verstärkung und Beschleunigung des Integrationsprozesses der nördlichen und südlichen Mittelmeer-Anrainerstaaten. Dieses Projekt wurde jedoch auf Druck von Bundeskanzlerin Merkel und unterstützt durch die Bertelsmannstiftung grundlegend überarbeitet. Aufgrund des wachsenden Gewichts von Deutschland in Zentral- und Ost-Europa haben die französischen Behörden versucht, dieser Tendenz entgegenzuwirken, indem sie ein weiteres «Mitteleuropa» im südlichen Mittelmeerraum unter ihrer alleinigen Führung schaffen wollten. Beim ersten Entwurf der Mittelmeer-Union sollten lediglich die Anrainerstaaten daran beteiligt werden. Da Berlin witterte, dass dort ein französischer Einflussbereich geschaffen werden könnte, der ihren Interessen zuwiderläuft, forderte und erreichte es, dass alle EU-Länder in die Mittelmeer-Union integriert wurden. Angela Merkel formulierte dies folgendermaßen:
«Wenn wir jetzt aber zum Beispiel eine Mittelmeerunion aufbauen, an der nur die Mittelmeer-Anrainerstaaten teilnehmen, die sich zum Beispiel finanzieller Instrumente der Europäischen Union bedient, dann sage ich voraus, dass dann andere sagen werden: Dann müssen wir auch eine Osteuropa-Union, beispielsweise mit der Ukraine, ins Leben rufen. Dann wird etwas passieren, was ich für sehr gefährlich halte. Dann könnte es nämlich sein, dass sich Deutschland mehr von der mittel- und osteuropäischen Seite und

Frankreich mehr von der Mittelmeerseite tangiert fühlt. Das würde Spannungskräfte innerhalb Europas wachrufen, die ich nicht möchte. Deshalb muss klar sein: Die Mittelmeerverantwortlichkeit ist auch für einen Nordeuropäer vorhanden, genauso wie die Zukunft der Grenzen zu Russland und zur Ukraine auch Sache derer ist, die am Mittelmeer beheimatet sind. Wenn wir diese Kraft nicht mehr aufbringen, dann verfällt aus meiner Sicht die Europäische Union in ihrem Kernbereich.»

Präsident Sarkozy gab nach und erlaubte Deutschland, dem größten europäischen Beitragszahler, zwei Fliegen mit einer Klappe zu schlagen: Aufrechterhaltung seines Einflusses in Ost-Europa unter Ausweitung und Verstärkung seiner Verbindungen zum südlichen Mittelmeerraum. Dieser deutsche Sieg, der von nun an «Barcelonaprozess: Mittelmeer-Union» heißt, wurde zu einer schwerwiegenden Niederlage für die französische Diplomatie.

Der 7. Februar 2004 kann als offizieller Startschuss für die staatliche und zivilisatorische Umstrukturierungspolitik in den muslimischen Ländern von Marokko bis Afghanistan bezeichnet werden. Anlässlich der 40. Münchner Sicherheitskonferenz unter der Schirmherrschaft der NATO, präsentierte Joschka Fischer, damals Außenminister von Bundeskanzler Schröder, ein wahrhaftes politisches Programm, das in Absprache mit den USA auf die muslimischen Länder anzuwenden sei. Als Berichterstatter über die Tätigkeiten der amerikanischen (namentlich Rand, Canergie Endowment, National Endowment for Democracy) oder deutschen Think tanks (namentlich Bertelsmannstiftung), erinnert Fischer an die Notwendigkeit der Schaffung einer gemeinsamen europäisch-amerikanischen Strategie.

1. Beginn eines gemeinsamen Mittelmeer-Prozesses zwischen NATO und Europäischer Union;

2. Lancierung einer «Erklärung für eine gemeinsame Zukunft» für alle Länder des Nahen und Mittleren Ostens.

Neben der Auferlegung von Reformen in den Bereichen Politik, Wirtschaft und Militär nach dem Vorbild der NATO, schlug der deutsche Außenminister eine vollständige Neufassung der Rechtsordnung, des Bildungs- und Sozialbereichs, die Schaffung von NGOs, die Entwicklung von Zivilgesellschaften, die Förderung der Menschenrechte im Allgemeinen und die Gleichstellung der Geschlechter im speziellen vor, und dies in der Gesamtheit der muslimischen Länder. All diese Maßnahmen sollen nach den Worten von Außenminister Fischer

«die Integration ihrer Volkswirtschaften» fördern, alles basierend «auf der Überzeugung, dass die Modernisierung des erweiterten Nahen Ostens entscheidend sein wird für unsere gemeinsame Sicherheit im 21. Jahrhundert. Der Einbezug der Bevölkerungen des Nahen und Mittleren Ostens bei den ‹Errungenschaften› der Globalisierung hat daher für uns größte Bedeutung.» Diese revolutionären Maßnahmen – die das Ziel verfolgen, die muslimische Welt in den euroatlantischen und globalisierenden Grundsätzen einzubetten,
wurden am 27. Februar 2004 durch die Unterzeichnung des «Deutsch-amerikanischen Bündnisses für das 21. Jahrhundert» durch Bundeskanzler Schröder und Präsident Bush in Washington bestätigt. Neben der Bestätigung der in München beschlossenen Maßnahmen wird in diesem Abkommen Folgendes festgehalten:

«Wir müssen eine echte Partnerschaft aufbauen, die Europa und Amerika mit den Ländern des Nahen und Mittleren Ostens verbindet, um mit den Staaten und Völkern dieser Region zusammenarbeiten zu können in einem Rahmen, der die Erfüllung bestimmter Ziele und ein friedliches Nebeneinanderleben ermöglicht.»

Diese Aussagen passen sehr genau zu den Zielen der unter der Bushregierung lancierten Politik des **«großen Mittleren Ostens»**, die im Jahre 2006 in der Zeitschrift Foreign Affairs in einem Artikel von Richard Haass, dem Präsidenten des Council on

Foreign Relations, in **«Neuer Mittlerer Osten»** (New Middle East) umgetauft worden ist. Diese europäisch-amerikanische Zusammenarbeit ist um so bedeutungsvoller, als sie in den Arbeiten der Bertelsmannstiftung, die eine zweispurige Politik gegenüber Israel und der muslimischen Welt entwickelt hat, wieder aufgenommen worden ist.

In einem ersten Schritt handelt es sich darum, im Rahmen des «deutsch-jüdischen Dialogs» Israel in die politische, wirtschaftliche und militärische euro-atlantische Konstruktion zu integrieren. Der jüdische Staat muss eine Säule des Judentums in Verbindung mit zwei anderen Säulen bilden: derjenigen des europäischen und derjenigen des amerikanischen Judentums. In einem zweiten Schritt kann diese Politik nur dann umgesetzt werden, wenn es gelingt, die muslimische Welt an die beschriebene geopolitische Konstruktion anzubinden.

Das ist die wirkliche Bedeutung der «Kronberger Gespräche», die seit 1995 die Plattform bilden für Gespräche zwischen Euro-Amerikanern und muslimischen Eliten, um letztere zu bewegen, die euro-atlantischen politisch-philosophischen Grundsätze auf die internen Strukturen der nordafrikanischen und nahöstlichen Länder anzuwenden. Allerdings stoßen diese Diskussionen wegen der Unzertrennbarkeit der weltlichen und religiösen Regeln im Islam auf große Schwierigkeiten. An diesem Punkt hat nun die amerikanische Regierung begonnen, offen Stellung zu nehmen.

Im Juni 2006 erschien in einem von Ralph Peters gezeichneten und in der amerikanischen Militärzeitung Armed Forces Journal (AFJ) veröffentlichten Artikel mit dem Titel **«Blood Borders»** eine Karte, die die Neuordnung des Nahen Ostens aufgrund ethnischer und religiöser Kriterien aufzeigt. Alle Länder dieser Region haben total veränderte Grenzen. Der Autor orientiert sich sehr stark an den Arbeiten des britischen Islam-Wissenschaftlers Bernard Lewis, der dem Obamaberater Zbigniew Brzezinski nahesteht. Lewis ist der Schöpfer des Begriffs «Clash of

Civilisations», **«Kampf der Kulturen»**, den Samuel Huntington mit Erfolg aufgriff. Für Bernard Lewis geht es darum, die islamische Welt zu «balkanisieren», um dann Mini-Ölstaaten zu gründen, die leichter zu kontrollieren sind. Ein entsprechendes Umstrukturierungsmodell wurde unter dem Namen «Crescent of crisis» im Magazin Time im Januar 1979 vorgestellt. Diese komplette Umstrukturierung beruht auf dem Prinzip von «teile und herrsche».
Doch neben dem politisch-ökonomischen Bereich wird die muslimische Welt von den Globalisierungskräften auch in ihrem, in unseren materialistisch geprägten Ländern kaum bekannten, zentralsten Bereich angegriffen. Die neue Karte zeigt eine revolutionäre Umgestaltung, nämlich einen die Städte Mekka und Medina umfassenden **«heiligen islamischen Staat»** inmitten eines auseinandergerissenen Saudi-Arabiens, dessen Zerstörung fatale Auswirkungen auf die Weltwirtschaft, der Versorgung mit Erdöl und auf die Stabilität des Dollars haben könnte. Ralf Peters beschreibt diese grundlegenden Veränderungen folgendermaßen: «Die Hauptursache für die fehlenden Veränderungen in der muslimischen Welt liegt in der Behandlung von Mekka und Medina, die von der saudischen Familie als ihre Hochburg betrachtet werden. Die heiligen Stätten des Islam, die sich unter der Kontrolle der Staatspolizei eines der bigottesten und repressivsten Regimes der Welt befindet, haben es der saudischen Herrscherdynastie ermöglicht, ihren intoleranten und gleichzeitig disziplinierten wahhabitischen Glauben weit über ihre Grenzen hinaus zu verbreiten. Stellen Sie sich vor, wie viel besser sich die muslimische Welt fühlen würde, wenn Mekka und Medina von einem wechselnden Repräsentativrat, der sich aus Vertretern der verschiedenen islamischen Schulen und Bewegungen der Welt zusammensetzte, in einem heiligen islamischen Staat, einer Art muslimischem Super-Vatikan, regiert würden, einem Staat, in dem die Zukunft des islamischen Glaubens diskutiert statt willkürlich festgelegt würde.»

Zur Erinnerung: Da die Lehre der katholischen Kirche mit der Doktrin der Globalisierung unvereinbar war, wurde es nötig, eine umfassende Neubearbeitung durch das zweite Vatikanische Konzil (1962–1965) in Angriff zu nehmen, um den Nachfolgern des heiligen Petrus zu ermöglichen, die katholische Lehre im Rahmen einer im Tempel der Vereinten Nationen gefeierten umgekehrten Liebe der Globalisierungsideologie unterzuordnen. Dies wurde von Johannes XXIII. eindeutig bestätigt, der in seiner Enzyklika «Pacem in Terris» von 1963 an die Notwendigkeit einer «supranationalen oder globalen Macht» erinnerte, die ohne Gewalt errichtet **«die Schaffung einer juristisch-politischen Organisation der Weltgemeinschaft»** erlaube.

Diese Aussage griff Papst Benedikt XVI. in seiner Weihnachtsbotschaft 2005 wieder auf, indem er die Menschheit ermutigte, sich am «Aufbau einer neuen Weltordnung» zu beteiligen. Dieser Papst bekräftigte sein Engagement in seiner Enzyklika «Veritas in caritate» im Jahr 2009, indem er zur Schaffung einer «weltpolitischen Behörde» in Verbindung mit der UNO aufrief. Es ist der gleiche Vorgang, der nun die islamischen Länder erwartet, wenn die Pläne zur vollständigen Umstrukturierung der geografischen Zone von Marokko bis Afghanistan umgesetzt werden. Diese Politik des «solve et coagula», **auflösen und neu formen**, wird zwangsläufig zu Kämpfen zwischen Sunniten und Schiiten, zwischen Muslimen und Christen und zu einer brutalen Auseinandersetzung mit dem Zionismus führen. Aus diesem in Fusion begriffenen Magma, aus diesem durch die Globalisierungskräfte verursachten Chaos soll in der Theorie ein **«aufgeklärter Islam»** hervorgehen, der dann in die Dogmen der Global Governance integriert werden kann. Die Stunde der Wahrheit ist gekommen. Die Urheber dieses Dramas mit unabsehbaren Folgen, für Politik, Wirtschaft, Ressourcen und Menschenleben, folgen buchstäblich den berühmten Versen in Goethes Gedicht «Der Zauberlehrling», in dem dieser ausruft: **«Die Geister, die ich rief, werd' ich nun nicht los.»**

Schon als sehr junger Mann hatte mich Andalusien mit seinen geschichtlichen Überresten des Islams in den Bann gezogen. Für mich stellte dies die erste Begegnung mit dem geschichtlichen Islam dar. Nordafrika, Tunesien und Marokko lehrten mir einiges über den moslemischen Glauben. Indonesien, Malaysia und Singapore zeigten mir das tägliche Leben der Moslims. Meine Erfahrungen aus Deutschland finden hier keine Beachtung, da das Umfeld nicht moslemisch ist. Die ausgesuchte Baukunst, die schöne Gartengestaltung und der Zauber der Moschee 'n. Diese Orte der Niederwerfung mit ihren rituellen, gemeinschaftlichen, islamischen Gebeten, beeindruckten mich jedes Mal aufs Neue. So möchte ich mit der Blütezeit des Islams im südlichen Spanien beginnen.

Unbestritten ist das Wirken von zahlreichen herausragenden Wissenschaftlern in Al-Andalus. Einer der berühmtesten war Albucasis, der mit seiner 30-bändigen Schrift „At-Tasrif" ein medizinisches Standardwerk schuf, das im mittelalterlichen Europa weite Verbreitung fand.

Ein anderer war der Philosoph und Mediziner Averroes, der später von Dante in der Göttlichen Komödie erwähnt wird und von Rafael in der Schule von Athen im Vatikan verewigt wurde.

Grund für diese Blütezeit der Wissenschaften waren die griechischen Schriften der Antike, die in Córdoba ins Arabische, hebräische und Latein übersetzt wurden. Diese Schriften hatten auch große Auswirkung auf die christlichen Wissenschaftler an der Schwelle zur Renaissance. Die Texte wanderten durch Spanien ins christliche Europa in Metropolen wie Paris oder Köln. Dort entstanden Ideen, die die Vorstellungen des Mittelalters durchbrachen und im christlichen Europa die Neuzeit einläuteten. Der offene geistige Austausch in Al-Andalus lag jedoch auch an der religiösen Freizügigkeit. Obwohl die Herrscher Sunniten waren, waren auch Muslime anderer Glaubensrichtungen geduldet, als auch Juden und Christen. Und so befanden sich unter der wissenschaftlichen Elite auch „andersgläubige", wie der Jude Moses Maimonides. Man schätzt den allgemein üblichen Umgang untereinander als unverkrampft ein. Das Zusammenleben dürfte relativ entspannt verlaufen sein. Es gab zwar muslimische Schriften mit rigiden Vorschriften. Dabei handelte es sich aber um theoretische Traktate, die eben etwas einfordern, was so nicht praktiziert wurde.

Doch mit dem Ende des Kalifats 1031 verschlechterte sich das friedliche Zusammenleben, die Convivencia. Es kam zu einem Pogrom gegen die Juden von Granada, bei dem Tausende ermordet wurden. Viele Juden, unter ihnen Moses Maimonides, wanderten in tolerantere Gebiete am östlichen Mittelmeer oder in die aufstrebenden christlichen Königreiche in Westspanien aus.

Diese christlichen Königreiche dehnten ihren Einflussbereich immer weiter aus, bis schließlich die Idee geboren war, die Muslime ganz aus Spanien zu verdrängen. Dieser Vorgang wurde später als Reconquista, als Rückeroberung bezeichnet. In den folgenden Jahrhunderten wurde sogar ein Heiliger Krieg erklärt und selbst militärische Interventionen aus dem islamischen Nordafrika konnten den Schwund an muslimisch kontrollierten Gebieten nicht aufhalten. Schließlich war nur noch das Emirat Granada als muslimischer Kleinstaat in Spanien übrig, der zum größten Teil aus Wüsten bestand. Granada ist in seiner Endphase nur noch dahin vegetiert und war den christlichen Herrschern längst tributpflichtig. Es ist unklar, warum man es so lange bestehen ließ, aber vermutlich gab es einfach Wichtigeres zu tun. So beschreibt man die Situation im letzten islamischen Kleinstaat in Spanien. Im Jahr 1492 musste sich dann auch Granada der militärischen Übermacht ergeben. Die territoriale Reconquista war abgeschlossen. Von nun an sollte Spanien nur noch katholisch sein. Das Zeitalter der spanischen Inquisition hatte begonnen.

„as-salama-aleikum" – „Friede sei mit Dir"

„wa aleikum salam" – „Friede sei auch mit Dir"

Diese moslimische Begrüßung hörte ich überall bei meinen vielen Besuchen im moslemischen Indonesien und Malaysia.
Meine Geschäfte führten mich oft in die großen Länder der Moslems. Indonesien und Malaysia sind Moslemstaaten mit mehr als 260 Millionen moslemischen Gläubigen. Der Ruf des Muiziens, zu unterschiedlichen Tageszeiten, besonders aber am sehr frühen Morgen, waren mir vertraut. Meine Geschäftspartner waren überwiegend Mosleme, sehr stark gläubig. Der Tages- und Geschäftsablauf war immer vom Koran geleitet. Die streng vorgeschriebene Religion des Koran regelt das tägliche Leben, die Moschee gilt als ein zweites Zuhause.
Erlaubte Einblicke in das Familienleben streng gläubiger Moslems ermöglichten mir, gewisse Grundkenntnisse und Verständnis über moslemisches Leben zu erwerben. Es gab vieles nachzufragen, unter Beachtung der Tradition, und so lernte ich einiges über die, für uns, so unterschiedliche Religion zu lernen und sie zu respektieren. Besonders in Ost-Java sind alle Abläufe vom Islam geprägt. Surabaya besitzt die größte Moschee in Süd-Ost Asien, die Al Akbar Grand Moschee. Bewundernd fuhr ich oft während der Bauzeit an der Baustelle vorbei und nach jahrelanger Bautätigkeit wurde die Eröffnung mit einem großen moslemischen Fest gefeiert. Ganz Surabaya war auf den Beinen, um die moderne Architektur moslemischen Baustils zu bewundern. Die in grüner Keramik gefliese Hauptkuppel und die Minarette sind durch ihre Größe schon von Weitem her sichtbar und beeindrucken durch ihren sehr schönen Baustil. Surabaya ist das moslemische Zentrum Ost-Javas und die zweitgrößte Stadt Indonesiens, mit fast drei Millionen Einwohnern.

Zu Beginn meiner Ausführungen möchte ich den Leser mit einigem Grundwissen über den Islam vertraut machen. Oft können wir uns nicht viel unter dem Islam vorstellen. Die Informationen sind eher dürftig, auch heute noch und trotz weltweiter Globalisierung. Für Nichtgläubige ist es schwer Einblicke zu bekommen und vor allem einen moslemischen Tagesablauf erleben und verstehen zu können. Der Tages- und Lebensablauf ist durch den Koran festgelegt.

Was wissen wir eigentlich über den Islam, können wir die Religion verstehen und besteht die Toleranz mit anderen Religionen zusammenzuleben?

Der Islam

Nach den Attentaten vom 11. September 2001, bei denen viele Tote und Verletzte als Opfer zu beklagen waren, hat der Islam in den westlichen Staaten ein Imageproblem bekommen. Fanatiker, wie die Anhänger der Terrororganisation Al Kaida, haben sich in den Vordergrund der Berichterstattung gedrängt. Dabei gibt es etwa 1,2 Milliarden Muslime auf der Welt. Fast alle üben ihren Glauben friedlich aus. Doch was ist der Islam? Wie ist er entstanden? Was sind die fünf Säulen des Islam? Die zweitgrößte Religion der Welt hat eine spannende Geschichte.

Die Entstehung des Islam

Jede Religion, mit Ausnahme des Hinduismus und der japanischen Naturreligion Shintoismus, beginnt mit auserwählten Personen. Im Buddhismus ist das Siddhartha Gautama, der durch Askese und Meditation zur Erleuchtung gelangte. Das Judentum kennt gleich mehrere Gründer. So gelten Abraham, Isaak und Jakob als Väter des Volkes Israel. Dazu kommt Moses, der auf dem Berg Sinai die Thora, die Heilige Schrift der Juden, von Gott bekommt. Für die Christen ist Jesus von Nazareth der auserwählte göttliche Messias. Der Islam gründete sich auf die Offenbarungen des Propheten Mohammed, 570-632 nach Christus. Er lebte in Mekka und Medina und empfing im Laufe seines Lebens immer wieder Botschaften von Gott. Diese Offenbarungen, als Suren bekannt, sind im Koran gesammelt.

Die Glaubensrichtungen

Im Islam gibt es zwei große Glaubensrichtungen. Die Sunniten und die Schiiten. Die Anhänger der Schiiten machen nur etwa ein Zehntel der Moslems aus. Im Iran zum Beispiel ist die Schia Staatsreligion. Im Irak und in Aserbaidschan leben ebenfalls sehr viele Schiiten.
Die meisten Moslems aber sind Sunniten. Sie glauben an die Sunna. Unter der Sunna versteht man alles, was Mohammed laut Überlieferung gesagt, getan und entschieden hat. Grundsätzlich tun dies auch die Schiiten. Die unterschiedliche Entwicklung der beiden Glaubensrichtungen beginnt mit dem Tod des Propheten Mohammed. Dabei geht es um die Nachfolge des Propheten. Die Schiiten glauben, dass Mohammeds Schwiegersohn Ali der rechtmäßige Nachfolger gewesen wäre. Sie sind davon überzeugt, dass dies der eigentliche Wille des Propheten war. Stattdessen wurde ein anderer ausgesucht. Abu Bakr, ein enger Berater des Propheten.
Die Sunniten haben damals Abu Bakr als Nachfolger akzeptiert. Man nannte ihn Kalif. Der jeweilige Kalif war von da an der akzeptierte Stellvertreter des Propheten. 1924 wurde das Kalifat abgeschafft. Seither gibt es bei den Sunniten keine von allen anerkannte religiöse Autorität mehr. Anders bei den Schiiten. Bei ihnen spielt der Leiter einer Gemeinde, Iman genannt, eine wichtige Rolle. Sie glauben an seine Unfehlbarkeit. Die geistlichen Führer, zum Beispiel früher Ayatollah Khomeini im Iran, haben dadurch auch eine große weltliche Macht.

Was für Christen das Weihnachtsfest ist, ist für Muslime **„Id Al-Fitr"**. Diese Festlichkeit ist in einigen Kulturkreisen auch als **Zuckerfest** bekannt, weil an diesem Tag vor allem Kinder reichlich mit Süßigkeiten beschenkt werden. Das Fest wird am ersten Tag nach dem Ramadan gefeiert und beschließt sozusagen das Ende der Fastenzeit. Mit einem feudalen Mahl wird das Ende der Fastenzeit gefeiert. Man geht mit der Familie aus und Ge-

schenke für die Kinder werden eingekauft. Alle Geschäfte bieten besondere Geschenkkörbe, gefüllt mit allerlei süßem, an. In all den Jahren hatte ich des Öfteren die Gelegenheit an diesem moslemischen Weihnachtsfest bei meinen Freunden in Surabaya und Pasuruan teilzunehmen. Der Ramadan wird nach dem Mondkalender berechnet und findet jedes Jahr zu einer anderen Zeit statt. Deshalb wird das Zuckerfest, anders als das christliche Weihnachten, nicht jedes Jahr zur selben Zeit gefeiert. Das Fasten während des Ramadan ist eine der fünf Säulen des Islam.
Mohammed Ibn Abd Allah wurde circa 570 nach Christus in der Stadt Mekka geboren. Die arabische Halbinsel bildete damals die Verbindung zwischen dem Römischen Reich im Norden, dem Perserreich im Südosten und dem afrikanischen Äthiopien im Süden. Durch Mekka führten daher viele Karawanen und machten die Stadt zu einem wichtigen Handelszentrum. Auch Mohammed arbeitete als Karawanenführer und Kaufmann. Er war für die damalige Zeit ein weit gereister Mann, der auch Kontakt mit anderen Religionen hatte.
Zur Lebzeit des Propheten gliederte sich die Gesellschaft in verschiedene Stämme. Mohammeds Familie gehörte zum Stamm der Kuraisch und dort wiederum zur Sippe der Haschemiten. Die Haschemiten waren zwar Teil der Herrscherkaste, aber nicht besonders reich. Die Sippe bot dem Einzelnen Schutz. Mohammed wuchs größtenteils ohne Eltern auf. Sein Vater starb bereits vor seiner Geburt. Mit sechs Jahren verlor er seine Mutter. Er wurde erst in die Obhut seines Großvaters gegeben, dann von einem Onkel aufgezogen. Mohammed war damals noch kein Moslem. Die Menschen glaubten nicht an einen, sondern an mehrere Götter. Für all diese Götter gab es unterschiedliche Heiligtümer, zu denen Wallfahrten unternommen wurden. Eine wichtige Wallfahrtsstätte war die Kaaba in Mekka. Ein quadratisches, würfelförmiges Gebäude, das bis heute für die Moslems ein wichtiges Heiligtum ist. Jedes Jahr pilgern Millionen von Gläubigern nach Mekka und umrunden den schwarzen Block.

Der junge Karawanenführer heiratet eine ältere Frau namens Khadischa und bekam mit ihr sieben Kinder. Drei Söhne, die traurigerweise alle sehr früh starben und vier Töchter. Mohammed zog sich oft in eine Höhle im Berg Hira zurück, um dort in der Einsamkeit zu meditieren und nachzudenken. Laut Überlieferung seiner späteren Ehefrau Aischa, erschien ihm dort im Alter von 40 Jahren eines Tages der Erzengel Gabriel. Der Engel ergriff ihn, drückte ihn fest an sich und ließ ihn erst wieder los, als er völlig erschöpft war. Dann forderte er ihn auf: „Lies!" Mohammed antwortete zögerlich „Ich kann nicht lesen". Gabriel ergriff ihn erneut und drückte ihn so fest wie beim ersten Mal. Dann ließ er ihn los und wiederholte seinen Befehl „Lies!" Beim dritten Mal fuhr Gabriel dann fort „Lies im Namen deines Herrn, der erschuf. Erschuf den Menschen aus einem haftenden Tropfen. Lies, und dein Herr ist der großzügigste, der lehrte mit dem Schreibrohr, lehrte den Menschen, was er nicht wusste." Diese Worte wurden später zur ersten einer ganzen Reihe von Offenbarungen, Suren, die im Koran gesammelt wurden. Die Suren sind nicht zeitlich geordnet. Diese trägt zum Beispiel die Nummer 96. Insgesamt besteht der Koran aus 114 Suren.

Mohammed war nach seiner Begegnung mit dem Erzengel sehr erschrocken. Er verließ die Höhle und hörte wieder die Furcht einflößende Stimme des Engels rufen: „Mohammed, du bist Allahs Gesandter und ich bin Gabriel." Mohammed sollte den Menschen die göttliche Offenbarung vortragen. Er fand schnell Anhänger in Mekka. Er lehrte, dass es nur einen Gott geben könne und nicht mehrere, wie bis dahin in Mekka üblich. Er vertrat somit die Lehre des Monotheismus, dem Prinzip des einen und einzigen Gottes.

Die Lehren Mohammeds waren den Führern seines Stammes in Mekka suspekt. Es kam zu Spannungen. Als die Situation für ihn immer bedrohlicher wurde, siedelte er mit seinen Anhängern nach Medina um. Das war 622 nach Christus. Die Emigration bezeichnet man als **„Hidschra"**. Sie ist der Beginn der muslimischen Zeitrechnung. Anders als im christlichen Kalender werden die Jahre nach dem Verlauf des Mondes und nicht nach dem Lauf der

Sonne berechnet. Sie sind etwa zehn bis elf Tage kürzer. In Medina verfasst Mohammed eine Gemeindeordnung. Er gründet die erste Gemeinschaft auf der arabischen Halbinsel, in der die Menschen durch ihre Religion und nicht durch ihre Stammeszugehörigkeit verbunden sind. Diese Gemeinschaft heißt „**Umma**". Die „Umma" war in den kommenden Jahren in eine Reihe von Kämpfen mit den Stämmen der Umgebung verwickelt. Viele der Stammesfürsten traten zum Islam über. Nur Mekka blieb hartnäckig. Im Jahr 630 nach Christus eroberte Mohammed seine Heimatstadt zurück. Ein großer militärischer Erfolg, der weit über Mekka hinaus bekannt wurde. Das half auch der Verbreitung seiner Lehre. Bis zum Tode Mohammeds im Jahre 632 nach Christus wurde der Islam fast überall auf der arabischen Halbinsel anerkannt.

Die fünf Säulen des Islam sind die wichtigsten Regeln für einen Moslem. Sie setzen sich aus dem öffentlichen Glaubensbekenntnis, dem täglichen rituellen Gebet, der sozialen Spende, dem Fasten während des Ramadan und der Wallfahrt nach Mekka zusammen. Sie zu befolgen ist für jeden gläubigen Moslem eine Selbstverständlichkeit.

Das Glaubensbekenntnis lautet **„La ilaha illa Allah wa Muhammad rasul Allah"**. Das heißt so viel, wie **„Es gibt keinen Gott außer Allah und Mohammed ist sein Prophet"**. Das Bekenntnis soll mit Überzeugung aufgesagt werden, um das Zugehörigkeitsgefühl zum Islam deutlich zu machen. Das öffentliche Aussprechen der Formel bildet die erste Säule. Außerdem ist sie fester Bestandteil jedes rituellen Gebetes. Man nennt das Glaubensbekenntnis auch **„shahada"**.

Fünfmal sollte ein Moslem am Tag beten. Vor Sonnenaufgang, am frühen Vormittag, am Mittag, vor Sonnenuntergang und vor Mitternacht. Es ist aber in Ausnahmefällen, zum Beispiel auf Reisen, gestattet, das Mittags- und das Nachmittagsgebet sowie das Abend- und Nachtgebet zusammenzulegen, sodass nur dreimal täglich gebetet werden muss. Muslime beten in Richtung Mekka, wobei jedes Gebet nicht länger als ein paar Minuten dauert. Man macht bestimmte Bewegungen dazu wie sich verbeugen, stehen, sitzen oder sich niederwerfen. Bei der für das islamische Gebet rituellen Reinigung, dem **„Wudu"**, wäscht man sich unter anderem das Gesicht, die Hände und die Füße.

Etwa 30 Tage soll ein Muslim während des Monats Ramadan fasten. Der Ramadan hat für Muslime eine besondere Bedeutung. In diesem Monat ist der Koran als Rechtleitung für die Menschen herabgesandt worden; dieser Zeitraum soll als ein Monat der inneren Einkehr und Besinnung für jeden einzelnen Muslim verstanden werden. Von Tagesanbruch bis Sonnenuntergang ist es zum Beispiel verboten zu essen, zu trinken, zu rauchen oder Geschlechtsverkehr zu haben. Der Ramadan ist der neunte Monat des islamischen Kalenders. Dieser richtet sich nach dem Mond. Er ist pro Jahr zehn oder elf Tage kürzer als der Sonnenkalender, deshalb findet der Ramadan jedes Jahr zu einer anderen Zeit statt.

Das tägliche Fasten beginnt, so steht es im Koran, sobald man in der Morgendämmerung einen weißen von einem schwarzen Faden unterscheiden kann. Kranke Menschen, stillende Frauen und Reisende sind zum Beispiel vom Fasten befreit, sollten es aber später nachholen. Kleine Kinder fasten in der Regel auch nicht. Am Ende des Ramadans wird das Zuckerfest gefeiert, eines der zwei wichtigsten Feste im Islam. Meine moslemischen Freunde sind in dieser Zeit sehr nervös. Ob es an den Entbehrungen des Essens liegt, oder an den aufzubringenden Geschenken für die Angestellten, konnte ich nicht genau herausfinden. Doch werden sehr große Summen für die Ausstattung des Zuckerfestes ausgegeben.
Eine der fünf Säulen des Islam ist die Unterstützung der Bedürftigen, auch **„Zakat"** genannt. Muslime, die nicht selbst hoch verschuldet sind oder unter dem Existenzminimum leben, sollen in der Regel 2,5 Prozent ihres „ruhenden Netto-Kapitalvermögens" spenden. Als ruhendes Vermögen gelten unter anderem Bargeld, Schmuck und Mieterträge; ein Muslim muss mindestens ein

Mondjahr lang im Besitz dieses Vermögens sein. Je nach Besitztümer, wie Bodenschätze, Tiere, landwirtschaftliche Produkte, ergibt sich eine unterschiedliche Höhe der „Zakat". Die soziale Pflichtabgabe soll in erster Linie an arme Menschen gehen, kann aber auch zum Beispiel als Werbung für den Islam verwendet werden. Die Spende fördert die soziale Sicherheit und das Gemeinschaftsgefühl zwischen den Menschen.

Sie ist ein wichtiger Bestandteil jeder islamischen Gesellschaft, da sie jedem Menschen die Lebensgrundlage sichert, ohne dass sich der Empfänger jemandem verpflichtet fühlen muss. Die Spende wird gleichzeitig als eine Art Reinigung angesehen. Einer meiner Geschäftspartner in Bali hatte etwa einhundert Angestellte in seinem Möbelbetrieb. Hier konnte ich sehen, wie stark der Druck auf meinem Partner lastete, wenn es zur Übergabe und Verteilung der Pflichtabgabe kam. Als guter Chef und gläubiger Moslim möchte man angesehen werden und so verteilt man mehr als nur die vorgegebenen 2,5 % seines ruhenden Netto-Kapitalvermögens. Viele wissen, aus Unkenntnis heraus, nicht was der Anteil von 2,5 % eigentlich ist und so kann es passieren, das nach dem Zuckerfest für einige eine harte Zeit anbricht, oder gar die Schließung des Geschäftes bevorsteht.

Einmal im Leben sollten Muslime eine Pilgerfahrt nach Mekka unternehmen, wenn sie dazu körperlich und finanziell in der Lage sind. Jedes Jahr im zwölften Monat des islamischen Kalenders treffen sich bis zu drei Millionen Muslime in Mekka und umrunden gemeinsam sieben Mal die Kaaba, ein wichtiges Heiligtum des Islam. Die Muslime glauben, dass dies ein Rest des ursprünglichen Tempels ist. Gott, so die Überlieferung, befahl Abraham und seinem Sohn Ismael die Kaaba zu bauen. Die Männer tragen während der Pilgerfahrt besonders einfache Kleidung, um soziale Unterschiede nicht zu zeigen. Alle sollen vor Gott gleich sein. Die Pilgerfahrt nennt man Hadsch. Hadschi ist der Ehrentitel für Moslims, die die Reise absolviert haben. Das Ende der Pilgerfahrt wird im großen Stil gefeiert. Es ist das wichtigste Fest im Islam. Bei meinem Geschäftsbesuch in Ost-Java konnte ich die Heimkehr dreier Söhne meines Partners miterleben. Überglücklich und aus dem Inneren strahlend kamen sie von ihrem Hadsch zurück und mit einem großen Familienfest wurde der Abschluss der Pilgerfahrt gefeiert.

Ich möchte nun auf die ewig gültige Offenbarung kommen.

Nach islamischem Glauben gilt der Koran als unerschaffen und ewig, sein Wesen ist das Wort Gottes, sein Ursprung liegt direkt in Allah. Daher darf der Koran für den streng gläubigen Muslim nur in arabisch gelesen und gelehrt werden, da keines seiner Worte verändert werden darf.
Weil der Koran als ewig gültige Offenbarung angesehen wird, darf er für einen Großteil der Muslime weder historisch interpretiert, noch in seinen Aussagen hinterfragt werden. Daraus ergibt sich eine für die westliche, säkulare Weltanschauung, die den Staat von Kirche und Religion trennt, sehr problematische Handhabung des Korans. Eine aufgeschlossene Lesart des heiligen Buches, eine differenzierte Text- und Interpretationsarbeit ist schon in gemäßigt-konservativen Kreisen der Muslime sehr umstritten, islamische Fundamentalisten lehnen jede Koran-Textauslegung radikal ab.

Das arabische Wort „Koran" bedeutet „Lesung", „Vortrag", „Rezitation". Der Koran ist die Heilige Schrift des Islam. Der Koran gilt als Wort Allahs. Der Prophet Mohammed, Begründer des Islam, empfing die Offenbarungen zwischen 610 und 632 nach Christus und bekehrte daraufhin seine Anhänger. Nach Mohammeds Tod wurden seine Aussagen niedergeschrieben und in 114 Suren (Kapiteln) gefasst. Der Koran beschreibt die Einzigartigkeit Allahs und beinhaltet seine Anweisungen an die Menschen. Der Mensch soll zum einzig wahren Glauben, dem Islam, arabisch für „Hingabe", „Unterwerfung", finden. Der zur Einsicht gelangte, islamisch-gläubige Mensch, Muslim, soll sich den islamischen Geboten den fünf Säulen des Islam, entsprechend verhalten. Nur wer den Anweisungen des Propheten, des Korans folgt, kann am „Jüngsten Tag" auf Erlösung hoffen. Im Koran stehen Predigten, Erzählungen, Gleichnisse des gesellschaftlichen, religiösen Lebens zu Zeiten Mohammeds.

Der Islam im Vergleich zum Judentum und Christentum

Die drei Weltreligionen werden auch abrahamitische Religionen genannt, da ihre Grundlagen auf den gleichen Erzählungen und stammesgeschichtlichen, beduinischen Dynastien des Alten Testaments beruhen. Ihr gemeinsamer Stammvater Abraham, der im Islam den Namen Ibrahim trägt. Analog zum Christentum erkennt auch der Islam Jesus an, erkennt ihn aber nicht als Christus, den Messias und Sohn Gottes. Jesus ist wie Mohammed ein bedeutender Prophet im islamischen Glauben. Der Islam erkennt in Mohammed den einzig wahren Erneuerer des monotheistischen Glaubens. Die Muslime lehnen jede Form von Mehrgötterei ab. Der jüdische Glaube an einen noch kommenden Messias, der christliche Glaube an die Dreifaltigkeit wird vom Islam als Ketzerei abgelehnt. Für ihn gibt es einzig und allein Allah. Allah wiederum ist in seinem Ratschluss und seiner Erscheinung für den Menschen unergründlich und unerreichbar. Deswegen darf im Islam Gott/Allah nie mit einem Gesicht abgebildet werden. Daraus resultiert die hoch entwickelte Schriftkunst „Kalligrafie" im Islam. Analog zum Christentum existieren auch im Islam Weltgericht und Jenseitsvorstellungen, die sich in Himmel und Hölle unterscheiden. Durch eine gottesfürchtige Lebenshaltung kann ein „guter" Muslim den Weg ins Paradies finden. Doch letztlich entscheidet allein Allah über Bestrafung und Belohnung des Menschen.

Seit den Terroranschlägen in den USA und in Europa hat die Konfrontation zwischen islamisch-arabischer Welt und dem

Westen eine neue Dimension angenommen. Ob es uns gefällt oder nicht, die größte Herausforderung westlicher Politik in den nächsten zehn bis zwanzig Jahren ist die arabisch islamische Welt, denn offenbar kommen Politik und Gesellschaft ohne Feindbilder nicht aus, vor allem in Zeiten des Krieges, auch des Anti-Terror-Krieges. Der Islam ist in weiten Teilen der öffentlichen Wahrnehmung im Westen das, was früher der Kommunismus war, ein gefährlicher, unberechenbarer, auf die Weltherrschaft zielender Gegner, so ein namhafter Kenner Arabiens.

Was ist Islamismus?

Fest steht: Nicht alle Muslime sind Terroristen. Fest steht aber auch: Fast alle Terroristen sind Muslime. Dieses Zitat stammt von Abdel Rahman al-Rashid, dem Direktor des Fernsehsenders Al Arabiya. Das Zitat beschreibt eindringlich das Bild einer neuen Realität, mit dem sich gegenwärtig die westliche Welt konfrontiert sieht. Dabei ist es wichtig, genau zwischen Islam und Islamismus zu unterscheiden. Der Islam ist eine 1.400 Jahre alte Offenbarungsreligion. Der Islamismus ist dagegen eine politische Ideologie, eine politische und radikale Verengung des Islam. Die Anhänger dieser Ideologie, islamische Fundamentalisten missachten die Grund- und Menschenrechte und die Religionsfreiheit. Sie sind gegen eine Trennung von Staat und Religion und verstehen sich als Gegner der Demokratie.

Die Islamisten sichern ihren Machterhalt, indem sie sich auf die Unantastbarkeit des Koran berufen, damit aber die Unantastbarkeit der eigenen Korandeutung meinen. Weil islamische Fundamentalisten jede Abweichung von der eigenen Koranauslegung als Abkehr vom richtigen Glauben werten, können die Positionen des Islamismus nicht mehr hinterfragt und angetastet werden. Wer sich gegen die Meinung islamischer Fundamentalisten ausspricht, gilt nicht als Kritiker, sondern als ungläubiger, als Feind, der Allah verrät. Kritiker leben oft gefährlich, werden eingeschüchtert und bedroht. Der brutale Mord an dem niederländischen Filmemacher

Theo van Gogh im November 2004 ist ein prominentes Beispiel dafür, dass der islamische Extremismus längst Teil der politischen Lebenswirklichkeit in Europa geworden ist. In Deutschland werden von den über dreieinhalb Millionen Muslimen über 30.000 der extremistischen Szene zugeordnet, 4.000 von ihnen gelten als gewaltbereit.

Was will der Islamismus?

Islamisten, oder anders ausgedrückt, islamische Fundamentalisten, wollen die Welt neu ordnen, indem sie diese zunächst ‚entwestlichen'; sie sind bestrebt, die westlich-europäische Globalisierung rückgängig zu machen. Damit ist nicht nur gemeint, die Hegemonie, die Vorherrschaft des Westens durch eine Vorherrschaft des Islam abzulösen, sondern auch und vor allem, westliche Normen und Werte durch islamische abzulösen. Also, kein Pluralismus. Islamisten wollen, wie im ‚Bulletin der Diaspora-Islamisten' in London angegeben wird, eine ‚weltweite Herrschaft des Islam' etablieren.

Der Verfassungsschutz Deutschlands formuliert die Ziele der radikalen Bewegungen des islamischen Fundamentalismus wie folgt: Die Islamisten fordern unter Berufung auf den Urislam des 7. Jahrhunderts die ‚Wiederherstellung' einer ‚islamischen Ordnung' als der nach ihrem Verständnis einzig legitimen Staats- und Gesellschaftsform, die alle anders geprägten Ordnungssysteme ersetzen soll. In dieser ‚islamischen Ordnung' sollen alle Lebensbereiche so gestaltet sein, wie es von Gott durch den Koran und das Vorbild des Propheten und der frühen Gemeinde, der Sunna, verbindlich vorgegeben sei. Militante Islamisten glauben sich legitimiert, die ‚islamische Ordnung' mit Gewalt durchzusetzen. Sie beziehen sich dabei auf die im Koran enthaltene Aufforderung zum ‚Jihad' gemeint ist die Anstrengung, der innere Kampf, auch der ‚Heiliger Krieg', die sie, abweichend von anderen Muslimen, als heilige Pflicht zum unablässigen Krieg gegen alle ‚Feinde' des Islam sowohl in muslimischen als auch in nichtmuslimischen Ländern ansehen.

Der Begriff „Kampf der Kulturen" entstammt dem Buch des amerikanischen Politikwissenschaftlers Samuel Huntington „The Clash of Civilizations". Huntington vertritt die These, dass im 21. Jahrhundert nicht länger Nationen und Staaten als politische Akteure in Erscheinung treten, sondern unterschiedlich geprägte Kulturräume. Im Jahr 1998 hat Huntington im Rahmen der Globalisierung weltweit gewalttätige Auseinandersetzungen zwischen Muslimen und Nichtmuslimen prognostiziert. Tatsächlich herrschen im Westen wie im islamisch-arabischen Raum gegenseitige Ablehnung und Verharren in Vorurteilen vor dem als feindlich empfundenen Gegenüber. Die westliche Gesellschaft hat Angst vor rückschrittlicher Weltanschauung durch einen mittelalterlich geprägten Islam. Individuelle Lebensbestimmung, hoher Bildungsgrad, Emanzipation der Frau, sexuelle Freiheit, Säkularisierung, die Trennung von Staat und Religion, Rechtssicherheit durch parlamentarische Demokratie und Fortschrittsglaube gelten als westliche Werte, hart errungen durch Epochen wie die Aufklärung und die Moderne. Vielen Muslimen erscheint dagegen die westliche Welt entweder als heiß ersehnte, unerreichbare Ideen- und Konsumwelt oder sie empfinden die weltanschauliche Freizügigkeit des Westens als Bedrohung, die ihre Glaubensfundamente infrage stellt. Sie bemängeln die Dekadenz der abendländischen Welt, verurteilen Materialismus und Konsumhaltung, Einsamkeit und Zerrissenheit des Menschen, fehlenden Zusammenhalt in sozialen Netzwerken, wie die Familie, übersteigerten Individualismus, entseelte, atheistisch biszynische Lebenshaltung. Nahostexperten warnen vor einem allzu leichtfertigen Gebrauch der „Kampf der Kulturen." Man sieht vielmehr Fundamentalisten in beiden politisch-kulturellen Lagern. Der Konflikt zwischen Modernisten und Fundamentalisten ist demzufolge ein Konflikt über Ideale der Lebensführung und gesellschaftliche Ordnungsprinzipien.

Obwohl es auch jüdische und christliche Fundamentalisten gibt, etwa in den Reihen der israelischen Siedlerbewegung oder der protestantischen Freikirchen in den USA, gilt der Fundamentalismus in der westlichen Welt, in unserer Wahrnehmung, in aller Regel als ein rein islamisches Phänomen. Dies passt ja auch ins Bild: Islam gleich Terror. Interessanterweise behaupten nur die islamischen Fundamentalisten und die Anhänger von Samuel Huntingtons These eines „Kampfes der Kulturen", dass der Islamismus identisch sei mit dem Islam, es folglich zwischen Koran und Heiligem Krieg keinen Unterschied gebe.

Der zunehmende Werteverlust westlicher Gesellschaften bildet ein Werte-Vakuum. Die nach Orientierung suchenden Muslime wollen diesem westlichen Werteverlust die eigenen Traditionen entgegensetzen. Daher hat die restriktive Auslegung der Religion heute auch unter „säkularen", durch den Westen geprägten, Muslimen Hochkonjunktur. Viele muslimische Gruppierungen schauen sehnsüchtig auf die Epoche zwischen dem 7. und 17. Jahrhundert zurück, als der islamisch geprägte Kulturraum stabilisierte Macht besaß und den Westen beeinflusste.

Ein tiefer Riss der Verunsicherung geht durch die islamisch-arabischen Gesellschaften. Die gegenwärtige Epoche der islamischen Zivilisation wird als rückständig, chaotisch und gegenüber der kulturellen Sogkraft des Westens als unterlegen empfunden. Das Gefühl politischer Ohnmacht und die eigene Perspektivlosigkeit, gepaart mit dem Vorwurf der Lüge und der Heuchelei an die Adresse des Westens. Das ist der Nährboden, auf dem der islamische Fundamentalismus und der Dschihad-Terror gedeihen, analysiert ein Experte. Araber und Muslime sehen sich häufig als Opfer der Globalisierung und des Westens, als Spielball von Entwicklungen, die sie weder steuern können noch für richtig halten. Die große Vergangenheit, als die Araber ein Weltreich begründeten und in Wissenschaft, Kunst und Kultur Maßstäbe setzten, ist unwiderruflich vorbei. Das Gefühl, zu den Verlierern der Geschichte wie auch der Globalisierung zu gehören, stärkt bei vielen Arabern und Muslimen die Neigung, sich als ein vom Schicksal

verfolgtes Opfer zu bedauern und daraus die Rechtfertigung für einen grenzenlosen, absoluten, auch terroristischen Widerstand abzuleiten.
Diese häufig anzutreffende Verunsicherung in islamischen Gesellschaften macht sich die islamistische Weltanschauung zunutze und propagiert die folgenden Thesen:

1. essenzielle Unfähigkeit der Selbstkritik
In der islamistischen Lesart ist der Westen der personifizierte böse, alleiniger Verursacher der arabisch-islamischen Probleme und einzig an der Schwächung und dem Untergang der islamischen Kultur interessiert. Israel gilt als der Stachel im Fleisch, als der Beweis für die Niedertracht und die Gefahr, die aus dem Westen droht.
2. Zuflucht in die Geschichte
Epochen werden heraufbeschworen, als die arabische Kultur der westlichen überlegen war.
3. Trugschluss der Rückwärtsgewandtheit
Warum geht es den islamischen Gesellschaften schlecht? Weil sie vor Allah in Ungnade gefallen sind. Was kann man dagegen tun? Die absolute Aussöhnung mit Allah anstreben durch die bedingungslose, kritiklose Unterwerfung unter seinen Willen und die Gebote des Korans. Der sich in seiner direkten Lesart allerdings an eine beduinische Gesellschaft von vor 1400 Jahren wendet.

Zweites Kapitel

Doch nicht nur die moslemische Glaubensrichtung ist der Wert aller Dinge. Eigentlich schon immer in der Geschichte unserer Welt, besonders aber im sechszehnten und siebzehnten Jahrhundert, also vor mehr als dreihundert Jahren, erlebten und empfanden die Menschen schon persönliche Unterdrückung. Man begann sich aufzulehnen gegen die überreichen Machthaber und Großgrundbesitzer. Es kam zu Revolutionen, bekleidet von blutigen Auseinandersetzungen. Durch die Proklamation der Menschenrechte in der Menschenrechtserklärung durch die Französische Revolution, entstand die Parole:

«Freiheit, Gleichheit, Brüderlichkeit»

Waren die Parolen der Französischen Revolution „Freiheit, Gleichheit, Brüderlichkeit" nicht auch biblische Forderungen?

Man preist heute, nach mehr als 200 Jahren, die Proklamation der unveräußerlichen Menschenrechte der Menschenrechtserklärung der Französischen Revolution von 1789:

„Freiheit, Gleichheit, Brüderlichkeit".

Entsprechen diese Forderungen wirklich denen der Bibel und gehören sie zur göttlichen Schöpfungsordnung? Hier besteht weitgehend, auch bei bibeltreuen Christen, große Unklarheit. Darum sollen die drei Begriffe untersucht werden. Ich möchte mit der Gleichheit beginnen.

1. Gleichheit

Wie verhängnisvoll sich die Proklamation von „Freiheit, Gleichheit, Brüderlichkeit" auf Gleichheit auswirkt, zeigt der heutige

Feminismus. Gott hat z. B. Mann und Frau ungleich geschaffen; also ist dies seine Schöpfungsordnung und alle Gleichheitsideologie in dieser Hinsicht ist nicht von Gott, sondern von unten. Wir merken ihre negativen Auswirkungen bereits heute in der Politik und werden sie noch deutlicher erkennen in der Zukunft, wenn sie vielleicht nicht mehr zu ändern ist.

Die negativen Auswirkungen der Gleichheitsideologie der Französischen Revolution wurde bereits einmal bei der Frage des neuen Eherechts erörtert. „Zugunsten der Gleichheitsansprüche wird die Gemeinschaft der Ehe geopfert. Zwischen Gleichheitsansprüchen zweier unabhängigen Partner und der Gemeinschaft der Ehe gibt es nur ein Entweder-oder."
Gott hat auch jeden Menschen ungleich geschaffen. Also ist der Ruf nach Gleichheit aller Menschen unbiblisch. „Es gibt keine größere Ungerechtigkeit als unterschiedliche Wesen identisch zu behandeln", sagte Montesquieu zurecht. Er schreibt: „Diese Unterschiede ignorieren oder aufheben wollen heißt, gegen das Wesen der Dinge angehen, heißt, der Ideologie weichen". Gewiss sind wir nicht gegen das Prinzip: „Gleichheit aller Menschen vor dem Gesetz". Aber dieses Prinzip der „Gerechtigkeit" kann leicht zu neuer Ungerechtigkeit führen, wenn man nicht vom biblischen Menschenbild ausgeht. Und dies tat die Französische Revolution nicht. Sie ging nicht von einem dem Schöpfungswerk entsprechenden vielfältigen, individuell ganz unterschiedlichen Menschenbild aus, sondern von einem uniformen, gleichgeschalteten.

Gleichheit bedeutet für sie darum einheitliche Denk-, Glaubens-, und Verhaltensweise. Und das ist eine der göttlichen Schöpfung radikal widersprechende Gleichheitsideologie. Dieses unbiblische Verständnis von Gleichheit zeigte sich besonders deutlich den Juden gegenüber. Wohl wurden, besonders durch den Einfluss des radikalen Revolutionärs Robespierre, am 27. September 1791 zum ersten Mal in der Geschichte der Juden im Exil in Europa die Juden rechtlich den Nichtjuden gleichgestellt.

Das hieß aber für die Juden, ihre Jüdischkeit weitgehend aufzugeben. Sie sollten nicht mehr als religiöse Minderheit mit eigener Religion, Kultur und Sprache leben.Die Juden wurden emanzipiert, weil sie Menschen, nicht weil sie Juden waren. Dieses Gleichheitsverständnis bezog sich auch auf andere Minderheiten. Gleichheit hieß für sie Gleichschaltung, Aufgabe ihrer individuellen Überzeugungen. Das zeigt sich sehr deutlich bei einem andern der proklamierten Menschenrechte, der Freiheit.

2. Freiheit

Die Freiheit der Französischen Revolution war nicht die biblisch verstandene Freiheit. Diese Freiheit war absolut nicht die Freiheit von aller Sklaverei. Sie war gebunden an das uniforme Menschenbild der Revolution. Und das war ein atheistisches Menschenbild. Freiheit, losgelöst von göttlicher Autorität, wird zur Tyrannei durch Menschen, wie Wilhelm Hahn ausführt: „Der Mensch soll sein Schicksal und das der Menschheit in seine eigenen Hände nehmen und eine menschenwürdige, ideale Welt schaffen! Das Reich der Gerechtigkeit und des Glücks für alle Menschen, die alle gleich sind, lässt sich von Menschen auf dieser Welt erreichen". Welchen Fanatismus das Ziel der Menschheitsbeglückung hervorgebracht hat, von Robespierre bis Marx, von Lenin, Stalin bis hin zu Hitler oder Pol Pot und schließlich Ayatollah Khomeini, wird, erhellt aus dem folgenden programmatischen Wort Robespierres: „Die Triebkraft der Volksregierung ist in Friedenszeiten die Tugend. Sie ist in Zeiten der Revolution zugleich Terror und Tugend. Die Tugend, ohne die der Terror unheilvoll ist, der Terror, ohne den die Tugend machtlos ist. Der Terror ist nichts anderes als das schlagfertige, unerbittliche, unbeugsame Recht. Er ist somit ein Ausfluss der Tugend". Darum war es auch gar keine echte Freiheit, auch wenn sie noch so lauthals verkündet wurde. Sie bestand in lauter Verboten, was die Glaubens- und Gewissensfreiheit betrifft. Ist das etwa Freiheit, die nur mit neuen Verboten, christliche Feiertage und Feste, bestimmte religiöse Handlungen usw., gepaart war, gegeben von Menschen, die von göttlicher Autorität nichts wissen wollten, sondern einer „Göttin der Vernunft" huldigten, oder die das Volk zum Gott machten?

Wen wundert es, dass schon in den ersten Jahren nach der Emanzipation, besonders 1793/94, die jüdischen Gottesdienste meistens im Geheimen abgehalten werden mussten und es zu Verhaftungen von Rabbinern kam. Was ist das für eine Freiheit, wo nicht jeder nach seiner Überzeugung seines Glaubens leben kann?

3. Brüderlichkeit

Heute sollte man nach den Forderungen der Feministinnen „Schwesterlichkeit" sagen! Aber lassen wir den Ausdruck der Revolution stehen. Auch hier ist natürlich nicht an christliche Bruderschaft zu denken. Auch hier gibt es nur bedingte Brüderlichkeit. Auch hier galten diejenigen, die die Gedankengänge und gottlosen Prinzipien der Revolution, ihr Bekenntnis, wie die Existenz eines höchsten Wesens und die Unsterblichkeit der Seele, oder ihre ideologischen Kultfeiern usw. nicht gutheißen, praktisch nicht als Brüder, sondern als unliebsame Außenseiter oder Fremdkörper im Staat, die man entweder als zu vernachlässigende Größe überging oder gewaltsam zum Bruder machen wollte „Und willst du nicht mein Bruder sein, so schlag ich dir den Schädel ein". Die Schreckensherrschaft Robespierres geschah sicher nicht im Sinn der Brüderlichkeit seiner Untertanen!

4. Was sagt die Bibel?

Aus meinen Darlegungen ist hervorgegangen, dass die Französische Revolution mit ihrer Proklamierung von „Freiheit, Gleichheit, Brüderlichkeit" etwas anderes meinte als die Bibel und darum nicht christliche Begriffe oder Werte durchgesetzt hat.

a) Freiheit

Nach der Bibel gibt es keine absolute Freiheit. Als das Volk Israel von der Knechtschaft in Ägypten befreit wurde, kam es zum Sinai, wo es lernen sollte, sich an das Gesetz Gottes zu binden. In Römer 6,15 – 7,6 sagt Paulus, dass der Gläubige freigemacht wurde von der Sündenknechtschaft, aber zugleich Knecht der Gerechtigkeit wurde. „Jetzt dagegen, wo ihr von der Sünde frei und Knechte Gottes geworden seid, habt ihr als eure Frucht die Heiligung und als Endergebnis das ewige Leben". (Römer 6, 22)
Dieser zentrale Vers sagt alles. Die Proklamation einer ziellosen, zügellosen Freiheit ist völlig unbiblisch. Die Bibel lehrt uns keine Freiheit von aller Sklaverei. Sie lehrt uns, dass wir entweder „Sklaven" der Sünde oder „Sklaven" Gottes sind. Es gibt nur dieses Entweder-oder. Als Knechte Gottes haben wir als Ziel die Heiligung, in diesem Leben und als Endergebnis das ewige Leben. Wir sind nie absolut frei, also haben wir auch keine solche Freiheit zu verkündigen. Luther sagte es in dem Paradox: „Der Christ ist ein freier Mann und niemandem untertan. Der Christ ist ein dienstbarer Knecht aller und allen untertan". Freiheit vom mosaischen Gesetz bedeutet nicht Zügellosigkeit, sondern Gehorsam Christi, Gebundenheit an das Gesetz Christi (1. Kor. 9,21). Biblisch verstandene Freiheit ist nur möglich durch die neue Gebundenheit an den Geist Gottes und seine Leitung (Römer 8,14). Freiheit muss ein Ziel haben, sonst wird sie nur Menschenknechtschaft (1. Kor 7,23). Da diese Freiheitsproklamation der Französischen Revolution kein solches Ziel hatte, wurde sie nur zur neuen Gebundenheit an Menschengebote und Verbote. Sklaven des Verderbens können nicht wahre Freiheit verheißen. Sie verheißen ihnen Freiheit, sind dabei aber selbst Sklaven des Verderbens; denn von wem jemand im Kampf überwunden ist, dem ist er auch als Sklave verfallen (2. Petr 2,19.15).

b) Gleichheit

Es gibt nach der Bibel nur eine Gleichheit, die für uns alle gilt, nämlich die von Römer 3, 10-19: Die ganze Menschheit ist dem

Gericht Gottes verfallen! Und es gibt nur einen Heilsweg für uns alle: Die Gottes Gerechtigkeit, die durch den Glauben an Jesus Christus für alle da ist und an alle kommt, die da glauben (Römer 3, 22). Denn hier gibt es keinen Unterschied; alle haben ja gesündigt und bleiben unteilhaftig des Ruhmes, den Gott verleiht; so werden sie geschenkweise durch seine Gnade gerechtfertigt infolge der Erlösung, die in Jesus Christus begründet ist (Römer 3, 23, 24). Hier ist es angebracht von Gleichheit zu reden. Aber davon redet die Französische Revolution nicht. Und die Gleichheit, die sie verkündet, gibt es, wie wir ausgeführt haben, nicht. Sie führt nur zu neuer Ungerechtigkeit im Namen eines unbiblischen Menschenverständnisses von Gleichheit.

c) Brüderlichkeit

Die Bruderschaft im biblischen Sinn ist nur möglich durch den Vater im Himmel. Gott möge uns verschonen vor einer Brüderlichkeit des Schafotts! Gott möge uns verschonen vor einer Brüderlichkeit des atheistischen Genossen! Gott möge uns verschonen vor einer Zwangsbruderschaft! Gott möge uns auch bewahren vor einer Zwangsschwesternschaft des Feminismus! Gott möge uns bewahren vor einer Bruderschaft, die keine ist! Die Bruderschaft der Französischen Revolution, die die Vaterschaft Gottes leugnete, ist keine Bruderschaft. Und diesen Vater in Jesus Christus hat die Revolution ausgeschaltet. Sie wollte „Brüder", ohne den „Meister" anzuerkennen. Ihr Bruderbild war nicht das der Bibel: „Dem Bilde seines Sohnes gleich zu werden: Dieser sollte der Erstgeborene unter vielen Brüdern sein". (Römer 8,19). Reden wir also nicht mehr davon, die Französische Revolution habe „christliche Rechte" durchgesetzt. Sie war weit entfernt davon.
Vertiefen wir uns mehr in die Bibel, um zu erfahren, was sie über „Freiheit, Gleichheit und Brüderlichkeit" sagt.
Die christlichen Kirchen hatten in dieser Zeit einen großen Einfluss auf das gesellschaftliche Leben, aber auch auf die Regierenden. Viele Entschlüsse wurden erst durch die Absegnung der

Kirchen umgesetzt. Der Staat regierte in konservativer Weise, die Macht und der Wohlstand der Oberschicht musste erhalten werden.

Unter diesen Umständen entwickelte sich eine der ersten Revolutionen in Frankreich. Unter diesen Forderungen stand die wohl bekannteste Revolution, die ihren Anfang am **14. Juli 1789** nahm, mit der Erstürmung der Bastille.

Die französische Revolution

Ein heißer Sommer hatte die Ernte verbrannt, ein ganzes Land war in unglaublicher Erregung, überall wurden politische Ideen diskutiert, die hohe Geistlichkeit hatte angekündigt, dass sie auf kein einziges Privileg verzichten würde. Die Staatskasse war leer und deshalb konnte sich Ludwig XVI. auch nicht mehr der Einberufung der Generalstände entziehen, seine Verzögerungspolitik war gescheitert. Lomenie de Brienne verkündet gleichzeitig den Staatsbankrott, die Einberufung der Generalstände zum 1. Mai 1789 und seinen Rücktritt. Der Hof hat die Kontrolle der Ereignisse verloren.

Das absolutistische Frankreich erlebte mehrere Krisen in den Jahren vor der Revolution, so führt die hohe Staatsverschuldung durch langwierige Kriege dazu, dass der Staat in finanzielle Bedrängnis geriet. Die gesamte Steuerlast trug der 3. Stand, Adel und Klerus hatten keine Steuern zu zahlen. Im Jahr 1788 folgte eine schwere Missernte und der darauf folgende strenge Winter trieb den Brot- und Heizpreis nach oben. Das Ancien Regime funktioniert aus personellen, politischen, wirtschaftlichen und sozialen Ursachen nicht mehr. Das Bürgertum forderte eine weitgehende Umgestaltung des gesellschaftlich-politischen Lebens. Befreiung der Bürger aus der Bevormundung des Staates, unbeschränkte Aktivität von Kapital und Arbeit in freiem Wettbewerb, die Einführung der Gewerbefreiheit, Abschaffung aller Dienste und Abgaben für die Gutsherren und freies Eigentum.

Vorbild für eine Umgestaltung des Staates war in Frankreich zu dieser Zeit die Amerikanische Revolution.

Als Amerikanische Revolution werden die Ereignisse bezeichnet, die zur Loslösung der Dreizehn Kolonien in Nordamerika vom Britischen Empire und zur Unabhängigkeit der Vereinigten Staaten von Amerika führten. Der Beginn der Revolutionszeit wird zumeist mit dem Jahr 1763 angegeben, als Großbritannien begann, nach seinem Sieg im Franzosen- und Indianerkrieg die Verwaltung und Besteuerung seiner nordamerikanischen Kolonien zu reformieren, was dort bald zu Protesten führte. Der Konflikt eskalierte in den 1770er Jahren bis hin zum Ausbruch des amerikanischen Unabhängigkeitskrieges 1775 und der förmlichen Unabhängigkeitserklärung der Vereinigten Staaten am 4. Juli 1776. Das Ende der Revolutionszeit wird oft mit dem Jahr 1783 angesetzt, in dem die Briten nach ihrer Niederlage im Frieden von Paris die Unabhängigkeit der USA anerkennen mussten. Andere Historiker rechnen zur Revolutionszeit noch die Jahre bis zur Ratifizierung der noch heute gültigen Verfassung der Vereinigten Staaten und der Vereidigung George Washingtons als ersten Präsidenten im Jahr 1789.
Doch die Herrschenden in Frankreich wollten einen Umsturz der Verhältnisse vermeiden, dies hätte einen Einschnitt in ihre Privilegien bedeutet. Die Notablen, vom König ausgewählte angesehene Persönlichkeiten, schlugen die Einberufung der Generalstände vor, so erhofften sie sich einen Zuwachs an Macht der ersten beiden Stände gegenüber dem König, der das Ende für das absolutistische System bedeutet hätte.

In der Versammlung hatte jeder Stand 300 Vertreter, wobei en bloc abgestimmt wurde, das heißt, jeder Stand hatte nur 1 Stimme, was zu einer Mehrheit des 1. + 2. Standes geführt hätte. Anfang Mai berief der König die Generalstände ein, doch er verdoppelte die Anzahl der Vertreter des 3. Standes. Als die Versammlung am 5. Mai 1789 von König Ludwig XVI. eröffnet wurde, forderte der

3. Stand gleich zu Beginn mehr politische Mitbestimmung und dass die Verhandlungen nach Ständen getrennt wurden. Als diese Verhandlungen sich über Wochen hinzogen, erklärte sich der 3. Stand zur Nationalversammlung, der „einzig rechtmäßigen Vertretung aller Franzosen". Da der Sitzungssaal angeblich wegen Bauarbeiten geschlossen war, tagte die Nationalversammlung im Ballhaus. Dort schwor man feierlich nicht auseinanderzugehen, bevor Frankreich eine Verfassung hätte. Wenige Tage später fügte sich der König dieser Entwicklung und erklärte die Generalstände zur Nationalversammlung.

Der König ließ Truppen, noch während die Nationalversammlung tagte, in Versailles und Paris zusammenziehen, denn er fürchtete um seine Herrschaft, da die Lage in Paris durch hohe Arbeitslosigkeit und gestiegener Brotpreise noch explosiver war. Als die Truppen zu sehen waren, verbreitete sich das Gerücht, das der König einen Gewaltstreich gegen die Nationalversammlung vorbereite. Daraufhin stürmte am 14. Juli 1789 eine Menschenmenge die Bastille, die Französische Revolution hatte begonnen. Diese **„Revolution des Bürgertums"** breitete sich über das Land aus, die Bauern erhoben sich gegen Adel und Klerus. Diese beschlossen am 4. und 5. August freiwillig auf ihre Vorrechte zu verzichten um Schlimmeres zu vermeiden. Am 26. August wurde die „Erklärung der Menschen und Bürgerrechte" verkündet, am 3. September 1791 wurde Frankreich zur konstitutionellen Monarchie erklärt. In dieser neuen Verfassung lag die Legislative bei der Nationalversammlung, die Exekutive beim König und seinen Ministern und die Judikative bei den Richtern.

In dieser Zeit hatten sich im revolutionären Frankreich verschiedene politische Strömungen gebildet. Am einflussreichsten waren die Jakobiner, die für die Rechte der Kleinbürger und der städtischen Unterschicht eintraten. Die Girondisten vertraten die Interessen des Besitzbürgertums. Die 3. politische Kraft waren die Sansculotten, diese rekrutierten ihre Mitglieder aus politisch aktiven Handwerkern, Kleinhändlern und Arbeitern. Am 20. April

1792 erklärte die „Gesetzgebende Versammlung" Österreich den Krieg. Die Abgeordneten hatten vor einer Gegenrevolution, der ins Ausland geflohenen Adligen, Angst. Diese Gerüchte wurden durch einen gescheiterten Versuch von König Ludwig XIV ins Ausland zu fliehen genährt.
Nach Neuwahlen wurde der Nationalkonvent im September gewählt. Auf seiner ersten Sitzung am 21. September schaffte er die Monarchie ab und verurteilte Ludwig XIV zum Tode durch die Guillotine, er wurde am 21. Januar 1793 hingerichtet. Als der Nationalkonvent am 17. September 1793 das „Gesetz über die Verdächtigen" erlässt, beginnt die Zeit des Schreckens.
Der Nationalkonvent übertrug die Regierungsgewalt dem Wohlfahrtsausschuss, dessen Vorsitzende Danton und Robespierre waren. Durch die Einführung der Wehrpflicht und der Bildung eines Volksheeres konnten die feindlichen Truppen erfolgreich besiegt werden. Innenpolitisch wurde das Revolutionstribunal gegen innere Feinde gebildet. Die Liste potenziell verdächtiger wurde immer größer. Insgesamt wurden 100.000 – 300.000 Menschen verhaftet, 35.000 – 40.000 wurden hingerichtet. Dieser Terror gegen die eigene Bevölkerung führte zu steigenden Hass gegen die Jakobiner, deren Schreckensherrschaft mit der Hinrichtung Robespierres am 28. Juli 1794 endete.

Als General Napoleon Bonaparte 1799 erster Konsul von Frankreich wurde, brach das Napoleonische Zeitalter an, die Französische Revolution war beendet, Frankreich legte damit den Grundstein für ihre jetzige Demokratie.
Napoleon Bonaparte wurde am 15. August 1769 in Ajaccio auf Korsika geboren. Er stieg während der Revolution in der Armee auf und wurde durch Feldzüge gegen Italien und in Ägypten sehr bekannt und beliebt. Im Jahr 1799 übernahm er als erster Konsul die Macht in Frankreich. Diese Macht baute er stetig aus, 1802 machte er sich zum Konsul auf Lebenszeit und 1804 krönte er sich in Anwesenheit des Papstes selbst zum Kaiser der Franzosen. Beide Schritte lies er sich durch Plebiszite, Volksabstimmungen,

bestätigen. Seine Herrschaft gründete nicht nur auf militärischen Erfolgen, sondern auch auf der innenpolitischen Befriedung Frankreichs. Mit dem Code civil schuf Napoleon ein bedeutendes Gesetzeswerk der Neuzeit.

Von 1799 an führte Napoleon Krieg gegen alle europäischen Staaten um die Vormachtstellung Frankreichs in Europa auszubauen.

Am 20. Oktober 1805 besiegte er das österreichische Heer bei Ulm, am 2. Dezember desselben Jahres das russisch-österreichische Heer bei **Austerlitz**. Das preußisch-sächsische Heer besiegte er am 14. Oktober 1806 bei Jena. Durch diese Erfolge wurde Frankreich Beherrscher von Europa, Preußen musste infolge des Friedens von Tilsit die Hälfte seines Staatsgebietes abtreten.

Im Reichsdeputationshauptschluss wurden Fürsten, die bei der Anerkennung der französischen Grenze am Rhein Gebiete verloren hatten, entschädigt. Bei diesem Verfahren wurden insgesamt 462 Gebiete in Deutschland aufgehoben, 112 Bistümer
und Abteien wurden säkularisiert, geistlicher Besitz wird in weltlichen Besitz übergeben und 350 Reichsritterschaften und Reichsstädte mediatisiert, das heißt einem weltlichen Fürsten unterstellt. Von diesem Verfahren profitierten Baden, Bayern, Württemberg und Preußen am meisten. Als die französisch-spanische Flotte im Oktober 1805 in Trafalgar vom englischen Admiral Nelson vernichtet wurde, musste Napoleon jegliche Invasionspläne gegen England aufgeben. Um England in die Knie zu zwingen, wollte er mit einer Wirtschaftsblockade, der sogenannten Kontinentalsperre, jeglichen Handel des europäischen Festlandes mit der Insel unterbinden. Doch englische Waren kamen über Russland auf den europäischen Markt. Um sein Ziel dennoch durchsetzen zu können, musste Napoleon gegen Russland militärisch vorgehen. Im Jahr 1812 begann er mit einer 600.000 Mann starken Armee den Russland-Feldzug. Da die russischen Truppen jeder Schlacht auswichen, konnte die Armee ohne große Verluste bis nach Moskau marschieren. Die Stadt aber wird von den Russen

abgebrannt um die Napoleonische Armee zu vernichten. Die große Armee muss den Rückzug antreten, ohne Proviant, mit schlechter Versorgung und von attackierenden russischen Soldaten angegriffen, überleben nur 100.000 Mann den Feldzug gegen Russland. Diese Niederlage für Napoleon ist ein Signal für die besetzten Länder Europas sich gegen die französische Besatzung zu erwehren. Vom 16. bis 19. Oktober 1813 tobt die Völkerschlacht bei Leipzig. Napoleon verliert gegen ein russisch-preußisch-österreichisch-britisches Koalitionsheer und wird daraufhin 1814 nach Elba verbannt. Am 1. März 1815 kehrte er aus seiner Verbannung zurück, wurde aber bei Waterloo geschlagen und daraufhin auf St. Helena verbannt. Dort starb er am 5. Mai 1821.

Drittes Kapitel

In dieser Zeit war Bewegung unter die Völker gekommen. Wie die Geschichte zeigt und wir nachlesen können, fand auf dem neu entdeckten Kontinent „Amerika" schon etwas früher eine, ebenso richtungsweisende Revolution statt.
Ich möchte auf den Ursprung der Amerikanische Revolution zurückkommen, um verständlich zu machen, dass es freiheitliche Bewegungen schon seit Generationen auf unserer Welt gibt. Diese Freiheitsbewegungen haben das Leben in vielen Teilen der Welt verändert, den Appetit nach Selbstbestimmung und persönlicher Freiheit angeregt und so sind wir nun Zeuge einer sich sehr stark ausweitenden Demokratiebewegung. Diese Veränderungen haben zu verschiedenen Zeiten unterschiedliche Regionen unserer Welt erfasst und sind nun, im Jahre 2011 bei den nordafrikanischen Ländern und im Mittleren Osten angekommen. Doch hierzu etwas später.
Der amerikanische Kontinent, vor allem Nordamerika, war seit dem frühen 17. Jahrhundert das Ziel zahlreicher europäischer Auswanderer, die Beweggründe waren wirtschaftlich, vor allem aber religiös und gesellschaftspolitisch geprägt. Seit der Entdeckung der „neuen Welt" **1492 durch Christoph Columbus** entstanden verschiedene Herrschaftsgebiete in Nordamerika.
Die europäischen Großmächte England, Frankreich und Spanien kämpften um Einfluss. England gründete seine 13 Kolonien „Neu-England" und war zentrale Macht auf dem Kontinent, da die meisten Auswanderer aus dem Vereinigten Königreich kamen. Im Siebenjährigen Krieg, indem vor allem die Großmächte England und Frankreich um Kolonien in Indien und Nordamerika kämpften, kam es zur Niederlage Frankreichs. England erhielt französische Gebiete in Indien, darüber hinaus Quebec 1759 und Montreal 1760 in Amerika. Nach dem Krieg waren auch indianische Gebiete östlich des Mississippis und das spanische Florida unter englischer Kontrolle. Eine zunehmende Befriedung zwischen den Kolonien und den Indianern im Grenzland fand

ebenfalls statt, da die britische Krone eine friedliche Lösung der Indianerfrage erreichen wollte. Dies führte jedoch zu einem Zwist zwischen der Bevölkerung in den Kolonien und dem englischen König Georg III.

Der Großteil der Einwohner der 13 britischen Kolonien stand loyal hinter dem Interesse der britischen Krone und identifizierte sich mit dem britischen Volk. Aber Mitte des 18. Jahrhunderts belasteten immer mehr Spannungen die Verbundenheit mit England. Neben den differenzierten Auffassungen von territorialen Grenzen und wirtschaftlichen Maßnahmen führten neue wissenschaftliche Errungenschaften zum Umdenken der Kolonialbürger.
Die Ansichten der als Staatstheoretiker angesehenen Denker John Locke und Charles de Montesquieu fanden Zuspruch bei den revolutionären Kräften und Gründern der Vereinigten Staaten. Ihre Theorien, die die Inhalte der Aufklärung in Europa widerspiegeln, fordern die Grund- und Menschenrechte aller Bürger, die Trennung von Staat und Kirche und die Gewaltenteilung. Die Vorstellung, eines auf diesen Grundsätzen basierenden Staates, setzte sich in den Köpfen der nordamerikanischen Kolonialbürger fest. England herrschte über die 13 Kolonien und regelte alle wirtschaftlichen und politischen Angelegenheiten, wobei die Kolonien keinerlei Mitspracherecht besaßen.
Die Kolonisten hatten klare Forderungen an das britische Parlament, sie wollten eine Handelsfreiheit, mehr Mitspracherecht zur Eigenständigkeit. Ihr Ziel war es zu diesem Zeitpunkt noch nicht, die Selbstständigkeit zu erlangen. Die britische Regierung lehnte diese Forderungen konsequent ab.
Die Puritaner hatten einen großen Anteil an der Entwicklung der Religion in den Kolonien und den späteren USA, zudem gelten sie als die Gründerväter der Vereinigten Staaten. Die aus England stammenden Puritaner kamen 1620 mit der „Mayflower" nach Nordamerika, sie gingen auf der Halbinsel Cape Cod, nördlich der englischen Siedlung Virginia, von Bord und gründeten die spätere

Kolonie Massachusetts. Dies führte zur Auswanderung anderer Puritaner aus England, sie erhofften sich Religionsfreiheit von der dominanten anglikanischen „Church of England."
Die strenge calvinistische Glaubensrichtung der Puritaner entwickelte sich gegen Ende des 16. Jahrhunderts in England. In den puritanischen Kolonien, neben Massachusetts auch Maine, New Hampshire, Rhode Island und Vermont, wurde die gesellschaftliche Ordnung nach der Bibel ausgerichtet. Dies führte zur Einschränkung der Meinungsfreiheit und der individuellen Entfaltung. Eine Religionsfreiheit wurde nicht geduldet und Atheismus stand unter Todesstrafe.

Es gab jedoch auch Puritaner, die ein liberaleres Denken verkörperten und sogar eine Trennung von Staat und Kirche forderten. Sie repräsentierten das Umdenken und das Hinterfragen der gesellschaftlichen Ordnung. Für diese Ansichten wurden sie von den konservativen Puritanern verfolgt. Dennoch verbreiteten sich die Ansichten der Liberalen und fanden Unterstützung in den Theorien der europäischen Aufklärung.
Neben den Puritanern gab es auch andere Glaubensanhänger in den Kolonien, die sich durch Auswanderung eine Religionsfreiheit erhofften. Sie befanden sich jedoch in der Minderheit und wurden von den Puritanern lediglich geduldet.

Die Entwicklung zur Religionsfreiheit, und damit die Verbreitung der Staatstheorie nach John Lock fand auf unterschiedlicher Weise und zu unterschiedlichen Zeiten in den einzelnen Kolonien statt. Sie war abhängig von der jeweiligen Gesellschaftsordnung.
Die Ursachen der amerikanischen Revolution liegen in der zunehmenden Entfremdung zwischen den Kolonisten und dem britischen Königshaus. Der Disput fand seinen Ursprung im Siebenjährigen Krieg gegen Frankreich und dem spätere Pontiac-Aufstand, der erfolgreich niedergeschlagen wurde. Dieser ging von einem ehemaligen, mit Frankreich verbündeten, Indianerstamm aus. Nach dem Sieg Englands wurde die Abtretung französischer

Gebiete im Vertrag von Paris 1763 festgehalten, durch die Unterzeichnung wurde der Krieg in Nordamerika beendet. Die nun englischen Gebiete wurden unterteilt in Quebec sowie Ost- und Westflorida, darüber hinaus wurde Grenada annektiert.

König Georg III., der neue englische Regent, verfolgte nach dem Krieg in Nordamerika eine neue politische und wirtschaftliche Ausrichtung. Dies sollte die angespannten Verhältnisse stabilisieren und die Wirtschaft rentabler machen.
In der königlichen Proklamation von 1763 wurde u. a. festgelegt, dass die Expansion der Siedler gegen Westen in Nordamerika zeitweise eingestellt werden soll. Ziel war es, die Ansiedelung in geregelte Bahnen zu lenken. England wollte eine Anna-Ehrung an die Indianerstämme. In der Proklamation wurde es privaten Personen untersagt Land von Indianern zu erwerben. Das Erwerben von Ländereien konnte nur durch den englischen König genehmigt werden. Die Proklamationslinie sicherte den Indianern ihre Gebiete zu und schuf Rechtsklarheit.

Durch diese Zugeständnisse wollte der englische König die gewaltsamen Auseinandersetzungen mit den Indianern eindämmen, da diese zu hohen militärischen Ausgaben führten. Eine Vielzahl von englischen Schutztruppen mussten für die Kolonien bereitgestellt werden. Ein Teil der Kosten sollte durch Steuereinnahmen aus den Kolonien gedeckt werden und ein Teil sollte durch die Annäherung an die Indianer wegfallen.
Die Proklamation stieß auf Widerstand durch die Kolonisten im Osten der Appalachen. Sie ignorierten die Weisungen und ließen sich illegal auf indianischen Ländereien nieder. England konnte diese Entwicklung nicht aufhalten, es siedelten sich mehr und mehr Kolonisten an. Die Bestimmungen durch den König führten zur Anspannung mit den Kolonien, diese entluden sich im Unabhängigkeitskrieg von Amerika.
Neben politischen Beschlüssen wurden auch wirtschaftliche Maßnahmen eingeleitet. Der Siebenjährige Krieg erwies sich als sehr

kostspielig und hatte eine hohe Staatsverschuldung Englands zum Resultat. 1766 wurden aus diesem Grund wirtschaftliche Schritte in Gang gesetzt, um die Verschuldung, durch Einnahmen aus den Kolonien, auszugleichen.

Dies sollte durch eine Erhöhung der Steuern erwirkt werden. Es kam zur Einführung des Zuckergesetzes, dabei handelt es sich um ein Schutzzollgesetz für englische Importgüter. Die Zollbestimmungen brachte die Wirtschaft in den Kolonien zum Erliegen. Proteste der Kolonisten lösten den Boykott englischer Güter aus. In ihren Forderungen beriefen sie sich auf die Gründungbriefe der Kolonien und der Magna Charta, die politische Beschlüsse zusicherten. Das Kolonialparlament wollte Gesetze unabhängig von England beschließen. Der Widerstand regte sich in allen Kolonien und führte zu einer einheitlichen Ausrichtung.
Das vorgesehene Stempelgesetz, das eine Besteuerung aller offizieller Dokumente, Verträge, Publikationen und Kartenspielen vorsah, brachte eine Massenbewegung hervor. In allen Kolonien gruppierten sich Patrioten und erreichten durch ein Schreiben an das Parlament die Aufhebung des Gesetzes. Wider die Proteste wurden weitere Steuergesetze erlassen, die auf Güter des täglichen Bedarfes erhoben wurden.

Beschlagnahmung von Gütern des Schiffes „Liberty" in Boston im Juni 1768 brachten starke Proteste hervor, die England dazu veranlasst haben, Truppen nach Boston zu schicken. Die Situation eskalierte am 5. März 1770 in Boston, es kam zur gewaltsamen Auseinandersetzung mit dem Militär, bei der Aufständische erschossen wurden. Dies war Wasser auf den Mühlen der revolutionären Kräfte. Das Townshendgesetz wurde aufgehoben.
Die Bewohner der amerikanischen Kolonien hatten das Bedürfnis und das Ziel den „Wilden Westen" zu besiedeln. Das noch nicht kolonialisierte Land der indianischen Ureinwohner bot für viele reiche Investoren, aber auch manch einfachen Siedler, die Mög-

lichkeit mittels der Erschließung des Landes ein gutes Geschäft zu machen.
Wohlhabende Bürger kauften den indianischen Stämmen ihre Ländereien ab oder enteigneten sie gewaltsam. Durch die königliche Proklamation 1763 von König Georg III. von England wurde diesen Plänen Einhalt geboten. Georg III. wollte die militärischen Auseinandersetzungen zwischen den Indianerstämmen und den englischen Siedlern begrenzen. Die Proklamation sah vor, dass die Gebiete im Westen der Appalachen nicht von englischen Siedlern in Besitz genommen werden durften.
Die sogenannte Proklamationsgrenze, die das koloniale Gebiet von dem der Indianer trennte, wurde von den Siedlern gänzlich ignoriert. Die meisten Siedler, die in Richtung Westen zogen, vertraten die Ansicht, dass die indianischen Stämme keine Rechte besitzen und demzufolge auch keinen Anspruch auf rechtmäßigen Besitz. In den Bereichen der proklamierten Grenzen kam es zu militärischen Auseinandersetzungen mit den Ureinwohnern, dennoch brach der Strom des Expandierens nicht ab. Durch Entsendung britischer Truppen sollten die Forts im Westen gesichert und die Siedler von den westlichen Appalachen ferngehalten werden.

Die Beschlüsse der englischen Regierung und die Maßnahmen, zum einhalten der Bestimmungen, stießen auf heftigen Widerwillen der Kolonien. Dadurch kam es zum Bruch mit dem Heimatland England und zur Freiheitsbewegung in den amerikanischen Kolonien.
Die Auseinandersetzungen zwischen den Kolonien und England spitzen sich in den Krisenjahren zwischen 1772 bis 1775 zu.
1772 kam es zur Gaspeeaffaere bei der ein englisches Schiff, das Schmuggler verfolgte, durch die Unabhängigkeitskämpfer der „Sons of Liberty" in Brand gesteckt wurde. Der Schmuggel florierte in diesen Jahren aufgrund der hohen Einfuhrzölle von Waren.
Der Kampf setzte sich fort durch die Erlassung des Teegesetzes 1773, durch das der Preis des Tees aus Indien gesenkt wurde. Die

Regierung sah sich gezwungen ihn günstiger in den Kolonien zu vertreiben, weil der Absatzmarkt durch den Boykott zusammengebrochen war und das britisch-indische Unternehmen der Bankrott drohte. Es kam jedoch nicht zur Senkung der Importzölle in den Kolonien, lediglich die Einfuhrzölle nach England fielen weg. Die amerikanische Bevölkerung sah in diesem Gesetz den Versuch, einen Graben zwischen den wohlhabenden und armen Bevölkerungsschichten in den Kolonien zu schaffen. Dadurch kam es am 16. Dezember des gleichen Jahres zur legendären „Boston Tea Party" im Hafen von Boston. Als die als Indianer verkleideten Aufständischen drei Schiffe der East India Trading Company stürmten und die Teeladung ins Bostoner Hafenbecken warfen. Diese vorgenannte Tea Party macht auch im Jahre 2010/2011 noch Schlagzeilen in Amerika. Sie zeichnet sich durch friedliche Demonstrationen an geschichtsträchtigen Plätzen aus, mit dem Ziel politischer Veränderungen in ganz Amerika.

Diese Aktionen veranlassten die englische Regierung 1774 zur Erlassung der „Intolerable Acts", eine Reihe von Gesetzen, die den erstarkten Unruhen entgegenwirken sollten. Die Repressalien betrafen überwiegend Boston aufgrund der „Boston Tea Party". Das Gesetz enthielt mehrere Maßnahmen und hatte die Schließung des Bostoner Hafens, Versammlungsverbot und Widerruf der Gründerurkunde Massachusetts zur Folge. Zudem waren die Bewohner der Kolonie verpflichtet, Angehörigen der britischen Armee eine Unterkunft zur Verfügung zu stellen. Massachusetts erhielt Beistand von anderen Kolonien, dadurch rief man 1774 zum ersten Kontinentalkongress auf.

Der Kongress trat erstmals am 5. September 1774 zusammen. In Philadelphia versammelten sich Delegierte aus allen britischen Kolonien Nordamerikas außer Georgia. Sie erklärten die englischen Beschlüsse für verfassungswidrig und riefen die Bevölkerung zum Widerstand auf, darüber hinaus verfassten sie eine Solidaritätserklärung der Kolonien. Es kam zur Organisierung des zweiten Kontinentalkongresses.

Die Beschlüsse des Kontinentalkongresses führten im April 1775 zum Beginn der ersten bewaffneten Gefechte zwischen den Kolonien und Großbritannien. Die ersten Kämpfe, des amerikanischen Unabhängigkeitskrieges, der von 1775 bis 1783 ausgetragen wurde, begannen in Massachusetts in der Schlacht bei Lexington und Concord.

Am 10. Mai folgte der zweite Kontinentalkongress der Kolonien und fand bis zum 2. März 1789 statt. Die Aufgabe des Kongresses bestand darin, die amerikanische Revolution gegen England zu organisieren und vorzubereiten. Die Kolonien stellten eine Kontinentalarmee auf und führten eine eigene Währung ein. Der Kongress starte auch einen letzten Versuch die Auseinandersetzungen ohne Krieg zu beenden. In der Olivenzweigpetition an den englischen König Georg III. am 5. Juli 1775, kam es zum Appell an den König die beschlossene Wirtschaft- bzw. Steuerpolitik in den Kolonien zurückzunehmen. Georg III. nahm den Appell nicht entgegen und lehnte ihn somit ab. Der Krieg zwischen den Amerikanern und Großbritannien war nicht mehr zu stoppen.

Die Kämpfer der Unabhängigkeitsbewegung hatten ein gemeinsames Ziel, die Selbstständigkeit der Kolonien. Die Patrioten vertraten jedoch eine unterschiedliche Ansicht in der Gestaltung des gesellschaftlichen Zusammenlebens. Ihre Interessen ergaben sich aus ihrer Herkunft, die namhaften Patrioten Alexander Hamilton, George Washington und John Jay entstammen der oberen Schicht der kolonialen Gesellschaft. Sie vertraten das sozialkonservative Denken und waren bedacht auf Sicherung der Reichtums- und Machtverhältnisse der obersten Gesellschaftsschicht. Ihre Vorstellungen wurden in der föderalistischen Partei aufgegriffen und erhalten.

Die Interessen der mittleren Gesellschaftsschicht wurde durch Thomas Paine, James Madison, Benjamin Franklin und Thomas Jefferson vertreten. Sie repräsentieren die Vorstellung einer politischen Gleichberechtigung der Gesellschaft.

Eine andere gesellschaftliche Gruppierung stellten die Loyalisten dar. Sie hielten loyal zum britischen Königshaus und wandten sich gegen die patriotischen Aufständischen. Zu den auch als Tories bezeichneten Kolonisten gehörte eine große Anzahl der Bevölkerung. Die meisten waren gesellschaftlich besser gestellt und siedelten sich auf kanadischen Ländereien an. Zu den Loyalisten zählten aber auch ärmere Bewohner und sogar Indianer. Die Anhänger der Unabhängigkeitsbewegung in Amerika sahen in ihnen verräterische Kollaborateure der englischen Regierung. Die englische Regierung hatte eine andere Sichtweise auf die Loyalisten, für diese waren es ehrenhafte britische Bürger und bezeichneten im Gegensatz dazu die Aufständischen der Kolonien als Verräter. Die Unterschiede innerhalb der Unabhängigkeitsbewegung lagen in der Herkunft der Patrioten und deren jeweiligen Ziele und Vorstellungen, die durch die Befreiung von der englischen Herrschaft verwirklicht werden sollten.

Patrioten, die aus der Oberschicht der kolonialen Gesellschaft kamen, sahen in der Unabhängigkeit die Aufhebung willkürlich wirkender Steuerbelastungen durch England. Sie sahen in der Erschließung der westlichen Gebiete, die durch die Proklamation den Indianern Anspruch zusicherte, große Investitionsmöglichkeiten und Gewinne. Diese Streitpunkte waren der Anlass der konservativen Patrioten, zudem wollten sie politischen Einfluss auf die neue Nation haben.

Das andere Ende der Gesellschaft, die arme Bevölkerung, hatte andere Gründe, die zum Kampf um die Unabhängigkeit führten. Ihr Interesse war es größere Berücksichtigung in der Politik des Landes zu erlangen. Zudem sollte die Privilegierung der Oberschicht eingeschränkt werden, auch die politischen Machtverhältnisse sollten angeglichen werden. Vertreter dieser Forderungen waren Handwerker, kleinere Händler und Landwirte.

Obwohl die Gegensätze der Schichten offensichtlich waren, versuchten beide einen Konsens zu finden. Vor allem die Oberschicht sah eine Gefährdung ihrer Ziele durch die klaren und sehr radikalen Vorstellungen der armen Bevölkerung. In der 1776 verfassten „Common Sense" von Thomas Paine wurde die Unabhängigkeit, die Einführung der Demokratie und Umsetzung der

Menschenrechte gefordert. Die Schrift nahm wesentlichen Einfluss auf die spätere Unabhängigkeitserklärung. Ein häufig nicht erwähnter Aspekt in der Geschichtsschreibung zur amerikanischen Revolution ist die Rolle der Frauen auf dem Weg zur Unabhängigkeit. Die Frauen hatten einen entscheidenden Anteil, obwohl ihre Handlungsfreiheiten begrenzt waren, am Boykott der britischen Waren während der Aufstände gegen die Zollgesetze. Die Mehrheit der Frauen war verantwortlich für die alltäglichen Einkäufe von Haushaltswaren, dadurch hatten sie Einfluss auf die Händler. Sie boykottierten aus England stammende Textilien und Tee.

Die Textilien, vor allem Kleidung, waren existenziell für die Bewohner der Kolonien, und da ein Verzicht nicht möglich war, griffen die amerikanischen Frauen selbst zum Spinnrad und Webstuhl. Die durch die Industrielle Revolution erschlossenen fortschrittlichen Produktionsprozesse wurden durch Handarbeit ersetzt. Die Leistung der Frauen aus Boston war enorm, sie stellten etwa 40.000 Garnspindeln her. Rund 180 Frauen aus Middletown in Massachusetts produzierten 18.765,317 Meter Stoffbahnen zur Herstellung von Kleidung.

Im Verlauf der Unabhängigkeitsbewegung nahmen zunehmend Frauen an Aufständen teil. Durch die Verschärfung der wirtschaftlichen Lage in den Kolonien waren die Frauen an Hungeraufständen beteiligt und wohnten den öffentlichen Anprangerungen bei. Diese waren vor allem das Teeren und Federn von englischen Sympathisanten, wie den Loyalisten und den preistreibenden Händlern, die ihre Ware zurückhielten und enorme Preisaufschläge vornahmen.

Die Erstellung einer eigenen Verfassung war notwendig, um den Weg zu einem unabhängigen und souveränen Staat erfolgreich zu beenden. In den Kolonien beruhten die Gesetze noch auf den königlichen Beschlüssen aus der Gründerzeit. Im Jahre 1776 kam es zum Sturz der Regierungen in allen amerikanischen Kolonien und zur Absetzung aller englischen Gesandten, die der ausführenden Gewalten angehörten, beispielsweise Richter. Es kam zur

Vertreibung der englischen Vertreter aus den Kolonien, gleichzeitig wurden von der Bevölkerung eigene Kongresse gewählt und damit eine eigenständige Legislative gegründet. Diese sahen ihre Aufgabe in der Erstellung einer Verfassung, die als oberstes Gesetz die Autorität der Staaten sicherte. Die erste Staatsverfassung wurde am 5. Januar des Jahres 1776 in New Hampshire ratifiziert. Es folgten Virginia am 12. Juni in der die „Virginia Declaration of Rights" (Menschenrechtserklärung) festgehalten waren, South Carolina und New Jersey am 4. Juli des gleichen Jahres.

Die Verfassungen der einzelnen neu geschaffenen Staaten nahmen unterschiedliche Formen und Bestimmungen an. Es kam zu entscheidenden Unterschieden zwischen den Staaten. Der politische und gesellschaftliche Weg, der eingeschlagen werden sollte, wurde bestimmt von der Zusammensetzung der Gesellschaft. Hier spiegelten sich die Forderungen und Ziele der verschiedenen patriotischen Gruppierungen der Unabhängigkeitsbewegung wieder. Dadurch kam es zu Unstimmigkeiten innerhalb einer Gesellschaft des Landes, da in allen Staaten jede Bevölkerungsschicht vertreten war und eine Verfassung akzeptieren musste, die zu ihren Ungunsten war.

Staaten, die aus den Kolonien mit einer wohlhabenden und einflussreichen, aber konservativen, Gesellschaft hervorgingen, bestimmten in ihrer Verfassung, dass ein Zensuswahlrecht, nur wahlberechtigt war, wer ein bestimmtes Einkommen hatte, eingeführt wird und öffentliche Ämter nur von wohlhabenden ausgeübt werden konnten. Zudem sollte die Legislative in zwei Kammern, dem Oberhaus und dem Unterhaus, geteilt werden. Die Staaten erhielten politisch einflussreiche Gouverneure, die mit einem Vetorecht Gesetzesvorlagen blockieren konnten, darüber hinaus sicherte man diesen ein Ernennungsrecht zu. Es lagen keine Beschränkungen auf der Anzahl auszuführender öffentlicher Ämter. Die Verfassung der Staaten, wie beispielsweise Virginia, New York, Delaware und Massachusetts, legte auch fest, dass eine Staatsreligion eingeführt wird.

Einen Kontrast zu den Verfassungen der konservativen Staaten bilden die Verfassungen der Staaten mit einer durchschnittlich wohlhabenden Bevölkerung. Hier stand das Mitspracherecht für einen Großteil bzw. aller Bürger im Vordergrund. Vor allem in den Staaten wie Pennsylvania, New Jersey, New Hampshire und Vermont hielt diese Vorstellung Einzug in die Verfassung. Sie schufen ein allgemeines Wahlrecht, das in den seltensten Fällen einem bestimmten Wohlstand unterlag. Jeder Bürger hatte die Möglichkeit ein öffentliches Amt auszuüben. In New Jersey wurde zunächst auch ein Frauenwahlrecht eingeführt, später aber widerrufen. In der Legislative wurde ein starkes Einkammersystem eingeführt und die politische Macht der Gouverneure begrenzt, sie besaßen kein Vetorecht und kaum Ernennungsechte. Zudem sah die Verfassung dieser Staaten vor, dass nur eine begrenzte Anzahl von Ämtern in Politik und Öffentlichkeit von einer Person übernommen werden konnte. Und eine der wichtigsten Regelungen ist die Trennung von Kirche und Staat, die schon während der Unabhängigkeitsbewegung gefordert wurde.

Neben den Verfassungen der einzelnen Staaten von Amerika wurde auch eine Verfassung für den Verbund der Staaten erstellt. Diese sah vor, dass der Präsident die Exekutive vertritt und die Vereinigten Staaten nach außen repräsentiert. Zudem setzt er die Bundesrichter ein und besaß ein aufschiebendes Vetorecht in der Gesetzgebung. Der erste Präsident war **George Washington.** Der Kongress, bestehend aus Senat, pro Bundesstaat 2 Senatoren und Abgeordnetenhaus, Vertreter der Staaten, bildet die Legislative des Bundes. Zusammen mit dem Bundesrichter kontrolliert der Senat den Präsidenten, der bei Amtsmissbrauch seinem Amt enthoben werden kann. Zwischen dem Staat und den einzelnen Bundesstaaten findet eine Kontrolle statt die als „Checks and Balances" bezeichnet wird. Zudem wurde in die amerikanische Verfassung die „Bill of Rights of Virginia" von 1776 aufgenommen.

Viertes Kapitel

In der gleichen Zeit, als die amerikanische Verfassung entstand, bereiste der Entdecker und Seefahrer James Cook aus Großbritanien den südlichen Pazifik. Er besuchte auch die Tongainseln. Als Namensgeber der Südsee nannte er Tonga die „Freundlichen Inseln" und machte sie in der Welt bekannt. Hier auf den Tongainseln sitze ich jetzt, schreibe an meinem Buch. Der Titel sagt ja eigentlich schon aus, was gemeint sein sollte. **Leben ist für mich nicht nur überleben.** Nein, Leben bedeutet für mich, mit allen Fasern des Verstandes und der Gefühle das Leben wirklich und echt zu erleben. Hier in Tonga habe ich die letzten zweiundzwanzig Jahre verbracht. Ich konnte die freundlichen Tonganer bestens kennenlernen. Die Einblicke in die polynesische Kultur, den täglichen Ablauf, die religiöse Bindung der Menschen zur Kirche und die Natürlichkeit der Tonganer erleben. Es ergibt sich von selbst für mich, auch etwas über die tonganische Geschichte zu berichten. In meinen Jahren auf den Inseln lernte ich sehr viel über meine neue Heimat.

Der ozeanische Staat Tonga wurde vermutlich durch Polynesier über die heutigen Samoa-Inseln besiedelt und erreichte um 1000 n. Chr. mit dem im gesamten Pazifikraum bekannten Königreich Tonga eine kulturelle Blüte. Niederländische Seefahrer, Willem Schouten und Jakob Le Maire entdeckten 1616 als erste Europäer die Inselgruppe, welche später durch Abel Tasman und James Cook erkundet wurde und den Namen Freundschaftsinseln erhielt. Während die Briten mit der Christianisierung der einheimischen Bevölkerung begannen, vereinte **König Siaosi Taufa'ahau Tupou, auch bekannt als George Tupou I.,** die einzelnen Inseln ab 1845 in einem gemeinsamen Königreich und verkündete einige Jahre später die bis heute gültige Verfassung. Ein 1876 geschlossener Freundschaftsvertrag mit dem Deutschen Reich wurde 1977 mit der Bundesrepublik Deutschland als neuem Vertragspartner erneuert und behielt bisher seine Gültigkeit. Im Zuge einer ähnlichen Übereinkunft mit Großbritannien billigte König George II. im Jahre 1900 den Status eines britischen Protektorats. Nach Besteigung des Thrones durch Taufa'ahau Tupou IV. und einer Reform der Verfassung entließen die Briten das Königreich 1970 in die Unabhängigkeit, wobei gleichzeitig der Beitritt zum Commonwealth erfolgte. 1999 folgte zudem die Mitgliedschaft in den Vereinten Nationen. Seit den 1990er Jahren geriet das Königtum, welches sich bisher standhaft wirtschaftlichen und politischen Änderungen verweigerte, durch eine Reformbewegung zusehends unter starken Druck. Im Jahre 2005 wurden erstmals vom Volk gewählte Vertreter dem Parlament zugeordnet. Nach dem Tode Taufa'ahau Tupou IV. übernahm sein Sohn George im September 2006 die Regierung. Der fehlende politische Reformwille entlud sich bereits einen Monat später in schweren Unruhen innerhalb der Hauptstadt Nuku'alofa, bei denen auch einige Todesopfer zu beklagen waren.

Nach reformierter Verfassung von 1875 wird das Königreich Tonga als konstitutionelle Erbmonarchie im Rahmen des Commonwealth regiert. Staatsoberhaupt mit weitreichenden exekutiven Kompetenzen ist seit dem 11.09.2006 König Siaosi Tupou V. Die Regierungsfunktion übt der Kronrat aus, welcher aus Premierminister, weiteren Ministern und Gouverneuren besteht. Daneben existiert mit der Fale Alea (Parlament) eine gesetzgebende Instanz mit 32 Sitzen, welche 14 Kabinettsmitglieder, neun vom Adel bestimmte Abgeordnete und weitere neun vom Volk gewählte Repräsentanten umfassen. Es findet sich keine Parteienlandschaft, bedeutend ist allerdings das HRDM, **Human Rights und Democracy Movement.** Das Land wird mit Ha'apai, Tongatapu und Vava'u über drei Verwaltungseinheiten regiert. Tonga ist darüber hinaus Mitglied unzähliger Organisationen, darunter die Vereinten Nationen, Commonwealth, AKP, IWF und WHO. Die Einwohnerzahl setzt sich zu rund 98 % aus Polynesiern zusammen. Ferner bewohnen Europäer und Chinesen das Land. Viele Tongaer haben den Inselstaat zwecks Arbeit oder

Studium verlassen und leben in umliegenden Ländern wie Australien oder Neuseeland.
Das Bruttoinlandsprodukt des Jahres 2004 umfasste rund 244 Mio. USD. Insbesondere aufgrund der hohen Arbeitslosigkeit ist die wirtschaftliche Lage trotz guter Infrastruktur als instabil zu bezeichnen. Die Landwirtschaft wird durch den Anbau von Maniok, Jams, Melonen, Mais, Erdnüssen, Zuckerrohr und Orangen dominiert, welche für den Eigenbedarf benötigt werden. Exportprodukte sind vor allem Kokosnüsse, Vanille, Kürbisse, Kaffee und Fische. Ein Großteil der Nahrungsmittel muss allerdings eingeführt werden. Zudem ist das Land auf die regelmäßige Entwicklungshilfe Neuseelands und Australiens angewiesen. Weiterhin bilden die Fischerei und der Tourismus wichtige Einnahmequellen sowie der Verkauf der Internetdomain „to". Bodenschätze existieren nicht, doch haben Untersuchungen des Meeresbodens gezeigt, dass Edelmetalle gebunden sind, die nun mit neuen Verfahren geborgen werden sollen. Auch kleinere Ölfelder sind gefunden worden. Die Haupthandelspartner des Königreiches sind neben den ozeanischen Staaten vor allem die USA, Japan, Australien, Neuseeland und in den letzten Jahren in erheblichem Umfang China.
Die im Südpazifik liegende Inselgruppe Tonga grenzt im Norden unmittelbar an die Samoa-Inseln, im Osten an Niue und im Westen an Fidschi. Aus zwei von Nord nach Süd verlaufenden Inselreihen bestehend, sind die drei größten Inselgruppen Vava'u, Ha'apai und Tongatapu zum einen vulkanischen Ursprungs, zum anderen Teil von Atollen und Korallenriffen. Die höchste Erhebung innerhalb der westlich gelegenen Inselreihe erreicht über 1.000 m Höhe. Dem tropischen Regenklima zuzuordnen, treten besonders von Dezember bis April große Niederschlagsmengen auf. Zudem liegt das Land im Einzugsgebiet heftiger Wirbelstürme und Erdbeben.
Insbesondere die Vulkaninseln Tongas sind von dichtem Regenwald bewachsen, die eine einzigartige Pflanzenfülle beherbergen. Ansonsten prägen vor allem die Nutzpflanzen wie Maniok, Taro

oder Avocado das landschaftliche Bild, welches durch die typische Südseevegetation, vor allem Kokospalmen, abgerundet wird. Die Tierwelt gestaltet sich ebenso vielfältig. Papageienarten und die berühmten Flughunde sind anzutreffen, zudem auch Nutztiere wie Geflügel, Schweine oder Pferde. Die Riffe der einzelnen Eilande beherbergen eine unvorstellbare Fülle an Reichtum. Über 100 Arten tropischer Fische und Wale sind hier an den Korallenriffen zu beobachten. Das Vorbeischwimmen der Wale, auf dem Weg zum warmen Winterwasser und das Zurückschwimmen mit den Neugeborenen, in der Zeit von Juli bis Oktober, ist zu einem beliebten Treff der internationalen Touristen geworden.

Die Besiedlung der Inseln erfolgte vor ca. 3.000 Jahren von den Fidschi-Inseln oder den Santa-Cruz-Inseln aus. Nachweisbar ist die Besiedlung durch **Lapita-Leute** in Taloa ca. 1100 v. Chr. Die Lapita-Kultur hat ihren Namen nach einer archäologischen Ausgrabungsstätte in der Nähe von Koné auf der Hautpinsel erhalten. Die Lapita-Kultur war von Töpferei mit besonderen Mustern geprägt. Anhand dieser Töpfereifunde lassen sich Wanderbewegungen von Volksgruppen im Pazifikraum bestimmen und datieren. Die Lapita-Kultur verbreitete sich von Neukaledonien im gesamten westlichen Polynesischen Kulturkreis aus und verschwand gegen 300 n. Chr. Die Lapita-Menschen waren Austronesier, die großes seefahrerisches Können besaßen und daher extrem mobil waren. **Tangaloa**, der Vorfahre der Königsfamilie, soll vom Himmel herabgestiegen sein und mit dem schönen Mädchen **Va'epopua** einen Sohn gezeugt haben. Der Sohn von Tangaloa wurde später, Mitte des 10. Jahrhunderts n. Chr., der erste König Tongas, der auch **Tu'i Tonga** genannt wurde. Über 400 Jahre lang stellte die Familie die Könige. Während dieser Zeit wurden viele der Monumente auf Tongatapu errichtet. Die Könige waren allmächtig. Sie waren die einzigen nicht tätowierten Männer im Königreich.

Das Königreich Tonga expandierte bis auf die benachbarten Inseln wie Fidschi, Niue, Samoa und Tockelau und sogar bis zu den weit im Westen gelegenen Salomonen, die im melanesischen Teil des

Südpazifiks liegen. Im 13. Jahrhundert hatte das Königreich seine größte Ausdehnung. Den wilden Kriegern Tongas waren dabei ihre doppelrümpfigen Kanus, **Kalia** genannt, die bis zu 200 Personen aufnehmen konnten, eine große Hilfe. Gegen Ende des 15. Jahrhunderts verlor der König seine absolute Macht. Der König war bislang sowohl eine weltliche als auch religiöse Autorität gewesen. Diese beiden Bereiche wurden nunmehr auf zwei Personen aufgeteilt. **Tui' Tonga war der religiöse** Herrscher und **Tu'i Ha'atakalaua der weltliche.**
Traditionell hatten die Frauen eine sehr hohe Stellung innerhalb der Familie. Weibliche Nachfahren hatten daher einen höheren Rang als männliche. Um ihren Brüdern innerhalb der höher stehenden Familien nicht gefährlich zu werden, löste man das Problem, indem man die Frauen nach Fidschi oder Samoa verheiratete.
Der erste Europäer, der Tonga besuchte war der Holländer **Abel Janszoon Tasman (1603-1659).** Er erreichte Tonga am 19. Januar 1648.
James Cook (1728-1779) kam mehrfach nach Tonga, und zwar 1773, 1771 und 1777. Er nannte die Inseln auch „freundliche Inseln", da man ihm sehr gastfreundlich begegnete. Manche behaupten jedoch, die Tonganer seien im Begriff gewesen, James Cook während des ihm zu Ehren abgehaltenen Festes zu verspeisen. Da er jedoch dem König Tu'i Tonga als Gastgeschenk eine Galapagos Schildkröte darbrachte, entging er diesem Schicksal. Die Schildkröte lief fortan im königlichen Garten herum und starb 1966 im gesegneten Alter von ca. 200 Jahren. Der Spanier Antonia Mourelle (1754-1820) entdeckte im Jahr 1781 Vava'u.
Tonga war so mächtig, dass es den Sandelholzhandel der Region, z. B. auch den von Fidschi, kontrollierte. Die Europäer brachten u. a. Waffen als Tauschware nach Tonga. Und auch hier, wie auf so vielen anderen Südseeinseln, brachten sich daraufhin die verfeindeten Stämme damit gegenseitig um. Mit den neuen Waffen eroberte Tonga dann die Lau-Inselgruppe von Fidschi.

Im Jahre 1822 kamen die **Methodisten** auf die Insel. Es gelang ihnen 1831 Taufa'hahau zu missionieren. Er vereinigte Tonga 1845 zum Königreich und wurde **König Georg Tupou I.** 1875 wurde das Land in eine konstitutionelle Monarchie mit einer Verfassung umgewandelt.
Ein Jahr später schloss Deutschland einen Freundschaftsvertrag mit Tonga ab, siehe auch mein Buch „Die Wirklichkeit des Lebens", in dem Tonga offiziell anerkannt wurde.
König Tupou I. starb 1893. Unter ihm wurde das Land vereinigt, das Christentum eingeführt und der vererbbare Königstitel gefestigt.
Im Jahr 1900 wurde Tonga zu einem britischen Protektorat, das im Freundschaftsvertrag mit Großbritannien besiegelt wurde. Von 1918 bis 1965 regierte die beliebte Königin Salote Tupou III. (1900-1965). Ihr Sohn, König Taufa'ahau Tupou IV. (1918-2006), trat nach ihrem Tod ihr Erbe an. Am 4. Juni 1970 erlangte das Land seine Unabhängigkeit von Großbritannien und wurde souveränes Mitglied des Commonwealth. Damit konnte Tonga auch Hilfsgelder von anderen Nationen annehmen.1976 nahm Tonga als erster Staat im Pazifik diplomatische Beziehungen mit der Sowjetunion auf. Australien, die USA und Neuseeland reagierten auf diese Annäherung mit massiven finanziellen Hilfen. Tonga ist eine Monarchie, die keine Opposition erlaubt. Die meisten Oppositionellen und deren Zeitungen haben ihren Sitz in Neuseeland. Der König kontrolliert die Medien gnadenlos, es existiert keine Pressefreiheit. Kritiker sagen, Tonga vereinige jeweils das schlimmste zweier Welten. Die mittelalterliche absolute Monarchie und den polynesischen Nepotismus. Die Folge ist eine ausufernde Korruption. Sehr viele Tonganer leben im Ausland, es sollen weit mehr 100.000 sein, wobei Tonga selbst ca. 108.000 Einwohner hat.
Am 1. August wurde der Nachfolger von König Taufa'ahau Tupou IV, erst zwei Jahre nach dessen Tod, George Tupou V. (geb. 1948) zum neuen König gekrönt. An der Zeremonie nahmen internationale und nationale Gäste teil. Der neue König versprach, einen Teil seiner Macht abzugeben und die Führung des Landes in

Zukunft dem Parlament und der Regierung zu überlassen. In dieser Umwandlung des Landes leben wir nun. Es hört sich alles sehr schön an und das mit der Korruption ist auch richtig, doch durch die Einflussnahme der sich in Tonga sesshaft machenden Chinesen hat sich die wirtschaftliche Lage sehr zum Nachteil der Bevölkerung und des Landes verschlechtert. Die Missachtung der bestehenden Gesetze ist zu einem Sport für die korrupten Staatsdiener geworden und durch diese Manipulationen fallen wesentliche Steuereinnahmen ganz oder zum erheblichen Teil aus. Dies schwächt die Beweglichkeit des Parlaments und erhöht die finanzielle Abhängigkeit zu den geldgebenen Chinesen. Die Arbeitslosigkeit hat Rekord und der Service für die Bürger befindet sich auf einem absoluten Tiefstand.

Die am 16.11.2006 stattgefundene Revolution der Bevölkerung richtete sich in erster Linie gegen die nicht versprochene Einführung von Verbesserungen für die Bevölkerung und zum anderen Teil dem hemmungslosen Ausbreiten von chinesischen Geschäften auf den Inseln.

Die Tonganer erkennen sehr wohl, dass Leben mehr als nur überleben bedeutet.

Fünftes Kapitel

Es zeigt sich mehr als klar, dass Revolutionen immer dann entstehen, wenn die wirtschaftliche Lage sich für die Menschen verschlechtert und die Führungsriege zu hungrig bei der Einziehung von Steuergeldern ist, ebenso wenn sich Schwäche in der Führung zeigt. Dies macht den Weg frei für willensstarke Veränderer und Überzeuger der Bevölkerung. Es ist in den vorgenannten Umständen leicht, einen Umsturz und eine Übernahme der Regierung zu erreichen. Dies zeigt uns die Geschichte in vielfältiger Weise.

Mich hatte schon immer die Revolution des russischen Zarenreiches in ihren Bann gezogen, besonders nach dem Besuch von Russland und Moskau und so möchte ich auch über diesen Zeitablauf in unserer Geschichte und der Geburt des russischen Kommunismus einige Anmerkungen machen.

Die militärischen Misserfolge, die zunehmende Verschlechterung der Versorgungslage der Bevölkerung, einer Hungersnot und die anhaltende Unterdrückung der Opposition und der Nationalitäten durch die zaristische Regierung lassen die Unzufriedenheit in Russland weiter wachsen. Die Forderungen nach Brot und Frieden werden lauter. Der Zar ist nur mehr eine Galionsfigur seiner Generäle.
Als russische Revolution bezeichnet man generell zwei Höhepunkte in der russischen Geschichte des frühen 20. Jahrhunderts.

1. Russische Revolutionen 1905 bis 1922

Die russische Revolution 1905 umfasste eine Reihe von Auseinandersetzungen und heftigen regierungsfeindlichen Protesten gegen den russischen Zaren Nikolaus II.

Die Folgen der Revolution waren:

Russland bekam auf Grundlage des Oktobermanifestes Nikolaus II. eine Verfassung, die eine Volksvertretung, eine Staatsduma, vorsah.

In der Verfassung wird die dominante Stellung des Zaren betont, in der Folgezeit bemüht Nikolaus II. sich, die gemachten Zugeständnisse wieder zurückzunehmen. 1907 wird das Wahlrecht zugunsten eines Zensuswahlrechts geändert, was große Teile der Bauern und Arbeiter von politischer Repräsentanz ausschließt, auch wenn dies einen Verfassungsbruch darstellt. Max Weber prägte hierfür den Begriff „Scheinkonstitutionalismus".

Reformen für Agrarwirtschaft sollten es den Bauern ermöglichen, selbst zu wirtschaften und rationale Anbaumethoden einzuführen. Ziel war die Schaffung eines bäuerlichen Mittelstandes.

2. Februarrevolution 1917

Bei Kriegsbeginn 1914 stand die Mehrheit der russischen Bauern hinter der Zarenregierung. Der für Russland ungünstige Kriegsverlauf und die schlechte Versorgung der Zivilbevölkerung führten jedoch bald zu einem Stimmungsumschwung. Die Protestbereitschaft wuchs, zumal Zar Nikolaus II., der seit August 1915 den militärischen Oberbefehl führte, geforderte Reformen ablehnte und stattdessen die polizeiliche Überwachung der Bevölkerung ausweitete.

Die Proteststimmung verschärfte sich zu Beginn des Jahres 1917 spürbar, als Preissteigerungen und eine weitere Verschlechterung der Lebensmittelversorgung die Bevölkerung in Petrograd zu Streiks und Demonstrationen trieben. Die vom Zar mit der Unterdrückung der Aufstände betrauten russischen Soldaten weigerten sich nicht nur, anders als 1905, auf die Demonstrierenden zu schießen, sondern liefen teilweise zu ihnen über.

In der Februarrevolution von 1917 beendeten Arbeiteraufstände die etwa 300 Jahre andauernde russische Zarenherrschaft. Der Zar musste am 15. März 1917 abdanken. Die Duma setzte eine provisorische Regierung zunächst unter Ministerpräsident Lwow und dann unter Kerenski ein. Es bildete sich eine doppelte Vertretung des Volkes durch die Duma als Parlament und durch die Petrograder Sowjets als Arbeiter- und Soldatenräte mit Sozialrevolutionären und Kommunisten. Unter der Losung alle Macht den Sowjets führten diese die Revolution weiter und verhinderten die Bildung einer bürgerlichen parlamentarischen Demokratie.
Die Kerenski-Offensive war gegen die Mittelmächte gerichtet, scheiterte jedoch im Juli 1917 nach knapp drei Wochen.
Die durch den Rücktritt entstandene neue Machtsituation überraschte die bürgerlichen Parteien. Zunächst bildete man eine provisorische Regierung aus einem Duma-Komitee, welche die Amtsgeschäfte übernahm und als eine erste Amtshandlung die Verkündung von Grundrechten vollzog. Aus der Revolutionsbewegung entstand parallel dazu ein Arbeiterrat, der Petrograder Sowjet, der aus Menschewiki, Bolschewiki und Sozialrevolutionären bestand. Beide Organe kooperierten und konkurrierten im Folgenden miteinander, ohne wirklich die volle Macht zu übernehmen. Erst die umjubelte Rückkehr Lenins nach Russland am 3. April 1917 änderte die Situation grundlegend. Sein politisches Programm umfasste neben der sofortigen Beendigung des Krieges unter anderem keinerlei weitere Unterstützung der provisorischen bürgerlichen Regierung, da er diese für kapitalistisch und unfähig hielt. Besonders die Beendigung des Krieges wurde zum Streitthema der Verantwortlichen. Nach mehreren Umbildungen der provisorischen Regierung hatten einzelne Menschewiki und Sozialrevolutionäre Kabinettsposten erhalten, welche die Regierungslinie, den Krieg fortzuführen, jedoch nicht beeinflussten. Militärische Niederlagen und weitere Verschlimmerungen der Versorgungslage sorgten für einen rapiden Vertrauensverlust der Bevölkerung in die Regierung. Daher konnten die Bolschewiki seit

September 1917 klare Mehrheiten in den Sowjets von Moskau und Petrograd für sich verzeichnen.

Als **Oktoberrevolution** in realsozialistischen Ländern, gewöhnlich bezeichnet als **„große Sozialistische Oktoberrevolution"** wird die gewaltsame Machtübernahme durch die russischen kommunistischen Bolschewiki im Jahre 1917 bezeichnet. Sie beseitigte die aus der Februarrevolution hervorgegangene liberale Übergangsregierung unter Alexander Kerenski und errichtete einen neuen Staat, der sich selbst als Diktatur des Proletariats verstand. Die Februarrevolution des Jahres 1917 hatte zwar zur Abdankung von Zar Nikolaus II. geführt und damit die Zarenherrschaft in Russland beendet, aber keine Lösung der wichtigsten sozialen und politischen Probleme des Landes gebracht. Die wichtigste Frage war dabei die Kriegsfrage. Russland war seit 1914 Krieg führende Partei im Ersten Weltkrieg. Die Anforderungen dieses „modernen" Krieges, der vom Industriezeitalter geprägt war, überstiegen die Kräfte des weitgehend von der Agrarwirtschaft geprägten Landes und führten zu einer Zuspitzung der ohnehin gravierenden sozialen Probleme in Russland.

Nach der Februarrevolution herrschte in Russland ein Nebeneinander von Parlament, der Duma mit seiner provisorischen Regierung unter Kerenski und den Arbeiter- und Soldatenräten, den Sowjets, mit ihren Exekutivkomitees. Über die endgültige Verfassung sollte eine verfassungsgebende Versammlung entscheiden, die zunächst am 25. November gewählt werden sollte. Die provisorische Regierung unter Kerenski konnte sich nicht dazu durchringen, in Friedensverhandlungen mit dem Deutschen Kaiserreich und den übrigen Mittelmächten einzutreten. Der Führer der bolschewistischen Fraktion der Sozialdemokratischen Arbeiterpartei Russlands, Lenin, erreichte die russische Hauptstadt aus seinem Exil in der Schweiz über Deutschland. Die deutschen Behörden unterstützten ihn bei dieser Reise. Zahlreiche Historiker vertreten die These, die Bolschewiki seien in größerem Umfang von Deutschland unterstützt worden. Der russische Historiker und

ehemalige Offizier der Roten Armee Dmitri Wolkogonow sieht es aufgrund der Auswertung von deutschen Dokumenten als belegt an, dass die Bolschewiki über Alexander Parvus große Geldmengen erhielten, um im Sinne einer geplanten Operation der deutschen Obersten Heeresleitung den russischen Staat zu destabilisieren. Wie sich die Zeiten gleichen. Schon immer sprach das Geld für die Richtung, in die gegangen werden sollte. Der britische Historiker Robert Service weist darauf hin, dass mehrere Millionen Mark von der deutschen Regierung an Sozialisten in Russland geflossen sind. Die massive Expansion der Parteipresse der Bolschewiki in den Tagen der Revolution sieht er als klares Indiz dafür an, dass diese von den Zahlungen profitierten. Der Historiker Oleh Fedyshyn vermerkt gleichfalls die Zahlungen an russische Sozialisten und beschreibt die Bolschewiki als Hauptnutznießer dieser Geldtransfers. Er gibt Schätzungen anderer Historiker von 20 bis 50 Millionen Mark wieder.
Am 7. April 1917 veröffentlichte Lenin seine Aprilthesen, in denen er seine Ansichten zur weiteren Entwicklung der Revolution darlegte.
Damit waren für Lenin, der seine Anhänger bereits seit seiner Rückkehr auf einen bewaffneten Aufstand vorbereitete, endlich günstige Bedingungen für eine Revolution gegeben. In der Nacht vom 24. auf den 25. Oktober 1917 nahmen bewaffnete Bolschewiki die wichtigsten Einrichtungen der Hauptstadt Petrograd ein, setzten unter Trotzkis Führung die Regierung ab und riefen die Machtübernahme der Sowjets aus, wobei sie auf relativ geringen Widerstand stießen.
In der Führung der Partei der Bolschewiki war umstritten, ob sie sich an den Wahlen zur verfassungsgebenden Versammlung beteiligen oder stattdessen auf einen gewaltsamen Aufstand setzen sollte. Nach hitzigen Debatten setzten sich schließlich Lenin und Trotzki durch. Lenin, der am 27. September heimlich nach Petrograd zurückgekehrt war, versammelte 12 der 21 Mitglieder des Zentralkomitees der bolschewistischen Partei um sich. Nach zehnstündiger Diskussion wurde mit 10 gegen 2 Stimmen eine

Resolution für eine gewaltsame Machtübernahme um den 16. Oktober beschlossen. Diese Zeitspanne war zu kurz.

Am 16. Oktober tagte das Zentralkomitee mit Vertretern der Petrograder Parteiarbeit erneut. Die Resolution vom 10. Oktober fand nunmehr eine Mehrheit von 22 Stimmen bei wiederum zwei Gegenstimmen. „Den Tag des Aufstandes", so Stalin, „bestimmen die Umstände." Am nächsten Tag wurde der zum 20. Oktober geplante Kongress der Sowjets auf den 25. Oktober verschoben. Der „bewaffnete Aufstand" sollte jedoch vor dem Kongress stattfinden, damit dieser die Revolution „legitimieren" konnte.
Auf Beschluss des Petrograder Sowjets stellte Trotzki eine militärische Organisation auf, welche die militärische Machtergreifung übernehmen sollte, genannt das Militärisch-Revolutionäre-Komitee Petrograds (MRKP). Die Truppen beschränkten sich auf wenige Tausend Soldaten der Petrograder Garnison, der Kronstädter Marine, der dem MRKP beigetretenen Roten Garden sowie wenige Hundertschaften aus den Arbeiterkomitees stammender, militanter Bolschewiki.

Am 4. November 1917 weigerte sich der Truppenkommandant des Petrograder Distrikts, seinen Stab der Kontrolle der Kommissare des MRKP zu unterstellen. Auf Veranlassung von Leo Trotzki und Jakow Swerdlow übernahm nun das militärrevolutionäre Komitee des Petrograder Sowjets unter Führung Trotzkis die Befehlsgewalt über die Garnisonen der Hauptstadt.
Ab dem Morgen des 24. Oktober tagten die entscheidenden Mitglieder des Zentralkomitees in Permanenz im Smolny, dem Sitz des bolschewistischen Stabes von 1917. Das Gebäude wurde befestigt.

In der Nacht zum 7. November 1917 nahmen Truppenteile strategische Punkte, die Waffenkammer, der Stadt ein. Der Aufstand begann. Das Signal für den Sturm auf das Winterpalais gab der

Kreuzer Awrora mit einem Platzpatronenschuss aus einer Bugkanone.

Eine Nacht später kam es zur Einnahme des Winterpalastes, der als Regierungssitz gedient hatte. Alle Regierungsmitglieder, außer Ministerpräsident Kerenski, der vorher floh, wurden verhaftet. Die Regierung Kerenski wurde durch ein sozialistisches Regime unter Lenin ersetzt. Die Machtübernahme der Bolschewiki erfolgte derart reibungslos und unauffällig, dass viele Bürger über die Geschehnisse erst durch die Zeitung erfuhren.

Lenin schrieb ein Jahr später:

„Alle praktische Organisationstätigkeit für den Aufstand wurden unter der direkten Leitung des Vorsitzenden des Sowjets von Petrograd, des Genossen Trotzky, geführt. Man kann mit Sicherheit behaupten, dass die Partei den schnellen Übergang der Garnison auf die Seite der Sowjets und die kühne Durchführung der Arbeit des revolutionären Militärkomitees hauptsächlich und vor allem dem Genossen Trotzky verdankt. Die Genossen Antonow und Podwoisky waren die Hauptgehilfen des Genossen Trotzky."

Der Allrussische Sowjetkongress war von Kerenski um fünf Tage verschoben worden. Am Abend des 7. November 1917 begann der 2. Allrussische Sowjetkongress mit Vertretern von mehr als 400 örtlichen Sowjets. Die Bolschewiki hatten den Zeitplan ihrer Revolution genau auf den Beginn des Kongresses abgestimmt, um die Machtübernahme juristisch abzusichern.

Der größte Teil der Vertreter stammte aus den großen Industrieregionen und den politischen Zentren des Landes, Petrograd, Moskau, Kiew und Odessa. Es waren Vertreter von fast allen nationalen Regionen, Ukraine, Baltikum, Kaukasus, Zentralasien und Bessarabien, anwesend. Im Kongress hatten die Bolschewiki und die linken Sozialrevolutionäre die Mehrheit. Von den 649 Delegierten waren 390 Bolschewiki, 160 Sozialrevolutionäre und 72 Menschewiki.

Es wurde über die Entmachtung aller Gutsherren und Kapitalisten abgestimmt, und es wurden Fragen zur zukünftigen Machtorganisation geklärt. Die wichtigsten Beschlüsse waren die Annahmen der drei Umsturzdekrete:

Das **Dekret über den Frieden**,
das **Dekret über Grund und Boden**
und das **Dekret über die Rechte der Völker Russlands**.

Vor dem Hintergrund des bewaffneten Aufstandes verlangten die rechten Sozialrevolutionäre und die Menschewiki, den Kongress aufzuschieben. Ihr Antrag wurde jedoch abgelehnt und die meisten ihrer Abgeordneten verließen den Kongress unter Protest. Einige Sozialrevolutionäre und Menschewiki verharrten, am formalen Ablauf des Kongresses änderte sich dadurch nichts.
Der Kongress tagte bis in die frühen Morgenstunden des 8. November 1917 und nach dem Sturm auf den Winterpalast um zwei Uhr früh wurde die Machtübernahme um fünf Uhr morgens in einem Schreiben mit dem Titel: **An die Arbeiter, Soldaten und Bauern,** juristisch verankert. In diesem Schreiben finden sich auch die ersten Normen des sowjetischen Rechts.
Lenin proklamierte die **Sozialistische Sowjetrepublik,** die von einem Rat der Volkskommissare, ab 1946 Ministerrat genannt, unter seiner Führung geleitet wurde. Die Regierung bestand nur aus Bolschewiki. Die wichtigsten Ressorts übernahmen Trotzki, zunächst Äußeres, dann ab 1918 Verteidigung, Georgi Tschitscherin, ab 1918 Außenpolitik und Alexei Rykow, Inneres. Stalin war als Volkskommissar lediglich zuständig für Nationalitätenfragen. Die Machtübernahme gestaltete sich relativ einfach, die Erhaltung der Macht hingegen als ungleich schwerer.
Die generelle politische Führung von Staat und Gesellschaft hingegen blieb der Kommunistischen Partei Russlands, also den Bolschewiki, vorbehalten und nicht wie angekündigt den Räten. Die Räteidee sah eine sozialistische Politik unter der Führung von Räten ohne die Festlegung auf eine bestimmte Parteilinie vor. Die Partei hielt jedoch an einer rigorosen Durchsetzung ihres Machtmonopols fest.

Am 26. Oktober 1917 wurde das Dekret über den Frieden erlassen. Sofortige Verhandlungen über einen „gerechten Frieden" wurden von Russland angeboten. Die Regierungen der Mittelmächte bestanden auf einem Frieden zu ihren Bedingungen. Am 15. Dezember 1917 war ein Waffenstillstand zwischen dem Deutschen Reich und Russland geschlossen worden. Die russische Verhandlungsdelegation wurde erst von Adolf Joffe, dann von Trotzki geleitet. Im März 1918 wurde der Friedensvertrag von Brest-Litowsk abgeschlossen. Die Bolschewiki konnten dadurch ihre noch schwache Macht im Lande festigen und die Rote Armee unter Führung von Trotzki dann den von 1918 bis 1920 folgenden Russischen Bürgerkrieg gewinnen, der sowohl durch Roten als auch weißen Terror gekennzeichnet war.

Am 11. November 1917 fanden die Wahlen zur Konstituante, der Verfassungsgebenden Versammlung, statt. Die Bolschewiki trugen eine schwere Niederlage davon, sie erhielten nur 25 % der Stimmen. Lenin löste die Konstituante am 5. Januar 1918 kurzerhand durch Waffengewalt auf, ohne dass es zu einem Massenaufstand kam.

Ziel dieser Dekrete war primär eine Verbesserung der misslichen Lage des Staates sowie die Sicherung der Macht der Partei:

Dekret über den Frieden:

Sofortige Aufnahme von Friedensverhandlungen mit den kriegsführenden Nationen.

Dekret über Grund und Boden:

Der private Grundbesitz ging in die Verwaltung von Dorfagrarkomitees und Kreisbauernsowjets über; jeder Landbewohner hatte das Recht auf einen Anteil am Boden; Entstehung kleiner Privatwirtschaften; Befriedigung des Landhungers der Bauern.

Dekret über Arbeiterkontrolle:

Keine sofortige Verstaatlichung der Industriebetriebe, sondern Kontrolle der Unternehmen durch die Arbeiter. Die Zusammenarbeit zwischen Unternehmen und Arbeitern funktionierte jedoch nicht; Folge: Verstaatlichung der Industrie, der Prozess war bereits Mitte 1918 abgeschlossen.

Am 7. Dezember 1917 wurde die außerordentliche Kommission für den Kampf gegen die Konterrevolutionäre und Sabotage unter der Leitung von Felix Dserschinski gegründet, die in den folgenden zwei bis drei Jahren nach Schätzungen hunderttausende vermutete politische Feinde unter Einschluss widerspenstiger Teile der Bevölkerung tötete. Ihr Ziel war die Ausschaltung der politischen Opposition durch Gewalt und die landesweite Durchsetzung des Machtmonopols der Partei. Durch die Tscheka erlangte sie auch auf dem Lande die Herrschaft, obwohl sie dort selbst nach der Oktoberrevolution nur schwach vertreten war.

Die Oktoberrevolution sicherte den Bolschewiki um Lenin und Trotzki zunächst nur die Macht in Petrograd und bildet deshalb nur einen Schritt auf dem Weg der Kommunisten zur Herrschaft in Russland. Immerhin war der wichtigste Gegner, die Regierung Kerenski, gestürzt.

Es folgte ein langer und grausamer Bürgerkrieg, verbunden mit dem Kriegskommunismus. Der Bürgerkrieg wurde in Folge der Oktoberrevolution spätestens durch den Aufstand der Tschechoslowakischen Legion ausgelöst; westliche reguläre und freiwillige Truppen unterstützten die weißen Truppen hauptsächlich mit Material und logistischer Hilfe. Die Rote Armee kämpfte bis 1920 gegen die weiße Armee.

Die sozialen Probleme des Landes konnten in dieser Zeit nur unzureichend gelöst werden. Allerdings erfüllte sich schnell eine der Hauptforderungen der Revolutionäre. Es gelang der neuen Regierung unter dem Volkskommissar für äußere Angelegenheiten

Trotzki mit dem kaiserlichen Deutschland unter Inkaufnahme massiver Gebietsverluste **den Friedensvertrag von Brest-Litowsk zu schließen.**
Während der Zeit des Bürgerkrieges führte die neue Regierung auch Kriege gegen Polen, Finnland und Lettland. Nach Ende des Krieges wurde die unabhängige Macht der Sowjets, der Arbeiterräte, nicht wiederhergestellt, wogegen sich der Kronstädter Matrosenaufstand wendete. Durch die Rote Armee wurde dieser Rebellionsversuch gegen die Bolschewiken niedergeschlagen.
Ob das, was sich im Oktober 1917 in Russland abspielte, als Revolution bezeichnet werden könne, war von Anfang an umstritten. So nannten die Menschewiki in der Nacht zum 26. Oktober 1917 das Vorgehen der Bolschewiki schlicht eine Verschwörung. Wegen der Leichtigkeit und Widerstandslosigkeit, mit der die Macht Petrograd in die Hände der Bolschewiki überging, meinte der Menschewik Nikolaj Suchanow, es sei eigentlich nur eine Wachablösung gewesen. In der marxistischen Geschichtsschreibung dagegen wurden die Ereignisse zur **„großen Sozialistischen Oktoberrevolution"** hochstilisiert.

Der Pflege dieses Gründungsmythos der Sowjetunion dienten die Feierlichkeiten zur jährlichen Wiederkehr des Datums, die mit großen Paraden auf dem Roten Platz begangen wurde. Auch in Hervorbringungen der bildenden Kunst und der Literatur verherrlichte man immer wieder den „Roten Oktober". Ein berühmtes Beispiel hierfür ist der Spielfilm Oktober von Sergei Eisenstein, aus dem Jahr 1927, der die Ereignisse dramatisierte: Aus der eher unspektakulären Verhaftung der provisorischen Regierung machte er den „Sturm auf das Winterpalais", der in das kollektive Gedächtnis eingegangen ist. Tatsächlich wurde das Gebäude bei den Dreharbeiten stärker beschädigt als bei den tatsächlichen Ereignissen zehn Jahre zuvor. Noch in den Zeiten von Glasnost und Perestrojka feierte der sowjetische Generalsekretär Michail Gorbatschow die Erinnerung an den Oktober 1917.

„Jene legendären Tage, die eine neue Epoche des gesellschaftlichen Fortschritts, der wahren Geschichte der Menschheit eingeleitet haben. Die Oktoberrevolution war in der Tat eine Sternstunde der Menschheit, ihre Morgenröte. Bei der Oktoberrevolution handelte es sich um eine Revolution des Volkes und für das Volk, für den Menschen, für seine Befreiung und Entwicklung"
Im Westen dagegen wurde der Oktoberrevolution ihr Charakter als Revolution lange abgesprochen:
Diese „große Sozialistische Oktoberrevolution" war weder eine Revolution, vielmehr ein Staatsstreich, noch fand sie im Oktober statt. Da die Russen den Gregorianischen Kalender erst später einführten, feiern sie die Oktoberrevolution am 7. November. Es habe sich lediglich um einen Putsch gehandelt, also die gewaltsame Machtergreifung einer Minderheit.
Weniger polemisch formulierte es der Osteuropahistoriker Dietrich Geyer ein Jahr darauf. Auch er sieht in den Ereignissen vom Oktober 1917 einen Coup d'État, betont aber gleichzeitig, dass die Bolschewiki durch kluge Politik und die Schwäche der Provisorischen Regierung eine ernst zu nehmende Massenbasis, wenn auch niemals über eine echte Mehrheit in der Bevölkerung erlangt hatten.
Die Kunst des Aufstands war das Produkt politischer Kunst, das Resultat einer Politik, deren Aktualität der Argumente schwerlich angefochten werden kann.
Zu einem ähnlichen Urteil kommt der britische Historiker Orlando Figes. Für ihn gab es im Oktober 1917 nur einen „militärischen Staatsstreich", der „von der Mehrheit der Einwohner Petrograds gar nicht wahrgenommen wurde". Aktiv teilgenommen hätten an der Aktion höchstens 25.000 bis 30.000 Menschen, nur knapp 5 % aller Arbeiter und Soldaten der Stadt. Auch der Historiker Manfred Hildermeier verweist darauf, dass die Zahl der aktiven Teilnehmer am Oktoberumsturz „bemerkenswert gering war." Noch bemerkenswerter findet er es, dass die Bolschewiki in den Krisenjahren 1918 bis 1920 die einmal errungene Macht nicht gleich wieder verloren. Diese Machtbehauptung bezeichnet er als „die zweite Re-

volution". Der britische Politikwissenschaftler Richard Sakwa sieht in der Oktoberrevolution nicht nur eine Revolution, sondern gleich mehrere. In einem komplexen Prozess hätten sich sechs Revolutionen überlagert: Die soziale Massenrevolution, eine demokratische Revolution, die antielitäre Revolution der russischen Intelligenzia, die nationale Revolution der minoritären Völker innerhalb des Zarenreichs, die Revolution der marxistischen These, nur eine Gesellschaft mit vollausgebildetem Kapitalismus könne eine Revolution hervorbringen, sowie schließlich die Revolution innerhalb der Revolution, in der die Bolschewiki die Agenda aller anderen sozialistischen Gruppen usurpierten und so ihre Diktatur errichten konnten.

Wladimir Lenin, der sowjetische Politiker, war führender Kopf der Oktoberrevolution 1917 in Russland und Vorsitzender des Rates der Volkskommissare. Als Autor zahlreicher theoretischer und philosophischer Schriften wurde er einer der Schöpfer der Ideologie des wissenschaftlichen Sozialismus und einflussreichster Marxist. Durch seine Initiative, die durch die Mithilfe deutscher Behörden ermöglicht wurde, trug Wladimir Lenin zusammen mit Josif W. Stalin und Leo Trotzkij 1917 bis 1920 maßgeblich zum bolschewistischen Sieg im russischen Bürgerkrieg bei. Der Leninismus schuf aber auch die Grundlagen für die sowjetische Parteien- und Gewaltherrschaft, die unter dem nachfolgenden Stalinismus zum Terrorregime eskalierte.
Aus der Biografie von Wladimir Iljitsch Uljanow Lenin geht hervor, dass.er am 22. April 1870 in Simbirsk als Sohn eines zaristischen Beamten und einer deutschstämmigen Mutter geboren worden war.
Mit 17 Jahren erlebte er durch die Hinrichtung seines Bruders Aleksandr, der im Zusammenhang mit einem Attentatsversuch auf Zar Alexander III. festgenommen worden war, seine frühe politische Politisierung. Nach dem Abitur nahm er ein Jura-Studium auf, das er wegen einer Verbannungsstrafe unterbrechen musste,

die ihm aufgrund seiner Beteiligung an Studentenunruhen auferlegt worden war.

Im Jahr 1891 schloss er das Studium mit Examen an der Universität St. Petersburg ab. Während seiner darauf folgenden Tätigkeit als Rechtsanwalt in St. Petersburg tat sich Uljanow als engagierter Mitstreiter in der Arbeiterbewegung hervor. 1895 war er an der Gründung des „Kampfbundes zur Befreiung der Arbeiterklasse" beteiligt. Im selben Jahr wurde Uljanow wegen seines politischen Engagements verhaftet. Die Jahre 1897 bis 1900 verbrachte er in sibirischer Verbannung.

In Sibirien verheiratete er sich 1898 mit Nadeschda Krupskaja, die ihn in seiner politischen Arbeit während der folgenden Jahre unterstützte. Ab 1900 in der Emigration begründete Uljanow mit anderen russischen Revolutionären eine russischsprachige Zeitung, die in München unter dem Titel „Iskra" erschien. Sie bot die theoretisch-programmatische Plattform, in der Uljanow nun unter dem Decknamen „Lenin" die Ideologie des späteren Leninismus entwickelte. In diesem Zusammenhang bedeutend war auch seine 1902 publizierte Schrift „Was tun"?

Die revolutionäre Programmatik des Leninismus sah die Errichtung einer Partei von Berufsrevolutionären vor, die als Avantgarde der Arbeiterklasse diese an ein revolutionäres Bewusstsein heranzuführen und die anschließende Revolution zu leiten habe. 1903 setzte Lenin auf dem II. Parteitag der Sozialdemokratischen Arbeiterpartei Russlands die Abspaltung der sogenannten Bolschewiki durch, die gegen die bürgerlichdemokratischen Revolutionsvorstellung der Menschewiki die sozialrevolutionäre Perspektive des Leninismus setzten.

Infolge einer nur vorübergehenden Rückkehr nach Russland 1905 hielt sich Lenin bis 1914 in der Schweiz, in Frankreich und in Polen auf, wo er die philosophischen Grundzüge des Leninismus entwickelte. Während des Ersten Weltkriegs setzte Lenin lange erfolglos auf eine Umwandlung des Kriegs in einen sozialrevolutionären Bürgerkrieg. Als 1917 auf Initiative der u. a. von Josif

W. Stalin geführten Bolschewiken die russische Revolution losbrach, sah Lenin die Gelegenheit zur Umsetzung seiner Programmatik gekommen.

In der Hoffnung, Russland durch die Revolution geschwächt zu sehen, verhalfen deutsche Behörden Lenin mit der Eisenbahn zur Durchreise von der Schweiz nach Schweden, von wo er über Finnland nach Russland gelangte. In den folgenden Monaten unterstützte Lenin maßgeblich den bolschewistischen Umsturz, der dort unter Führung von Leo Trotzkij Anfang November 1917 vollzogen wurde. Als Vorsitzender des Rats der Volkskommissare errichtete Lenin nun die **„Diktatur des Proletariats"**, die er nur durch Gewaltmaßnahmen gegen andere politische Kräfte aufrechtzuerhalten wusste.
Die erste bedeutende politische Handlung Lenins stellte im März 1918 die Ratifizierung des Friedensvertrags von Brest-Litowsk dar. Unter seiner Führung gelang bis 1920 die Machtkonsolidierung der Bolschewiken, die mithilfe der von Trotzki aufgebauten Roten Armee im Bürgerkrieg siegten. Der Machtkonzentration in einer kleinen Führungsgruppe diente 1919 die Gründung des Politbüros.

Durch die 1919 ins Leben gerufene **„Kommunistische Internationale"** versuchte Lenin die ausbleibende Weltrevolution zu forcieren, wobei er sich nach dem Scheitern der deutschen Räterevolution 1918 vor allem auf die asiatischen Kolonialländer konzentrierte. Infolge eines Schlaganfalls war Lenin ab 1922 gezwungen, sich zunehmend aus dem politischen Leben zurückzuziehen. 1923 erlitt er seinen zweiten Schlaganfall.
Wladimir Lenin starb am 21. Januar 1924 in Gorki bei Moskau. Auf der anschließenden Trauerfeier dokumentierte der Auftritt Stalins bereits den nun eingeleiteten Übergang zur neuen Epoche des Stalinismus.
Zu Ehren Lenins wurde auf dem Roten Platz in Moskau ein Mausoleum für ihn gebaut. Hier liegt er aufgebahrt und präpariert für die Zukunft. Täglich besuchen ganze Menschenschlangen das

Mausoleum. In einer sehr kalten Winternacht im Dezember 1979 stand ich vor dem Mauseleum von Lenin, umrahmt von schneebedeckten Tannen und den gewaltigen Mauern des Kremel, mit seinem riesigen Glockenturm und den sich stündlich ablösenden Wachposten. Ein stechender Schritt und absolute Körperbeherschung zeugen von der Ausbildung und der Macht des Regims. In dieser Zeit hatte sich der von Lenin aufgebaute Kommunismus bereits abgeschwächt und es zeigten sich Bewegungen zur Demokratie hin, die dann ja auch das kommunistische Reich zum Einsturz brachten. Wenn ich über die erlebte Zeit meiner jungen Jahre nachdenke und die politischen Gegensätze vergleiche, kommen mir sehr oft Bedenken über unsere Führungselite. Viele von ihnen könnten ebenso im Zirkus als Zauberer arbeiten. Heute Kommunist, morgen Demokrat und übermorgen narzisstisch National.

In den Jahren nach dem Ersten Weltkrieg wurde der Nährboden für den Nationalsozialismus durch Adolf Hitler gelegt.
Diese Zeit beurteile ich als die dunkle, die schwarze Zeit unserer Geschichte, doch für viele war es ein Erwachen und Aufstehen. Uniformen verliehen Macht und Anerkennung. Man lernte wieder Stolz zu sein und folgte ungeprüft den Hetzparolen der Nationalsozialisten.

In allen Staaten Europas gab es seit Beginn des 20. Jahrhunderts starke Tendenzen zu autoritativen, antidemokratischen Politikkonzepten, deren Akzeptanz sich nach 1918 auch aus Enttäuschung über die pluralistische Demokratie und Massenelend speiste. Als **„Führerkult"** ließ sich schon die Verehrung des Herrschers in einer Monarchie, begründet etwa mit der Idee des Gottesgnadentums, auffassen. Der Erste Weltkrieg enttäuschte das Bild vom **Heldenkaiser,** verstärkte bei Nationalisten aber noch die Sehnsucht nach dem **heldischen Führer.** Zu einem parteipolitischen Konzept machte dies erst der aufstrebende Faschismus. Zuerst mit dem **Duce Benito Mussolini** in Italien, dann dem **Caudillo General Franco** in Spanien, aber auch im Kult um „**Väterchen" Stalin** in der Sowjetunion.

Anders als in Italien begann der Hitlerkult schon zehn Jahre vor der Machtergreifung nach dem Hitlerputsch von 1923, aus dessen Scheitern Hitler folgerte, dass die **NSDAP** eine straff geführte Führerpartei sein müsse und er selbst zu Deutschlands „Rettung" bestimmt sei. Dem kam die Erwartung der Parteibasis an ihn entgegen. Der deutsche Führerkult ging also mit der Entwicklung der NSDAP zur Massenpartei einher und diente ihrer Integration, Schlagkraft und Ausdehnung. Er wurde 1933 auch nicht wie in Spanien oder Russland einer bestehenden zentralisierten Militärdiktatur zu deren Absicherung aufgepfropft, sondern zum Organisationsprinzip eines durch ersatzlose Gleichschaltung aller bestehenden Verwaltungs- und Regierungsinstitutionen geschaffenen Führerstaates. Nach dem Tode des Reichspräsidenten von Hindenburg (1934) wurde Hitler als **Führer** und **Reichskanzler** auch oberster Befehlshaber der Wehrmacht; seit 1938 trat auch das Regierungskabinett nicht mehr zusammen.

Anders als in der Sowjetunion, die nach Stalins Tod noch Jahrzehnte fortbestand, untergrub das Prinzip der charismatischen Führerpersönlichkeit, die die rivalisierenden Kräfte in Staat und Partei durch ihren „Willen" lenkte und orientierte, das selbstständige Funktionieren der Bürokratie in Deutschland. Denn der lange Zeit mit Führererlassen und -Verordnungen direkt regierte Staat konnte Kriegsniederlage und den Tod Hitlers nicht mehr überdauern, es stand und fiel der deutsche NS-Staat daher mit der Person des Führers.

Weitere Hauptmerkmale des Nationalsozialismus waren:

die zentrale Rolle von Propaganda und Massen-Inszenierungen als Mittel zur Herrschaft und ihrer Sicherung nach innen und außen.

Totalitarismus: Zerschlagung der Demokratie, Einparteienherrschaft, Aufhebung der Gewaltenteilung, Instrumentalisierung aller politischen Kontrollinstanzen und Medien, weitreichende Vollmachten für Geheimdienste und Denunzianten, Polizeistaat

Militarismus und Imperialismus: Schon während des Aufstiegs der NSDAP wurden Waffenlager eingerichtet, bewaffnete Schlägerbanden ausgebildet, die Straßengewalt einübten, um politische Gegner einzuschüchtern. In den Jahren der Weimarer Republik konzentrierte sich die nationalsozialistische Propaganda zunächst auf den Vertragsrevisionismus, also die Forderung nach Wiederaneignung der infolge der deutschen Kriegsniederlage verlorenen Gebiete und damit nach Aufhebung oder Bruch des Versailler Vertrags. Dieser wurde als „Schmach von Versailles" oder „Versailler Schanddiktat" diffamiert. Von 1933 an wurde Aufrüstung betrieben, zunächst geheim, dann offen, und die vertraglichen Bindungen an Völkerbund und Völkerrecht erst unterlaufen, dann gebrochen. Sobald die Wehrmacht stark genug sein würde, plante Hitler gezielte Angriffskriege zur Wiederherstellung und Erweiterung eines auf militärische Machtentfaltung gebauten Großdeutschlands. Dabei sollte ein Land nach dem anderen isoliert und einzeln niedergekämpft werden. Das Endziel war nach Meinung der meisten Historiker die Eroberung des kontinentalen Festlands, der Sowjetunion bis zur Linie Archangelsk–Uralgebirge–Kaukasus sowie die Besiedelung dieser Gebiete durch die Deutschen, andere Forscher glauben Belege dafür zu haben, dass Hitler die utopische Weltherrschaft anstrebte. Die Herrschaft über die besetzten Gebiete sollte durch Vertreibung unerwünschter Bevölkerungsgruppen gestärkt werden.

Der „Blut- und Boden-Mythos", die Verherrlichung des Bauernstandes, auch genannt als „Nährstand". Viele Nationalsozialisten lehnten die Verstädterung und die zunehmende Industrialisierung ab und sehnten sich nostalgisch nach einem Land, das wie eh und je von Bauern bestellt wurde. Auch Heinrich Himmler hatte solche Gedanken, als er vorschlug, die eroberten Gebiete der Sowjetunion mit Bauern zu besiedeln, die zugleich Soldaten, genannt „Wehrbauern" sein sollten. Russen, Ukrainer und Polen sollten die Landarbeiter, das Hauspersonal, die Bauarbeiter oder die Hilfsarbeiter stellen.

Die Propagierung der Herrenrasse bzw. des Herrenvolkes, die das Recht habe andere minderwertige Völker zu unterdrücken.

Männerherrschaft und Männlichkeitskult, also Propagierung von Werten wie Tapferkeit und soldatischer Härte. „Weibliche Werte" werden bei Männern als Feigheit, Krankheit und „Zersetzung der Wehrkraft" denunziert.

Verschwörungstheorie: Die wahnhafte Idee, das internationale Judentum hätte sich verschworen, um die Weltherrschaft zu erringen, wird von verschiedenen Historikern als Kern des Nationalsozialismus angesehen. Diese Verschwörungstheorie tritt bereits in einem 1924 von Dietrich Eckart veröffentlichten Gespräch mit Hitler zutage, in dem eine ungebrochene Kontinuität der angeblichen jüdischen Machenschaften vom zweiten vorchristlichen Jahrtausend an behauptet wird. In der Bildsprache der nationalsozialistischen Propaganda, etwa in den Wahlplakaten vor 1933 oder in den Karikaturen des Stürmer wurde „der" Jude regelmäßig in verschwörungstheoretischen Metaphern wie dem Drahtzieher hinter den Kulissen des Weltgeschehens oder der weltumspannenden Krake oder Spinne dargestellt. Und während des Kriegs gegen die Sowjetunion begründete die Wehrmacht die Umsetzung der verbrecherischen Befehle wie des Kommissarbefehls oder des Kriegsgerichtsbarkeitserlasses verschwörungstheoretisch mit der These vom jüdischen Bolschewismus. Hinter dem Sowjetsystem stehe in Wahrheit das Judentum. So wies General von Manstein am 20. November 1941 seine Truppen an, **„Verständnis"** aufzubringen für die **„harte Sühne am Judentum"**:

„Das Judentum bildet den Mittelsmann zwischen dem Feind im Rücken und den noch kämpfenden Resten der Roten Armee und der Roten Führung. Das jüdisch-bolschewistische System muss ein für alle Mal ausgerottet werden."

Sechstes Kapitel

Zuerst darf ich einige Begriffsbestimmungen über den Nationalsozialismus geben, um auch meinen jüngeren Lesern die Zeitgeschichte unseres Vaterlandes etwas näher zu bringen. Vieles haben wir von unseren Eltern und Großeltern über diese abscheuliche Zeit Deutschlands gehört. Doch es sollte oft über diese Zeit berichtet werden, um die freien Gedanken einer bewusst gelebten Demokratie wach zu halten.
Der Nationalsozialismus ist eine radikal antisemitische, antikommunistische und antidemokratische Weltanschauung und politische Bewegung. Er entstand nach dem Ersten Weltkrieg in Deutschland. Seine in der Nationalsozialistischen Deutschen Arbeiterpartei (NSDAP) organisierten Anhänger gelangten unter Adolf Hitler 1933 zur Herrschaft und verwandelten das Deutsche Reich 1933 bis 1945 in einen totalitären **„Führerstaat"**. Mit dem Polen-Feldzug 1939 lösten sie den Zweiten Weltkrieg aus, in dessen Verlauf sie zahlreiche Kriegsverbrechen und Massenmorde verübten, darunter als größten den **Holocaust** (1941–1945). Die Zeit des Nationalsozialismus endete mit der bedingungslosen Kapitulation der Wehrmacht am 8. Mai 1945.
Die NS-Propaganda und politische Organisation, auch mit den damaligen Symbolen, ist in der Bundesrepublik Deutschland als Volksverhetzung und in Österreich als Wiederbetätigung strafbar. In weiteren Staaten bestehen ähnliche Verbote. Im Neonazismus verschiedener rechtsextremer Parteien und Gruppen werden nationalsozialistische Ideen und Ziele wieder aufgenommen.
Die Propagandabezeichnungen „Nationalsozialismus" und „Nationaler Sozialismus" entstammen der Programmatik der 1919 gegründeten Deutschen Arbeiterpartei, die sich 1920 in NSDAP umbenannte. Schon im Mai 1918 benannte sich die 1903 in Österreich gegründete Deutsche Arbeiterpartei in Deutsche Nationalsozialistische Arbeiterpartei (DNSAP) um. Ihre Anhänger nannten sich „Nationalsozialisten", manche ihrer Gegner nannten

sie seit den 1920er Jahren, besonders aber seit dem Zweiten Weltkrieg, auch abwertend „Nazis".

Beide Parteien stellten den „Nationalen Sozialismus" gegen den internationalistischen Sozialismus bzw. die Sozialdemokratie. Sie verbanden einen völkisch-rassistischen Nationalismus mit einzelnen, dem Sozialismus entlehnten, antikapitalistischen Forderungen. Damit grenzten sie sich von konservativen und linksgerichteten Parteien ab und stellten sich für deren Wählerschichten, Arbeiter und Mittelstand, als Alternative dar. Zudem stellten die deutschen Nationalsozialisten sich seit 1920 als „Bewegung", nicht als Partei dar, um so Protestwähler und Politikverdrossene zu erreichen.

Heute bezeichnet der Begriff meist die besondere Ideologie Adolf Hitlers und seiner Gefolgschaft in der NSDAP. Dabei definierte Hitler die Begriffe Nationalismus und Sozialismus auf ungewöhnliche Art und Weise. Nationalismus nannte er die Hingabe des Individuums für seine Volksgemeinschaft, während er Sozialismus als Verantwortung der Volksgemeinschaft für das Individuum definierte. Besonders die Vergesellschaftung der Produktionsmittel, die ein Hauptziel originärer Sozialisten war und ist, lehnte Hitler entschieden ab. Der Historiker Hans-Ulrich Wehler urteilt daher, dass der Sozialismus im Nationalsozialismus „allenfalls in verballhornter Form" fortlebte, nämlich in der Volksgemeinschaftsideologie.

Zudem wollten die Ideologen der NSDAP sich mit dem Begriff Nationalsozialismus vom italienischen Faschismus unterscheiden. Der Faschismusbegriff wurde jedoch vor allem in der Sowjetunion seit 1925, nach 1945 im ganzen Ostblock, aber auch in westdeutschen Forschungsansätzen, als gemeinsamer Oberbegriff für den Nationalsozialismus, auch „Hitlerfaschismus" genannt, den italienischen Faschismus und andere ihnen verwandte antikommunistische Ideologien, Regimes und Systeme verwendet. Vor allem von marxistischen Forschern wird der Nationalsozialismus als eine Spielart des Faschismus subsumiert, womit in den verschiedenen

Ausprägungen dieser Theorie eine diktatorische bürgerliche Klassenherrschaft gemeint ist.

Besonders in den USA, teilweise auch in der Bundesrepublik, wurde der Nationalsozialismus nach 1945 als eine Form von Totalitarismus begriffen. Die Totalitarismustheorie stellt ihn mit Ideologie und System des Stalinismus auf eine Ebene und betont deren gemeinsame Herrschaftsformen. Die verallgemeinernden Einordnungen als Faschismus und Totalitarismus werden in der Forschung kontrovers diskutiert, vielfach wird der Nationalsozialismus als eigenständiges und singuläres Phänomen betrachtet. Der Begriff Nazismus kann als eingedeutschte Version des englischen Wortes nazism gesehen werden. Seine Verwendung war in der Deutschen Demokratischen Republik, nicht der Bundesrepublik Deutschland üblich. Anhänger des Nationalsozialismus nach dem Verbot der NSDAP werden im Nachkriegsdeutschland oft abwertend als Neonazis bezeichnet.

Das Gedankengebäude des Nationalsozialismus entstand nach dem Ersten Weltkrieg als Verschmelzung von Ideologemen und Zielen mehrerer älterer Gruppen aus der völkischen Bewegung des Deutschen Kaiserreichs und der österreichungarischen Monarchie, aber auch aus der späteren Sowjetunion wie den „weißen Emigranten". Dazu gehörten unter anderem rassistisch und okkulte, sektenartige Vereine, die, ausgehend von den österreichischen Ariosophen Guido von List und Lanz von Liebenfels seit 1900 gegründet worden waren. Unter anderem die Guido-von-List-Gesellschaft (1905) oder die Armanenschaft (gegründet 1907). Aus diesen stammten unter anderem Runensymbole und das Hakenkreuz. Sie vertraten auch Ideen wie die **„Menschenzucht von Ariern"**. Betont antisemitische, auf kommunaler Ebene überparteilich organisierte Vereine und Verbände, vor allem der Reichshammerbund von Theodor Fritsch. In seinem Umfeld hatte sich nach der Niederlage der Antisemitenparteien bei den Reichstagswahlen von 1912 auch ein Verband gegen die Überhebung des Judentums gegründet. Zum Reichshammerbund gehörte der geheime Germanenorden, aus dem 1918 die Münchner Thule-

Gesellschaft hervorging. Aus ihrer Zeitschrift, dem Münchener Beobachter mit dem Hakenkreuz als Titelsymbol, wurde das Parteiorgan der **NSDAP völkischer Beobachter.** Die Thule-Gesellschaft finanzierte die DAP, unterstützte in ihr Funktionäre wie Adolf Hitler und inszenierte 1923 den Hitler-Ludendorff-Putsch mit. Sie förderte so den Aufstieg der NSDAP von einer bayerischen Splitterpartei zu einer reichsweit organisierten Massenpartei.

Radikal-nationalistische und imperialistische Verbände wie der 1891 gegründete Alldeutsche Verband. Er verstand sich unter Heinrich Class als überparteiliche Sammlungsorganisation und vertrat die Erweiterung des deutschen „Lebensraums" durch kriegerische Expansions- und Unterwerfungspolitik. Er gewann im Verlauf des Ersten Weltkriegs trotz geringer Mitgliederzahl großen publizistischen Einfluss und war Hauptinitiator der Judenzählung von 1916. Nach 1918 forderte er eine „nationale Diktatur" gegen „fremdvölkische".

Ältere antisemitische Verbände und Parteien wie der Deutschnationale Handlungsgehilfenverband und die deutschvölkische Partei, gegründet 1914 als Vereinigung zweier Antisemitenparteien. Sie vereinte sich im Kriegsverlauf mit dem Alldeutschen Verband. Auf dessen Initiative hin vereinten sich gegen Kriegsende aufgelöste mit neu gegründeten völkischen Gruppen wie dem Deutsch-Österreichischen Schutzverein Antisemitenbund, der deutschvölkischen Beamtenvereinigung und dem Bund völkischer Frauen zum deutschvölkischen Schutz- und Trutzbund. Dieser hatte 1920 rund 200.000 Mitglieder in 600 Ortsgruppen, wurde aber nach dem Hitler-Ludendorff-Putsch verboten. Nach der Wiederzulassung der NSDAP verlor er ihr gegenüber an Einfluss und wurde 1933 ganz aufgelöst.

Antibolschewistische und antisemitische Strömungen, die durch die Oktoberrevolution und deren Folgen extrem verstärkt und unter anderen von Flüchtlingen aus der Sowjetunion verbreitet wurden. Hier sei auf die Bedeutung hingewiesen, die rechtsextreme Russen und Immigranten für die Gleichsetzung von Bolschewiki

und Juden, das Ideologem „jüdischer Bolschewismus", hatten. Eine besondere Rolle ist in diesem Zusammenhang der zu Beginn der Zwanziger Jahre in München entstandenen Organisation „Wirtschaftliche Aufbau-Vereinigung" zugeschrieben worden, die eine enge Verbindung zur NSDAP hatte und die NSDAP nicht nur wirtschaftlich unterstützt, sondern auch ideologisch beeinflusst hat. Zu den Mitgliedern von „Aufbau" zählten Deutsch-Balten wie Max Erwin von Scheubner-Richter und Alfred Rosenberg sowie Russen wie Fedor Vinberg und Sabel'skij-Bork.
Zu den geistig-politischen Wurzeln dieser Gruppen zählten der Rassismus, Militarismus und Imperialismus, die sich in der zweiten Hälfte des 19. Jahrhunderts besonders im Kaiserreich und in Österreich verbreiteten und schubweise zunahmen. Das stärkste tragende Bindeglied ihrer heterogenen Ideologien war jedoch der Antisemitismus, der sich im Verlauf der Novemberrevolution von 1918 und in den Folgejahren zugleich als radikale Ablehnung der Weimarer Verfassung äußerte. Die Weimarer Republik wurde dort allgemein als von Novemberverbrechern geschaffene „Judenrepublik" denunziert. Die Völkischen definierten ihre Weltanschauung als strikten Gegensatz zum Marxismus der Linksparteien, zum politischen Katholizismus der Zentrumspartei und zu ihrer Fiktion eines **„Weltjudentums"**.

Der Nationalsozialismus bildete als Sammelbewegung völkischer, rassistischer und revisionistischer Gruppen zunächst keine konsistente Ideologie. Hans Frank erklärte daher später in den Nürnberger Prozessen, es habe „so viele Nationalsozialismen wie Nationalsozialisten" gegeben. Doch das bei der Gründung der NSDAP 1920 beschlossene 25-Punkte-Programm sollte über seine praktische Erfüllung hinaus gelten, war also zugleich Ausdruck dauerhafter nationalsozialistischer Weltanschauung.
An erster Stelle standen außenpolitische Ziele. Aus dem „Zusammenschluss aller Deutschen zu einem Groß-Deutschland" mit Berufung auf das Selbstbestimmungsrecht der Völker leitete Punkt 2 die Aufhebung des Versailler Friedensvertrages, Punkt 3 „Land

und Boden (Kolonien) zur Ernährung unseres Volkes und Ansiedlung unseres Bevölkerungsüberschusses" ab. Dem folgten innenpolitische Forderungen nach Ausgrenzung bestimmter Bevölkerungsteile durch eine rassistische Fremdengesetzgebung: „Staatsbürger kann nur sein, wer Volksgenosse ist. Volksgenosse kann nur sein, wer deutschen Blutes ist, ohne Rücksichtnahme auf die Konfession. Kein Jude kann daher Volksgenosse sein."
Daraus folgte Punkt 6 den Ausschluss von Juden aus allen Staats- und Parteiämtern, Punkt 8 ein Einwanderungsverbot und sofortige Zwangsausweisung aller als „Nichtdeutsche" definierten Personen, die seit 2. August 1914 eingewandert waren.
Die Leitidee der rassischen Volksgemeinschaft wurde also nach außen expansiv, nach innen als Entrechtung eines Teils der Deutschen ausformuliert. Dem folgten in Punkt 9–17 einige plakative und ressentimentgetränkte wirtschafts- und sozialpolitische Forderungen, die den Anspruch der Partei, die Interessen deutscher Arbeiter zu vertreten, zeigen sollten:

Allgemeine Arbeitspflicht

„Abschaffung des Arbeits- und mühelosen Einkommens"
„Brechung der Zinsknechtschaft"
„Einziehung aller Kriegsgewinne"
„Verstaatlichung aller bisher bereits vergesellschafteten Betriebe"
„Gewinnbeteiligung an Großbetrieben"
„Ausbau der Altersversorgung"
„Schaffung eines gesunden Mittelstandes und seine Erhaltung"
„Kommunalisierung der Groß-Warenhäuser und ihre Vermietung zu billigen Preisen an kleine Gewerbetreibende"
„eine unentgeltliche Enteignung von Boden für gemeinnützige Zwecke"
„Abschaffung des Bodenzinses und Verhinderung jeder Bodenspekulation".
Punkt 18 forderte die Todesstrafe für „gemeine Volksverbrecher, Wucherer, Schieber usw. ohne Rücksichtnahme auf Konfession

und Rasse": erneut ein deutlicher Hinweis auf die gemeinte Zielgruppe, die Juden. Punkt 19 forderte den Ersatz eines angeblich „materialistischen" römischen Rechtes durch ein „deutsches Gemeinrecht".

Der Idee einer Einheit von Volk und Staat folgten Forderungen nach staatlichem Ausbau der Volksbildung, „Hebung der Volksgesundheit" durch „körperliche Ertüchtigung", Bildung eines „Volksheeres". Die angestrebte Abschaffung der Pressefreiheit und Einführung von Pressezensur wurde als „gesetzlicher Kampf gegen die bewusste politische Lüge und ihre Verbreitung" bemäntelt. Indem nur „Volksgenossen" Zeitungsredakteure und Verlagseigentümer sein sollten, zeigte sich auch hier ein antisemitischer Impuls. Der Topos von der „jüdischen Weltpresse" war unter Antisemiten seit Langem üblich. Zugleich sollten auch Kunst und Kultur von dem „zersetzenden Einfluss auf unser Volksleben" gereinigt werden. Dem entsprach die NS-Kulturpolitik gegen die „Entartete Kunst".

Im scheinbaren Widerspruch dazu bekräftigte Punkt 24 die Religionsfreiheit „im Staat", allerdings nur, „so weit sie nicht dessen Bestand gefährden oder gegen das Sittlichkeits- und Moralgefühl der germanischen Rasse verstoßen." Mit dem Bekenntnis zu einem „positiven Christentum" ohne Bindung an eine bestimmte Konfession, aber in einheitlicher Frontstellung gegen einen „jüdisch-materialistischen Geist in und außer uns" war eine Voraussetzung für den späteren Kirchenkampf genannt. Die spätere antichristliche Einstellung der SS widersprach diesem Programmpunkt offensichtlich.

Das Programm gipfelte in der Parole „Gemeinnutz vor Eigennutz" und der Forderung nach einer „starken Zentralgewalt des Reiches", deren in „unbedingter Autorität" erlassene „Rahmengesetze" neu gebildete Stände- und Berufskammern in den Bundesstaaten durchführen sollten. Damit deutete sich die spätere Gleichschaltungspolitik gegenüber föderalen Institutionen schon an. Die Parteiführer würden „wenn nötig unter Einsatz des eigenen Lebens" für die Programmverwirklichung eintreten.

Während die außen- und innenpolitischen Hauptforderungen in Punkt 1–8 präzise und konkret formuliert waren und tatsächlich ab 1933 staatlich großenteils umgesetzt wurden, blieben viele der wirtschafts- und kulturpolitischen Forderungen in Punkt 9–20 vage, unklar, skurril, etwa die Behauptung eines „römischen" Rechts in Punkt 19, oder praktisch unrealisierbar, etwa der „Einzug aller Kriegsgewinne" in Punkt 14. Diese Unklarheiten führten zu einer teilweise heftigen internen Ideologiedebatte und verschiedenen Wirtschaftsprogrammen. Otto Wagener etwa forderte die Unterstützung des Mittelstandes, Richard Walther Darré die der Bauern, Gottfried Feder verlangte die von ihm erfundene „Brechung der Zinsknechtschaft". Hitler trug diesem Streit als Parteiführer später zum Teil Rechnung, indem er einige Programmforderungen revidierte, reduzierte oder ignorierte. 1928 reduzierte er die angekündigte Bodenreform auf Enteignung „jüdischer" Bodenspekulationsgesellschaften. Wie die „Zinsknechtschaft gebrochen" werden sollte, ließ er jedoch offen.

In **„Mein Kampf"** bekräftigte Hitler vor allem die außen- und bevölkerungspolitischen Ziele des NSDAP-Programms, allen voran den Anschluss Österreichs an das Großdeutsche Reich. Im Unterschied zum Kaiserreich, das mit dem britischen Weltreich als Kolonialmacht in Afrika und Fernasien zu konkurrieren versuchte, wollte Hitler Lebensraum nicht in Westeuropa und in Übersee, sondern in Osteuropa gewinnen. Damit schloss er sich wahrscheinlich geopolitischen Theorien von Rudolf Kjellen, Halford Mackinder und Karl Haushofer an, die die Eroberung und Beherrschung der Landmasse von „Eurasien" als Schlüssel zur Weltherrschaft sahen. Auch der mittelalterliche Mythos mancher Ordensritter von einem deutschen „Drang nach Osten" stand hinter dieser Idee.

Dabei dachte Hitler an „Russland und die ihm untertanen Randstaaten". Um sie zu erobern, wollte er zuerst den Versailler Vertrag revidieren, dann Frankreich mithilfe eines Bündnisses mit Großbritannien und Italien isolieren, später ganz vernichten. Damit revidierte er Punkt 3 des NSDAP-Programms: Das Erobern von

Kolonien würde England zu Protesten herausfordern. Dessen Kolonialmacht müsse Deutschland garantieren, dann würden die Briten es auf dem Kontinent gewähren lassen. Polen erwähnte Hitler hier nicht, auch die USA und Japan kamen nur am Rande vor. Diese Prioritäten waren gegenüber den Vorlieben kaiserlicher Imperialisten neu. Zur Wirtschaftspolitik äußerte sich Hitler in Mein Kampf nur auf fünf Seiten. Den Punkt der Volksgesundheit dagegen führte er breit aus und brachte dabei den auch die wirtschafts- und kulturpolitischen Vorstellungen tragenden Rassismus der NS-Ideologie deutlich zur Geltung. Seine beiden untrennbar miteinander verknüpften Grundgedanken waren **die These von höheren und niederen Rassen, die miteinander im Kampf liegen**
die These, dass eine „Rassenvermischung" schädlich für die höhere Rasse sei und diese unweigerlich schwäche und langfristig auflöse.
Diese Axiome hatten Rassetheoretiker des 19. und frühen 20. Jahrhunderts wie Francis Galton, Ernst Haeckel, Alfred Ploetz, Wilhelm begründet. Neu war nur, dass „Rassenhygiene" erstmals zum umfassenden politischen Programm gemacht wurde. Hitler sah die „Arterhaltung" als Hauptaufgabe des Staates und folgerte, dass dieser die **„unvermischten Bestände an nordisch-germanischen Menschen"** im deutschen Volk konsequent schützen und so **„langsam aber sicher zur beherrschenden Stellung emporführen"** müsse. Der starke Führerstaat müsse „den Sieg des Besseren, stärkeren" und die Unterordnung des „Schlechteren und schwächeren" fördern. Dies bedeutete konkret etwa Zwangssterilisation von Behinderten und Erbkranken, zugleich Kindergeld, billige Wohnungen und materielle Vergünstigungen für „deutsche Familien". Die „Träger höchster Rassenreinheit" sollten ein „Siedlungsattest" erhalten und in noch zu erobernden „Randkolonien" angesiedelt werden. Hitler betonte am Schluss nochmals seine Zielvorstellung:

„Ein Staat, der sich im Zeitalter der Rassenvergiftung der Pflege seiner besten rassischen Elemente widmet, muss eines Tages zum Herrn der Erde werden."
Das Gegenbild zu dieser Vision bildete die Verschwörungstheorie des Weltjudentums. Dieses sah Hitler als Urheber aller negativen Zeiterscheinungen, etwa des Ersten Weltkriegs, der Niederlage darin, der Novemberrevolution und der Inflation. Dabei identifizierte er das Judentum sowohl mit dem „Finanzkapital„ in den USA als auch mit dessen weltpolitischem Gegner, dem „Bolschewismus„. Dieser globalen Übermacht scheinbar widersprechend betonte Hitler jedoch zugleich die absolute Minderwertigkeit und unterlegene Abhängigkeit der Juden von ihren arischen „Wirtsvölkern„ und beschrieb sie als Schmarotzer, Parasiten, Bazillen, Blutegel, Spaltpilze, Ratten usw. In allen seinen Erscheinungsformen strebe das Judentum die „Zersetzung", „Bastardisierung" und „Blutvergiftung" des deutschen Volkes an, etwa durch Prostitution, Verbreitung von Geschlechtskrankheiten, Verführung ahnungsloser arischer Mädchen. Dieses pornografische Bild zu propagieren wurde Hauptaufgabe des eigens dazu gegründeten Hetzblattes der Stürmer des Gauleiters von Franken, Julius Streicher.
Im zweiten Band von **„Mein Kampf"** sprach Hitler zuletzt auch die Idee einer stellvertretenden, präventiven Judenvernichtung offen aus:
„Hätte man zu Kriegsbeginn und während des Krieges Zwölf- oder fünfzehntausend dieser hebräischen Volksverderber so unter Giftgas gehalten, wie Hunderttausende unserer allerbesten deutschen Arbeiter aus allen Schichten und Berufen es im Felde erdulden mussten, dann wäre das Millionenopfer an der Front nicht vergeblich gewesen. Im Gegenteil: Zwölftausend Schurken zur rechten Zeit beseitigt, hätte vielleicht einer Million ordentlicher, für die Zukunft wertvoller Deutscher das Leben gerettet."

Diese Aufgabe künftig zu vollstrecken, dazu sah Hitler sich von der „Vorsehung„, so sein Ausdruck für Gott, bestimmt:
„Indem ich mich des Juden erwehre, erfülle ich das Werk des Herrn."
Deshalb spricht der Historiker Saul Friedländer im Blick auf die nationalsozialistische Bewegung und ihre unmittelbaren Vorläufer von einem besonderen, über traditionelle christliche, aber auch völkische und sozialdarwinistische Judenfeindschaft hinausgehenden „Erlösungsantisemitismus".

Das Verhältnis von Nationalsozialismus und Kapitalismus wird seit 1933 sehr verschieden beurteilt. Der deutsche Soziologe Max Horkheimer vertrat 1939 noch vor Kriegsbeginn die Position: „Wer vom Kapitalismus nicht reden will, soll vom Faschismus schweigen".
Dem stellte Ludwig von Mises 1947 die Auffassung gegenüber: „Die Ideologie der Nazis, der deutschen Nationalsozialistischen Arbeiterpartei, ist die reinste und konsistenteste Manifestation unseres antikapitalistischen und sozialistischen Zeitgeistes."
Der in die USA emigrierte Politologe Franz L. Neumann konstatierte in seinem Buch zur Struktur und Praxis des Nationalsozialismus Behemoth von 1942/1944, dass der nationalsozialistische Herrschaftsapparat sich keineswegs von der Basis der privatkapitalistischen Produktionsweise gelöst, sondern einen „totalitären Monopolkapitalismus" hervorgebracht habe.
Nach dem Ende des Kalten Krieges wurden die von ideologischen Vorgaben dominierten älteren Faschismustheorien zunehmend differenziert. Neuere historische Forschungen untersuchen das Verhältnis von Nationalsozialismus zu Kapitalismus auf drei Ebenen:
als Frage nach den Finanzquellen der NSDAP und den Kreisen, die Hitler an die Macht brachten,
als Frage nach der Bedeutung antikapitalistischer Elemente für die Ideologie der Nationalsozialisten,

als Frage nach der tatsächlichen Wirtschaftspolitik des NS-Regimes 1933–1945.

Marxisten sehen die Spendenpraxis deutscher Industrieller wie Fritz Thyssen und Emil Kirdorf und die Industrielleneingabe vom November 1932, die Reichspräsident Paul von Hindenburg aufforderte, Hitler zum Reichskanzler zu ernennen, meist als Belege für die Verantwortung der Großindustrie für die Machtübergabe an Hitler. Der ostdeutsche Historiker Eberhard Czichon etwa meinte deshalb, dass „eine Mehrheitsgruppe deutscher Industrieller, Bankiers und Großagrarier Hitlers Kanzlerschaft gewollt und organisiert" habe.

Sein westdeutscher Kollege Reinhard Neebe betonte dagegen, dass die meisten deutschen Unternehmer und ihr Dachverband, der Reichsverband der Deutschen Industrie, nicht Hitler, sondern die Vorgängerregierungen von Heinrich Brüning, Franz von Papen und Kurt von Schleicher unterstützten.Diese Sicht untermauerte der US-amerikanische Historiker Henry Ashby Turner mit Untersuchungen, wonach die NSDAP ihre Finanzmittel nicht vorwiegend aus Industriespenden, sondern Mitgliedsbeiträgen und Eintrittsgeldern bezog. Die Großindustrie habe ihr immer deutlich weniger Geld zukommen lassen als ihren Konkurrenten DNVP, DVP und Zentrum. Sie habe sich damit auch nur für den unerwünschten Fall einer NS-Machtergreifung absichern wollen. Die Großunternehmer gelten daher heute kaum noch als Hauptverursacher des Aufstiegs der Nationalsozialisten und der Machtübergabe an Hitler.

Für die Frage, ob die Ideologie der Nationalsozialisten antikapitalistisch gewesen sei, liegen sehr widersprüchliche Quellenbelege vor.

Das 25-Punkte-Programm der Partei von 1920, das Hitler bis 1926 für „unabänderlich" erklärte, enthielt mehrere antikapitalistische Forderungen wie Brechung der Zinsknechtschaft, Verstaatlichung von Trusts und Gewinnbeteiligung an Großbetrieben. Anfangs verwendeten führende Nationalsozialisten wie Joseph Goebbels, Gregor Strasser und sein Bruder Otto, der mit seiner Anhänger-

schaft die Partei bereits 1930 verließ, regelmäßig sozialistische Versatzstücke in ihren Reden. Hitler selbst hatte sich klar zum Privateigentum bekannt.
Die Frage nach der Rolle des Antikapitalismus in der NS-Ideologie wird aufgrund der widersprüchlichen Quellen unter verschiedenen Aspekten diskutiert und sehr unterschiedlich beurteilt:

Hitlers Bekenntnis zum Privateigentum erfolgte 1919 privat und 1926 im Hamburger Nationalklub öffentlich. Der Berliner Wirtschaftshistoriker Albrecht Ritschl macht allerdings auf Äußerungen Hitlers aufmerksam, die er im März 1942 im Kreise seiner Adjutanten machte, das heißt ohne Zwang, seine wahren Ansichten zu kaschieren. Hitler wandte sich hier grundsätzlich „gegen anonymen Privatbesitz der Aktie. Ohne selbst etwas dazu zu tun, erhalte der Aktionär mehr Dividende, wenn die Arbeiter der Aktiengesellschaft fleißig statt faul seien oder wenn ein genialer Ingenieur an der Spitze des Betriebs stehe". Demnach wäre die häufige Ablehnung eines „raffenden" im Gegensatz zum lobenswerten „schaffenden Kapitalismus" von ihm durchaus ernst gemeint gewesen.
Der ehemalige NSDAP-Politiker und konservativ-bürgerliche Faschismustheoretiker Hermann Rauschning warf Hitler in Wirtschaftsfragen reinen Opportunismus vor: Er habe über keine konsistenten ökonomischen Überzeugungen verfügt, sondern immer nur seinem Publikum nach dem Munde geredet.
Der Historiker Henry A. Turner kommt zu dem Schluss, dass Hitler das „liberale Konkurrenzprinzip" und das Privateigentum nur deshalb bejaht habe, „weil er sie in entstellter Weise in seine sozialdarwinistische Sicht des Wirtschaftslebens einbauen konnte" für den Wirtschaftswissenschaftler Ralf Ptak deuten. „Die vielfältigen Publikationsmöglichkeiten ordoliberaler Autoren in diesem Zeitraum auf eine nationalsozialistische Duldung gegenüber dem ordoliberalen Projekt" hin. Der Wirtschaftswissenschaftler Nils Goldschmidt widerspricht Ptaks Schlussfolgerung und führt die Schrift „Nationalökonomie – wozu?" von Walter Eucken als Bei-

spiel für ein Publikationsverbot an. Ferner weist Goldschmidt auf ordoliberalen Widerstand gegen den Nationalsozialismus, wie etwa durch die Freiburger Kreise hin.

Albrecht Ritschl verweist auf die schrittweise Ausschaltung des sozialistischen Parteiflügels zwischen 1930 und 1934 und deutet die antikapitalistischen Töne als verkappten Antisemitismus. Die enge Verbindung von Antikapitalismus und Antisemitismus in der nationalsozialistischen Propaganda zeigt sich etwa in dem Antrag, der der Vorsitzende der NSDAP-Fraktion im Reichstag am 18. Oktober 1930 stellte. Darin forderte er die Enteignung des gesamten Vermögens der „Bank- und Börsenfürsten, der seit 1. August 1914 zugezogenen Ostjuden und sonstigen fremdstämmigen zum Wohl der Allgemeinheit des deutschen Volkes."

1931, auf dem Höhepunkt der Weltwirtschaftskrise, forderte die NSDAP staatliche Arbeitsbeschaffungsprogramme, um die Arbeiterschaft als NSDAP-Wähler anzuwerben. Doch zuvor zerschlug das NS-Regime die organisierte Arbeiterbewegung in Form der Linksparteien und der Gewerkschaften. Die NSDAP betrachtete marxistische und kommunistische Gruppen innenpolitisch als Hauptgegner, so wie außenpolitisch der Bolschewismus der Hauptfeind war.

Die Alternative, der „nationale Sozialismus", wurde als „Volksgemeinschaft" definiert. Diese wurde als „Einheit von Volk und Staat" unter der einheitlichen NS-Ideologie und einem „starken Staat", gelenkt von einem „Führer", verstanden. Die Einordnung aller Staatsbürger in die Arbeitspflicht und die rassisch definierten nationalen Interessen ließ offen, ob dazu die Produktionsverhältnisse umgestürzt werden sollten. Dieses Stichwort fehlte im 25-Punkte-Programm. Als Gegenkonzept zur Leitidee der internationalen klassenlosen Gesellschaft im Marxismus, aber auch zur individuelle Freiheiten schützenden pluralen und parlamentarischen Sozialdemokratie gedacht, unterschied es die NSDAP von den damaligen Programmen aller sozialistischen Parteien.

Friedrich August von Hayek begreift den Nationalsozialismus nicht als Entartung des Kapitalismus, sondern hebt vielmehr hervor, dass sich Nationalsozialismus und Sowjetkommunismus in diktatorischen und antiliberalen Grundzügen ähnelten.
Rainer Zitelmann versteht Hitler als „Revolutionär", dem die Verbesserung der Aufstiegschancen der Arbeiter, soweit sie seinen Rassevorstellungen entsprachen, ein ehrliches Anliegen gewesen sei. Dabei sei es ihm nicht „um die Ermöglichung der bestmöglichen Entfaltung des Individuums, sondern um die Optimierung des Nutzens für die deutsche Volksgemeinschaft" gegangen. Gegenüber der Wirtschaft habe er einen „Primat der Politik" angestrebt, der „auf eine Revolutionierung des Verhältnisses von Politik und Ökonomie" hinausgelaufen sei:
„Anstelle des kapitalistischen Wirtschaftssystems wollte Hitler eine gemischte Wirtschaftsordnung etablieren, in welcher markt- und planwirtschaftliche Elemente zu einer neuen Synthese vereint wären."
Wenn auch Hitlers oberstes Ziel „seine sozialdarwinistische Idee vom ewigen Kampf und das völkische Prinzip" gewesen sei, sei die „vom Nationalsozialismus ausgelöste soziale Revolution, deren Inhalt die Modernität war", durchaus ernst zu nehmen.
Gegen diese These wandten Wolfgang Wippermann und Michael Burleigh indirekt ein, dass sie den rassistischen und damit reaktionären Charakter des NS-Regimes über Gebühr herunterspiele.
Laut Joachim Fest ist „die Diskussion über den politischen Standort des Nationalsozialismus nie gründlich geführt worden". Stattdessen habe man „zahlreiche Versuche unternommen, jede Verwandtschaft von Hitlerbewegung und Sozialismus zu bestreiten". Zwar habe Hitler keine Produktionsmittel verstaatlicht, aber „nicht anders als die Sozialisten aller Schattierungen die soziale Gleichschaltung vorangetrieben". Auch nach Ansicht von Götz Aly versuchte das NS-Regime, das er als „Gefälligkeitsdiktatur" bezeichnet, durch soziale Fürsorge egalitäre Prinzipien zu verwirklichen.

Für die von 1933 bis 1945 praktizierte Wirtschaftspolitik des NS-Regimes sind die Befunde ebenfalls widersprüchlich. Auf der einen Seite spricht die Reprivatisierung der in der Bankenkrise 1931 de facto verstaatlichten Großbanken eher für eine prokapitalistische Haltung der Regierung. Die Arbeiten u. a. von Avraham Barkai, Timothy Mason und Dieter Petzina dagegen zeigen, dass die dirigistischen Eingriffe in die Wirtschaft unter Schachts „Neuem Plan" (1934), unter dem Vierjahresplan (1936) und vollends die Kriegswirtschaft unter Rüstungsminister Albert Speer (ab 1942) vom freien Unternehmertum der Weimarer Jahre wenig übrig ließen. Der Historiker Klaus Hildebrand fasst den Stand der Forschung in Oldenburg Grundriss der Geschichte zusammen: „Zwar blieben die Betriebe in privaten Händen der Unternehmer, ohne Zweifel stiegen auch die finanziellen Erträge aus der Rüstungskonjunktur. Doch wurde das für eine kapitalistische Wirtschaft verbindliche Prinzip der Zweck-Mittel-Rationalität im Banne der Rüstungsanforderungen und des Autarkieprinzips auf Befehl Hermann Görings mehr und mehr außer Kraft gesetzt."

Gestützt wird diese These von aktuellen ordnungstheoretischen Untersuchungen: Michael von Prollius beschreibt das NS-Wirtschaftssystem als „Ergebnis unablässiger Neu- und Umorganisation und zahllosen Lenkungs- und Bürokratisierungsmaßnahmen", für Markus Albert Diehl „entfernte sich die deutsche Wirtschaftsordnung unter der nationalsozialistischen Herrschaft immer weiter vom Idealtyp der Marktwirtschaft und entsprach schließlich weitgehend dem Idealtyp der Zentralplanwirtschaft". Unter dem Schutz Heinrich Himmlers, der die nach seiner Auffassung „total bolschewistische" Wirtschaftslenkung Albert Speers ablehnte, erfolgten allerdings unter Otto Ohlendorf, dem stellvertretenden Staatssekretär im Reichswirtschaftsministerium, noch während des Krieges, eigentlich verbotene, Überlegungen für eine wirtschaftliche Nachkriegsordnung, die eine stärkere Rückbesinnung auf marktwirtschaftliche Grundsätze beinhalteten. An die Stelle des bürokratischen Lenkungsapparates sollte im Frieden ein „aktives und wagemutiges Unternehmertum" treten, so Ohlendorf.

Ob und wieweit auch religiöse Elemente für die nationalsozialistische Ideologie konstitutiv waren, ist in der historischen Forschung umstritten. Verschiedene Strömungen in der NSDAP reichten vom Atheismus und Nihilismus über rassistischen Neopaganismus bis zur Bejahung oder taktischen Vereinnahmung eines „positiven Christentums". Dass Elemente der NS-Propaganda, etwa der Führerkult, religionsähnliche Züge trugen, wurde oft beobachtet. Auf den Reichsparteitagen wurde der Nationalsozialismus zelebriert, was durch den Film „Triumph des Willens" der Regisseurin Leni Riefenstahl besonders herausgearbeitet und verstärkt wurde. Das Verhältnis des Nationalsozialismus zur christlichen Religion blieb daher auch zwiespältig.

Einerseits gab es den Versuch, mit der evangelischen Kirche ein „Deutsches Christentum" zu begründen. Außerdem machte Hitler 1933 durch das Reichskonkordat mit dem Vatikan Zugeständnisse an die katholische Kirche wie die Freiheit des Bekenntnisses und die Erlaubnis katholischer Schulen und Universitäten, die allerdings nicht eingehalten wurden. Sie dienten dem Prestigegewinn im Ausland und der Beruhigung der deutschen Bevölkerung. Andererseits gab es antichristliche Elemente bei Alfred Rosenberg, der in seinem Hauptwerk „Der Mythus des 20. Jahrhunderts" eine Ablösung des Christentums durch eine „Religion des Blutes" postulierte. Das Alte Testament wurde aufgrund der „jüdischen Wurzeln" zurückgewiesen. Einen starken Bezug zu germanischer Mythologie, völkisch-rassistischer Esoterik, Hinduismus, Buddhismus und Meditation zeigte Himmler, der Reichsführer-SS. Er trug ständig eine Ausgabe der Bhagavad Gita bei sich. Die bereits bei Rosenberg vorhandenen Bezugspunkte zu Indien wurden in den SS-Einrichtungen wie den „Ordensburgen", die Himmler als Elite des Systems verstand, ausgebaut. Esoterische Lehren und östliche Mystik wurden teilweise von der SS übernommen.

Diese Zeit der deutschen Geschichte war und ist für mich die Zeit der Scham. Der Scham deshalb, weil Millionen von Bürgern nicht nachfragten, sich den Ideologien des Führers unterwarfen und Menschenrechte und Leben missachteten. Am Ende des Tausendjährigen Reiches lag Deutschland am Boden und all die Mitmacher und Heilschreier gaben vor, von allem nichts gewusst zu haben. Man verschwieg die Wirklichkeit, schützte sich mit Lügen über seine Vergangenheit. Vielen gelang die Umwandlung in den neuen Rechtsstaat unter Umgehung des Rechts.
Wir waren **wer** beim Adolf und wir sind **wer** in der neuen BRD.

Für die Zeit des Zweiten Weltkrieges passt mein Untertitel besser als für die moslemische Revolution.
„Rivers of Blood"
Es flossen diese Flüsse aus Blut, weltweit. 55 Millionen Menschen verloren ihr Leben, Familien wurden zerstört und Geschichtliches vernichtet. Die Zeit der deutschen Geschichte hatte einen schwarzen Flecken bekommen.

Siebtes Kapitel

Schon in der Zeit des Zweiten Weltkrieges und besonders danach befasste man sich mit der Entwicklung von atomaren Waffen und der Möglichkeit der Energieherstellung.
Besonders Amerikas Rüstungsprogramm wurde vorangetrieben, sodass am 16. Juli 1945 eine neue Zeitrechnung, das Atomzeitalter, begann.

Am 16. Juli 1945 um 05:29:45 Uhr begann auf dem Raketentestgelände White Sands im „Jornada-del-Muerto" Tal in New Mexico das atomare Zeitalter. Die erste Atombombe, „The Gadget" genannt, wurde gezündet. Eine ähnliche Bombe explodierte einige Wochen später über Nagasaki.
Zuvor äußerten zwar einige der Beteiligten die Befürchtung, die Explosion könnte die Erdatmosphäre entflammen und alles Leben auf dem Planeten vernichten, oder zumindest New Mexico vollständig einäschern. Trotz dieser Bedenken wurde der Test schließlich durchgeführt. „The Gadget" wurde dafür auf einem etwa 30 Meter hohen Turm platziert, von dem nach dem Test nichts mehr übrig blieb. Die Sprengkraft der Detonation entsprach einer Explosion von 18 Kilotonnen TNT und hinterließ einen drei Meter tiefen, 330 Meter breiten Bombenkrater. In einem Umkreis von 1,5 Kilometern war die Gegend vollständig verwüstet, während 730 Meter um das Zentrum der Explosion herum der Sand zu grünem radioaktivem Glas geschmolzen war, der auch als Trinitit bezeichnet wird.
Während der Explosion entstanden ein zwölf Kilometer hoher Atompilz und eine Druckwelle, die noch in 160 Kilometer Entfernung zu spüren war. Der gewaltige Knall war noch 320 Kilometer weit weg zu hören. Der wissenschaftliche Leiter des Projekts, **Dr. J. Robert Oppenheimer**, der die Explosion beobachtet hatte, sagte später, sie habe ihn an eine Zeile aus der Hindu-Schrift Bhagavad Gita erinnert: **„Ich bin der Tod geworden, der Zerstörer der Welten."**

Die radioaktive Strahlung von „The Gadget" konnte noch in einem Umkreis von 160 Kilometern gemessen werden. Zwar wurde der Bombenkrater 1952 eingeebnet und das Trinitit größtenteils entsorgt, doch auch heute, nach mehr als sechzig Jahren ist die Strahlung auf dem ehemaligen Testgelände noch immer zehnmal höher als normal. Die „Trinity Site" wurde am 21. Dezember 1965 zu einer historischen Gedenkstätte erklärt und kann an zwei Tagen im Jahr besichtigt werden.

Mit welcher Geschwindigkeit die atomare Entwicklung fortgeschritten ist, können wir an den bereits stattgefundenen Unfällen in Atomkraftwerken sehen. Gerade jetzt, im Jahre 2011 stehen wir in Japan vor einem fast unlösbaren Problem.
Ein Jahrhunderterdbeben mit der Stärke 9.1 auf der Richter Skala, mit einem nachfolgenden Tsunami hat große Teile der japanischen Insel Honshu verwüstet und die Atomanlagen zur Stromgewinnung erheblich zerstört. Die Welt blickt auf Japan. Der Ausgang ist bisher ungewiss, gerade hört man von einem starken Nachbeben, die Erde ist immer noch unruhig. Auch diesmal wieder wird mit Informationen für die Bevölkerung sehr sparsam umgegangen.

Der bislang schwerste Unfall in einem Atomkraftwerk ereignete sich am 26. April 1986 in dem ukrainischen Kernkraftwerk Tschernobyl nahe der Stadt Pripjat. Die Erprobung eines neuen Spannungsreglers führte zu einer Explosion im Block 4 des Kraftwerks. Die Druckwelle zerstörte das Dach und legte den schmelzenden Reaktorkern frei, wobei Radioaktivität in die Luft geschleudert wurde.
Die sowjetische Regierung versuchte, den Störfall so lange wie möglich zu vertuschen. Anwohner wurden am nächsten Morgen im Radio lediglich dazu aufgefordert, ihre Wohnungen nicht zu verlassen und die Fenster geschlossen zu halten, als reine Vorsichtsmaßnahme. Am Tag darauf wurden die 50.000 Einwohner von Pripjat dann doch evakuiert. Aber, so die damalige Aussage, nur für drei Tage, dann sollten sie nach Hause zurückkehren

können. Pripjat ist bis heute eine unbewohnbare Geisterstadt. Erst Wochen später wurde das genaue Ausmaß der Katastrophe bekannt. Die Radioaktivität erreichte weite Teile von Europa bis Großbritannien und Skandinavien. 30 Kilometer um den Reaktor herum wurde eine Sperrzone errichtet, die noch immer Bestand hat. Schätzungen zufolge wird es noch mindestens hundert Jahre dauern, bis das Gebiet wieder landwirtschaftlich nutzbar wird. Wie viele Menschen der Unfall das Leben tatsächlich das Leben gekostet hat, ist hoch umstritten. Einige Schätzungen gehen von rund 110.000 Toten und Hunderttausenden, die bis heute an den Folgen der Verstrahlung leiden, aus. Andere Berechnungen sind deutlich niedriger. So behauptete etwa die Internationalen Atomenergie-Organisation zu Beginn des Jahres 2006, dass bis Mitte 2005 weniger als 50 Personen an der unmittelbaren Strahlung des Reaktors gestorben seien.

Der Unglücksreaktor wurde nach dem Unfall eilig mit einem Betonsarkophag versiegelt, der zwar hundert Jahre halten sollte, aber bereits jetzt brüchig wird. Unmittelbar am Ort der Katastrophe ist die Strahlenbelastung auch heute noch 700-mal so hoch wie zulässig. Oberflächlich betrachtet hat Deutschland trotz zahlreicher Störfälle im deutschen AKW bislang noch keine atomare Katastrophe erleben müssen. Unter der Erde sieht es anders aus. Denn obwohl in der Bundesrepublik seit mehr als 60 Jahren fleißig Strom aus der Kernspaltung gewonnen wird, gibt es noch kein Endlager für den dabei entstehenden Atommüll.

Das ist ungefähr so, als würde man mit einem Flugzeug starten, für das es nirgendwo auf der Welt eine Landebahn gibt.

Zwar wurde mit dem Endlager **Asse** in den sechziger Jahren ein Bergwerk tief unter Tage präsentiert, dessen Salz den strahlenden Schrott die nächsten hunderttausend Jahre schützend umschließen sollte.

Tatsächlich traten schon nach 40 Jahren massive Probleme auf. Entgegen allen Beteuerungen von Politik und Betreibern säuft die Asse langsam ab. 12.000 Liter Wasser treten täglich ein, lassen die

Fässer verrosten und spülen die Radioaktivität aus. Bis heute gibt es weder ein Konzept für die Entsorgung der dabei entstehenden radioaktiven Lauge noch eine Gesamtlösung für die Asse. Viele der giftig gelben Fässer wurden damals nämlich nicht gestapelt, sondern einfach in die Stollen gekippt und mit Salz bedeckt. Sie sind längst korrodiert und haben ihren gefährlichen Inhalt verstreut, kein Mensch darf sich ihnen nähern, Bergung unmöglich.

Insgesamt 119-mal wurden zur Zeit des atomaren Wettrüstens im Kalten Krieg auf dem Atomtestgelände im US-Bundesstaat Nevada oberirdisch nukleare Sprengsätze gezündet. Seit 1962 wurden mehr als tausend unterirdische Kernwaffentests durchgeführt. Erst 1992 wurde das Gelände, das etwa so groß ist wie das Saarland, stillgelegt.

Auswirkungen der atomaren Strahlung sind, das Kinder missgebildet geboren werden, an Landwirtschaft ist nicht mehr zu denken. Nicht nur rund um Tschernobyl und Fukushima sind ganze Regionen unbewohnbar geworden. Nuklearunfälle und Atomtests haben auf fast allen Kontinenten tödliche Spuren hinterlassen.

Hier ein Bericht: Es ist Mittwoch, der 28. März 1979, und im Atomkraftwerk Three Mile Island bei Harrisburg im US-Bundes-Staat Pennsylvania beginnt der Albtraum der Atomphysik. Um vier Uhr früh bemerken Mitarbeiter in der Schaltzentrale den Ausfall einer Pumpe im Kühlkreislauf des Reaktors. Der schaltet sich zwar, wie vorgesehen, automatisch ab, aber die Nachzerfallswärme treibt den Druck im Kühlkreislauf in die Höhe.

Ein Sicherheitsventil öffnet, der Druck entweicht; das heiße Wasser schießt heraus. Dann bleibt das Ventil einfach offen stehen. Pro Minute rauscht nun eine Tonne Kühlwasser aus dem Reaktor, ohne dass die Schichtleiter es bemerken. Die Anzeige auf der Schalttafel zeigt fälschlicherweise an, dass das System übervoll mit Kühlungsmittel sei. Gegen sechs Uhr ist der obere Teil des Reaktorkerns statt von Kühlwasser nur noch von Dampf umgeben. Die gigantische Hitze kann nicht entweichen. Die Brennstäbe beginnen, sich zu zersetzen. Die Kernschmelze setzt ein. Endlich bemerkt ein Techniker das offene Sicherheitsventil im Kühlkreislauf. Gerade noch rechtzeitig schließt er ein Notventil und verhindert so den Super-GAU.

Minimale Konstruktionsfehler, Personal, das nicht optimal auf den Störfall reagierte. Es waren im Prinzip Lappalien, die vor mehr als 30 Jahren zur Katastrophe in Harrisburg führten. Die Wirkung war verheerend. Während des Störfalls war sowohl radioaktives Gas in die Atmosphäre als auch verseuchtes Kühlwasser in den nahegelegenen Fluss gelangt. Steigende Krebsraten in der Bevölkerung waren die Folge. Außerdem waren weite Teile des Reaktors und des Kraftwerksgeländes verseucht. 14 Jahre dauerte der Rückbau in Harrisburg, bei dem vor allem mehr als 8 Millionen Liter verseuchtes Trinkwasser dekontaminiert werden mussten. Umgerechnet mehr als eine Milliarde Euro verschlang das alles. Bis heute strahlt der Rest der Reaktorruine weiter.

Nun, da die Welt mit dem GAU von Fukushima eine weitere nukleare Katastrophe erfährt, erlebt die Debatte um die Sicherheit von Atomkraft eine neue Blüte. Und spätestens, seitdem das hochgiftige Plutonium aus einem der zerstörten Meiler entwich und das Gelände von Fukushima auf Jahrzehnte, wenn nicht Jahrhunderte verseucht ist, rückt plötzlich die Unverhältnismäßigkeit von Risiko und Ertrag dieser ehemaligen Wundertechnik ins Blickfeld: **Wie kann überhaupt etwas als beherrschbar gelten, was doch so schnell zu einer Apokalypse mutieren kann, die ganze Landstriche für Generationen von Menschen unbewohnbar macht?**

Dabei hätte doch ein Blick zurück schon gereicht. Nach Harrisburg. Oder auch nach Tschernobyl. Oder nach Mururoa. Überall dorthin eben, wo die Kraft des Atoms, ob mit Absicht oder nicht, ihre Fesseln gesprengt hat. Überall dorthin, wo die Kernenergie die Welt unbewohnbar gemacht hat für den Menschen. Mit Fukushima gibt es nun ein neues atomares Niemandsland. Dabei ist die

Welt schon voll mit Gegenden verbrannter Erde, dessen Anblick jedem sofort klarmacht, wie hoch der Preis ist.
Die Begeisterung für die atomare Energiegewinnung. Was bis dahin oft als moderne und saubere Methode bejubelt wurde, zeigte auf einmal sein anderes Gesicht. Die Katastrophen wurden zum Schlüsselereignis für die Anti-Atomkraft-Bewegung.

Atomkraft – Nein danke!

Und das auch in Deutschland. Hunderttausend Menschen demonstrierten 1979 in Hannover gegen das geplante Atommüll-Endlager im niedersächsischen Gorleben. Im Oktober protestierten in Bonn sogar 150.000 gegen den Ausbau der Atomkraft. Im Januar 1980 wurde die Partei „Die Grünen" gegründet, ein Resultat der Ökologiebewegung. Das Engagement der Massenbewegung gipfelt im Jahr 2000 mit dem Beschluss einer rot-grünen Koalition zum Ausstieg aus der Atomkraft binnen 30 Jahren. Der gerät angesichts des Klimawandels bereits wieder unter Beschuss, erst recht, nachdem Vorreiter Schweden jüngst seinen Rückzieher von der nuklearfreien Energiepolitik erklärte. In dem skandinavischen Land hatte sich die Bevölkerung ein Jahr nach Harrisburg bei einer Volksabstimmung am 23. März 1980 als erstes Land der Welt für den Atomausstieg entschieden. Auch in den USA, wo seit 1979 kein neuer Meiler mehr ans Netz ging, wird über den Bau neuer Atomkraftwerke nachgedacht.
Viele Befürworter des Atomstroms argumentieren, dass ein solcher GAU wie in Tschernobyl niemals in einem westlichen Atomkraftwerk hätte passieren können. Diese seien ungleich sicherer als die sowjetische Technik. Möglicherweise war aber Harrisburg nur knapp davon entfernt, das Tschernobyl vor Tschernobyl zu werden. Laut eidesstattlichen Aussagen wurden aus dem offiziellen Abschlussbericht der US-Regierung die alarmierendsten Passagen gestrichen, **„weil der Unfall auf Three Mile Island unendlich viel gefährlicher war, als jemals öffentlich zugegeben wurde".**
Auch die Südsee wurde von den Atomversuchen heimgesucht.

Das Mururoa Atoll von den Franzosen vergiftet und die Bikini Inseln von den Amerikanern unbewohnbar gemacht.
Sie verglühten Tiere, pulverisierten Eilande. Nach dem Zweiten Weltkrieg verwandelten US-Militärs das Bikini-Atoll in ein Großlabor, zig Atom- und Wasserstoffbomben detonierten dort binnen weniger Jahre. Heute sind die Spuren der Verwüstung verschwunden. Die Gefahr lauert in Pflanzen und Früchten. Am 30. Juni 1946 hatte sich vor dem Bikini-Atoll eine Armada versammelt. Flugzeuge zogen ihre Kreise am Himmel, Strahlenmessgeräte waren auf den Schiffen, den Fliegern und auf den Inselchen des Atolls installiert. Hunderte Ratten, Ziegen und Schweine fungierten als vierbeiniges Testgerät, sie sollten zeigen, wie schnell und umfänglich lebendes Material verglüht werden kann.
Die Tiere waren die einzigen dort verbliebenen Lebewesen, nachdem die 167 Einwohner des Bikini-Atolls ein paar Wochen zuvor auf ein anderes Atoll gebracht worden waren. An einem Sonntag im Februar 1946 hatte der damalige US-Militär-Gouverneur der Marshall Islands die Bikinianer nach dem Kirchgang versammelt und um ihre Inseln gebeten. Er wollte sie nur „vorübergehend" und vor allem **„For the good of mankind"**, zum Wohle der Menschheit. Worum es in Wahrheit ging, kommentierte Bob Hope, eine der schärfsten Zungen jener Zeit, auf seine Art: **„Sobald der Krieg zu Ende war, entdeckten wir den einzigen Punkt auf dieser Erde, der vom Krieg unberührt geblieben war, und schickten ihn zur Hölle."**

Das beeindruckende Aufgebot auf und vor Bikini bildete den Auftakt für ein wahrhaft bombastisches Experiment. Mit einer Serie von Atombombenexplosionen wollten die Vereinigten Staaten das zerstörerische Potenzial ihrer Kernwaffen testen. Innerhalb von zwölf Jahren wurden 23 Atombomben auf dem Bikini-Atoll gezündet, wahlweise in der Luft, unter Wasser oder auf festem Land. Die größte Explosion, die Zündung der Wasserstoffbombe Bravo im Jahre 1954, pulverisierte drei Inseln Bikinis. Die nach ihrer Zerstörung nur noch in Form von drei schwarzen Sternen auf der Flagge der Bikinianer verewigt sind. Auch auf dem Enewetok-Atoll detonierten Atom- und Wasserstoffbomben. Auf die gesamten Marshall Islands fiel bis zum Ende der Tests Ende der fünfziger Jahre eine tägliche Sprengkraft von im Schnitt etwa 1,6 Hiroshimabomben.

Die erste Explosion zündete unter dem Codenamen Crossroad an jenem 30. Juni 1946. Der Name der Bombe, die auf einem Schiff vor Bikini stationiert war, lautete Able, nach Abel, dem gottgefälligeren der beiden biblischen Brüder. Gegen 22:00 Uhr Mitteleuropäischer Zeit schickte Able eine gigantische Rauchwolke und alles Leben in ihrer unmittelbaren Umgebung gen Himmel. Die Bombe erreichte eine Sprengkraft von 23 Kilotonnen, was in etwa jener Kernwaffe entsprach, die Nagasaki zerstört hatte.
„Wie tausend Sonnen" habe der Himmel über dem Meer geleuchtet, berichtet ein Augenzeuge. Damit auch der Rest der Welt Zeuge des Spektakels werden konnte, waren fast 20 Tonnen Filmausrüstung herangeschafft worden. Auf den Schiffen, von denen aus das Geschehen beobachtet werden konnte, wurden Sonnenbrillen gereicht und eisgekühlte Martinis. Beides, die Brillen und das Getränk, reüssierten im Sommer jenes Jahres. Außerdem die Torten samt Atompilzen aus Buttercreme sowie die Kreation eines französischen Schneiders, die er **Bikini** nannte. Internationale Proteste gab es kaum. Sie sollten erst nach und nach aufflammen und dazu beitragen, dass die Tests schließlich nach zwölf Jahren eingestellt wurden.
Unterdessen warteten die Bikinianer auf dem Atoll Rongerik auf die Heimreise. Es sah gut aus. Schon im Juli 1946 war der Stammesführer der Bikinianer mit einigen Amerikanern aufs heimische Atoll gereist. Wieder bei den Seinen verkündete er glücklich, dass die Inseln intakt seien und die Bäume an Ort und Stelle. Bikini sehe eigentlich „immer noch genauso" aus, bald schon könne es nach Hause gehen.
Er hätte sich nicht schlimmer irren können. Nach einer jahrelangen Odyssee über mehrere Inseln und Atolle leben die meisten

Bikinianer heute auf Kili und Ejit. Kili ist ein winziger Fleck im Meer, Hunderte Meilen von Bikini entfernt. Nach Majuro, der Hauptinsel der Marshalls, ist es kaum näher. Kili war eine Gefängnisinsel der Japaner. Sie ist es heute noch, sagen die Bikinianer.
Kili kann man bei einem lockeren Nachmittagsspaziergang umrunden. Die Insel hat keinen Hafen und keine Lagune. Auf dem offenen Meer zu fischen ist nur in den sechs windstillen Monaten des Jahres möglich. Ein paar wenige Kokosnüsse reifen hier, Pandanussbäume und Brotfrüchte.
Im Wesentlichen ernähren sich die Menschen von Konserven. **„Die Radioaktivität hätte uns nicht mehr schaden können als dieses ewige Zeug aus den Blechbüchsen"**, sagen sie hier. Fast alles wird eingeflogen oder kommt per Schiff. Auch die rund 60 Tonnen Diesel, die dreimonatige Ration für das Inselkraftwerk. Wenn die See tobt und das Boot nicht anlanden kann, liegt Kili tagelang im Dunkeln.
Ende 1972 gab es den Versuch einiger Bikinianer, auf ihre Inseln zurückzukehren. Bereits Jahre zuvor hatte US-Präsident Lyndon B. Johnson auf Seite eins der „Washington Post" ihr Land für sicher erklärt. Auch die Wissenschaftler gaben Entwarnung bis 1978. In jenem Herbst mussten die Rückkehrer innerhalb von Wochen ihre Heimat ein zweites Mal verlassen. In den Brunnen waren weit überhöhte Strontium-90-Werte nachgewiesen worden. Auch die Werte von Cäsium 137 waren „unglaublich angestiegen". Neue, sensiblere Messgeräte hatten die alarmierenden Ergebnisse geliefert. Mit ihren eigenen Augen sahen die Bikinianer, dass ihre alten, seit Urzeiten existierenden Grenzen, Landmarken wie Steine, Bäume oder kleine Pfade, von den Kernwaffen zerstört worden waren. Bikini wurde wieder zum Geisterort.
Allerdings wirkt es auf den ersten Blick ganz und gar nicht so. „Alles scheint seltsam intakt, selbst die Kokosnüsse sehen zum Anbeißen aus", sagt ein australischer Fotograf, der sich auf Bikini auskennt. „Dabei weiß man, dass sie verstrahlt sind und darum lebensgefährlich." Das gilt allerdings nur für die Pflanzen und Früchte der Inseln. Laut der International Atomic Energy Agency

sei es heute völlig ungefährlich, auf dem Atoll spazieren zugehen oder sogar eine längere Zeit dort zu leben. Das radioaktive Erbe hat sich längst zersetzt oder wurde mit dem Wasser davongespült. Die Lagune quillt über vor Leben, als sei nie etwas passiert. Am anderen Ende der Bucht ist ein Durchgang zum Meer. Er wurde seinerzeit frei gesprengt, damit die Schiffe mit den Atombomben einlaufen konnten. Dieser Durchgang ist der heutige „shark pass": Hunderte von Haien und Mantarochen tummeln sich dort, selbst im seichten Wasser. Überall gibt es auch noch die Überreste der riesigen Betonbunker, die das militärische Personal vor dem nuklearen Fallout schützen sollten. Die Anlagen wirken gespenstisch, unheimlich. An den Palmen und den Brunnen der Inseln sind Zahlenschilder befestigt, Codes der Militärs. Die Insel wirkt seltsam still, im Busch ist kaum ein Laut zu hören.

Tatsächlich gilt Bikini weiterhin als nahezu unbewohnt. Lediglich eine Tauchbasis gab es dort, betrieben vom Amerikaner Jack Niedenthal. Das Bikini-Atoll ist eines der exklusivsten Tauchreviere der Welt. In rund 160 Metern Tiefe liegen jene Schiffe, die seinerzeit den atomaren Scheinangriffen ausgesetzt waren. Darunter die „USS Sarratoga", ein Flugzeugzeugträger, der mit über 250 Metern Länge das weltweit größte Wrack ist, das man mit Lungenautomaten erreichen kann. Auch die „HIJMS Nagato" liegt dort unten, einst war sie das Flaggschiff der japanischen Marine und beteiligt am Angriff auf Pearl Habor. Die Schiffe sind nun Eigentum der Bikinianer. Sie sind „unsere nukleare Flotte", wie sie sagen.

Jack Niedenthal kam als Mitglied des Peace-Corps vor Jahren auf die Marshall Islands, jetzt verwaltet er die Hilfsgelder, die die Nordamerikaner an die Bürger Bikinis zahlen. Über 800 Dollar im Jahr erhält jeder der rund 3500 Bikinianer aus den Fonds. Über eine Milliarde Dollar zahlten die USA bislang insgesamt an Wiedergutmachung und Aufbauhilfen an die Marshall Islands. Bis in alle Ewigkeit hängen wir am Tropf des „großen Bruders", sagen die Marshalllesen.

In Jacks Büro hängen schöne Unterwasseraufnahmen von Haien, fotografiert während der Tauchgänge vorm Bikini-Atoll. Doch da sind auch die Poster der „Big Shots", der großen Explosionen: „Magnolia, 57 Kilotons, Enewatok Atoll 1958" steht auf einem. Neben dem Atompilz auf einem anderen Poster sind die Daten „Romeo Shot, 26.3.1954" gedruckt. Ein Hochglanzposter feiert den 50. Jahrestag von Mike, der rund zehn Megatonnen starken Wasserstoffbombe, die das Enewetak-Atoll 1952 heimsuchte. Und da sind auch Bilder der Ziegen, angebunden auf Schiffen; sie mampfen ihre Henkersmahlzeiten. Stunden nach den Aufnahmen waren sie atomisiert.

Unvergessen bleiben die Atomversuche der Franzosen auf dem Mururoa Atoll. Mururoa was „großes Geheimnis" in der Landessprache heißt, ist ein rund 300 Quadratkilometer großes, unbewohntes Atoll im Südpazifik, das seit 1966 als Kernwaffentestgelände Frankreichs bekannt wurde.

Schon nach dem ersten Atomtest bricht auf Tahiti der ganze Hass gegen die französische Kolonialmacht hervor.

Wut, Frustration, Schock und Ohnmacht zeichneten das Gesicht von Oscar Temaru. „Mein Herz ist traurig. Ich bin fassungslos", gesteht der Führer der Unabhängigkeitsbewegung „Polynesische Befreiungsfront" auf Tahiti.

Bis zur letzten Sekunde hatte sich Temaru einen Funken Hoffnung bewahrt, setzte er darauf, dass die Franzosen vielleicht doch einlenken und die Atomtests auf dem Südseeatoll Mururoa absagen. Doch dienstags um 12:30 Uhr Ortszeit ließ Frankreichs Präsident Jacques Chirac die erste Bombe zünden. **„Eine Botschaft des Friedens"** gehe von der Zündung aus, verkündete anschließend General Paul Vericel, Chef des nuklearen Versuchszentrums auf Mururoa.

In Papeete, der Hauptstadt Tahitis, ist diese Botschaft wohl missverstanden worden. Der Atomexplosion folgte eine soziale Detonation. Tagelang zogen aufgebrachte Atomtestgegner und Unabhängigkeitskämpfer marodierend durch die Stadt, stürmten

den Flughafen und zerstörten ihn teilweise. Der Flugbetrieb musste eingestellt werden.
Mit aller Macht brach der Hass auf die französische Kolonialmacht hervor. Die meist jugendlichen Demonstranten zündeten Autos an, errichteten Barrikaden, plünderten Geschäfte. **„Ein ganzes Volk hat sich erhoben, um gegen die Atomtests zu protestieren"**, kommentiert Temaru.
Ruhe und Souveränität strahlte dagegen Herve de Charette aus, als er vor die Mikrofone der Weltpresse trat. Ein verblüfftes Raunen ging durch den Saal, als Frankreichs Außenminister eine neuerliche Begründung für die Atomtests auf Mururoa abgab. Statt wie üblich in Französisch, informierte de Charette die Medien in englischer Sprache.
„Eine Reverenz an die internationale Kritik", kommentierte verdattert ein französischer Beobachter den unerwarteten Ausflug de Charettes ins Anglophile. So habe der Außenminister wohl den Eindruck vom unbeirrbaren Chauvinismus (im ursprünglichen Sinne ist exzessiver, auch aggressiv ueberzogener Nationalismus, bei dem sich ein Angehöriger einer Nation allein aufgrund seiner Zugehörigkeit zu dieser gegenüber Menschen anderer Nationen überlegen fühlt und sie abwertet) schmälern wollen.
Damit nicht genug, hatte de Charette für die europäischen Nachbarn eine besondere Beruhigungspille parat. Mit den neuen Atomtests wolle Frankreich nicht nur die Glaubwürdigkeit der eigenen Abschreckungskapazität erhalten, sondern handle auch im Interesse der europäischen Verteidigung.
Für dieses Bonbon haben die Verteidigungsexperten der westeuropäischen Union, dem europäischen Verteidigungsbündnis, nur ein geringschätziges Lächeln übrig. Schon vor über einem Jahr befassten sich die WEU-Strategen mit der Zukunft der Nuklearwaffen in Europa.
In weiser Voraussicht konstatierten die WEU-Vertreter damals: Ausgehend von der in Maastricht vereinbarten gemeinsamen Außen-, Sicherheits- und Verteidigungspolitik werde „die Rolle der

Nuklearwaffen Englands und Frankreichs sollte früher oder später sorgfältig überlegt werden".

In einem Papier stellen die WEU-Experten die These auf, dass der bislang von den USA gewährleistete atomare Schutz für die europäischen Partner erodieren werde. Darüber hinaus passe der NATO-Ansatz, Nuklearwaffen erst als letztes Mittel einzusetzen, nicht zum eigenständigen europäischen Verteidigungskonzept.

Zu dieser Erkenntnis waren die Franzosen auch schon gelangt. In einem Grundsatzpapier des Verteidigungsministeriums vom Februar 1994 stellten sie trocken fest, dass eine europäische Nukleardoktrin zu den wichtigsten Themen einer gemeinsamen europäischen Verteidigung werde.

Frankreichs größte Sorge war jedoch, dass Nachbar Deutschland 50 Jahre nach dem Ende des Zweiten Weltkriegs trotz des erklärten Verzichts eigene Atomwaffen entwickeln könnte. „Das würde den Status des nicht integrierten NATO-Mitglieds Frankreich eindeutig schwächen", feixte ein NATO-Militär. Also preschte Premier Alain Juppe mit dem Angebot vor, den eigenen atomaren Schutzschild auf Deutschland auszudehnen.

Ganz neu ist der Vorschlag nicht, wurde dies doch schon mehrfach auf bilateraler Ebene und in der WEU erörtert. Trotzdem gab sich der Bundesaußenminister erstaunt. Die Idee sei interessant, kommentierte er ratlos die Offerte.

Mehr Sachverstand und ein besseres Gedächtnis legte der Verteidigungsminister an den Tag. Trocken verwies er auf den atomaren Schutz im NATO-Bündnis. Eine europäische Sicherheitspolitik werde es erst unter einer europäischen Regierung geben.

„Frankreichs Angebot ist Augenwischerei", wiegelt ein WEU-Sicherheitsexperte ab. Es sei kaum zu erwarten, dass Frankreich einen Teil seiner atomaren Souveränität an Deutschland abgäbe. „Würde Deutschland von Russland angegriffen, glauben Sie, die Franzosen würden deutschen Militärs die Verfügungsmacht über ihre Atomwaffen überlassen?", fragt er provokant.

Wenig Gegenliebe erfährt der Vorstoß beim NATO-Partner USA. Ein Sicherheitsexperte in Washington zieht Parallelen zur Atompolitik von Charles de Gaulle, der vor 30 Jahren auf eigene Atomwaffen setzte, um unabhängig zu sein und eine eigenständige Politik betreiben zu können.

„Ich halte die ganze Sache nicht für sonderlich durchdacht", kanzelt er Frankreichs neue Atomlinie ab. Ihm erscheine die Offerte als Ablenkungsmanöver.

In Frankreich brodelt es derweil in der Gerüchteküche. Heftig diskutieren die Franzosen, ob es möglich sein könne, dass die Versuche der Waffenindustrie dienten. Die wollen die Daten, um kleine, taktische Atomwaffen für den Rüstungsmarkt zu bauen, heißt es. Ob für die eigene Sicherheit oder den internationalen Waffenhandel, den nur 900 Kilometer vom Testgelände entfernt lebenden Polynesiern ist die Begründung schnuppe. Sie fordern gesundheitliche Unversehrtheit für sich und ihre Kinder.

Zum allgemeinen Verständnis eine kurze Erklärung über die Sprengkraft von Atombomben. Sie wird durch den Vergleich mit dem Sprengstoff Trinitrotoluol (TNT) bestimmt. Deshalb wird die Vernichtungswirkung von Kernwaffen in Kilotonnen (kt) oder Megatonnen (Mt) angegeben. Eine Kilotonne TNT entspricht also der Sprengkraft von 1.000 Tonnen TNT.

„Little Boy", die Atombombe, die vor 60 Jahren Hiroshima zerstörte, hatte eine Sprengkraft von 13,5 Kilotonnen TNT. Nagasaki wurde von einer Atombombe mit der Explosionsstärke von 22 Kilotonnen TNT vernichtet.

Die jetzt auf Mururoa in 600 Meter Tiefe gezündete Bombe hatte eine Sprengkraft von rund 20 Kilotonnen TNT. Oberirdisch gezündet, hätte diese A-Bombe einen Feuerball von 500 Meter Durchmesser erzeugt, einen Krater von 15 Meter Tiefe gerissen, der einen Durchmesser von 100 Metern aufweisen würde.

Die Explosion auf Mururoa löste ein Erdbeben der Stärke 4,9 auf der Richter Skala aus. Für etwa zehn Sekunden verwandelte sich das Wasser der Lagune in eine schäumende, weiß kochende Brühe. Dann war der Spuk vorbei. Die Wasseroberfläche beruhigte sich, und die Lagune strahlte wieder in tiefem Azurblau.

Als ich meine erste Berührung mit Tahiti hatte, waren schon mehrere Jahre seit den letzten Atombombenversuchen vergangen. Ausgesucht freundliche Polynesier hießen mich auf ihren Trauminseln Willkommen. Wie überall in Polynesien die lachenden und fröhlichen Gesichter, die Schönheit der Menschen und die für uns, grandiose, industriefreie Natur. Als Außenstehender wird man nicht eingebunden in die Probleme des Landes und viele Fragen hört man nicht so gerne.
Durch eine Inselschönheit, mit dem echt tahitianischen Namen „Heidi" lernte ich einen Schweizer Piloten kennen, der ihr Vater war und er vermittelte mir einen tieferen Einblick in das tägliche Leben und deren Probleme. In der Zeit der Atombombenversuche flog er für die französische Force de Atomic die Wissenschaftler über die Inseln und er konnte mir einiges über das Leben der polynesischen Bevölkerung berichten, zumal seine Frau von einer kleinen Insel in der Nähe des Mururu Atolls kommt.
Übereinstimmend kamen wir zu dem Ergebnis, dass etwas faul ist im Garten Eden.
Tahiti isst Frankreichs knuspriges Brot, und an jedem strahlenden Alltagsmorgen zieht durch Papeete die Prozession der Hausfrauen mit backofenfrischen Baguettes im Korb.
Tahiti, die Insel der Sehnsucht, dieser Südseetraum, das ist wie voller Sommer an der Cote d'Azur, wenn große Ferien sind und die Pariser kommen mit Kind und Kegel und alles überquillt von Menschen und Karossen. Auf dem Boulevard Pomare, am Mastenwald der ankernden Jachten vorüber, rollen und röhren die Peugeots, Renaults und Citroëns. In den Seitenstraßen lässt sich ab acht kaum eine Parklücke mehr finden, und die Gendarmen in Kaki sind die gleichen Typen wie die Flics von Saint-Tropez.
„Das Außergewöhnliche hier sind nicht die Wasserfälle und die mondbeschienenen Strände. Das ungewöhnliche, Beispiellose ist gerade das Fehlen aller Exotik, ist die liebenswürdige und sanfte Atmosphäre des französischen Mutterlandes, eine Atmosphäre, die so sehr französisch ist, dass man nach einigen Stunden die Pareos und die Haie in der Lagune völlig vergisst." So wusste Georges

Simenon schon vor 50 Jahren zu berichten, als Tahiti noch ein idyllischer Flecken Erde und Papeete ein verlottertes Hafennest war, wie geschaffen zu sorglosem Schlendrian im Schatten der Flamboyants und Mangobäume.
Lebenslust, erfüllt von Gitarrenklang, und die Nächte durchweht vom Duft der Blume Tiare. Ein „Wunder" sei es, „ein Geschenk der Götter", schwärmte damals Simenon. **„Ein altes Volk, das unbeschwert dahinlebte, ist von einem anderen alten Volk besucht worden, und es ist, als seien beide übereingekommen, nun gemeinsam ihre Tage auf einem fröhlichen Jahrmarkt zu beschließen."**
Heute zeugt Papeete drastischer denn je vom Wesen und Wirken der Franzosen, doch die Zeiten des schläfrigen Glücks sind vorbei. Schnell ist das Leben geworden, seit der große Bauboom ein neues Papeete hervorzauberte, aus Betonfassaden und breitem Asphalt, der schon wieder zu eng wird. Eine urbane Welt, deren Metastasen unaufhaltsam voranwuchern über die Vororte hinaus, die Küstenstraße längs nach Ost und Süd, und den Zugang zu den Gestaden verrammeln mit Mauern und Zäunen und Hecken, auch das erinnert sehr an die Cote d`Azur
Die Sonnenkinder Tahitis haben fast keine Zeit mehr für die Wonnen des Nichtstuns. Sie pflanzen kein Taro mehr an, sie fischen nicht mehr draußen vorm Riff. Denn Tahiti geht arbeiten von früh bis um fünf, für tariflich festgesetzte Löhne und Gehälter, im Baugewerbe, in der Gastronomie, in den öffentlichen Diensten, und die Nachgeborenen der jungen Naturgeschöpfe, wie Gauguin sie einst malte, nackt in üppiger Blütenpracht, servieren jetzt im „Beachcomber", sitzen an Bankschaltern, tippen in klimatisierten Büros und kurven auf Motorrollern heimwärts im wilden Feierabendverkehr.

Die Turbulenzen der Moderne rütteln mächtig an den alten Kulturen Ozeaniens, an der Eintracht der weitverzweigten Sippen im Frieden der Dörfer und wispernden Haine, in deren Geästen noch die Ahnengeister hausen. Aber nirgendwo sonst auf den polynesischen Inseln südlich der Wolkenkratzerschluchten Honolulus hat ein Volk so jäh und radikal sein Gesicht verändert wie das der tahitianischen Maohi.

„L'evolution" nennt man das, was sie in nicht einmal zweieinhalb Jahrzehnten samt und sonders herausriss aus ihrem altvertrauten Dasein von Bauern und Fischern und weit davontrug in die fremde Welt des Geldes. Das begann gleich mit den sechziger Jahren, als Tahitis Flughafen von Faaa entstand, als vor Papeete, auf Moorea und den Gesellschaftsinseln ringsum die neuen Hotels emporwuchsen für die goldenen Horden des anbrechenden Jet-Zeitalters, als die Trift der Jungen einsetzte von den Tarofeldern, hin zu den verlockenden Jobs in der erblühenden Bau- und Tourismus-Industrie.

Mit der „Meuterei auf der Bounty", so erzählt mir der väterliche Pilot, habe das Ganze eigentlich angefangen, anno 1961, als die Filmleute aus Hollywood einfielen und den Mythos vom glücklichen Tahiti neu erstehen ließen in Technicolor. Ein Spektakel, das Tausenden von Inseltöchtern und -Söhnen einen wunderbaren Segen an Gagendollars und der schönen Tarita noch dazu etliche Ehejahre mit dem „Bounty"-Helden Marlon Brando eintrug.

Doch das alles sollte nur Auftakt sein, nur Vorspiel zum großen Drama, das Präsident de Gaulle in Szene setzte. Erst er war es, der dem fröhlichen Treiben auf Tahitis Schützenfest, im „Liebesarchipel am Rand der Meridiane", ein böses Ende bereitete, der die wahrhaft überstürzte, gewaltsame „Evolution" entfesselte zum Ruhme Frankreichs und seiner Force de Atomic.

Was waren das für gemütliche Zeiten gewesen, als Paris sich noch den Teufel scherte ums ferne Territorium und es vergammeln ließ in schönstem Laisserfaire, all seinen Bewohnern zum Wohlgefallen. Es gab nichts zu holen, nichts zu tun, nichts wurde entwickelt, und nichts störte den Frieden, den die vielen Maohi mit den so erfreulich wenigen Popaa gemeinsam genossen.

646 Franzosen lebten, laut Volkszählung von 1946, auf den Inseln, die meisten auf Tahiti, die meisten Männer. Ladenbesitzer, Mechaniker, Koprahändler und dergleichen, lässige Gestalten, die eine

ruhige Kugel schoben beim Boulespiel unter Flammenbäumen, sich die Nase begossen mit Pastis und mit ihren vahines weiter kleine „Demis" produzierten, wie das nun schon seit Generationen der Sitte entsprach.

Die Bombe aber hat alles verändert; seither ist es aus mit dem Idyll, vorbei auch mit der alten Kumpanei, die Maohi (Ureinwohner) und Popaa (weiße Ausländer) verband, als wären sie ein Herz und eine Seele.

Der General hatte sie kaum angekündigt, 1963, da landeten sie auch schon an, Transport auf Transport, die Fremdenlegions-Bataillone und Pionierkorps, die Aufgebote an Technikern und Ingenieuren nebst Abschirmeinheiten und Sicherheitsgarden, alles in allem 15.000 Mann, um das „Centre d'Experimentations du Pacifique", kurz CEP, zu errichten, und von den entlegenen Archipelen wurden 10.000 Arbeiter herangeschifft zum Bau von Straßen, Kaianlagen, Airstrips, Kasernen, Laboratorien, Depots und Verwaltungskomplexen auf Mururoa und um Papeete.

Und auf diese wahre Force de Atomic, die über Tahiti hereinbrach, es in soziales Chaos und kollektive Psychose stürzte, folgte die noch schlimmere Heimsuchung, und es begann die Invasion der Zivilisten, ein Zustrom, der inzwischen 25.000 französische Immigranten, Siedler, echte Colons ins Territorium geschwemmt hat, fast alle nach Tahiti, und Jahr für Jahr kommen 1.000 und mehr hinzu, um ihr Glück zu suchen im Paradies der Beamten, Lieferanten, Gastronomen und Kontraktoren.

Denn seit auf Mururoa die Bomben krachen, blühen in der Hauptstadt Handel und Wandel, florieren die Dienstleistungsbranchen, prächtig gedeiht das Importgeschäft dank unentwegt freudigem Konsum, und es lächelt alles froh im statistischen Büro übers wachsende Bruttosozialprodukt und ein Pro-Kopf-Einkommen von mehr als 1.000.000 pazifischen Franc, an die 9.000 Euro, beispiellos hoch für die Inseln der Südsee.

Eine Welt des Wohlstands, des Gewinnstrebens, der neuen Lebensqualitäten ist es, die sich seit dem Urknall von 1966 entfaltet hat. In den massiv gebauten Häuschen flimmern abends die Krimis und Western und „Dallas" natürlich, wenn das Fernsehen nichts Rechtes bringt, legt man Video auf. 10.000 Kraftfahrzeuge waren 1966 auf Tahiti registriert, jetzt sind es fast 80.000, eine Masse Blech für die 120 Straßenkilometer rund um die Insel herum, und alljährlich bleiben 50 bis 60 Leichen und 600 Schwerverletzte auf dem Pflaster, zur Strecke gebracht von der verwegenen Jagd des Gevatters Alkohol.

Nie wurde so gewaltig gesoffen, nie so genussreich und komfortabel gelebt unter dem schönen Tropenhimmel Tahitis. Wie nie zuvor aber auch nisten Armut und Elend in den düsteren Schluchten, den steil ansteigenden Tälern hinter den Lichtern von Papeete, Faaa und Arue, wo sie hausen in ihren Bidonvilles, dutzendköpfig eingepfercht in Ställe aus Wellblech und Spanplatten, ohne Leitungswasser, elektrischem Licht und Kanalisation, keiner kann sagen, wie viele es sind, ob 15.000 oder mehr.

Im nuklearen Eden der hohen Löhne und höchsten Preise, auf der schwindelerregend teuersten Insel, die sich aus der Südsee erhebt, wächst mit dem statistisch nachweisbar feinen Lebensstandard die Bedrängnis, wachsen die Schulden der kleinen Familien, sondern sich die Privilegierten von der steigenden Zahl der Zukurzgekommenen, und es sind allemal Polynesier, die den kürzeren ziehen in dieser neuen Leistungs- und Konkurrenzgesellschaft, in der alles mit französischen Dingen zugeht.

Die Maohi haben den Franzosen die Freundschaft nun gekündigt. Entfremdet und entmündigt in ihrer Heimat fühlen sie sich. Mit starren Gesichtern blicken sie auf die Popaa, die ihnen diese moderne Welt heraufbeschworen haben und sie nun obendrein um deren Früchte prellen.

„Früher haben die Popaa uns unser Land und unsere Frauen genommen, jetzt nehmen sie uns auch noch die Jobs", so sagen sie und erzählen das Gleichnis von den Haien in der Lagune. **„Früher, da kam nur ab und zu ein Räuber durchs Riff, er fraß ein paar Fische und ließ die anderen in Frieden schwim-**

men. Aber jetzt wimmelt es in der Lagune von weißen Haien, und sie fressen uns die kleinen Fische alle auf."
Französisch-Polynesien, das sich über eine Wasserfläche von der Ausdehnung Europas bis zu den westlichen Grenzen der Sowjet-Union erstreckt, umfasst 130 teils „hohe" Eilande und teils Atolle. Sie bilden die fünf Archipele der Marquesas-, Tuamotu-, Gambier-, Austral- und Gesellschaftsinseln, deren größte Tahiti ist, wo mehr als zwei Drittel der 170.000 Territorianer leben, 40.000 allein in Papeete und der Umgebung.
Wie Neukaledonien und die kleinen südpazifischen Inseln Wallis und Futuna ist es ein „Territoire d'outremer" der Republik Frankreich, und seine Bewohner,
Zu 70 Prozent Polynesier, 15 Prozent Europäer, 8 Prozent „Demis" und 7 Prozent Chinesen, sind französische Staatsbürger.
In der Territorialversammlung zu Papeete sitzen 30 demokratisch gewählte Abgeordnete, die ihrerseits den Chef der Territorialregierung wählen. Ein von Paris entsandter Hochkommissar repräsentiert Frankreichs hoheitliche Gewalt. Nach dem neuen Statut vom September 1984, das ihnen „interne Autonomie" verbrieft, dürfen die Französisch-Polynesier sich selbst verwalten, ausgenommen Kompetenzbereiche wie Verteidigung, Auswärtiges, Polizei, Justiz, Immigration, Währung, Bank- und Kreditwesen, Außenhandel, Luft- und Seeverkehr, Rundfunk und Fernsehen, weiterführende Schulerziehung, Forschung und 200-Meilen-Zone, sodass zum autonomen Regieren besonders viel nicht übrig bleibt. Der zurzeit amtierende Chef des Regierungsrats ist, Führer der gaullistischen Partei Tahoeraa Huiraatira, ein Demi, ein afa popaa wie so ziemlich alle, die in Tahiti das Geschäft der Politik betreiben. Seine Karriere hat ihn vom Schullehrer zum erfolgreichsten Versicherungsmakler in Papeete, Teilhaber auch an einigen Hotelunternehmen emporgetragen. Er ist kein Herold der Unabhängigkeit, er tutet wahrlich nicht in die Clairons der Opposition und wird in Paris als bewährter Freund geschätzt. Aber er ist auch Polynesier und erwartet, dass eine Hand die andere wäscht und die Staatsmacht sich erkenntlich zeigt für sein Wohlverhalten.

Vive la France! Vive la République! D'accord. Aber mehr Autonomie, wahre Autonomie, größere Vollmachten in der Ökonomie, im Handel, in der Fischereizone, in der Investitionspolitik erwartet und fordert der Chef des Regierungsrats für sein Regierungsamt, zum Gedeih des polynesischen Volks, dem in den vergangenen zwei Jahrzehnten so übel mitgespielt wurde und nach dessen eigenständiger Entwicklung kein gallischer Hahn kräht.

Doch wovon leben die Polynesier französischer Nation, ehedem so reich bedacht mit den Früchten der Erde und des Meeres, wenn sie nicht gerade Pilot zum Transport von Regierungsangestellten oder Touristen sind?

Ihre Landwirtschaft erzeugt keine fünf Prozent vom Bruttosozialprodukt. Die Kopraproduktion, hochsubventioniert, liegt im argen. Kokosnussöl als wichtigstes Ausfuhrgut und dazu die schönen schwarzen Zuchtperlen von den Tuamotu- und Gambier-Inseln bringen nur schmalen Erlös. Vernachlässigt ist der Anbau von Vanille und Kaffee. Unzureichend sind die Ernten von Taro, Yam, Maniok, Süßkartoffeln, Gemüse.

In immensen Schwärmen ziehen Albacore und Bonito durch die territorialen 200-Meilen-Zonen von insgesamt vier Millionen Quadratkilometern Ozean, aber dort fischen die Japaner, Südkoreaner und Taiwanesen, während Französisch-Polynesien sich nährt von importiertem Fisch aus Dosen und Tiefkühltruhen. Welche Parallelen mit Tonga!

Fünf Milliarden pazifische Franc erbrachte 1984 der Export, auf 85,6 Milliarden belief sich die Einfuhr. 85 Prozent der im Territorium verbrauchten Nahrungsmittel werden importiert. Alles, was sich in den Supermärkten der Chinesen stapelt, was da glänzt in den Schaufenstern des Einkaufszentrums von Vaima, alles kommt von draußen rein, über die weite See, das meiste aus Frankreich, versteht sich, mit Supplementen aus Australien, Neuseeland, Fernost und Kalifornien.

Wovon lebt Französisch-Polynesien, wenn es nichts hervorbringt zum eigenen Unterhalt, wenn es nur konsumiert? Gewiss, da ist der Tourismus mit seinen 3.000 Zimmern in den Hotels auf Tahiti,

Moorea, Bora Bora, Huahine und Raiatea, nicht zu vergessen Marlon Brandos „Privatinsel" Tetiaroa. 4.000 Arbeitsplätze sichert der Fremdenverkehr, 18 Prozent der Importausgaben holt er wieder zurück, und dies, obwohl es ihm bei günstigenfalls 140.000 Urlaubern im Jahr seit Langem schon am rechten Auftrieb mangelt.

Den Tourismus vor allem hofft man, kraft überseeischer Investitionen weiterzuentwickeln. In gebührendem Maß und ohne Aussicht, jemals mit dem so viel erfolgreicheren Fidschi oder gar einem Traumziel wie Bali konkurrieren zu können, von Waikiki Beach ganz zu schweigen. Denn was der mythische Name Tahiti der Sehnsucht verheißt, kann alle Inselschönheit nicht erfüllen, und noch jedes australische Honigmondpärchen, das hier baden ging, dachte voll Heimweh an die paradiesischen Strände von Sydney und Queensland.

Ein paar Tausend Angestellte in Gastronomie und Transport, ein paar Tausend im Handel, ein kleines Heer von Domestiken und 15.000 bestallt im öffentlichen Dienst: Einen einzigen tertiären Sektor, vom Baugewerbe und den 2.300 CEP-Handlangern abgesehen, bildet Französisch-Polynesiens Arbeitsmarkt. Es ist ein Markt, der erkennbar enger wird, wie es besonders die Schulabgänger zu spüren bekommen, die rumlungern ohne Job.

Und trotzdem, zurück auf die Felder, heim aufs geheiligte Land der Väter, hinaus auf die fernen Inseln, wo die Kokospalmen in den Himmel wachsen und es Arbeit gäbe in Hülle und Fülle, das wollen sie nun auch wieder nicht. Ihren Platz an der Sonne wollen sie in dieser neuen Konsumgesellschaft. Ihr Traum, das ist eine schwere Yamaha, auf der sie durch die Landschaft donnern wie die jungen Götter, mit nacktem Torso, den Sturzhelm auf dem Kopf und ihre Aphrodite im Rücken, brustwarzendicht, in flatterndem Pareo.

„Wir Polynesier", sagte ein Demi, der an der Sorbonne Geschichte studiert hat, „wir Polynesier müssen zurückfinden zu unseren Traditionen, zu unserer alten Lebensart, zurück zum einfachen Leben. Aber der materielle Wohlstand hat uns alle verdorben. Wir sind wie das Volk der Juden in der Wüste, als Moses auf den Berg stieg. Wir haben keinen Propheten mehr und tanzen ums Goldene Kalb."

Wenn man von Papeete aus die Küstenstraße nach Osten nimmt und nach zehn Kilometern bei Mahina links abbiegt, gelangt man zu der berühmten Landspitze, die Point Venus heißt.

Dort, in der riffgeschützten Bucht von Matavai, ließ Leutnant James Cook 1769 die Anker der „Endeavour" werfen und auf dem schwarzen Strand, gesäumt von Palmen und Kasuarinabäumen, ein Fort errichten, nicht zuletzt zur Sicherung teleskopischen Geräts, das dem Zweck diente, den sogenannten Transit der Venus durch die Sonnenscheibe zu beobachten. Ein äußerst rares Phänomen, von dem sich die Astronomen in London erstmals genaue Daten über die Entfernung unseres Planeten zur Sonne versprachen.

Venus am Abendhimmel Tahitis hat die Hoffnungen der Wissenschaft enttäuscht, die Observationen erwiesen sich als unbrauchbar. Den Namen für Landeplatz und Standquartier jedoch konnte Cook trefflicher nicht wählen.

Denn was seine raubeinige Crew an den seligen Ufern von „O-Taheiti" erlebte, das, in der Tat, war Venus auf Erden, ein einziger Liebestraum, ein aphroditisches Märchen, mit venerischen Folgen allerdings auch. Zwei Jahre zuvor war schon die britische „Dolphin" hier aufgekreuzt, und in der Bucht von Hitiaa an der Ostküste hatte ein Jahr vorher, ein französischer Flottenverband mit den Schiffen „La Boudeuse", „La Flute" und „L'Etoile" unter dem Kommando des Grafen Bougainville geankert.

Bougainville und sein Begleiter Commerson, sie zuvörderst waren es, die dem vom Geist der Aufklärung erleuchteten und zugleich so fortschrittsmüden Europa das Lob „Neu-Kytheras" sangen, wo **„Venus die Göttin der Gastfreundschaft ist"** und der „Naturmensch", „von Grund aus gut", „ohne Misstrauen und Gewissensbisse den süßen Antrieben eines seiner selbst sicheren Instinktes folgt, welcher noch nicht zur Vernunft degenerierte".

Point Venus aber wurde Tahitis Point of no Return. An der Bucht von Matavai begann für die offenbar so beneidenswert einfach und unbeschwert dahinlebenden „edlen Wilden" das Zeitalter der Zivilisation, herangetragen von den großen weißen Wunderschiffen, die immer ungeheuer freudige Aufregung, ein unendliches Entzücken hervorriefen, ähnlich vielleicht wie bei uns in lang versunkenen Kindheitstagen der Zirkus, wenn er in die ländlichen Einöden kam.

Dreimal noch kehrte James Cook nach Tahiti zurück auf seinen Fahrten durchs weite Unbekannte, bevor er tot niedersank in den Sand von Hawaii. Wenige Meilen von Point Venus, nach fünf glücklichen Monaten, während die Brotfruchtschösslinge hochwuchsen, die sie nach Westindien zu transportieren hatten, nahmen die Männer von der „Bounty" Abschied von ihren Vahines und gingen grimmig an Bord, erneut in die strenge Zucht ihres Captain Bligh. Doch sie kamen sehr bald schon wieder, als geächtete Galgenvögel, während William Bligh, mit 18 Getreuen ausgesetzt im offenen Boot, sechs Wochen lang über 3450 Seemeilen hinweg ums liebe Leben ruderte, halb verhungert und verdurstet, durch Stürme und Sturzseen, von Fidschis Kannibalen gehetzt, bis er das rettende Timor erreichte.

Mit meinem befreundeten Schweizer Piloten und seiner Tochter Heidi stehe ich hier am Point Venus und es steht auch heute noch das Denkmal, das wie eine riesige Speerspitze gen Himmel weist und augenfällig den Dorn symbolisiert im Fleisch polynesischer Lebens- und Liebeslust. Erinnert es doch daran, dass eben hier, am 5. März 1797, die ersten Sendboten der London Missionary Society erschienen und in Tahiti den Brückenkopf Gottes bildeten, von dem aus das Evangelium sich verbreitete über sämtliche Inseln im Stillen Ozean.

39 britische Puritaner, so ist zu lesen, wurden abgesetzt von der „Duff", darunter ein Tischler, ein Schmied, ein Maurer, Weber, Schneider, Schuster, Sattler sowie sechs Ehefrauen und drei Kinder, dazu vier ordinierte Geistliche: Das war die Vorhut der Christenheit, die mit Bibeln und Traktaten dem Meer entstieg vor „Neu-Kythera" und einzog ins Paradies, die Unschuld zu vertreiben.

Captain Cooks alter Freund, Häuptling Tu, dem die Feuerwaffen weißer Söldner zu königlicher Macht verholfen hatten, gewährte den Missionaren Tahitis Gastfreundschaft, bekehren ließ er sich nicht. Pomare, „Nacht des Hustens", nannte er sich inzwischen, zum Gedenken an seine älteste Tochter, die von der Schwindsucht dahingerafft worden war. Er folgte ihr nach ins Schattenreich der Ahnen, ein treuer Vasall der Götter Polynesiens.

Pomare II. jedoch empfing die Taufe, und er verbot Vielweiberei, Ehebruch, Kindertötung und Menschenopfer und zog in den Heiligen Krieg gegen die verdammten Heiden von Moorea, deren Freilichttempel er verwüsten, deren Idole er zertrümmern ließ; und um den Herrn zu preisen in der Höhe und sich selbst in seiner Herrlichkeit, befahl er den Bau der längsten Kirche auf Erden, einer Kathedrale mit Wänden aus Holz und Palmblättern, 16,5 Meter breit und 217 Meter lang, in der querdurch ein Gebirgsbach rauschte.

Als „tristen Wüstling und Trunkenbold" hat Herman Melville den zweiten Pomare bezeichnet, der seine Delinquenten einmal rund um die Insel laufen ließ, barfuß übers Riff. Als er 1821, im Alter von nur 40 Jahren, das Zeitliche segnete, „infolge exzessiven Genusses geistiger Getränke", wie die Chronik meldet, waren alle Blößen bedeckt, kahl geschoren die Schädel der Männer und Frauen, verklungen die wehmutsvollen Melodien Polynesiens, und kein lüstern lockender Tamure kündete mehr von des Meeres und der Liebe Wogen, der Tanz war aus.

Doch ein jegliches hat seine Zeit, sprach der Prediger und nichts währet ewiglich. In den 1830er Jahren kamen in zunehmender Zahl die Walfänger, mehr als 50 im Jahr, und am Hafen von Papeete, jetzt bevorzugter Ankerplatz, reihten sich die Höhlen des Lasters, fügte sich Kneipe an Billard-Saloon. Immer öfter nun tauchten auch die Segel europäischer Kriegsschiffe auf, während Britanniens Konsul, der legendäre Missionar George Pritchard, verbissen gegen den wachsenden Einfluss der Franzosen ankämpfte.

Vergebens. 1842, angesichts der drohenden Schiffskanonen des Admirals Abel Dupetit-Thouars, akzeptierte die gute Königin Pomare IV. Frankreichs Protektion. Ihr Sohn, Pomare V., der von der Mutter die Spielleidenschaft und einen Haufen Schulden, vom Großvater die Trunksucht geerbt hatte und zu alledem geplagt war mit einer lebenslustigen Gemahlin, deren Appetit auf junge französische Marineoffiziere unersättlich schien, zog die letzte Konsequenz:
1880 trat er das kleine Reich endgültig ab, „in unserem eigenen Namen und namens all unserer Nachkommen, vollständig und für alle Zeiten", was ihm eine Jahrespension von 60.000 Franc eintrug. Sein Mausoleum in Arue, „ein unsagbar scheußliches Monument im scharfen Kontrast zu der schönen Natur", wie Gauguin notierte, nachdem er den Obsequien für den letzten König Tahitis als Zaungast beigewohnt hatte, ist gekrönt von einer Urne, einer Schnapsflasche sehr ähnlich.
Viel hatte das Volk von Tahiti samt den benachbarten **„Inseln unter dem Winde"** der Pomare-Dynastie nicht nachzuweinen, und die Bewohner der fernen Archipele, die Frankreich zur Abrundung seiner winzigen Südsee-Domäne hinzuannektierte, konnten noch weniger klagen über die Herrschaft der Weißen. Selten genug, dass sie mal einen Popaa zu Gesicht bekamen.
Milde waltete auf den Inseln der Kolonie, es herrschte die gähnende Indifferenz. In seinem Palast in Papeete signierte der Gouverneur Verordnungen, die kein Mensch zur Kenntnis nahm. Erst dies, mon dieu, war das wahre Paradies, für Polynesier sowohl als Colons und Administratoren.
„Haere mai tamaa", komm und iss, riefen Madame und Monsieur dem Gendarm zu und winkten ihn in ihre offene Bambushütte, ins „Vogelkäfighaus", so Robert Louis Stevenson, wo das stramme Töchterchen aufwartete. „Ich habe", schrieb Simenon, „einen Franzosen kennengelernt, der hier vor 70 Jahren geboren wurde ... Er hat Kinder und Enkel auf allen Inseln. Manche Kinder auf der Straße reden ihn mit Großpapa an, und er weiß gar nicht so recht, wer sie sind."

So vergreisten in trautem Müßiggang die Generationen, und neue Mädchenblüten reiften heran, während alles, fast alles, beim Alten blieb in den damals sogenannten Etablissements francais d'Oceanie und nichts geschah, fast nichts. 1914, kurz nach Ausbruch des Ersten Weltkriegs, erschienen vor Papeete Seiner Kaiserlichen Majestät Kreuzer „Scharnhorst" und „Gneisenau", versenkten die französische Fregatte „Zelee" und legten das hölzerne Geschäftsviertel der Stadt in Trümmer.

Ganz am Rand nur, in letzter Etappe, durchlebte Tahiti die Jahre nach Pearl Harbor, als Tausende von Seemeilen entfernt die Flotten und Armeen der USA und des Kaiserreichs Japan sich ihre gigantischen Schlachten lieferten. Einzig auf Bora Bora, wo die Amerikaner, höchst ungern geduldet von der französischen Administration, einen Luftstützpunkt errichtet hatten, saß ein verlorener Haufen von GIs und verpokerte seinen Sold im öden Eden.

Aber auch in Tahiti stand die Zeit nicht still, und aus dem Idyll unendlich trägen Daseinstrotts erwuchs den Tahitianern ein Prophet. Pouvanaa a Oopa, ein Zimmermann halb dänischer Herkunft, hochdekorierter Veteran des Ersten Weltkriegs, war ein Politiker von puritanischem Geist, der Reformen forderte und soziale Gerechtigkeit und dafür ins Gefängnis ging, vom Volk verehrt wie ein Märtyrer.

Als nach dem Zweiten Weltkrieg aus der ozeanischen Kolonie ein Übersee-Territorium wurde, in dem demokratisch gewählt werden durfte, zog Pouvanaas „rassemblement" mit absoluter Mehrheit ein ins territoriale Parlament, eine Partei der Aufsässigen, der Reformer und Autonomisten, geführt von einem Mann, dem nichts so sehr am Herzen lag wie das Ende des Franzosen-Regimes.

Doch als 1958 de Gaulle die Kolonialvölker Frankreichs an die Urnen rief, ob sie weiter Schutz, Schirm und Hilfe des hoheitlichen Mutterlandes genießen oder fortan in Unabhängigkeit und ohne jeden technisch-finanziellen Beistand „ihr eigen Brot verdienen" wollten, da plötzlich stand Pouvanaa allein, verlassen von seinen engsten Getreuen. Der jähe Sprung in die Freiheit erschien ihnen denn doch zu riskant.

Französisch-Polynesien blieb französisch; Pouvanaa wurde unter anderem wegen versuchter Brandstiftung vor Gericht gestellt, zu 8 Jahren Haft und 15 Jahren Exil verurteilt und nach Frankreich gebracht. Umjubelt kehrte er heim nach seiner Amnestierung 1968, die Polynesier wählten ihn zu ihrem Senator in die Pariser Nationalversammlung. Er starb 1977, 82-jährig.
Und heute? Die antifranzösischen Kundgebungen und Gewaltakte der siebziger Jahre, als Papeetes Postamt in die Luft flog, gehören der Geschichte an. Ruhe herrscht im Territorium, Pouvanaas Nachfolger sitzen demokratisch gesittet in der Opposition und protestieren, unbeirrt und ungehört, gegen die Bombe, gegen die radioaktive Verseuchung der Südsee und des Himmels über ihr. Auch der Chef des Regierungsrats protestiert, etwas leiser zwar. Das Volk auf der Straße aber guckt schief an den Popaa vorbei und schweigt.
Wir haben gelernt zu erkennen, dass oft nur Einzelne versuchen gegen den Strom zu schwimmen. Meist mit wenig Erfolg. Die Menschen lassen es geschehen und erdulden, obwohl sie es ablehnen, die aufgezwungene Führung gegen ihren Willen. Nach kurzem Aufflammen von Protesten, findet man schnell wieder in seinen gewöhnten Lebensablauf.
Doch da war einer, der herzhaft wie keiner in Frankreichs polynesische Suppe spuckt, Bengt Danielsson heißt der alte Schwede. In seiner Jugend, 1947, war er mit dem Norweger Thor Heyerdahl und vier weiteren Gefährten von der Küste Perus aus durch den Pazifik gedriftet, um gegen alle wissenschaftliche Lehrmeinung die Theorie zu erhärten, dass die Inselwelt Polynesiens von südamerikanischen Indianern besiedelt worden sei. **„Kon-Tiki"** nannten sie ihr berühmtes Floß, das sie sich nach alter Inka-Technik aus Stämmen des Balsabaumes gebaut hatten.
102 Tage lang, über 8.000 Kilometer hinweg trug sie der Südäquatorialstrom bis zum Tuamotu-Archipel, wo die „Kon-Tiki" am Riff des Raroia-Atolls zerschellte. Und dorthin, wo er gestrandet „das Himmelreich" fand, kehrte der Anthropologe Da-

nielsson zurück, begleitet von Frau Marie-Therese, zur Erforschung von Arbeit und Leben auf der „glücklichen Insel".

Er hat im Lauf seines Daseins vielerlei ethnografisches verfasst, unterhaltsam und mit Witz, über die Gemütsart, die Geschichte, das Brauchtum, den Alltag der Polynesier und die „Liebe in der Südsee", dazu Bücher über die „Bounty" und das Elend Paul Gauguins. Das bekannteste Werk aus dem Hause Danielsson indes, entstanden in ehelicher Koproduktion, trägt den Titel **„Mururoa mon amour"**.

Denn seit die Danielssons sich vor annähernd anderthalb Jahrzehnten fest auf Tahiti niederließen, erregt nichts so ihre Leidenschaft, ihren Zorn und Eifer wie die verfluchte Insel und die Big Bangs der Force de Atomic; und nichts als Ärger haben seither Frankreichs Staats- und Militärmacht mit den beiden, die ungeniert und unermüdlich, etwa in ihrer Kolumne in „Pacific Islands Monthly", Erscheinungsort Sydney, in die weite Region und die ganze Welt hineinhecheln, was sich alles so tut in der „Nuklear-Kolonie".

Wäre Madame nicht Französin, man hätte sie und diesen widerborstigen Wikinger voran sich längst schon vom Hals geschafft, aber er genießt nun einmal standesamtlich beglaubigte Immunität, auch wusste er bislang noch alle ihm listig ausgelegten Fallstricke und Fußangeln zu vermeiden, denn er ist ein ebenso ehrbarer wie vorsichtiger Mann.

Kahl, mit eisgrauem Zottelbart, sitzt er auf seiner Domäne, in seinem Bücherparadies am Ufer der Lagune, ihm zur Seite sitzt Marie-Therese; und gemeinsam, in endlosen Fortsetzungen, schreiben sie am letzten Nachtrag zu Bougainvilles Reise – an der bösen Geschichte von Mururoa, dem **„Ort eines großen Geheimnisses"**, wie der Name des Eilands besagt.

Den „gefährlichen Archipel" hat Bougainville die 83 weit über den Ozean verstreuten Koralleninseln der Tuamotus genannt, ihrer vielen tückischen Riffe wegen, an denen schon so manche Bark gescheitert ist. Zu den Tuamotus, im südöstlichen Zipfel Französisch-Polynesiens gelegen, 1.300 Kilometer von Tahiti entfernt, zählt auch das Mururoa-Atoll.

Mururoa und das benachbarte Fangataufa, beide unbewohnt und ganz weit draußen am Rand der Welt. Sie sollten die auserwählten Inseln sein für Frankreichs nukleare Experimente, die zuvor, bis zur Unabhängigkeit Algeriens im Jahr 1962, mit insgesamt sechs Explosionen in der algerischen Sahara stattgefunden hatten.

Als Charles de Gaulle 1963 seinen einsamen Entschluss der Nation und ihren polynesischen Bürgern verkündete, trat gerade der in Moskau unterzeichnete Vertrag über den Stopp von Kernwaffenversuchen in der Atmosphäre, im Weltraum und unter Wasser in Kraft.

Und zur selben Zeit, als nach 103 gezündeten A- und H-Bomben über Bikini und Eniwetok, der Johnston- und der Weihnachts-Insel, wo noch zusätzlich neun britische Atomkörper explodierten, die Amerikaner ihre Tests am Himmel Ozeaniens einstellten, um sie unterirdisch in der Wüste von Nevada fortzusetzen, begann mit der Landung des 5e Regiment Mixte du Pacifique, gebildet aus Fremdenlegionären und Pioniertruppen, das CEP-Abenteuer.

Die Volksvertreter, die politischen Parteien, die Kirchenführer des Territoriums protestierten heftig. **„Wenn ihr meint, Atomwaffen zu eurer Verteidigung zu brauchen, dann nehmt auch die Misslichkeiten und Risiken hin und testet sie gefälligst bei euch daheim"**, so begehrten sie auf. Der Präsident der Republik blieb unbeeindruckt.

Sie gaben ihrer tiefen Besorgnis Ausdruck, dass die Bewohner des Tuamotu-Archipels der gleichen schweren Gefährdung von Leben und Gesundheit ausgesetzt sein würden wie die Mikronesier im weiten Umkreis von Bikini und Eniwetok. Die zuständigen Minister und Staatssekretäre, die Generale und Admirale wischten Polynesiens Ängste Souverän beiseite. Fürchtet euch nicht, sagten sie, wir zünden nur, wenn der Wind von Norden weht und alles nukleare Gewölk fortfegt, hinaus auf die offene See, Richtung Antarktis, wo keine Menschen wohnen, pas de probleme.

Im Juli 1966, drei Jahre nach dem Startschuss de Gaulle, war die CEP-Basis auf Mururoa operabel, und auf einem in der Lagune geankerten Boot entlud sich der erste Sprengsatz in einer frappanten Wasserorgel. Unversehens weggeblasen war die seichte See im Riffbassin, sie stieg in einer Sogsäule empor und schüttete wieder herab auf sämtliche Inselchen und Korallenbänke, mit einem Riesenhagel von Fischen und Muscheln, die noch wochenlang aasig zum Himmel stanken.

Doch das war gewissermaßen nur ein Knallfrosch zur Probe. Das große Eröffnungsfeuerwerk fand zwei Monate später statt, vor den Augen des aus Paris herbeigeeilten Präsidenten, als 600 Meter über der Lagune, an einem Ballon gehängt, eine Ladung von 120 Kilotonnen Sprengkraft zerbarst, ein voller Erfolg diesmal mit weitreichendem Effekt. Die Strahlenmessgeräte der neuseeländischen Beobachtungsstationen auf den Cookinseln, Niue, Westsamoa, Tonga, Fidschi und Tuvalu registrierten sofort enormen radioaktiven Fallout.

41 Bomben, von Versuch zu Versuch immer perfekter, immer gewaltiger, bis hin zu thermonuklearen Bomben im Megatonnen-Bereich, explodierten in der südostpazifischen Atmosphäre, während die Territorianer weiter Beschwerde führten und ihre Furcht bekundeten und die CEP-Ärzte und -Experten unbeirrt beteuerten: **alles sicher, alles harmlos.**

Demonstrativ, nur wenige Stunden nach einer Zündung, stieg der französische Verteidigungsminister samt Gefolge zum Bad in die Lagune von Mururoa. Fangataufa allerdings, gefährlich kontaminiert, blieb sechs Jahre lang tabu, für jeden menschlichen Zutritt verboten. Die Observatorien in der weiten Nachbarschaft meldeten stetiges Ansteigen von radioaktiven Strontium- und Cäsium-Teilchen, besonders in der Milch.

Die jungen Inselstaaten Ozeaniens erhoben Protest gegen die Bedrohung ihres Lebensraums vor tauben Ohren. In Australien und Neuseeland riefen die Gewerkschaften auf zum Boykott französischer Waren, Postsendungen, Flug- und Schiffslinien. 1973 führten die Regierungen von Canberra und Wellington Klage vorm

Internationalen Gerichtshof in Den Haag. Frankreich sprach dem Gericht die Kompetenz ab und bombte weiter.

Die Neuseeländer entsandten ein Kriegsschiff ins Versuchsgebiet, mit einem Minister und einer Gruppe von Journalisten an Bord. Sechs Wochen lang kreuzten vor Mururoa drei „Greenpeace"-Jachten und hielten den CEP-Betrieb auf. Ein französisches Kommando enterte sie nach alter Piratenart und verprügelte ihre Mannschaften in internationalen Gewässern.

Bis 1974 ballten sich die Wahrzeichen der modernen Südsee zum Firmament empor, ungeachtet aller schlechten Presse, aller regionalen Empörung und weltweiten Kritik, aller Verurteilungs-Beschlüsse von UNO-Umweltkonferenz und UNO-Vollversammlung. Dann zog ein neuer Präsident in den Elysee-Palast ein, und Giscard d'Estaing endlich versenkte die Bombe in den Untergrund, 600 bis 1.000 Meter tief unters Mururoa-Riff.

Das Ärgernis freilich war damit nicht begraben. Denn kein Ort auf Erden, sagt Danielsson, sei dermaßen ungeeignet für Kernwaffenversuche im Souterrain wie ein Atoll mit seinen äußerst porösen Korallenschichten, aufgetürmt über einem Kegel-Fundament von brüchigem und schwachisolierendem Basaltgestein.

Die Amerikaner hatten dem Rechnung getragen und ihre Untergrund-Tests in die Nevadawüste verlegt. Warum folgten die Franzosen nicht diesem Beispiel? Warum, was doch viel bequemer und dazu fabelhaft Kosten dämpfend gewesen wäre, bohrten sie ihre Sprengschächte nicht im eigenen Land, etwa in die festen Felsformationen des Zentralmassivs? Frankreichs Botschafter in Canberra, von den Australiern unverblümt befragt, gab eine französische Antwort: weil **„die Erschütterungen durch unterirdische Nuklearexplosionen historische alte Gebäude und Kirchen beschädigen würden".**

Die atomaren Erdbeben von Mururoa, das ist wahr, konnten keine Kathedralen, Schlösser und Paläste erschüttern. Sie rissen jedoch tief unten, rund um die 100 bis 200 Meter breiten Detonationskammern, Sprünge und Klufte in den submarinen Berg aus Vulkanit, durch die ständig radioaktive Substanzen in den Ozean einsickerten und zugleich gasförmig durchs Korallengeflecht aufstiegen zum mehrdutzendfach gespaltenen Riff, das nach der Beschreibung des CEP-Chefingenieurs Claude Aycoberry bald einem Schweizer Käse glich.

Dabei gehörte dies alles noch zum mehr oder weniger kalkulierten Risiko. Desaster, verursacht durch menschliches Missgeschick und Naturkatastrophen, kamen hinzu. 1979 klemmte ein Nuklearkörper von 150 Kilotonnen Sprengkraft im Schacht und wurde auf höherem Niveau gezündet als geplant. Eine Million Kubikmeter Basalt und Korallenboden brach ab vom Atoll und versank im Meer, eine riesige Flutwelle brandete über die Tuamotus hinweg.

Kurz darauf wurde Mururoa, das wie ganz Französisch-Polynesien seit 1906 keinen schweren Wirbelsturm mehr erlebt hatte, in rascher Folge von fünf verheerenden Zyklonen heimgesucht. Sie fegten den seit 1966 nachlässig aufgehäuften Atommüll davon, eine Deponiehalde von drei Hektar Umfang, deklariert als zones tres dangereuse, und trugen dazu 10 bis 20 Kilogramm versehentlich verschütteten Plutoniums in die See, eine der gefährlichsten radioaktiven Substanzen, mit einer **Halbwertszeit von 24.400 Jahren.**

Wie lange noch, fragt Danielsson, wird es gehen, bis das ganze Atoll im Ozean verschwindet? An die 120 Atom-, Wasserstoff- und Neutronenkörper sind in den vergangenen zwei Jahrzehnten über und unter Mururoa und dem 40 Kilometer entfernten Fangataufa explodiert; eine Brisanz von insgesamt **180 Megatonnen**, so gewaltig wie **1.380 Hiroshimabomben**, wurde dabei entfesselt. Doch auf der Insel des großen Geheimnisses, wo 3.000 Männer und 12 Frauen Dienst tun, nimmt alles weiter seinen normalen Gang.

Denn absolut gefahrlos für Mensch und Umwelt seien die streng überwachten Tests, belehrt ein 1983 veröffentlichtes Kommuniqué der französischen Botschaft in Canberra. Praktisch null der Fallout auf Mururoa, die Alpha-Strahlung auf Tahiti kaum erwähnenswert, minimal die künstliche Radioaktivität in lokal erzeugten Nahrungsmitteln und die Frequenz von Karzinomen keineswegs höher als in anderen Teilen der Welt, wobei Krebserkrankungen der am meisten strahlenempfindlichen Organe wie Blutzellen, Knochenmark und Schilddrüsen nicht häufiger vorkämen als andere Krebsarten. Einen „schamlosen Versuch, die Regierungen und Völker des Südpazifik zu düpieren", haben die Danielssons diesen Bericht genannt, der mit „dreisten Behauptungen", „glatten Lügen" und einem nachweislich falschen Krebsregister aufwarte. Die Wahrheit sei, beteuert Marie-Therese, dass seit Beginn der achtziger Jahre, wie zuvor schon auf den mikronesischen Inseln, in alarmierend zunehmender Zahl typisch strahlungsbedingte Krankheiten wie Leukämie, Schilddrüsenkrebs, Gehirntumoren und grauer Star aufträten.

An einer zuverlässigen Gesundheitsstatistik aber fehlt es bis heute im Territorium, dessen Gesundheitsbehörde, wie auch das allgemeine Hospital in Papeete, Militärärzten untersteht. Die wiederholt erhobene Forderung des Territorialparlaments nach einer unabhängigen Untersuchungskommission, gebildet von französischen und etwa neuseeländischen Zivilmedizinern und Radiobiologen, fand bislang ebenso wenig Gehör wie die nach einem örtlichen Strahlungsobservatorium.

Und das „nukleare Narrenspiel", wie der Schwede es nennt, dauert fort. Nichts daran hat sich geändert, seit 1981 in Paris ein Sozialist das Präsidentenamt übernahm. Derselbe Francois Mitterrand, der sich vor seiner Wahl als **„entschiedener Gegner der Force de Atomic"** empfohlen hatte, herrscht heute steif und starr in der Pose de Gaulle und proklamiert: „Die Versuche im Pazifik gehen weiter, solange es die französische Regierung, und nur sie allein, für notwendig erachtet."

Doch indessen wächst in der Region auch weiter der Ingrimm, und es erhitzt sich das böse Blut über die rücksichtslos arrogante französische Nachbarschaft.

Am 10. Juli 1985 versank im Hafen von Auckland die „Rainbow Warrior", Flaggschiff der „Greenpeace" Umweltschutzorganisation, bevor sie Anker lichten konnte zur Fahrt nach Mururoa. Des Anschlags überführt und in Neuseeland vor Gericht gestellt wurden zwei französische Geheimdienstagenten. In Paris verloren Verteidigungsminister Hernu und Geheimdienstchef Lacoste ihre Ämter.

Im September, nachdem er seine Streitkräfte angewiesen hatte, das Testgebiet gegen „Greenpeace"-Störenfriede „notfalls mit Waffengewalt" abzuschirmen, flog Staatschef Mitterrand zum Atoll der strahlenden Wehr, um dort „mit Nachdruck und Entschlossenheit" auf Frankreichs souveräne Rechte in Ozeanien zu pochen. Niemand könne sie infrage stellen, **„ohne als Gegner zu erscheinen"**.

Die australische Regierung stellte sie ebenso entschieden infrage wie die Regierung Neuseelands: In einer Note, dem französischen Botschafter in Canberra überreicht, verurteilte sie die fortgesetzten Nukleartests auf Mururoa als **„Beweis der Verachtung gegenüber den südpazifischen Nationen"** und erhob Protest gegen Frankreichs Präsenz im Südpazifik.

„Die Unabhängigkeit kommt ganz bestimmt", so sagen sie alle in Tahiti, ob Popaa oder Maohi, und es fragt sich nur: wann?

„Die Unabhängigkeit, eines Tages wird sie sicher kommen, aber hoffentlich nicht morgen schon", sagte Michael, der Pilot zu mir, während er mich rund um „Groß-Tahiti von den vielfarbigen Wassern" herumchauffierte, durch einen pastoralen Sonntagmorgen. Vor den Kirchen standen ganz in Weiss unter breiten weißen Strohhüten die Matronen und tratschten, ihre Gauloises im Mundwinkel, zum Bimmeln der Glocken.

Michael war angeheuerter Pilot im Staatsdienst und hatte triftigen Grund, am Bestehenden nicht zu rütteln, denn schließlich zahlte die nährende Mutter Republik ihm ein schönes Gehalt, doppelt so hoch wie einem Kollegen gleicher Besoldungsstufe in Nizza oder Angouleme, sodass er auch bei Tahitis doppelt so hohen Preisen sorgenfrei und konsumfroh leben konnte mit Frau, Tochter und Baby.

„Wir haben Angst vor der Zukunft", sagte Michael, „wir wissen nicht, was kommt." Und es sind gewiss nicht nur die wohlbestallten öffentlich Bediensteten mit Pensionsanspruch, die sich den

Anbruch der Freiheit lieber noch für ein Weilchen aufgeschoben wünschten.
Die Tahitianer, von einem allzu jähen Fortschritt heimgesucht, sind ein verstörtes, ein verirrtes Volk. Wehmütig gedenken sie der Vergangenheit, als sie sich ihres Daseins noch erfreuten nach altem polynesischen Brauch, in der brüderlichen Solidarität des Gebens und Nehmens, doch in die erinnerungsverbrämt heile Welt der Väter führt kein Weg mehr zurück, und heute ist jeder sich selbst der Nächste.
Sie träumen vom Ende der Popaa-Herrschaft und bangen dabei zugleich schon dem Gespenst der Misere und sozialen Drangsal entgegen: Was, fragen sie sich, soll aus uns werden, wenn wir plötzlich allein dastehen, ohne Beistand, mit unserer kläglichen, unterentwickelten Wirtschaft, mit dem bisschen Kopra und einer von überseeischen Konzernen dirigierten und von vielerlei Unwägbarkeiten abhängigen Tourismusindustrie?

Aber gemach, noch sind sie ja da, die ungeliebten Franzosen, und wie ruppig auch die Australier und Neuseeländer ihnen am Zeug flicken mögen, so schnell werden sie wohl nicht weichen. Und so lang noch Mururoa in seinen Fundamenten erbebt, muss Michael sich auch nicht sorgen um den morgenden Tag.
Noch rotiert ja weiter der gewissermaßen durch Kettenreaktion in Schwung gehaltene Dienstleistungsbetrieb, der den Bürgern dieses französischen Territoriums, statistisch verbürgt, einen Lebensstandard beschert, um den die Bewohner der jungen unabhängigen Inselstaaten sie nur zutiefst beneiden können.
Die Bombe? Für die Bombe haben die Tahitianer heute nur noch ein resigniertes Achselzucken übrig.
„Was können wir tun?"
Schicksalsergeben, auf ihre sanfte pazifische Art, nehmen sie das Unabänderliche hin. Sie haben sich, so gut es eben geht, arrangiert in dieser fremden Franzosenwelt im eigenen Land, diesem Supermarkt der großen Versuchungen, und ihr unverwüstliches Talent zur Lebenslust sucht nun Erfüllung in freudigem Konsum.

Politik ist ein schmutziges Geschäft. Am besten, man lässt die Finger davon. Auch der Aufstand der Kanaken gegen Frankreichs Staatsmacht in Neukaledonien hat in Französisch-Polynesien nur mäßiges Interesse erregt.

Auch und gerade jetzt, als durch Untersuchungen bekannt wird, das der, wie Schweizer Käse durchlöcherte Atoll, bei einem Erdbeben in sich zusammenfallen kann und dabei eine Tsunami Riesen-Welle mit einer Höhe von bis zu 20 Metern Höhe auslösen kann. Eine unmittelbare Gefährdung des gesamten Südpazifik steht auf der Tagesordnung. Leider nicht für die französische Regierung. Man schweigt sich aus, wie immer.

Für mich sind die, eher bescheidenen Proteste der Polynesier, schon wegen des Fehlens von Stimmen, eine Art offener Revolution.

Eine Revolution, die durch die Macht der Franzosen unterdrückt wird und in Zukunft noch viel von sich reden machen wird.

Achtes Kapitel

Nach unserem Ausflug in die Südsee möchte ich wieder auf die Zeit in Europa zu sprechen kommen. In der gleichen Zeitspanne, als man Atomversuche und Bombentests unternahm, entwickelte sich aus den Trümmern des Dritten Reiches heraus das zweigeteilte Deutschland.

Nach dem totalen Zusammenbruch des Dritten Reiches wurde Deutschland in vier Zonen von den Siegermächten aufgeteilt.

Der ostdeutsche Teil entwickelte sich unter russischer Obhut zu dem Arbeiter und Bauernstaat, als die kommunistische, **Deutsche Demokratische Republik, auch DDR genannt.**
Die Deutsche Demokratische Republik war bis 1989 ein diktatorisch regierter, realsozialistischer Staat in Mitteleuropa. Er bestand von 1949 bis 1990.
Die Gründung der DDR am 7. Oktober 1949 auf dem Gebiet der Sowjetischen Besatzungszone erfolgte vier Jahre nach dem Ende des Zweiten Weltkrieges auf Betreiben der Sowjetunion, nachdem zuvor mit Unterstützung der drei West-Alliierten auf dem Gebiet ihrer Besatzungszonen die Bundesrepublik Deutschland gegründet worden war.
Der Aufbau der DDR wurde maßgeblich durch die Gruppe Ulbricht bestimmt, die die Rückendeckung Josef Stalins hatte. Im staatlichen Selbstverständnis nach 1952 wurde die DDR als erster deutscher „sozialistischer Staat der Arbeiter und Bauern" charakterisiert, Wahlen dienten der Legitimation der SED, waren aber von Beginn an manipuliert. Mit der Verwaltungsreform von 1952 wurden anfänglich enthaltene föderale Elemente im Staatsaufbau aufgegeben. Der „Aufbau des Sozialismus" nach den Vorgaben der Sozialistischen Einheitspartei Deutschlands als „marxistisch-leninistischer Partei der Arbeiterklasse" wurde zunehmend autoritär und zentralistisch durchgeführt.

Die friedliche Revolution 1989/90 markierte das wirtschaftliche und politische Scheitern der DDR. Die 1990 erstmals frei gewählte Volkskammer beschloss die Wiederherstellung von ostdeutschen Ländern und den Beitritt der DDR zur Bundesrepublik Deutschland als einen Akt der Selbstbestimmung. Die Existenz der DDR wurde damit zum 3. Oktober 1990 mit der deutschen Wiedervereinigung beendet.

Die Deutsche Demokratische Republik wurde am 7. Oktober 1949 als „sozialistischer Arbeiter- und Bauernstaat" proklamiert, drei Wochen nachdem sich die Bundesrepublik Deutschland als eigener Staat konstituiert hatte und Konrad Adenauer zum ersten deutschen Bundeskanzler gewählt wurde. An diesem Tag wurde die Verfassung der Deutschen Demokratischen Republik in Kraft gesetzt, die bereits seit Oktober 1948 vorlag. Der Zweite Deutsche Volksrat konstituierte sich als provisorische Volkskammer und beauftragte Otto Grotewohl als Ministerpräsidenten mit der Bildung einer Regierung. Sein Kollege im Vorsitz der SED, Wilhelm Pieck, wurde am 11. Oktober als Präsident der DDR gewählt.

Die DDR war eine Volksdemokratie, das heißt, neben der SED wurden auch bürgerliche Parteien geduldet, die mit ihr in der Nationalen Front eng zusammenarbeiteten. Der Ministerrat bildete formell die Regierung der DDR, war aber faktisch dem Politbüro der SED, dem eigentlichen Machtzentrum, untergeordnet. Walter Ulbricht war Mitglied des Politbüros, zudem seit 1950 Generalsekretär des Zentralkomitees der SED. Die eigentliche Macht lag in den Händen der Sowjetische Kontrollkommission unter dem Oberkommandierenden der Gruppe der Sowjetischen Besatzungstruppen in Deutschland, Armeegeneral Wassilij Tschuikow. Sie trat an die Stelle der Sowjetischen Militäradministration in Deutschland, die die sowjetische Besatzungszone, bis dahin regiert hatte. Insofern war die Souveränität der DDR von Anfang an eingeschränkt. Der Sozialhistoriker Hans-Ulrich Wehler beschreibt sie daher als eine „Satrapie im westlichen Vorfeld des sowjetischen Imperiums".

Die ersten Wahlen zur Volkskammer wurden auf den 15. Oktober 1950 festgelegt. Dieser Termin, über ein Jahr nach Inkrafttreten der Verfassung empörte die bürgerlichen Politiker in CDU und der damaligen LDPD. Sie ließen sich aber unter anderem dadurch beruhigen, dass ihre Vertreter hohe Posten in der neuen Regierung erhielten. Der LDPD-Vorsitzende Hans Loch bekam das Finanzministerium, der CDU-Vorsitzende Otto Nuschke wurde stellvertretender Regierungschef, sein Parteifreund Georg Dertinger wurde Außenminister. In seine Amtszeit fielen zwei der wichtigsten außenpolitischen Entscheidungen der DDR. Am 6. Juli 1950 das Görlitzer Abkommen mit der Volksrepublik Polen, in dem die DDR die Oder-Neiße-Grenze anerkannte, und am 29. September 1950 der Beitritt zum Rat für gegenseitige Wirtschaftshilfe.

Bei den Volkskammerwahlen konnte die Bevölkerung nur der Einheitsliste der Kandidaten der Nationalen Front zustimmen, gegen die sich Nuschke und Loch lange gesträubt hatte. Die Wahl, die die seither üblichen 98 Prozent Wahlbeteiligung und 99,7 Prozent Zustimmung erbrachte, wurde als offene Wahl praktiziert: Die meisten Wähler verzichteten darauf, die im hinteren Teil des Wahllokals aufgestellten Wahlkabinen zu benutzen. Hierbei spielte auch die Anwesenheit von Mitarbeitern des am 8. Februar 1950 offiziell geründeten Ministeriums für Staatssicherheit eine Rolle. Sie arbeitete auch mit an der politischen Säuberung, der sich die SED zu Beginn der 1950er Jahre unterzog. 150.000 Mitglieder wurden ausgeschlossen, die meisten ehemalige Sozialdemokraten, die nach der Zwangsvereinigung von SPD und KPD zur SED 1946 in der Partei verblieben waren. Im Gefolge der sogenannten Field-Affäre wurden auch hochgestellte Kommunisten zumeist jüdischer Abstammung verfolgt. Diese Verfolgungen trugen antisemitische Züge.

Die Wirtschaft wurde nach den Grundsätzen der Zentralverwaltungswirtschaft durch die Staatliche Plankommission gesteuert. 1949 trat ein Zweijahresplan in Kraft, 1951 folgte der erste Fünfjahresplan. Neben den prinzipiellen Mängel der Planwirtschaft trugen auch die Reparationen, die die DDR an die Sowjetunion zu leisten hatte, und der Kapitalmangel dazu bei, dass das Wirtschaftswachstum geringer ausfiel als das der Bundesrepublik. Aufgrund sowjetischen Drucks musste die DDR auf finanzielle Leistungen aus dem Marshallplan zum Wiederaufbau Europas verzichten. Lebensmittel blieben daher bis 1958 rationiert, während man in der Bundesrepublik schon seit 1950 keine Lebensmittelmarken mehr zum Einkaufen brauchte.

Die DDR erhob den Anspruch, für das gesamte Deutschland zu sprechen. Offiziell hoffte man auf einen baldigen Beitritt der Bundesrepublik und bemühte sich daher, die faktisch längst bestehende Diktatur der SED demokratisch zu bemänteln. Um die Teilung zu überwinden, schlug Grotewohl im November 1950 Adenauer die Bildung eines „Gesamtdeutschen Konstituierenden Rates" vor. Die Bundesrepublik war aber nicht bereit, mit der DDR-Regierung zu verhandeln und bestand auf freien Wahlen. Auch Stalins Vorschlag eines vereinigten, neutralen und demokratischen Deutschland im März 1952 wurde von den Westmächten abgelehnt, da die Sowjetunion nicht bereit war, über freie gesamtdeutsche Wahlen zu verhandeln. Stalin gab daraufhin am 8. Juli 1952 dem Drängen Ulbrichts nach und gestattete den Aufbau des Sozialismus. Auf der II. Parteikonferenz der SED, die tags darauf in Berlin begann, wurde dieser Aufbau offiziell beschlossen. Er brachte einschneidende Veränderungen im Leben der DDR-Bürger. Der Kirchenkampf, unter dem insbesondere die evangelischen Jungen Gemeinden zu leiden hatten, wurde verschärft. Größere Privatunternehmen wurden enteignet und in volkseigene Betriebe (VEBs) überführt, staatliche Beteiligungen an Privatbetrieben wurden ausgebaut. Nach dem Motto: **„Von der Sowjetunion lernen heißt siegen lernen"** wurde der Schweindustrie Priorität vor dem Ausbau der Konsumgüterindustrie eingeräumt. Auch in der Landwirtschaft begann die Kollektivierung, die Bauern, die zum Teil erst in der Bodenreform wenige Jahre zuvor ihr Land bekommen hatten, wurden nun gedrängt, in landwirtschaftlichen Produktionsgenossenschaften (LPGn) einzutreten. Noch im Juli wurden mit der Verwaltungsreform von 1952 die Länder der DDR durch Bezirke ersetzt. Schon im Mai 1952 war die innerdeutsche Grenze abgesperrt worden, die Bewohner der grenznahen Gebiete wurden in der Aktion Ungeziefer zwangsumgesiedelt; bereits am 1. Juli hatte die DDR mit der Einrichtung der Kasernierten Volkspolizei begonnen, eigene Streitkräfte aufzustellen.

Die Verschärfung der Verfolgung, die Angriffe auf das Privateigentum und die durch die hastige Umstrukturierung der Wirtschaft verschärften Versorgungsprobleme erhöhten die Unzufriedenheit in breiten Schichten der Bevölkerung, was sich in hohen Flüchtlingszahlen niederschlug: In den ersten fünf Monaten des Jahres 1953 verließen über 200.000 Menschen, zumeist über die noch offene Grenze nach West-Berlin, die DDR. Das machte der neuen Führung in der Sowjetunion Sorgen, wo Stalin am 5. März 1953 gestorben war. Sie bestellte die Führungsriege der SED nach Moskau ein und empfahl, den Aufbau des Sozialismus durch einen Neuen Kurs zu ersetzen: Die Enteignungen sollten ebenso aufhören wie die Kollektivierung der Landwirtschaft, die Repressalien gegen Andersdenkende, die Bevorzugung der Schwerindustrie und die Erhöhung der Arbeitsnormen, die erst im Mai beschlossen worden waren. Das Politbüro fügte sich in den meisten Punkten, die Normerhöhung aber wurde nicht zurückgenommen. Am 17. Juni 1953 kam es daher in Ost-Berlin zu Demonstrationen gegen die erhöhten Arbeitsnormen, die sich in weiten Teilen des Landes zu einem Volksaufstand gegen die Politik der SED ausweiteten. Die militärische Niederschlagung durch die in der DDR stationierten sowjetischen Truppen forderte mindestens 55 Todesopfer.

Im Politbüro wurde der Aufstand der verfehlten Politik Ulbricht angelastet, der am 8. Juli 1953 einwilligte, seine Macht abzugeben. In der Zwischenzeit hatten sich aber mit der Verhaftung von Geheimdienstchef Lawrenti Beria die Machtverhältnisse in Moskau geändert: Der neue starke Mann in der kollektiven Führung der KPdSU Nikita Chruschtschow setzte auf eine Stabilisierung der

Verhältnisse und stärkte Ulbricht den Rücken, dem es gelang, seine innerparteilichen Gegner mit den Machenschaften des gestürzten Beria in Verbindung zu bringen und so kaltzustellen. Eine erneute Parteisäuberung war die Folge. Wirtschaftlich erlaubten Finanzhilfen der Sowjetunion, die zudem auf weitere Reparationen der DDR verzichtete und die verbliebenen sowjetischen Aktiengesellschaften in der DDR in volkseigene Betriebe umwandelte, eine Entspannung der Versorgungslage. Dennoch brach der Flüchtlingsstrom nicht ab. Zwischen 1949 und 1961 flohen etwa 2,6 Millionen Menschen aus der DDR einschließlich Ost-Berlin, davon allein 47.433 noch in den beiden ersten Augustwochen 1961.

Diese Abwanderung wurde für die DDR wirtschaftlich bedrohlich, da überdurchschnittlich viele junge und gut ausgebildete Menschen den Staat verließen, obwohl „Republikflucht" strafbar war. Geflüchtet wurde in erster Linie über Berlin, wo die Sektorengrenze zwischen West- und Ost-Berlin kaum zu kontrollieren war, im Gegensatz zur schon seit 1952 scharf bewachten innerdeutschen Grenze der DDR zur Bundesrepublik. In der Nacht vom 12. auf den 13. August begannen Volksarmisten, Volkspolizisten und Angehörige der Kampftruppen der DDR, die Grenze rings um West-Berlin mit Stacheldraht und bewaffneten Kräften „gen Osten" abzusichern. Alle Verkehrswege, wie der U- und S-Bahn-Betrieb, wurden unterbrochen. Seit dem 13. August 1961 wurde die Grenze durch Sperranlagen, Minensperren, Selbstschussanlagen und gezielt schießenden Grenzsoldaten noch umfassender gesichert und die Berliner Mauer gebaut, die zum Symbol der Teilung Deutschlands und Europas sowie des Eisernen Vorhangs wurde. Bei dem Versuch, dieses von der DDR als **„antifaschistischer Schutzwall"** bezeichnete Sperrsystem zu überwinden, wurden mehrere Hundert Flüchtlinge an der innerdeutschen Grenze getötet. Die durch die DDR verübten Menschenrechtsverletzungen, darunter die an der innerdeutschen Grenze, wurden in der Bundesrepublik Deutschland von der

eigens eingerichteten Zentralen Erfassungsstelle der Landesjustizverwaltungen in Salzgitter dokumentiert.
Im Zuge der Neuen Ostpolitik der bundesdeutschen Regierungen seit 1966, die hauptsächlich von **Willy Brandt**, als Außenminister von 1966–1969 und als Bundeskanzler von 1969–1974 formuliert wurde, kam es beginnend mit dem **Erfurter Gipfeltreffen 1970** zu einer Annäherung zwischen der DDR und der Bundesrepublik Deutschland. Die Bundesrepublik gab ihren Alleinvertretungsanspruch auf; die DDR erkannte an, dass die Deutschen ein Volk sind, das lediglich in zwei Staaten lebte. Daraufhin wurden 1973 beide deutsche Staaten Mitglieder der UNO.

Am 6. April 1968 gab es den ersten und einzigen Volksentscheid zur neuen Sozialistischen Verfassung der DDR. Im Gegensatz zu den sonst üblichen Wahlausgängen erreichte hier sogar der Nein-Stimmen-Anteil fünf Prozent. Die markantesten Sätze in der neuen Verfassung waren, neben der Fixierung der Führungsrolle der SED, die Definition der DDR als **„sozialistischer Staat deutscher Nation"** und die Formulierung aktueller Ziele wie etwa die **„Herstellung und Pflege normaler Beziehungen"** und die **„Zusammenarbeit der beiden deutschen Staaten"**. Letzteres erzeugte in Moskau Argwohn und man begann dort daraufhin, Erich Honecker als Nachfolger von Walter Ulbricht zu favorisieren; auch durch Sätze wie vom „entwickelten Sozialismus in der DDR" hatte Ulbricht Missfallen in Moskau ausgelöst. Die Möglichkeit eines solchen Volksentscheides, die bis dahin bestand, wurde mit dieser Verfassungsreform abgeschafft.
Am 3. Mai 1971 erklärte Ulbricht „aus gesundheitlichen Gründen" den Rücktritt von all seinen Ämtern, bis auf das Amt des Staatsratsvorsitzenden, und wurde von Erich Honecker abgelöst. Vorausgegangen war ein interner Machtkampf mit Honecker, der von Moskau unterstützt wurde. Ulbricht starb am 1. August 1973.
Am 7. Oktober 1974 kam es zu einer erneuten Verfassungsänderung. Alle Textpassagen zur Wiedervereinigung als Verfas-

sungsziel wurden entfernt. Die Anbindung an die Sowjetunion deutlicher manifestiert; aus Ulbrichts Satz:
„Die Deutsche Demokratische Republik ist ein sozialistischer Staat deutscher Nation" wurde **„Die Deutsche Demokratische Republik ist ein sozialistischer Staat der Arbeiter und Bauern".** Außerdem wurde die Wahlperiode von vier auf fünf Jahre verlängert und die Befugnisse des Staatsrates so stark eingeschränkt, dass diesem Organ lediglich Repräsentationsrechte blieben.
Erich Honecker und weitere Mitglieder der Partei- und Staatsführung der DDR sowie Repräsentanten aus dem Ausland waren auf einer Ehrentribüne in der Berliner Karl-Marx-Allee anlässlich der Feierlichkeiten am 7. Oktober 1989, dem 40. Jahrestag der DDR, zu sehen.
In den beiden Jahrzehnten bis 1989 blieb die DDR bedacht auf weitere Abgrenzung gegenüber der Bundesrepublik. Dennoch wurden zahlreiche Abkommen mit ihr geschlossen, die die Kontakte zwischen den Menschen erleichterten, obwohl Moskau diese eher misstrauisch wahrnahm. Der DDR brachte ihre Sonderstellung im innerdeutschen Handel Vorteile. Man proklamierte „Einheit von Wirtschafts- und Sozialpolitik" und ein großes Wohnungsbauprogramm sollte den Lebensstandard heben, blieb aber hinter den Erwartungen zurück und führte zu Verschuldung des Landes. In den Jahren ab 1980 wuchs das Zahlungsbilanzdefizit der DDR bis an kritische Grenzen. Die Rüstungsexporte an die Sowjetunion brachen ein, während diese deutlich höhere Rohstoffpreise verlangte. Nur die Bonner Kredite 1983 konnten eine drastische Wirtschaftskrise verhindern. Der Besuch Honeckers 1987 in Bonn war der Höhepunkt seiner internationalen Anerkennung, als bereits in der DDR die viel zu geringen Erhaltungs- und Erneuerungsinvestitionen dazu führten, dass die Wirtschaft ins Stocken geriet, die Altstädte verfielen und die Umwelt verkam. Die Zahl der Ausreiseanträge wuchs an.
Im Sommer und Herbst 1989 flohen immer mehr Bürger der DDR über Ungarn, das am 2. Mai 1989 seine Grenze zu

Österreich geöffnet hatte und ab dem 11. September 1989 auch DDR-Bürgern offiziell die Ausreise nach Österreich erlaubte, sowie über die Botschaften der Bundesrepublik Deutschland in ostmitteleuropäischen Staaten, vor allem in der Deutschen Botschaft in Prag. Da die DDR-Führung die Umgestaltungspolitik des sowjetischen Generalsekretärs **Michail Gorbatschow** nicht nachvollziehen wollte, destabilisierte sich die DDR zunehmend von innen heraus.

Die Verschlechterung der wirtschaftlichen Lage, die sich auch durch einen vom bayerischen Ministerpräsidenten Franz-Josef Strauss im Jahr 1983 vermittelten Kredit aus der Bundesrepublik Deutschland nicht hatte aufhalten lassen, und die auf der sowjetischen **Perestroika-Politik** beruhenden, von Honecker aber enttäuschten Hoffnungen auf freiheitliche Veränderungen führten im Rahmen der Friedensgebete besonders der evangelischen Kirche 1989 zu regelmäßigen Montagsdemonstrationen. Diese weiteten sich vor allem in **Leipzig**, aber auch in anderen Städten, sehr schnell zu Großdemonstrationen aus, die friedlich blieben, anders als die Protestdemonstrationen wegen der erzwungenen Durchreise der Botschaftsflüchtlinge aus Prag und Warschau, die am Hauptbahnhof Dresden zu heftigen Ausschreitungen führten. Am 18. Oktober 1989 musste Honecker unter dem Druck der öffentlichen Proteste zurücktreten, wie wenige Tage später die vollständige DDR-Regierung. Am 9. November wurde die Berliner Mauer geöffnet. Am 17. November wählte die Volkskammer Hans Modrow, bisheriger 1. Sekretär der Bezirksleitung der SED Dresden, zum neuen Vorsitzenden des Ministerrates. In dessen Regierungszeit wurden die Runden Tische zur zweiten, demokratischen Diskussionsebene. Die Protestdemonstrationen der DDR-Bevölkerung und die Maueröffnung führten schließlich zum Zusammenbruch des SED-Regimes. Die unbewaffneten Montagsdemonstranten blieben friedlich, und die bewaffneten Organe der DDR, die vor allem 1989 noch mit Prügeleien und Verhaftungen auf die Demonstrationen reagiert hatten, verzichteten, wohl auch angesichts der zunehmenden Masse der Demonstranten, weitgehend auf die gewaltsame Auflösung der Versammlungen. Der bewusste Verzicht auf Gewalt wurde am deutlichsten bei der großen Leipziger Demonstration, in deren Vorfeld es dazu öffentliche Absprachen zwischen SED-Bezirks-Leitung und prominenten DDR-Bürgern gab. Bei den ersten freien Wahlen zur Volkskammer am 18. März 1990 wurde die Allianz für Deutschland, ein Wahlbündnis aus CDU-Ost, DSU und DA, mit 48,15 Prozent der abgegebenen Stimmen Wahlsieger. Ministerpräsident wurde der Spitzenkandidat der Allianz, Lothar de Maiziere(CDU). Auf Basis des Einigungsvertrags trat die Deutsche Demokratische Republik am 3. Oktober 1990 der Bundesrepublik Deutschland nach Artikel 23 a.F. des Grundgesetzes bei.

Vierzig Jahre der Teilung Deutschlands waren eine lange Zeit. Viele Menschen, auf beiden Seiten der innerdeutschen Grenze, mussten nach dieser langen Zeit, verbunden mit persönlichen Schmerzen und Verlusten erkennen, dass wo ein politischer Wille ist, auch ein menschlicher, begehbarer Weg ist. **Die Menschlichkeit hatte über die Unmenschlichkeit einen Sieg errungen.** Die Bilder der Maueröffnung und die Aufnahme unserer Ostdeutschen Schwestern und Brüdern, besonders an der Berliner Mauer, haben Geschichte geschrieben.

Selbst nach so langer Zeit hat sich gezeigt, das Leben mehr ist als nur Überleben. Die nachfolgende Zeit brachte unsere zwei Deutsche Staaten wieder zusammen. Familien wurden wieder vereint, Freundschaften erneuert und neu geschlossen, freies Reisen und Kennenlernen ermöglicht und Deutschland wieder als **ein** Deutschland bezeichnet.

Neuntes Kapitel

Für sehr viele von uns war die Öffnung des Eisernen Vorhangs verbunden mit neuen Reisezielen. Man blickte ostwärts und zeigte Interesse an der Kultur, den schon fast vergessenen Landschaften, doch besonders an den Menschen. Bei meinem Besuch in Leipzig stand ich bewegt in der Thomaskirche. Die Thomaskirche geht auf das 12. Jahrhundert zurück. Hier wurde 1409 die Universität Leipzig gegründet. Zwischen 1492 und 1496 erhielt sie die Gestalt einer spätgotischen Hallenkirche. Hier predigte **1539 Martin Luther zur Einführung der Reformation** und hier singt seit fast **800 Jahren der Thomanerchor**. Im Altarraum und in der Vierung der heutigen Thomaskirche entdeckte man bei Ausgrabungen die Grundmauern einer Kirche aus der Zeit um 1160 – jener Zeit also, als Markgraf Otto der Reiche von Meißen der Burg und dem Burgvorort Libzi das Stadtrecht verlieh. Der romanische Altarraum dieser Kirche wurde 1355 gotisch umgestaltet. 1482 brach man das romanische Kirchenschiff ab und errichtete den bis heute erhaltenen Bau einer spätgotischen Hallenkirche. Bis auf den Turm, der seine endgültige Gestalt 1702 erhielt, hat sich seitdem an der Architektur der Thomaskirche nichts geändert.

Einen markanten Eingriff brachte jedoch die Renovierung der Jahre 1884-89 mit sich: Die gesamte Ausstattung der Barockzeit – besonders aus der Zeit, in der Johann Sebastian Bach an der Thomaskirche (1723-1750) wirkte – wurde entfernt. Seither zeigte sich das Innere der Kirche im neugotischen Stil. Aus dieser Zeit stammt auch das an die Westfront aufgesetzte Mendelssohnportal. Nach der Vereinigung der beiden deutschen Staaten 1990 wurde die Thomaskirche vollständig restauriert und instand gesetzt. Die Arbeiten konnten zum 250. Todestag von **Johann Sebastian Bach** am 28. Juli 2000 weitgehend abgeschlossen werden. Die Thomaskirche erhielt dabei auch ihre neue **Bach-Orgel**. Und so präsentiert sich die Thomaskirche heute: Sie ist insgesamt 76 m lang, die Länge des Schiffes beträgt 50m, seine Breite 25 m und seine Höhe 18 m. Das Dach hat einen ungewöhnlich steilen

Neigungswinkel von 63 Grad. Im Inneren verfügt es über sieben Ebenen (Firsthöhe 45 m). Der Turm ist 68 m hoch. Die Thomaskirche zählt im europäischen Raum zu den Stätten mit den frühesten Nachweisen zum Orgelgebrauch im Gottesdienst. „Orgelgesang" ist erstmals 1384 für eine Marienmesse und 1392 für eine Fronleichnamsmesse dokumentiert. Belege für eine herausragende frühzeitige Musikpflege im 1212 begründeten Thomasstift.

Die Orgeln aus der Bachzeit existieren heute leider nicht mehr. Die Orgel, die ich auf der westlichen Chorempore bewundern konnte, baute Wilhelm Sauer im Jahre 1889. Ursprünglich hatte das romantische Instrument 63 klingende Stimmen, 1908 wurde diese Zahl auf 88 erhöht. Bis zum Jahr 2005 wurde die Sauer-Orgel restauriert und auf ihren Originalzustand aus dem Jahr 1908 zurückgeführt. Im Jahr 2000 wurde die neue Bach-Orgel auf der Nordempore gegenüber dem Bach-Fenster eingebaut. Sie dient vor allem der Wiedergabe der Orgelwerke Johann Sebastian Bachs und wurde von der Marburger Orgelwerkstatt Gerald Woehl gebaut. Der Klang des Werkes mit seinen 61 Registern auf 4 Manualen und Pedal orientiert sich am mitteldeutschen Orgelbau des 18. Jahrhunderts.

Die Gestalt des Gehäuses wurde durch die Orgel der 1968 gesprengten Universitätskirche St. Pauli angeregt, auf der Bach während seiner Leipziger Zeit gespielt hat.

Der Thomaner Chor, dessen Geschichte bis ins Jahr 1212 zurückreicht, ist die älteste kulturelle Einrichtung der Stadt Leipzig. 800 Jahre musica sacra prägt die Chorgeschichte, die alle politischen, städtischen, religiösen und schulischen Auseinandersetzungen überdauert hat.

Durch das Wirken vieler Thomaskantoren, unter ihnen der bedeutendste, **Johann Sebastian Bach** (Thomaskantor 1723 bis 1750), wurden die Thomaskirche Leipzig und die Stadt zum Zentrum protestantischer Kirchenmusik. Der traditionsreiche Knabenchor hat seine Heimstatt in der Thomaskirche, der Hauptwirkungsstätte Bachs, und fühlt sich dessen Erbe besonders verpflichtet.

Die wöchentlichen Motetten am Freitag und Samstag sind eine feste musikalische Institution. 1992 begann man, in den Samstagsmotetten den gesamten erhaltenen Bach-Kantatenzyklus in chronologischer Reihenfolge und in Zuordnung zum entsprechenden Sonntag des Kirchenjahres durch den Thomanerchor Leipzig und das Gewandhausorchester Leipzig aufzuführen.
Die regelmäßigen Aufführungen der Bachschen Passionen und des Weihnachtsoratoriums durch den Thomanerchor und das Gewandhausorchester ziehen neben den Motetten Tausende Besucher in die Thomaskirche. Ich hatte die Ehre an einer Probe des Weihnachtsoratoriums beizuwohnen. Der wunderschöne Gesang des Knabenchores faszinierte mich, doch in meinem Kopf dröhnte es im Hintergrund:

„Wir sind das Volk, wir sind das Volk"

Der Kommunismus kam in dieser Zeit ins Hintertreffen. In den jungen Jahren unserer Republik hörte man viel über Persien. So möchte ich auf dieses, sagenumwobene Land, mit seinem Schah zu sprechen kommen. Das Land zeigte sich westlich offen. Es interessierte mich in dieser Zeit sehr, etwas über die für uns fremde Kultur zu erfahren.
In meinen Jugendjahren hörte ich viel über Persien. Den meisten von uns war das Land fremd. Oft beschränkte sich das Wissen auf die schönen, handgewebten Teppiche aus Tabriz, Shiraz, Isfahan, Kerman oder Mashad. Persische Teppichhändler fand man überall in den größeren Städten. Was in dem Land und mit der Religion vorging, war weitgehend unbekannt.
Doch schon während des Zweiten Weltkrieg galt der monarchische Staat Iran als Freund der Achsenmächte. Britische und sowjetische Truppen besetzen daher 1941 das Land und **Resa Schah** muss abdanken. Die Alliierten inthronisieren seinen Sohn **Mohammed Resa**. Wegen seiner proamerikanischen Reformpolitik gerät der Schah erstmals 1963 in die Kritik von Ayatollah Ruhollah Khomeini , einem damals hochrangigen religiösen Füh-

rer, den die Regierung ein Jahr später in die Türkei abschiebt. Khomeini geht in den Irak. Dort entwickelt er das Staatsmodell des islamischen Staates. Mit seiner repressiven Politik und seinem dekadenten Herrschaftsstil bringt der Schah eine wachsende Opposition aus sehr unterschiedlichen politischen und gesellschaftlichen Schichten gegen sich auf.

1978 mobilisieren Liberale und Konservative, säkulare und religiöse, Linke und Rechte Massenproteste gegen den Schah. Zur Leitfigur des Protests wird **Ayatollah Khomeini**. Den landesweiten Streiks und Massendemonstrationen in Teheran schließen sich Hunderttausende an. Armee und Polizei gehen teilweise brutal gegen die Demonstranten vor. Dennoch enden die Proteste mit dem Sturz des Schahs am 16. Januar 1979. Nach Khomeinis Rückkehr aus dem Exil spricht sich die Bevölkerung in einem Referendum für die Islamische Republik aus, deren oberster Führer der Großayatollah selbst wird.

Die Außenpolitik Khomeinis wendet sich vor allem gegen die USA und Israel. Am 4. November 1979 besetzen islamische Kräfte die amerikanische Botschaft und nehmen mehr als 50 Geiseln, die erst nach 444 Tagen wieder freikommen. Khomeini billigt die Aktion. Die Beziehungen zu den USA erreichen ihren Tiefpunkt. Unterstützt von den USA überfällt der Nachbarstaat Irak am 22. September 1980 Iran. In dem folgenden acht Jahre langen Krieg zwischen den beiden Ländern sterben etwa eine Million Menschen. Im Laufe des Kriegs treibt die Regierung die Islamisierung des Landes voran. Für Frauen gilt eine strenge Kleiderordnung, in öffentlichen Verkehrsmitteln die Geschlechtertrennung. Khomeini lässt linksgerichtete politische Häftlinge ermorden, vor allem Anhänger der Volksmudschahidin, die noch während der Revolution aufseiten Khomeinis standen.

1989 stirbt der religiöse Führer. Der Expertenrat, ein Gremium aus höchsten religiösen Sachverständigen, ernennt Ayatollah Ali Chamenei zum Nachfolger. In den Folgejahren hat Iran stark unter zunehmender Korruption zu leiden. Die Liberalisierung der Wirtschaft bleibt weitgehend wirkungslos. Bereits 1995 verhängen

die USA erste wirtschaftliche Sanktionen, weil Iran nach US-Auffassung den internationalen Terrorismus unterstützt.
Der als liberaler Geistlicher geltende Mohammed Chatami gewinnt 1997 die Präsidentschaftswahl. Seine innenpolitischen Reformbemühungen geraten allerdings ins Stocken, da er versucht, zu viele politische Lager zusammenzubringen, und die nach wie vor einflussreichen konservativen Hardliner erheblichen Widerstand leisten.Im Juni 2005 erobert der frühere Bürgermeister Teherans und konservative Hardliner **Mahmud Ahmadinedschad** das Amt des Präsidenten. Außenpolitisch sorgt er vor allem durch Vorantreiben eines Atomprogramms und harsche verbale Angriffe gegen Israel für Ärger.

Schah Mohammad Reza Pahlavi verließ am 16. Januar 1979 das Land. Zwei Wochen später war Khomeini nach Teheran zurückgekehrt. Es gab keinen Zweifel, dass er die politische Entwicklung des Landes weitestgehend bestimmen würde. Bei einem Referendum am 31. März 1979 sprachen sich, laut der Präambel der Verfassung, 98,2 % der Iraner für die Errichtung einer Islamischen Republik aus.
Khomeini hatte, vom Schah in den Irak und von dort ins Exil nach Paris verbannt, bereits einen Verfassungsentwurf für das Land ausgearbeitet, der in Verhandlungen zwischen allen an der Revolution beteiligten Fraktionen in der Expertenversammlung noch modifiziert und schließlich dem iranischen Volk am 3. Dezember zur Abstimmung vorgelegt wurde. Auf diese Weise kam es, auch durch Einfluss der liberal-islamischen Kräfte um Mehdi Bazargan, zur Aufnahme demokratischer Elemente in der Verfassung. Das von Khomeinientwickelte Prinzip der Herrschaft des obersten Rechtsgelehrten blieb in allen Entwürfen bestehen.
Die neue Verfassung des Iran wurde durch das Referendum am 3. Dezember 1979 angenommen. Nach offiziellen Angaben lag die Zustimmung wie schon bei dem Referendum vom 31. März bei nahezu 100 %, andere Quellen sprechen jedoch nur von etwa 60 %. Somit wurde die einstige Monarchie Iran zur Islamischen

Republik, einem schiitischen Gottesstaat, geführt von der höchsten religiösen Autorität. Der deutsche Botschafter Ritzel berichtete am 4. Dezember 1979 aus Teheran:
„Das Verfassungsreferendum ist ohne schwere Auseinandersetzungen über die Bühne gegangen. Zwar kam es zu Zusammenstößen in Täbris zwischen Verfassungsgegner aus dem Lager Schariatmadaris und Khomeini-Anhängern, und in den großen Städten Balutschistans konnte überhaupt nicht abgestimmt werden, weil die Wahllokale blockiert wurden. Aber die schlimmsten Befürchtungen bewahrheiteten sich nicht. Revolutionssprecher Habib kündigte die nächsten Etappen im Staatswerdungsprozess der Islamischen Republik an. Danach sind in zwei Monaten Wahlen zum Amt des Staatspräsidenten und des Majles, dem Parlament, geplant. Khomeini werde voraussichtlich in Kürze die von ihm laut Verfassung zu bestimmende Hälfte des ‚Wächterausschusses', dies ist die Kontrolle der Gesetzgebung des Parlaments auf ihre Vereinbarkeit mit islamischen Prinzipien, benennen.

Der erste geistige Führer der Islamischen Republik Iran war Ayatollah Ruhollah Khomeini. Von ihm stammt der Verfassungsentwurf und das Prinzip der Herrschaft des obersten Rechtsgelehrten. Bei seinem Amtsantritt 1979 war die Lage in Iran äußerst brisant. Die breite Oppositionsfront, die den Schah in der Islamischen Revolution gestürzt hatte, war äußerst heterogen und oft nur in dem Ziel einig, das Schahregime abschaffen zu wollen. Khomeini verkörperte allerdings den Führer der wichtigsten Bewegung, der islamischen Opposition, und wurde somit zur Symbolfigur der Revolution überhaupt. Durch diese Autorität gelang es ihm, die wichtigsten Gruppen in der Anfangsphase der jungen Islamischen Republik zu integrieren.

So wurde Mehdi Bazargan, der Führer der im Vergleich zu Khomeinis Lager liberaler ausgerichteten Oppositionsgruppe Nationale Front zum ersten Ministerpräsidenten erkoren. Auch Vertreter aus dem sozialistischen Lager, z. B. Funktionäre der Tudeh-Partei erhielten Posten im Staatsapparat und durften sich frei bewegen.

Abu l-Hasan Banisadr wurde 1980 zum ersten Präsidenten der Islamischen Republik gewählt. Die Modjahedin-e Khalq, die Kämpfer des Volkes, die auch gegen den Schah gekämpft hatten, wurden allerdings nicht in das Staatsgefüge eingebaut, weil die Partei Khomeini sie nicht als Führer anerkennen wollte, da sie eine Diktatur wie zu Schahzeiten befürchtete. Zwischen ihnen und dem Khomeiniregime entbrannte ein Kampf, der in beiderseitigen blutigen Auseinandersetzungen mündete.

Bald nach der Verabschiedung der Verfassung begann die Verfolgung von Revolutionsgegnern. Hier rückten zunächst die verbliebenen Schahanhänger und Monarchisten in den Blickpunkt. Es dauerte allerdings nicht lange, bis das Feindbild der Revolution auf die USA und Israel ausgedehnt wurde. Es kam noch 1979 zum bekannten Geiseldrama von Teheran in der US-Botschaft, bei der 52 amerikanische Staatsbürger insgesamt 444 Tage festgehalten wurden. Dieser Vorfall und die umgehend nach der Revolution veranlasste Verstaatlichung der iranischen Ölproduktion brachte die amerikanisch-iranischen Beziehungen zum Erliegen und führten zu einem feindlichen Verhältnis zwischen den beiden Staaten.

Auf Khomeinis Agenda standen vor allem zwei Punkte.
Erstens die Konsolidierung der Republik und zweitens der Export der Revolution.
Die Machtsicherung und Stabilisierung des Systems war in den ersten Jahren der Revolution von besonderer Wichtigkeit. Khomeini veranlasste eine umfassende Islamisierung, die auch als **Kulturrevolution** der iranischen Gesellschaft bezeichnet wurde. Er führte eine strenge Kleiderordnung für Frauen ein, verbot nichtislamische Zeitungen und Parteien und machte unmissverständlich deutlich, dass jeder Verstoß gegen eine vom Revolutionsregime verhängte Regel als Angriff auf die Revolution gewertet und dementsprechend hart bestraft würde.
Auch die integrative Haltung zu den an der Revolution beteiligten Gruppierungen wurde aufgekündigt. Mehdi Bazargan und alle anderen Vertreter einer nichtislamistischen Politik, die eben noch

Staatsämter innehatten, sahen sich plötzlich von der Khomeini-Miliz, den sogenannten Revolutionswächtern, in vielen Quellen auch Revolutionsgarde genannt, verfolgt. Hierbei kam es zu blutigen und brutalen Szenen. Das Khomeiniregime ging 1980 bis 1982 mit schonungsloser Härte gegen jeden vor, der in ihren Augen eine Gefahr für die Islamische Republik darstellte. Es kam zu öffentlichen Massenhinrichtungen und regelrechten Verhaftungsorgien durch die Revolutionsgarde. Allein 1982 wurden zwischen 5.000 und 10.000 Menschen hingerichtet. In den Gefängnissen befanden sich bis zu 40.000 politische Gefangene, für die meisten bedeutete eine Inhaftierung Hunger, Folter und Krankheit. Die Brutalität des Vorgehens trug sicherlich erheblich dazu bei, dass sich die Opposition innerhalb des Landes bald auf ein fast irrelevantes Maß verringert hatte. Einzig die Modjahedin leisteten heftigen Widerstand. Zwischen ihnen und Revolutionsgarden kam es immer wieder zu Straßenschlachten mit vielen Toten. Letztendlich konnte sich das Regime und die Khomeini-treuen Milizen durchsetzen. Die Modjahedin blieben bis weit in die 80er Jahre hinein durch Attentate und bewaffneten Widerstand aktiv.

Die Erlangung der Stabilität des Systems ist darüber hinaus aber auf einen weiteren Faktor zurückzuführen. Am 22. September 1980 griff der Irak unter der Führung Saddam Husseins die Islamische Republik Iran an und begann damit den ersten Golfkrieg. Aus irakischer Sicht hoffte man, die Instabilität der iranischen Verhältnisse 18 Monate nach der Revolution ausnützen zu können. Aber die Rechnung ging nicht auf. Stattdessen entwickelte sich ein achtjähriger, zermürbender Krieg, der insgesamt **eine Million Opfer** forderte, mindestens 300.000 Iraner, darunter 50.000 bis 100.000 Kinder und Jugendliche..

Im Verlauf des Krieges wurde die iranische Aufmerksamkeit auf die äußere Bedrohung gebündelt, sodass konterrevolutionäre Strömungen noch weniger Aussicht auf Erfolg hatten, den Feind im eigenen Land massenwirksam ins Bewusstsein zu rücken. Auch das Militär stand angesichts des irakischen Aggressors geschlossen hinter Khomeini. Nachdem Banisadr aufgrund seiner zunehmenden Oppositionshaltung gegenüber Khomeini und seiner Annäherung an die Modjahedin im Juni 1981 vom Parlament als Staatspräsident abgesetzt wurde, gewann **Mohammad Ali Radschani** die darauf folgenden Wahlen und wurde im Juli neuer Staatspräsident. Bereits im August fiel er allerdings einem Attentat zum Opfer und wurde im Oktober desselben Jahres durch **Seyyed Ali Chamenei** ersetzt, der das Amt des Staatspräsidenten bis Khomeinis Tod innehatte, um dann das Erbe des obersten Rechtsgelehrten anzutreten. Innerstaatlich zeichneten sich immer deutlicher Konfliktlinien zwischen den Khomeini treuen Parlamentariern ab. Grob eingeordnet stritten die Linksislamisten mit der Forderung nach einer stärkeren Regulierung des Marktes durch den Staat mit den konservativen Islamisten, die dieses Modell ablehnten. Khomeini war hier mehr als einmal Schlichter, ohne aber jemals endgültig Partei zu ergreifen. Der Wächterrat als Gegenspieler des Parlaments trug das Seinige zu äußerst lebendigen Auseinandersetzungen im iranischen Staatsapparat bei. 1988 errichtete Khomeini auf die immerwährenden Konflikte zwischen Parlament und Wächterrat den Schlichtungsrat, der ähnlich dem deutschen Vermittlungsausschuss die Streitigkeiten über Kompromissfindung beilegen sollte.

Der Krieg indes entwickelte sich für Khomeini, der bis 1983 alle nennenswerten innerstaatlichen Oppositionsgruppen hatte auflösen und ihre Mitglieder hinrichten lassen, bald zu einem Krieg um seine zweite politische Maxime, den Export der Revolution. Die Chancen standen nicht schlecht, im überwiegend schiitischen Irak nach einem Sieg über Saddam Hussein einen Gottesstaat nach iranischem Vorbild zu errichten. Ein erster Schritt in Richtung Khomeini s erklärtem Ziel, sein Staatsmodell in alle islamischen Länder zu tragen, notfalls auch mit militärischer Gewalt.

1987 begann sich eine Abkehr Khomeinis von diesem Ziel abzuzeichnen. Er sprach sich das Recht zu, jenseits religiöser Vorschriften zu stehen und nun die absolute Herrschaft des obersten Rechtsgelehrten anzutreten. Mit der Annahme des UN-Waffenstillstandsabkommens 1988 war das Eingeständnis gegeben, die Revolution nicht in den Irak tragen zu können. Das Unternehmen, für das Hunderttausende Iraner ihr Leben gelassen hatten, war gescheitert. Es gab allerdings gute Gründe für Khomeini, den Krieg zu beenden. Die leeren Staatskassen ließen einen Systemkollaps befürchten, die Verluste in der Bevölkerung waren enorm und die Wirtschaft war nach acht Kriegsjahren fast gänzlich zum Erliegen gekommen. Die als Christen verfolgten Iraner verließen unter großen finanziellen Verlusten ihr Heimatland und versuchten, meist in Europa oder Amerika, Aufnahme zu finden. (Siehe mein Buch „Hans der Tonganer") Dennoch war Khomeinis Ansehen in der iranischen Bevölkerung ungebrochen. Nach wie vor wurde er als Heiliger verehrt und nach wie vor konnte er seine Macht auch auf seine charismatische Ausstrahlung stützen.

Die Glaubwürdigkeit Khomeinis litt 1986 allerdings unter der Aufdeckung der Iran-Contra-Affäre, als bekannt wurde, dass mit Khomeinis Wissen geheime Abkommen mit dem Erzfeind USA geschmiedet wurden, in denen der Austausch von Waffen gegen inhaftierte Amerikaner besiegelt wurde.

Der Gesundheitszustand Khomeinis hatte sich bis 1988 erheblich verschlechtert und man begann, sich Gedanken über die Regelung der Nachfolge zu machen. Aussichtsreichster Anwärter war Ayatollah **Hussein Ali Montazeri**, der einzige Groß-Ayatollah, der Khomeinis Herrschaft des Obersten Rechtsgelehrten akzeptierte. Die anderen geistigen Autoritäten des schiitischen Islams blieben bei ihrer ablehnenden Haltung gegenüber der Einmischung in die Politik. Montazeri, der bereits 1986 von der Expertenversammlung zum Nachfolger Khomeinis ernannt wurde, fiel bei Khomeini allerdings durch allzu kritische Äußerungen in Bezug auf den Krieg, durch seinen Plan, unmittelbar nach Khomeinis Tod Neuwahlen unter Berücksichtigung aller Parteien abzuhalten und durch den Einfluss **Rafsandschanis,** der Montazeri bekämpfte, in Ungnade. Nachdem er sich für die Begnadigung des zum Tode verurteilten Mehdi Haschemi einsetzte, dieser aber öffentlich den Verrat an der Revolution gestand, kam es 1989 zum endgültigen Bruch. Montazeri weckte durch Äußerungen wie: „Die radikalen Fundamentalisten sind daran schuld, dass wir im Ausland so einen schlechten Ruf haben. Wir brauchen eine Vielfalt an Meinungen und nicht nur eine einzige Meinung, die von einer einzigen politischen Linie monopolisiert wird." In den westlichen Medien den Anschein eines Demokraten isolierte er sich in der iranischen Führungsriege aber zunehmends. Das Problem, welches sich daraufhin ergab, war einfach zu beschreiben aber leidlich zu lösen. Es gab niemanden, auf den die in der Verfassung festgeschriebenen Kriterien für den obersten Rechtsgelehrten zutrafen und der gleichzeitig auch bereit war, die politische Herrschaft über die Islamische Republik Iran zu übernehmen. Diese Tatsache in Verbindung mit Khomeinis schlechtem Gesundheitszustand führten zur Verfassungsrevision am 28. Juli 1989. Das Amt des obersten Rechtsgelehrten musste fortan nicht mehr von einem Ayatollah besetzt werden, stattdessen wurde festgeschrieben, dass politische und soziale Fähigkeiten den entscheidenden Ausschlag geben sollen.

Am 3. Juni 1989 starb Khomeini. Als sein Nachfolger wurde der seit 1981 amtierende Staatspräsident **Seyyed Ali Chamene'i** bestimmt.

Zum Zeitpunkt seines Amtsantrittes als oberster Rechtsgelehrter und geistiger Führer der Islamischen Republik Iran bekleidete Seyyed Ali Chamenei in der Hierarchie des schiitischen Klerus nur den Rang eines Hodschatoleslam. Er wurde zwar im Zuge der Amtsübernahme formal zum Ayatollah „aufgewertet", erlangte allerdings nie die notwendigen Reputationen innerhalb der Schia-Geistlichkeit, die diesen Rang gerechtfertigt hätten. Damit hatte Chamenei vom Beginn seiner Amtszeit an einen ungleich schwereren Stand als Khomeini. Ihm fehlte der Rückhalt in der gläubigen Bevölkerung, die Khomeini noch sicher hinter sich wusste, ihm fehlte die geistliche Autorität.

Zwei weitere Faktoren führten zu der Tatsache, dass Chamenei bis heute den Status Khomeini s nicht erreichen konnte: Zum einen war im Zuge der Verfassungsänderung das Amt des Premierministers abgeschafft und alle seine Befugnisse und Aufgaben auf den Staatspräsidenten übergegangen. Dieses Amt hatte dadurch erheblich an Macht gewonnen, denn es war nun staatsrepräsentativ nach außen und gleichzeitig Inhaber der Exekutivmacht nach innen. Es war abzusehen, dass der Erfolg der Politik der islamischen Republik Iran in Zukunft von der Kooperation von Staatspräsidenten und obersten Rechtsgelehrten abhängen würde. Zum anderen war Chamenei kein Charismatiker wie Khomeini. Er konnte die Massen nur schwerlich durch seine bloße Anwesenheit begeistern.

Trotz der relativ schlechten Bedingungen übernahm Chamenei ein mächtiges Amt mit umfangreichen bis totalitären Kompetenzen. Sein Regime hatte zwar an Ansehen und Vertrauen eingebüßt, gerade weil die entscheidende Legitimation, nämlich die Vertretungsfunktion der größten weltlich-religiösen Kapazität – **des 12. Imam** – durch die Abschwächung der klerikalen Voraussetzungen für das Amt nicht mehr gegeben war. Eine oppositionelle Bewegung, die Chamenei hätte gefährlich werden können, war aber nicht in Sicht.

Der verstärkte Einfluss des Staatspräsidenten blieb aber teils wegen der Verfassung, teils wegen Chameneis Schwächen immanent.

Im Juli 1989 wurde **Ali Akbar Haschemi Rafsandschani** ins Amt des iranischen Staatspräsidenten gewählt. Während der Anfangsphase seiner Amtszeit lag das Land in weiten Teilen in Schutt und Asche. Der Krieg hatte der Infrastruktur und der Ökonomie stark geschadet. Nach dem Ende des Krieges war trotz Khomeinis Tod eine allgemeine Hoffnung auf Besserung der Lage zu spüren.

Rafsandschani war schon vor 1989 ein einflussreicher Politiker. Seit der Revolution 1979 war er ständig in mächtigen Positionen. Er war Mitglied im Revolutionsrat, bis 1989 Präsident des Parlamentes und gehörte zur Clique um Khomeini. Er hatte wohl erheblichen Einfluss auf die Verfassungsänderung und den Machtzuwachs des Staatspräsidentenamtes, den er zur Voraussetzung für seine Kandidatur machte. In der neuen Rolle des

Regierungschefs war Rafsandschani entschlossen, die Wirtschaft anzukurbeln, durch eine Liberalisierung des Marktes Fortschritte in Richtung Wohlstand machen zu können.
Im Zweiergespann an der Spitze des iranischen Staates war Rafsandschani neben Chamenei klar der präsentere. Der Staatspräsident verstand es, seine Wirtschaftspolitik durchzusetzen und gleichzeitig einen neuen außenpolitischen Kurs einzuschlagen. So ist seine Amtszeit durch viele Versuche der vorsichtigen Annäherung an den Westen gekennzeichnet. Es gab nach wie vor Anti-USA- und Anti-Israel-Demonstrationen und -Kundgebungen, aber Rafsandschani entschärfte den Ton gegenüber Europa und sprach nicht mehr von einem Export der Revolution. Die diesbezüglichen Bemühungen Rafsandschanis wurden allerdings durch mehrere Attentate von Angehörigen des iranischen Geheimdienstes an Oppositionellen im ausländischen Exil untergraben. Der wichtigste Vorfall dieser Art, der nach Aufklärung die deutsch-iranischen Beziehungen zum Erliegen brachte, war das sogenannte Mykonosattentat 1992 in Berlin, bei dem drei hochrangige Exiliraner ums Leben kamen. Der iranischen Führung und damit auch Rafsandschani selbst, wurde nachgewiesen, schon vorab vom Attentat gewusst zu haben.
Auch innerhalb Irans stand der Präsident vor Problemen. Den größten Widerstand gegen Rafsandschanis Marktliberalisierung leistete die linksislamistische Fraktion im Parlament, die einen Staatsdirigismus für die geeignetere Antwort auf die wirtschaftliche Lage in der Nachkriegszeit hielt. Die Linksislamisten hatten schon zu Khomeinis Zeiten oft Anspruch auf Gestaltung der Wirtschaftspolitik erhoben, eine Eskalation konnte aber durch Khomeinis Vermittlungskünste stets verhindert werden. Diese Fraktion war auch Chamenei ein Dorn im Auge, ein Grund mehr weshalb er Rafsandschani zunächst gewähren ließ. Dieser schaffte es bis 1990 alle Linksislamisten aus den Regierungskreisen und wichtigen Staatsämtern zu entfernen.
Obwohl Rafsandschani seine Pläne durchsetzten konnte, schaffte er es nicht die Wirtschaft nachhaltig zu beleben. Stattdessen hatte

er sich mit der Aufnahme von Auslandskrediten zu Investitionszwecken und dem Massenimport von Konsumgütern deutlich übernommen. 1993 war die Islamische Republik Iran praktisch zahlungsunfähig. Rafsandschani hatte binnen vier Jahren ca. 25 Milliarden US-Dollar Staatsschulden angehäuft. Hinzu kam eine seit 1992 überproportional steigende Inflationsrate. Es kam zu Unruhen und Protesten in der Bevölkerung.

1993 wurde Rafsandschani dennoch wiedergewählt, es zeichnete sich allerdings ab, dass er in seiner zweiten Legislaturperiode mit wesentlich mehr Widerstand und Einmischung durch den obersten Rechtsgelehrten zu rechnen hatte. Tatsächlich drängte Chamenei mehr und mehr in den politischen Vordergrund. Er gab Rafsandschani öffentlich die Schuld an der katastrophalen Lage des Landes und machte in wesentlich größerem Maße von seiner Macht Gebrauch als noch zu Beginn der ersten Amtszeit Rafsandschanis. So installierte er nach und nach über den Kopf des Staatspräsidenten hinweg seine Gefolgsleute in wichtigen Ämtern, verhinderte Gesetze und drängte Rafsandschani in den letzten Jahren seiner Amtszeit an den Rand der Bedeutungslosigkeit.

1995 verschärfte sich die wirtschaftliche Situation erneut, als US-Präsident Bill Clinton im sogenannten Iran-Lybia Sanctions-Act (ILSA) einen völligen Handels- und Investitionsboykott gegen die Islamische Republik Iran durchsetzte, der bis heute andauert.

In der iranischen Gesellschaft entstand Mitte der 90er Jahre große Unzufriedenheit über die Misserfolge der Regierung, die Machtspielchen zwischen geistigem Führer und Präsidenten und der internationalen Isolation des Landes. Stimmen, die eine Reform des unflexiblen und aufgrund der Vetomöglichkeiten für Wächterrat und obersten Rechtsgelehrten oft handlungsunfähigen Systems forderten, wurden lauter.

Bei den Präsidentschaftswahlen 1997 durfte Rafsandschani nicht erneut kandidieren. Der Weg war frei für politische Veränderung.

Von 238 Bewerbern auf eine Kandidatur zum Staatspräsidenten ließ der Wächterrat 1997 lediglich vier zu. Alle anderen wurden unter Hinweis auf Unverträglichkeit mit islamischen Prinzipien abgelehnt. Die Wahl gewann, für viele überraschend, Chatami, trat aber 1992 aus Protest über die zunehmende Einschränkung der Meinungsfreiheit zurück. Seitdem war er nicht mehr politisch aktiv. Zu seiner Kandidatur musste er überredet werden. Da er zum Lager der gemäßigten Linksislamisten gezählt wird, war sein Wahlerfolg nach dem erbitterten Kampf der Vorgängerregierung gegen diese Fraktion umso erstaunlicher.

Trotz seiner politischen Vorgeschichte hatte der Wächterrat ihn zugelassen und Chatami ließ bereits im Wahlkampf anklingen, was sein dringendstes Anliegen war: **Reformen.** Der Staatsapparat, die Menschenrechte, die Unterdrückung der Frauen, die Zensur, die außenpolitische Isolation, all dem widmete er kritisch seine Aufmerksamkeit. Er traf mit diesen Themen den Nerv der jungen iranischen Bevölkerung, die zu großen Teilen enttäuscht von ihrem Staat war. Chatami erhielt 70 % der Stimmen und feierte damit einen überwältigenden Erfolg. Unterstützt wurde er durch die 1997 gegründete Partizipationsfront des islamischen Iran, die sich zur wichtigsten Reformpartei Irans entwickelte.

Vor allem in den westlichen Demokratien hoffte man durch den Einfluss Chatamis auf eine Reform des iranischen Staates von innen und beschwor die Selbstheilungskräfte der erstarkenden iranischen Zivilgesellschaft und einen Demokratisierungsprozess. Zu Beginn der Regierungszeit Chatamis sahen seine Erfolge aus westlicher Sicht tatsächlich vielversprechend aus. Er hatte eine Liberalisierung der Presselandschaft durchsetzen und so den kritischen Stimmen im Land zu mehr Gehör verhelfen können. In Iran etablierte sich ein kritischer Diskurs über die Errungenschaften der **Islamischen Revolution** auf der einen und **Demokratie, Menschenrechte und Rechtsstaat** auf der anderen Seite. Als die konservativen Kräfte erkannten, dass Chatami sich tatsächlich zu einer Integrationsfigur für politische und gesellschaftliche Veränderungen entwickeln könnte und das Lob aus westlichen Staaten nicht von ungefähr kam, leiteten sie Gegenmaßnahmen ein.

Der Geheimdienst VEVAK verübte 1998 eine Reihe von Morden und Entführungen an Oppositionellen und Intellektuellen. Diese als Kettenmorde bezeichneten Angriffe auf die Stabilität der jungen Regierung waren die heftigsten Gewaltausbrüche seit den Hinrichtungswellen unter Khomeini. Chatami verurteilte die Morde scharf, ließ sich aber nicht von seinem Reformkurs abbringen. Er hatte nicht nur die religiösen Hardliner gegen sich, sondern auch das Parlament. Dort verfügten die Konservativen über die Mehrheit, verhinderten die Reformgesetze Chatamis und brachten teilweise sogar Gesetze auf den Weg, die aus reformerischer Sicht als Rückschritt bewertet werden mussten.

Mit den Parlamentswahlen 2000 schien sich das Blatt zugunsten Chatamis zu wenden. Die Reformer waren nun auch die stärkste Fraktion im Parlament. Chatami, auf dessen politischer Agenda zum ersten und bislang einzigen Mal in der Geschichte des Iran nach 1979, die Frauenrechte eine wichtige Rolle spielten, wollte nun die rigorose Trennung der Geschlechter in der iranischen Gesellschaft auflockern. Doch die Mehrheit im Parlament stellte sich als wertlos heraus, als der Wächterrat in den politischen Gestaltungsprozess Chatamis eingriff.

Die Bilanz war für alle Anhänger der Reformbewegung ernüchternd. Der Wächterrat blockierte fortan nicht nur nahezu alle Gesetze der Regierung Chatami, er machte auch eine Vielzahl bereits verabschiedeter und in Kraft getretener Gesetze rückgängig. Allzu kritische Zeitungen wurden geschlossen, Journalisten verhaftet und der Ton und Umgang mit Regimekritikern generell verschärft. Der politische Stil der Reformer wurde von konservativer Seite als Säkularismus bezeichnet und bekämpft. Chatami stellte resigniert fest, er habe nicht mehr Macht als jeder andere Iraner und drückte damit die sich ausbreitende Stimmung im Iran aus. Es verbreitete sich Resignation und Desinteresse als klar wurde, dass der geistige Führer Chamenei letztendlich die Geschicke des Staates lenken konnte.

Bei den Präsidentschaftswahlen 2001 konnte Chatami trotz der sich abzeichnenden Machtlosigkeit 77 % der Stimmen holen. An den Machtverhältnissen änderte sich nichts mehr. Chamenei blieb der starke Mann im Hintergrund, der dafür Sorge tragen ließ, dass es zu keinem ernsthaften Versuch kommen konnte, das politische System mit seinen theokratischen und demokratischen Institutionen nachhaltig zu verändern. Aus diesem Grund wird der Reformbewegung um Chatami oft nur eine Reform des Diskurses bescheinigt, die die institutionelle Ordnung des Landes unberührt ließ. Die Resignation führte zu immer geringeren Wahlbeteiligungen. So gingen bei den Kommunalwahlen 2003 nur noch 36 % der Wahlberechtigten an die Urnen. Auch bei den Parlamentswahlen ein Jahr später wurde mit 50,7 % ein neuer Tiefstand erreicht. Im Vorfeld der Wahlen waren 2.500 (hauptsächlich reformorientierte) der 8.000 Bewerber durch den Wächterrat von der Wahl ausgeschlossen worden. Die Konservativen fuhren einen grandiosen Wahlsieg ein. Ein Indiz dafür, dass vor allem die Anhänger der Reformbewegung auf eine Stimmabgabe verzichtet haben.

Die zweite Amtszeit Chatamis endete 2005. Gemäß der iranischen Verfassung durfte er nicht erneut kandidieren. Seine achtjährige Amtszeit hatte große Erfolge in der Außenpolitik. Chatami war international angesehen und schaffte es die Beziehungen zu vielen Staaten, sowie zur EU zu entspannen. Außenminister war die gesamten 8 Jahre Kamal Charrazi. Dennoch musste er sich in der Innenpolitik dem Machtübergewicht des geistigen Führers Chamenei beugen.

Bei den Präsidentschaftswahlen 2005 trat als aussichtsreichster Kandidat erneut Rafsandschani an. Rafsandschani war bemüht von sich das Bild eines weltoffenen und reformorientierten Präsidenten zu vermitteln, was ihm neben seinem Image als Pragmatiker und Mann der Tat auch die meisten Stimmen bescherte. Doch mit 21 % verfehlte er die erforderliche absolute Mehrheit deutlich.

Es kam zu einem Novum in der Geschichte des Iran. Eine Stichwahl zwischen den beiden erfolgreichsten Kandidaten musste die Entscheidung bringen. Die zweitmeisten Stimmen vereinigte der zur Zeit der Wahl amtierende Bürgermeister Teherans **Mah-**

mud **Ahmadinedschad** auf sich. Er war eine politisch eher unbekannte Figur, war aber bereits des öfteren durch radikale Äußerungen gegen Israel und die so genannten **„Feinde des Islams"** aufgefallen. Sein Wahlkampf war unscheinbar, er holte seine Stimmen vorwiegend in den Armenvierteln Teherans, deren Bewohnern er Besserung der Lebensverhältnisse, Arbeit und Zukunft versprach. Es gibt Gerüchte, dass es Wahlmanipulationen gegeben haben soll.

Die noch wenige Jahre zuvor in vielen westlichen Zeitungen hochgelobte iranische Zivilgesellschaft konnte zur Stichwahl zum Präsidentenamt nicht ausreichend mobilisiert werden, um den politischen Rückschritt zu verhindern. Mahmud Ahmadinedschad gewann die Stichwahl deutlich mit knapp 62 % der Stimmen. Mit ihm zogen die sogenannten Fundamentalisten, Hardliner oder Radikalislamisten in die Teheraner Regierung ein. Die meisten Mitglieder seines Kabinetts sind ehemalige Mitglieder der Revolutionsgarde. Ihr Auftreten, die Drohungen gegen Israel und feindlichen Parolen gegen die USA und Europa, sie trieben den Iran erneut in die außenpolitische Isolation, nachdem unter der Regierung Chatami leichte Annäherungen zur westlichen Welt zu verzeichnen waren. Erster Außenminister unter Ahmadinedschad war Manutschehr Mottaki. Er galt als Gefolgsmann von Laridschani, einem Konkurrenten Ahmadinedschads. Mottaki wurde während eines Besuchs im Senegal entlassen. Sein kommissarischer Nachfolger wurde der MIT-Absolvent Ali Akbar Salehi. Mottaki hatte bei seiner Afrikareise angeblich versucht, illegale und geheim gehaltene Waffenlieferungen, die ohne Wissen des Teheraner Außenamtes, aber wohl mit Wissen einflussreicher, dem Präsidenten nahestehender Kreise, nach Nigeria und weiter nach Gambia verschifft werden sollten. Gambia hatte die diplomatischen Beziehungen zum Iran beendet, der Botschafter im nigerianischen Lagos wurde ausgetauscht, einer von zwei in die Botschaft geflohener Diplomaten im Flugzeug mit zurückgenommen.

Seit der Regierungsübernahme Ahmadinedschads verschärfte sich der Streit um das iranische Atomprogramm und drohte mehrmals zu eskalieren. Nach Informationen der Atomenergiebehörde untererhält Iran mehrere Atomanlagen, die bei der Unterzeichnung des Atomwaffensperrvertrages seitens Iran nicht angegeben wurden. Seither wird der Islamischen Republik Iran von einer breiten internationalen Front unterstellt, Atombomben herstellen zu wollen. Von offizieller Seite weist der Iran immer wieder auf das im Atomwaffensperrvertrag festgeschriebene Recht der zivilen Nutzung von Kernenergie hin. Ahmadinedschad hat mit seiner Äußerung, Israels Präsenz in Jerusalem müsse Geschichte werden, die zunächst falsch als **„Israel muss von der Landkarte getilgt werden"** übersetzt und verbreitet wurde und die eine Debatte um die korrekte Übersetzung hervorrief, die Sorgen genährt, der Iran könne bald über die Möglichkeit eines Nuklearschlages verfügen und Israel bedrohen oder angreifen.

Am 15. Dezember 2006 fanden mit den Kommunalwahlen und den Wahlen zum Expertenrat die ersten Wahlen nach dem Amtsantritt Ahmadinedschads statt. Überraschend wurde mit einem Landesdurchschnitt von 65 % eine außergewöhnlich hohe Wahlbeteiligung erreicht, die den Trend der letzten Jahre beendete. Das Ergebnis war im gesamten Iran einheitlich. Eine herbe Niederlage für die Radikalislamisten um den Präsidenten Ahmadinedschad. Und das trotz der auch diesmal wieder erheblichen Kandidatenselektion durch den Wächterrat.

Nicht nur in den Stadt- und Gemeinderäten schnitten die Kandidaten aus dem Präsidentenlager deutlich schlechter ab als die Konservativen und vielerorts auch als die Reformer. Im fünfzehnköpfigen Teheraner Stadtrat befinden sich auf Platz 8 und 15 die einzigen Vertreter der Radikalen. In anderen Städten war deren Ergebnis noch schlechter, selbst in der Hochburg Qom konnten sie nur 30 % der Stimmen erringen. Auch die Wahl des Expertenrates, der den geistigen Führer des Irans einsetzt und theoretisch auch wieder absetzten kann, nahm ein enttäuschendes Ende für Ahmadinedschads Kandidaten, seinen **„geistigen Ziehvater"** Mohammad Taghi Mesbah Yazdi. Dieser unterlag nach

erbittert geführtem Wahlkampf dem Überraschungssieger Rafsandschani und landete selbst sogar nur auf Platz 6.
Der deutliche Wahlausgang und die hohe Wahlbeteiligung werden weltweit einvernehmlich als **„Denkzettel"** für Ahmadinedschad und Aufbegehren der iranischen Gesellschaft interpretiert. So wird, vornehmlich in westlichen Zeitungen, die Hoffnung genährt, die Menschen im Iran würden sich des **„Problems"** Ahmadinedschad vermittels der republikanischen und demokratischen Elemente ihrer Verfassung letztendlich selbst entledigen. Dass Chamenei eine solche Entwicklung behindern würde, ist eher unwahrscheinlich. Ahmadinedschads Vorstöße scheinen auch dem geistigen Führer etwas zu radikal zu sein.
Ahmadinedschads Ansehen wurde am 14. März 2008 bei den Parlamentswahlen einem weiteren Test unterzogen. Der Wächterrat schloss allerdings vor der Wahl bereits einen Großteil der reformerischen Kandidaten von der Wahl aus, sodass der deutliche Sieg der konservativen Kräfte wenig aussagekräftig ist. Da die Reformer im aktuellen iranischen Parlament keine wichtige Rolle spielen, rückt die Fraktionierung innerhalb des konservativen Flügels zunehmend in den Blickpunkt westlicher Medien. Hier wird vor allem auf die Meinungsverschiedenheiten zwischen dem Lager um Präsident Ahmadinedschad und den Abgeordneten um Ali Laridschani, den ehemaligen iranischen Unterhändler in den Atomverhandlungen hingewiesen. Laridschani, der zu den moderaten Konservativen zählt, galt nach Mir Hussein Mussawi als aussichtsreicher Herausforderer Ahmadinedschads bei den Präsidentschaftswahlen am 12. Juni 2009.
Die Wahl löste die größten Unruhen seit der Islamischen Revolution aus. Ahmadinedschad wurde noch am Wahlabend mit 62,63 % der Stimmen zum Wahlsieger erklärt. Das erwartet knappe Ergebnis blieb aus, was den Verdacht auf Wahlmanipulation aufkommen ließ. Der aussichtsreichste Gegenkandidat Mir Hussein Mussawi, der nur 33,75 % der Stimmen erhielt, sprach offen von Wahlbetrug und forderte Neuwahlen. Daraufhin gingen seine Anhänger in vielen iranischen Großstädten auf die Straße. Die

Proteste nach den Wahlen erstreckten sich über mehrere Tage. Bei Zusammenstößen der Demonstranten und den Sicherheitskräften kamen mehrere Personen ums Leben.
Trotz gewaltsamer Niederschlagung auch friedlicher Demonstrationen nahmen die Proteste vor allem gegen Ende 2009 weiter zu.

Ich überlege mir oft das Wort „Sicherheitskräfte". Auch ich gehörte einmal für kurze Zeit einer Einheit der deutschen Polizei an, die zur Aufrechterhaltung der inneren Sicherheit eingesetzt wurde. Aber nur eine ganz kurze Zeit. In meinem Verständnis bedeutet Sicherheit auch Freiheit und freie Meinungsäußerung, sowie Anerkennung der Menschenrechte. Zu oft müssen wir von Einsätzen der „sogenannten Sicherheitskräfte" hören, die eigentlich nur die rechtswidrigen Machthaber und deren Gefolge beschützen und mit brutaler Gewalt den Willen des Volkes unterdrücken, nur um ihrer eigenen Vorteile Willen und meist endet der Einsatz dieser Sicherheitskräfte in einem Blutbad, eben in einem **„River of Blood"**. Meist doch nicht bei den Gesetzen und menschenverachtenden Führern, sondern bei der um Freiheit und Verständnis schreienden Bevölkerung.
Meinung bei der unwissenden Bevölkerung wird oft mit einfachen Parolen gebildet. Zum Beispiel benutzte Ayatollah Khomeini im Kampf gegen den Schah, um seinen islamischen Staat gründen zu können die Parole:
Die Heimat von Ausbeutern reinigen

Es war im Frühjahr 1963, als sie sich das letzte Mal persönlich gegenüberstanden: **Schah Mohammed Resa Pahlewi,** Alleinherrscher über 35 Millionen Iraner und der **Ayatollah Ruholah Musawi Khomeini**, ein vom Volk verehrter Religionslehrer aus der Heiligen Stadt Ghom.
Der Perserkaiser hatte gerade mit lautem Propaganda-Wirbel die von ihm verordnete **„weiße Revolution"** ausgerufen, der Ayatollah das Dekret in der Teheraner Basar-Moschee **„ein**

Verbrechen" genannt und ihren Erfinder den **„Scheitan",** den Teufel.

Der gereizte Perserkaiser in der befohlenen Audienz: **„Wenn Ihr weiterhin Unruhe macht, ziehe ich die Schuhe meines Vaters an."** Der Ayatollah: **„Die Schuhe Deines Vaters sind Dir um mehrere Nummern zu groß."**

Der hagere, weißbärtige Alte mit dem schwarzen Turban, dem Zeichen seiner schiitischen Autorität, hat recht behalten. Damals wurde er ins Gefängnis geworfen und musste, als der Druck der Straße seine Freilassung erzwang, ins politische Exil gehen.

Aber nach einer Rebellion gegen den Schah, die im Laufe eines Jahres einem Steppenbrand gleich immer weiter um sich griff, musste auch Mohammed Resa gehen. Die 37-jährige Regierungszeit, für alle Perser eine totalitäre, für viele eine Schreckensherrschaft, ging zu Ende. Und der Mann, der den Monarchen stürzte, war **Khomeini**.

Der Abgang des großen Autokraten Mohammed Resa war schwach. Der Schah, Nachfolger eines **Kyros** und **Xerxes**, hatte sich in keiner Phase fähig gezeigt, die Krise zu steuern, noch den Mut gehabt, den Weg für einen neuen Anfang im Iran durch rechtzeitigen Rücktritt freizumachen.

Bevor er in den Pilotensitz seiner Boeing 727 mit Namen **„Schahine" (Königsfalke)** kletterte, um höchstpersönlich seine Frau **Farah** nebst zwölf Rennpferden vor dem Volkszorn zunächst auf die Elefanten-Insel nahe der ägyptischen Stadt Assuan zu retten, hinterließ er sein Reich in einem Chaos, in dem nur zwei Kräfte stabil zu sein scheinen. Das nach politischer Macht drängende religiöse Schiitentum und die supermodern ausgerüsteten, amerikanisch gedrillten 400.000-Mann-Streitkräfte, die sich politisch über Monate hin zurückhielten.

So bleibt das Schicksal des Landes, das nun schon längere Zeit im Aufruhr ist, auch weiterhin ungewiss, mehr noch. In das gefährliche Machtvakuum drängen sich die noch im Kampf gegen den Schah solidarischen Konkurrenten. Alle zusammen fürchten sie das Militär: Werden die vom Schah verhätschelten Generäle der längst beschlossenen Demontage ihres kostspieligen Arsenals und ihrer imperialen Rolle so wenig Widerstand entgegensetzen wie dem Sturz des Großkönigs Resa?

Zwar jubelten in Teheran die Massen über den errungenen Sieg – über zwei, vielleicht an die vier Millionen Menschen strömten zur größten Kundgebung in der Geschichte des Landes zusammen. In der Hauptstadt schmückten die Soldaten ihre Panzer mit dem Bild des Oppositionsführers Khomeini; aber in der Provinz, in der Ölstadt Ahwas, in Arak und in Desful schoss das Militär erneut unbewaffnete Demonstranten zusammen.
Blutige Bilanz, über 30 Tote.

Es werden, so ist zu befürchten, nicht die letzten der iranischen Revolution sein. Weder für Khomeini noch für Karim Sandschabi, den Chef der politischen Sammelbewegung „Nationale Front", ist der Kampf bereits vorbei. Der Ayatollah im fernen Frankreich ließ wissen, für seine Rückkehr nach Teheran sei es „noch zu früh", und Sandschabi warnte: **„Die Abreise des Schahs ist nur der erste Schritt zur totalen Machtübernahme durch das iranische Volk. Der Schah hat das Land verlassen, das System existiert noch."**

Der vom Schah eingesetzte und mithin auch von ihm diskreditierte Regierungschef Schahpur Bachtiar war von Anfang an zu schwach, das abgewirtschaftete System allein und ohne Unterstützung noch zu retten.
Während die Schah-Denkmäler fielen, wurde im Land auf Order der Opposition noch immer gestreikt. Parlamentarier, die dem Premier noch am vorletzten Wochenende Treue schworen, haben ihre Mandate niedergelegt, auf Empfehlung des Exilpolitikers Khomeini, ein wohl einmaliger Vorgang. Justizminister Jahja Sadik Wasiri, erst knappe zwei Wochen im Amt, trat zurück, weil er nicht genügend Unterlagen in seinem Ministerium vorfand, „um ernsthaft die Korruption zu bekämpfen".

Das Volk nannte Bachtiar einen Verräter und forderte in Sprechchören seinen Kopf, seine Freunde von der oppositionellen „Iranpartei", die er einst mitbegründete, haben ihn lebenslänglich ausgeschlossen. Nur Sandschabi will für Eventualfälle den Draht zu ihm nicht abreißen lassen.
Dennoch unternahm der Regierungschef den verzweifelten Versuch, sich noch mit Khomeini zu arrangieren. Im iranischen Fernsehen lobte er den Todfeind des Schahs als „hervorragende Persönlichkeit", und landete in Paris als Emissär der Chef des Regentschaftsrats, Dschahal Teherani, ein ehemaliger Minister für Post und Fernsehen. Er wurde von Khomeini nicht empfangen, Geheimkontakte fanden dennoch statt.

Selbst die verstörte US-Regierung, die ihre ganze Hoffnung auf Bachtiar gesetzt hatte, macht sich nun kaum noch Illusionen. Im State Department, so meldete die „Washington Post", habe man den Nachlassverwalter des Schah einen „Alexander Kerenski" genannt, „aber keiner sieht einen Lenin, weder links noch rechts". Auch darin, so scheint es, haben sich die Asienexperten in Washington geirrt. Denn der fromme Ayatollah Khomeini ist zwar von der politischen Farbe her gewiss kein Lenin, steht ihm aber in der Entschlossenheit nicht nach, die Gunst der Stunde zu nutzen. Dabei hat der Schiiten-Führer – im Gegensatz zu den Bolschewiki des Jahres 1917 – die große Mehrheit des Volkes auf seiner Seite. Für die Bevölkerung des Iran ist der unbestrittene Sieger im Volksaufstand gegen den gehassten und immer noch geschassten Schah der Ayatollah Khomeini, und was er vollbrachte, hat selbst in der langen und an Helden reichen Geschichte des Orients Anspruch auf Einmaligkeit.
Waffenlos, umgeben von nur wenigen Anhängern, als politischer Emigrant im Pariser Exil rund 4500 Kilometer von seinem Land entfernt, hat der Kirchenführer allein mit der Autorität und der Integrität seiner Person einen der mächtigsten und reichsten Herrscher der Welt in einem zermürbenden Kleinkrieg vom Thron gestoßen.

Es ist, als ob der russische Dissident Alexander Solschenizyn von seinem Exil Cavendish im US-Staat Vermont aus versuchen würde, der Macht des Moskauer Politbüros ein Ende zu setzen, um in der Sowjet-Union eine Herrschaft altrussischer Popen zu errichten.
Und nach dem Erfolg von Khomeinis ungleichem Fernduell wird zwar nicht entschuldbar, so doch verständlich, warum Stalin seinen großen Widersacher und Todfeind Trotzki noch in dessen entlegenem Exil Mexiko derart fürchtete, dass er ihn umbringen ließ.
Wie schon manche große Revolution brach sich auch die persische aus kleinem Anlass Bahn.
Ein Hetzartikel gegen den greisen Iman Khomeini in der größten iranischen Zeitung „Ettelaat" – wie inzwischen bekannt, wurde er von der Geheimpolizei Savak lanciert – führte am 9. Januar 1978 zum ersten Proteststurm in der Heiligen Stadt Ghom. Fortan bestimmte Khomeini Umfang und Tempo des Volksaufstandes, trotz der 50 000 Geheimpolizisten und der stärksten Armee im Nahen Osten, die der Schah sein eigen nannte.
Von Paris aus regelte Khomeini Tag und Ort der Protest-Demonstrationen, er gab an, wann die Arbeiter auf den Ölraffinerien von Abadan streikten und wann und wie viel sie wieder arbeiten sollten. Junge Mädchen legten für ihn wieder den **Schador**, den schwarzen Schleier, an, den der Vater des Schah verboten hatte.
Khomeini schickte die Beamten der kaiserlichen Ministerien nach Hause, ließ Banken, Kneipen, Kinos und Spielkasinos schließen und befahl dann auch, die Demonstranten sollten sich mit den Soldaten verbrüdern, die gestern noch auf sie geschossen hatten.
Der Ayatollah ließ von Paris aus den Journalisten, die gegen die Zensur in Streik getreten waren, die Gehälter weiterzahlen. Er unterstützte die Witwen und Waisen der im Kampf Gefallenen. Täglich gingen von Persern aus aller Welt fünf bis zehn Millionen Dollar für den Kampf gegen den Schah bei ihm ein.
Mit Bildern des Greises zogen fast täglich Perser aller Schichten und jeden Alters – Männer, Frauen, Kinder, Studenten, Basarhändler, Bauern, Ärzte – in Millionenstärke auf die Straße. **„Iran**

ist meine Heimat, und Khomeini ist mein Führer", skandierte die Menge und ging gegen Panzer und Maschinengewehre vor. Fast 10 000, nach anderen Schätzungen sogar die doppelte Zahl unbewaffneter Demonstranten, verloren in der islamischen Revolution ihr Leben, und fast immer hatten sie Khomeinibilder oder Transparente mit Khomeinilosungen mit sich getragen.
Selbst dort, wo sich der aufgestaute Volkszorn blindwütig entlud und die Menge per Selbstjustiz an ihren Peinigern Rache nahm, waren es Orders aus Paris, die sie wieder zur Besinnung brachten. In den letzten Monaten ging so gut wie nichts mehr im Iran ohne Khomeini. Ausländische Diplomaten, Fluggesellschaften, verängstigte Fabrikanten, ja sogar die amerikanischen Berater des Schahs suchten den heimlichen Kontakt zu Khomeinis Vertrauten.
Dabei war die Methode der Nachrichten-Übermittlung ebenso simpel wie genial: Tonbänder, die der Ayatollah in Paris besprochen hatte, wurden zu Tausenden in den Moscheen abgespielt, gaben die Wünsche des Führers fälschungssicher an die Gläubigen weiter, für die Iraner, die zu über 60 Prozent noch immer Analphabeten sind, auch das praktikabelste Mittel.
Das Bild des Ayatollah ist, wie noch vor einiger Zeit das Porträt des Schahs, Versicherung gegen Volkswut und Passierschein auf nächtlichen Straßen geworden. Die Berufung auf Khomeini verschafft den Hungernden Brot und den Kraftfahrern das knappe Benzin für ihre Autos.
Der Glaube an seine Autorität hatte inzwischen fast metaphysische Ausmaße angenommen. Die gleichen Demonstranten, die in Teheran die Schah-Denkmäler vom Sockel holten, tauften die große Moschee des Basars, Masdschid Soltaneh in Khomeinimoschee um. Im Hamadan, 500 Kilometer südwestlich von der Hauptstadt, opferten seine Anhänger für den Kirchenführer Schafe, und besonders entrückte wollen sein Gesicht sogar im Mond gesehen haben.
Der Mann im Mond ist 1902 in der Kleinstadt Khomein nordwestlich von Isfahan geboren. Er stammt aus einer alten Gelehrtenfamilie, schon sein Vater war Ayatollah, so heißen die

höchsten geistlichen Führer der Schiiten, von denen es in Persien Fünf bedeutende gibt. Khomeinis Vater fiel im gemeinsamen Kampf schiitischer Kleriker und liberaler Politiker gegen den Kadscharen-Schah für eine, formal noch heute gültige, Verfassung. Ruhollah Musawi Khomeini schrieb sich nach der Schulzeit an der Islam-Hochschule in Ghom ein und belegte wie viele der heutigen Religionsführer im Iran ein islamisches Studium generale: islamisches Recht, islamische Hermeneutik, Philosophie, Mystik, Ethik und Glaubenslehre.

Der Student, der schon mit 30 Jahren den Igtihad-Grad, den höchsten theologischen Rang, erreichte, blieb auch als Lehrer in Ghom. Seine Vorlesungen waren stark besucht, bis zu seiner späteren Verbannung hat er, so schätzen Eingeweihte, rund 1500 Igtihad-Anwärter ausgebildet.

Was ihn früh von anderen Religionslehrern unterschied, war sein Engagement für Nation und Politik. Schon Schah-Vater Resa versuchte, Khomeinis Vorlesungsreihe über Ethik und gesellschaftliche Probleme zu verbieten.

In seinen Schriften, er hat über 25 Bücher und wissenschaftliche Abhandlungen geschrieben, kritisiert Khomeini Missstände im Staat, erklärt er es für **„Gottes Gebot und die religiöse Aufgabe jedes Moslems, seine Heimat von den fremden Ausbeutern und ihren inländischen verbündeten zu reinigen und zu befreien".**

Nicht weniger hart geht er mit den islamischen Würdenträgern um. An der theologischen Ausbildung kritisiert er mangelnden Kontakt zum Volk und fehlende Übereinstimmung mit den gesellschaftlichen Bedürfnissen. Damit zählt Khomeini bis heute zum progressiven Flügel des schiitischen Klerus.

Nach einem der zahlreichen Zusammenstöße mit Schah Mohammed Resa, der den unbequemen, bei seinen Gläubigen um so beliebteren Priester schon früh loswerden wollte, machte ihm der Perserkaiser, so wird in Ghom erzählt, ein Angebot:
20 Millionen Dollar, wenn er freiwillig außer Landes gehe. Khomeinis Antwort: **„Ich gebe dir dafür 40 Millionen."**

Schon 1963 gingen die Massen für Khomeini auf die Straße. Beim Aufstand des Linken Mossadegh gegen den Schah im Jahr 1953, von dem Ayatollah Kaschani mitinszeniert, aber später aus Furcht vor der Machtübernahme durch die Kommunisten verraten, war Khomeini offenbar nicht aktiv. Englands „Guardian" vermutet: „Er hat versucht, die Erinnerung an Mossadegh zu verwischen, indem er vorgab, die einzige Tradition von Feindschaft gegen den Schah zu verkörpern."

Khomeinis Stunde kam am 4. Juni 1963. Der Schah hatte die **„weiße Revolution"** begonnen, die nach Ansicht des Klerus maßgebende Rechte des Islam verletzte und zudem den amerikanischen Beratern im Lande Sonderrechte einräumte.

Khomeini wählte den religiösen Gedenktag an den Tod des Imam Hussein, der im Kampf gegen den Kalifen Jasid niedergemetzelt wurde, für eine Predigt, die in allen Moscheen verlesen wurde. Den Schah nannte Khomeini darin den **„Jasid unserer Zeit"**. Die Gläubigen gingen gegen den Schah auf die Straße, und als der Ayatollah am nächsten Tag von der Geheimpolizei verhaftet wurde, brach ein dreitägiger Volksaufstand los. Der Teheraner Basar brannte, rund 9.000 Demonstranten wurden in den verwüsteten Straßen erschossen.

Der Schah musste ihn unter dem Druck der Straße wieder freilassen und schob ihn in die Türkei ab. Doch auch den Türken war der politisierende Priester nicht geheuer. Khomeini musste in den benachbarten Irak ausreisen, der dem Schah nicht wohlgesinnt war.

Khomeini wählte als Exil den Wallfahrtsort Nadschaf, wo der Schiiten-Gründer Ah begraben liegt. Fortan hielt er wie früher vor Theologie-Studenten seine Vorlesungen und predigte die islamische Revolution für den Iran.

Unmissverständlich, zumindest deutlicher als in seinen Interviews der letzten Zeit, hat der Emigrant Ende der 60er Jahre in Nadschaf beschrieben, wie er sich den von ihm erträumten islamischen Staat vorstellt: Für Khomeini ist es ein Gottesstaat.

Danach weiß nur Gott allein, was für den Menschen auf dieser Welt und in jener gut ist, so der Ayatollah in seinen Vorlesungen. Für ihn gibt es keine Trennung zwischen Religion und Staat. Der Staat muss ausführendes Organ der islamischen Gesetzgebung sein, die Fakihs, die islamischen Rechtsgelehrten, sind Richter über den Staat und sein Oberhaupt. Eine Herrschaftsform also, wie es das ganz und gar nicht islamische Europa bis in das späte Mittelalter hinein kannte.

Etwas mehr praxisbezogen und abgeleitet aus der schiitischen Religionsgeschichte, formuliert auch der Professor für Islam-Wissenschaften an der Universität Köln, Abdoldjavad Falaturi, den Machtanspruch der Religion:

Nach schiitischer Überzeugung kann nur ein Rechtsgelehrter (Fakih) mit der entsprechenden wissenschaftlichen und gesellschaftlichen Qualifikation die Autorität des Oberhauptes eines schiitischen Staates genießen. Doch kann auch derjenige Staat von den Schiiten akzeptiert werden, der im Sinne einer solchen Autorität konstruiert ist.

So gesehen, ist Khomeinis abschlägige Antwort auf die oft gestellte Frage, ob er nun anstelle des Schahs Staatsoberhaupt des Iran werden wolle, keine falsche Bescheidenheit und erst recht kein Verzicht, im Gegenteil, eine solche Rolle ist ihm zu gering.

Khomeini in einem Interview mit der amerikanischen Rundfunkgesellschaft CBS auf die Frage, ob er Staatschef oder Ministerpräsident werden will: **„Weder noch. Ich werde ihre Tätigkeit in gewisser Weise überwachen."** CBS: „Also der starke Mann?" Khomeini: **„Davon dürfen Sie ausgehen."**

Das Programm, wie die von ihm geforderte **„Islamische Republik Iran"** einmal aussehen soll, ist sein ureigenes, soweit ersichtlich. Weder in den letzten langen Exiljahren in Nadschaf noch in den letzten turbulenten Monaten in Frankreich fanden größere Programm-Diskussionen mit Gleichgesinnten statt.

Als der Irak den greisen Einzelkämpfer wegen seiner ständigen politischen Agitation gegen das Schah-Regime ausweisen ließ und

Kuwait sich weigerte, den Kirchenführer aufzunehmen, flog er zu Freunden nach Paris.

Ein Beamter des französischen Außenministeriums: „Wir haben damals nicht geahnt, wer uns da vom Himmel gefallen ist." Vorsichtshalber fragte Paris auch beim Schah in Teheran an, aber auch dem fiel nichts Besseres ein, als zu empfehlen: „Lasst ihn, wo er ist."

So machten im Dorf Neauphle-le-Chateau, rund 40 Kilometer östlich Paris, bisher bekannt für einen würzigen Likör, plötzlich zwei schlichte, weiß gekalkte Bauernhäuser Weltgeschichte. Die Wohnung und die Residenz des Ayatollah Khomeini.

Bei den Interviews, die der Revolutionsheld gewährte, im Sommer im Garten, unter einem Apfelbaum, saß immer ein Beamter der französischen politischen Polizei dabei.

Der übrige Stab, im langen Gewand und mit Sandalen an den nackten Füßen, ist gering an Zahl und wurde erst durch Parteigänger und die Mitglieder des von ihm gegründeten **„Islamischen Revolutionsrates"** sprunghaft aufgefüllt, die eilends aus Teheran anreisten.

Die wichtigsten Männer in diesem Gremium sind zwei weltliche Schah-Gegner und Mitglieder der **„Nationalen Front",** die im Kreis der Frommen am wenigsten zu erwarten waren. Hassan Nasih, 57, der in der Übergangsregierung Premierminister sein soll und Mehdi Basargan, 73, der im Iran nur **„Der Unbestechliche"** heißt, von Khomeini zum Staatspräsidenten erkoren.

Nasih, ein bekannter Teheraner Rechtsanwalt, wurde schon von Khomeini nach Paris gerufen. Er war zuletzt Chef der „Iranischen Vereinigung der Juristen", die Anfang des vorigen Jahres im Untergrund an einer neuen liberalen Verfassung gearbeitet hatte. Basargan, ein Ingenieur, war ein enger Mitkämpfer Mossadeghs, der den Schah schon einmal, im Jahr 1953, außer Landes gejagt hatte. Als Chef der von Mossadegh verstaatlichten anglo-iranischen Ölgesellschaft hatte er in dem Putsch gegen den Monarchen eine Schlüsselstellung und musste dafür später drei Jahre im Gefängnis büßen.

Beide Männer arbeiteten in der **„Iranischen Gesellschaft für die Verteidigung der Freiheit und der Menschenrechte"** mit. Dieser damals illegale Kreis von dreißig Politikern und Rechtsanwälten machte den barbarischen Umgang des Schahs mit Regimegegnern und die Foltermethoden der Geheimpolizei in aller Welt publik und bemühte sich um die politischen Gefangenen.
Beide aber gehörten nicht dem stärksten Flügel der **„Nationalen Front"** an, der von Karim Sandschabi geführten **„Bewegung für den Iran"**. Mehr noch: Als Sandschabi im November mit Khomeini in Paris ein Zweckbündnis schloss, mit dem Ziel, die Monarchie abzuschaffen und **„die nationale Staatsform auf die Grundlage des Islam"** zu stellen, machte der gleichfalls angereiste Basargan nicht mit. Heute sitzt er statt des kompromissbereiten Sandschabi beim Ayatollah.
Wer auf den Koran schwört, der bekommt kostenlos ein Essen. Der iranische Exilpolitiker Mostafa Danesch glaubt, dass das persische Wechselspiel zwischen weltlichen Politikern und schiitischen Geistlichen nur taktisch bedingt war: „Sandschabi hat nicht nur ein zu der Vorstellung des Klerus alternatives und eigenständiges Programm vorzuweisen, er hat vor allem auch mehrfach betont, dass er und seine „Nationale Front" nach dem Sturz des Schahs die Regierung übernehmen wollen."
So stand zu erwarten, dass sich die Sieger, kaum ist der Schah endlich aus dem Land gejagt, nun um die Beute streiten. Hinzu kam, dass bislang noch Unbeteiligte, wie die Kommunisten auf der Linken und die Armee auf der Rechten, versucht sein könnten, den Kampf für sich zu entscheiden.
Die zu Mossadegh-Zeiten noch bedeutende kommunistische Tudeh-Partei ist auf allenfalls 1.500 Mitglieder geschrumpft, die untereinander noch tief zerstritten sind.
Aus Rücksicht auf den Schah hat Moskau die Genossen kleingehalten, und ihre Chancen beim Volk dürften, wie überall in islamischen Ländern, gering sein.
Der einzige Vorsprung, den Sandschabis „Nationale Front", inzwischen 13 Parteien, gegenüber der spontanen Volksbewegung

des Ayatollah hat, sind Ehre in den langen Jahren der Illegalität aufgebauten Kader und ihre Anhänger im, freilich kleinen, progressiven Bürgertum.
Gewinnen Sandschabi und die Seinen im Machtkampf oder behaupten sie auch nur wesentlichen Einfluss, dürfte ein außenpolitisch vielleicht neutralistisches Persien die Folge sein, das den Weg der Modernisierung mit westlicher Hilfe weitergeht, wenn auch gewiss weniger unbedacht.

Wenn sich aber Khomeini voll durchsetzt, könnten die Projekte westlicher Firmen in Persien schnell zu einer gigantischen Investitionsruine werden.

Die Organisation der **„Islamischen Revolution"** an der Basis versucht, Khomeini jetzt nachzuholen. In allen Dörfern und Städten, bis hinunter zum Straßenzug, wurden sogenannte „Islamische Komitees" gegründet. In Teheran gibt es außerdem als Dachverband einen „Obersten Islamischen Rat", der täglich von Khomeini über Telefon unterwiesen wird.
Khomeini-Leute, meist ihm ergebene Mullahs, organisieren Nachbarschaftshilfen und eine improvisiert aufgestellte Hilfspolizei, die in Teheran den Straßenverkehr regelt. Sie geben der Bevölkerung ein neues Gefühl von Solidarität.
In den Dörfern hat der Ayatollah zur Bildung von Ältestenräten aufgerufen, die das Getreide verteilen und dafür sorgen sollen, dass verstärkt Korn angebaut wird. Die Banken sind aufgefordert, den Bauern günstige Kredite für Saatgut und Maschinen zu gewähren.
„Islamische Kooperativen" verteilen an **Millionen Arme täglich eine kostenlose Lebensmittelration.** Der Empfänger muss mit der Hand auf den Koran schwören, dass er an diesem Tag nicht schon anderswo etwas bekommen hat. Auch die Verteilung des knappen Benzins haben die Khomeinigehilfen übernommen. Jeder bekommt die gleiche Menge, denn **„der Islam ist für Gerechtigkeit"**, predigt der Ayatollah.

Doch die Solidarität hat auch deutliche Grenzen. Als ein Arbeiter während einer Gefallenen-Ehrung auf dem Behescht-Sahra-Friedhof bei Teheran die Sorgen und Nöte der Massen beklagte und dabei das Wort „**Proletariat**" fallen ließ, ging die Menge gegen ihn vor, mit dem wütenden Schlachtruf: „**Tod dem Schah und Tod den Kommunisten!**"

Es war so, als wenn der Teufel geht und der Engel kommt.

Banken und Flughäfen geschlossen, die Industrie lahmgelegt, Mullahs anstelle weltlicher Richter: Im Iran hat die Islamische Republik schon begonnen, aber nicht nur im Iran. In allen Staaten zwischen Marokko und Indonesien ist die Lehre des Propheten wieder auf dem Vormarsch. **Im Iran ist das Vorbild der Staat Mohammeds.**

Frühmorgens war die Beamtenwelt noch in Ordnung. Aber dann kamen die Mullahs. Ohne auf nennenswerten Widerstand zu stoßen, schwärmten sie in Büros und Schalterhallen aus und übernahmen die Amtsgeschäfte. Gegen Mittag war das Rathaus von Isfahan fest in ihrer Hand.
Wie in der alten Kaiserstadt Isfahan sind die Anhänger des Ayatollah Khomeini in vielen Städten des Iran zur Machtübernahme angetreten, ehe noch der Kampf um die Macht im Staate entschieden ist. In der Hauptstadt haben sich ganze Hundertschaften von Beamten auf die Seite der von Khomeini ausgerufenen Gegenregierung unter Mehdi Basargan geschlagen.
Mit stoischer Konsequenz leitet der Schiitenführer aus dem islamischen Prinzip, Religion und Politik seien unteilbar, die Berechtigung ab, den Premier Bachtiar immer wieder zum Rücktritt aufzufordern.
Bachtiar, noch gestützt durch das Militär, pflegt ungerührt zu antworten, er denke nicht an Rücktritt, so geschah es in letzter Zeit, so geschieht es schon lange.

Kurze Zeit nur nach dem Sturz des Schahs, während Banken, Industriebetriebe und Flughäfen lahmgelegt waren, hat die religiöse Basis damit begonnen, die ersehnte **„Islamische Republik"** zu verwirklichen.

Schon haben in Isfahan, der zweitgrößten Stadt des Landes, Gerichte geschlossen, sprechen Korangelehrte Recht anstelle weltlicher Richter. Zum ersten Mal auch seit Jahrzehnten wurden in Maschhad, der Heiligen Stadt im Nordosten des Iran, Diebe „ersten Grades" öffentlich ausgepeitscht, wie die Überlieferung es befiehlt. Befürworter eines liberalen Staates haben, wie zu Schah-Zeiten, wieder Angst, ihre Meinung öffentlich kundzutun, Fürsprecher einer konstitutionellen Monarchie werden vom Khomeinimob mit dem Tod bedroht.

Zeitungsredakteure werden gezwungen, bestimmte Artikel zu schreiben oder solche, die in den Augen der Frommen Anstoß erregen, aus dem Satz zu reißen. Gesinnungsschnüffelei scheint wiederzukehren. Schon witzeln Insider, aus der berüchtigten Geheimpolizei Savak sei eine „Savach" geworden. Das k stand bisher für „Keschwar" (Staat), das ch steht heute für Khomeini.

Etwas Wundersames vollzieht sich da vor den Augen des immer noch fortschrittsgläubigen Westens wie der fortschrittsgierigen Dritten Welt. **An der Schwelle zum 21. Jahrhundert scheint das 35-Millionen-Volk der Perser, gerade erst von der Despotie eines maßlosen Emporkömmlings befreit, mittels einer religiösen Zeitmaschine um 1300 Jahre zurück in die islamische Urgesellschaft zu fliegen, treten religiöse Dogmatiker mit dem Anspruch auf, weltliche Herrschaft zu erobern.**

Die Gefahr, dass sie sich im Überschwang der Emotionen durchsetzen, ist groß im Iran, aber die Bewegung ist keineswegs auf den Iran beschränkt: Von Indonesien bis Marokko, in Afrika wie in Europa sind die Kolonnen unter der grünen Fahne des Propheten auf dem Vormarsch.

Mit Begeisterung verschreiben sich islamische Jugendliche in vielen Ländern asketischen Idealen, stürmen Kinos, Banken, Brauereien.

„Die Moslems können die Welt regieren", behauptet Pakistans Militärdiktator Sia-ul-Hak.
Die mit 1300 Jahren jüngste der Weltreligionen, Christentum 2000, Buddhismus 2500 Jahre alt, zeigt die Vitalität anderer Religionen, als diese so alt waren, wie der Islam heute ist. Im Jahr 1400 war das Christentum die bestimmende Kraft in Europa, die den Islam bereits aus Spanien vertrieben hatte und sich daranmachte, ferne Kontinente zu entdecken.
Heute erweist sich gegen Mohammeds Wort selbst Marx als machtlos. Gerade die junge islamische Intelligenz, der bisher religiöse Indifferenz und linke Neigungen nachgesagt wurden, macht sich jetzt zum Träger der frommen Erneuerung.

Drei Stoßrichtungen zeichnen sich ab:
    a.) Re-Islamisierung der moslemischen Staaten,
    b.) Intensivierung der islamischen Mission in Afrika und Asien
    c.) Ermutigung von Minderheiten in der nicht-islamischen Welt.

Der Islam hat bereits die europäische Diaspora entdeckt. Gespeist von arabischen Ölmillionen werden fromme Großprojekte energisch vorangetrieben. Moscheen in Berlin, Frankfurt, London und selbst am Papst-Sitz Rom, ein islamisches Zentrum in Brüssel. In den Ländern Afrikas kann der Islam auf stolze Bekehrungserfolge blicken. Mit Bitterkeit registrieren christliche Missionare, die schon seit Jahren kaum noch Neuzugänge zu verzeichnen haben, dass oft ganze ehemals christliche Stämme geschlossen zum Islam übertreten.
In den an Fläche großen Binnenstaaten Mali, Niger und Tschad schwören 60 bis 85 Prozent der Bevölkerung auf den Propheten. Und in Westafrika dringt der Islam ebenfalls vor. In Nigeria, mit 70 Millionen Schwarzafrikas volkreichster Staat, bekennen sich 47 Prozent der Bevölkerung als Moslems. Augenfälligstes Symptom der Islamisierung ist das Bemühen, Sittenverfall und Kriminalität durch Wiedereinführung der **Scharin**, des vor 1.100 bis 1.200

Jahren entwickelten islamischen Rechts, zu bekämpfen. 1977 führte Pakistan die aus dem Koran abgeleiteten Strafgesetze wieder ein, ähnlich wie Kuwait, Libyen, Saudi-Arabien und die Vereinigten Arabischen Emirate. Ägypten scheint sich ebenfalls der Scharia-Gemeinschaft anschließen zu wollen, Scharia-Befürworter melden sich im Sudan und Malaysia zu Wort. Zu den nach der Scharia strafbaren Taten gehören Küssen und Tanzen in der Öffentlichkeit, Alkoholgenuss, Glücksspiel und Verzehr von Schweinefleisch ebenso wie falsche Aussage, üble Nachrede, Diebstahl, Entführung, Ehebruch, Vergewaltigung, Raubüberfall und Mord.

Weil die Gesetze auch eine strikte Trennung der Geschlechter vorschreiben, dürfen in vielen arabischen Staaten Studenten und Studentinnen nicht die gleiche Universität besuchen. Pakistan plant jetzt, reine Frauen-Universitäten in Karatschi und Lahore zu gründen.

Gemäß den verschiedenen Rechtsschulen, die sich im Laufe der Jahrhunderte im islamischen Raum gebildet haben, wird das gleiche Delikt nach Scharia-Gesetzen an verschiedenen Orten verschieden bestraft.

So plant Ägypten, Diebe durch Abschlagen der rechten Hand und des linken Fußes zu strafen. In Pakistan lässt das Militär Diebstahl durch fachmännische Amputation einer Hand ahnden -der linken beim Rechtshänder und der rechten beim Linkshänder. Sehr fürsorglich die Pakistaner.

Auch die Höchstzahl der Peitschenhiebe ist festgelegt, 30 etwa in Pakistan. Die volle Tracht Peitschenhiebe ist für das über ein Gestell gespannte Opfer ohne bleibende Schäden kaum zu überstehen.

Während der, immer öffentlichen, Bestrafung pflegt eine große Zahl von Zuschauern die Gerechtigkeit Allahs zu preisen, und eigenartigerweise beten auch die Opfer laut mit, wohl um den Schmerz zu betäuben.

Natürlich werden nicht nur kriminelle, sondern auch religiöse Verstöße bestraft. So kann das Versäumen eines gemeinschaftlichen

Freitags-Gebets für Studenten vieler Oberschulen und Universitäten im arabischen Raum unter Umständen die Relegation nach sich ziehen.

Mit der religiösen Ordnung nehmen es islamische Juristen sogar besonders genau. Am 29. August 1977 etwa wurde in Karatschi das Ende des Fastenmonats Ramadan im Radio versehentlich vier Minuten zu früh bekannt gemacht. Die Rechtsgelehrten erteilten daraufhin den vielen Tausend Gläubigen, die sich sofort ausgehungert über Gesottenes und Gebratenes hermachten, nicht etwa Dispens, sondern erlegten ihnen einen zusätzlichen Fastentag auf. Vier Rundfunkangestellte wurden gefeuert.

Dass solch mittelalterlich anmutende Lebensvorschriften von einer breiten Mehrheit in den islamischen Ländern nicht nur hingenommen, sondern ausdrücklich gebilligt werden, erscheint vielen westlichen Beobachtern fast als unbegreiflich.

Sie übersehen, dass gerade religiöse Orthodoxie vielen Ländern eine unverwechselbare Eigenständigkeit verleiht, die den Menschen in diesen Ländern begehrenswerter erscheint als die Segnungen des technischen Fortschritts, an dem ohnedies meist nur die Oberschichten teilhaben.

Noch sind Armut und Hunger die schlimmsten Sorgen auch der islamischen Welt, Nöte, die bisher durch Hilfe von außen nicht entscheidend gelindert werden konnten. So schallt denn vom Niger bis zum Indus, von Indonesien bis Marokko der Ruf nach hausgemachten Lösungen, nach einer eigenen, klar umrissenen Identität.

Während bestimmte Gruppen einen **„eigenen Weg zum Sozialismus"** verkünden, predigen andere den Islam als goldenen Mittelweg zwischen den Extremen. Der Islam allein, so behaupten seine Wortführer, biete einen vollständigen Lebenskodex mit Antworten auf alte Fragen, der Koran-Glaube allein könne die Übel Kapitalismus und Kommunismus gleichermaßen abwehren.

Bestimmend in diesem Kampf ist aber nicht die Ratio, sondern religiöser Eifer, und der vor allem wirkt im Westen mittelalterlich. Gelegentlich treibt dieser Eifer die Massen zu Pogromen, etwa gegen Andersdenkende in der Türkei, gegen Juden und Anhänger der Bahai-Religion in Persien, gegen die Kopten in Ägypten, die Ahmedis in Pakistan, die Chinesen in Indonesien und Malaysia.

Eine auf islamischen Vorstellungen beruhende Expansion nach außen wie zu Zeiten der Nachfolger Mohammeds ist damit nicht verbunden. **„Ein pan-islamischer Dschihad (Heiliger Krieg) gegen den Westen"**, so urteilte Londons „Economist", „scheint doch nur ein blutleeres Gespenst gewesen zu sein. Um so härter geht die Stoßrichtung nach innen.

In fast allen Araber-Staaten sind islamische Fundamentalisten am Werk, die eine mächtige Stütze an den ölreichen Saudis und auch an Libyens Gaddafi haben. Sie organisierten ihre Bewegungen nach dem Muster totalitärer Parteien des Westens.

Dass diese neuen Bewegungen überhaupt entstehen konnten, war zum Teil auch Schuld der westlichen Kolonisatoren. Denn Intellektuelle in Pakistan und Ägypten, die fast zwei Generationen lang unter dem geistigen Einfluss des britischen Liberalismus gestanden hatten, wurden von Briten daran gehindert, ihre aufgeklärte Lehre dem Volk als neue Lebensregeln zu vermitteln. Verschreckt zogen sie sich zurück. Die Stunde der fanatischen Fundamentalisten war damit angebrochen.

Heute bildet Ägyptens Moslem-Bruderschaft eine der einflussreichsten Kräfte im Land. Und in Pakistan richtet sich Militärdiktator Sia-ul Hak getreu nach den Richtlinien der orthodoxen Islamischen Gemeinschaft.

Da in Saudi-Arabien und Libyen die ägyptischen und pakistanischen Berater, die aus der Führung dieser fundamentalistischen Bewegungen kommen, hoch im Kurs stehen, können es sich nur radikal linksorientierte Regierungen wie Südjemens Machthaber leisten, die Fundamentalisten nicht zu umwerben.

Die wiederum danken ihren saudischen Gönnern mit einer Linientreue, die, so der Islam-Kenner Detlev Khalid, vergleichbar ist **„mit der Moskauhörigkeit der KP Bulgariens oder Portugals"**.

Um die Diktatur des Proletariats ist es den Moslem-Brüdern und ihren Gesinnungsgenossen freilich nicht zu tun, sondern um die Diktatur der Frommen. Die bekennen offen, dass es ihnen um weltliche Machtergreifung geht, danach sollen alle politischen Parteien abgeschafft werden. Parteienwesen ist nach ihrer Meinung ebenso zersetzend wie die Vorstellung von sozialen Klassen.

Dem Führer auf Lebenszeit soll nur ein Gremium beratender religiöser Gelehrter zur Seite stehen. Laut Ayatollah Allahmeh Nun, einem der engsten Vertrauten Khomeinis, soll in der künftigen Islamischen Republik Iran die Legislative aus Theologen und Spezialisten für Islamisches Recht bestehen, in der Exekutive sollen Fachleute tätig werden, **„die sich durch Fähigkeit und Frömmigkeit ausgezeichnet haben"**.

Einigkeit in der Moslem-Front auch auf wirtschaftlichem Gebiet: Zinsen sind verpönt, damit ist das Bankensystem im herkömmlichen Sinne überflüssig. Die Moslems wollen nur eine Einkommensabgabe erheben, den Sakat. Privateigentum und Landbesitz sollen gestattet sein, aber die wichtigsten Produktionszweige verstaatlicht werden.

Das sind auch die Vorstellungen, die Mehdi Basargan vertritt, ein 71-jähriger Ingenieur, den Ayatollah Khomeini als Premier ausersehen hat. Der anerkannte Ölfachmann und einstige Staatssekretär unter dem Anti-Schah-Premier Mossadegh hat in einem Buch über „Die Grenze zwischen Politik und Religion" die Notwendigkeit eines islamischen Engagements begründet. Ergebnis: **Politik und Religion sind untrennbar.**

Dabei ist Basargan, einer der wenigen iranischen Intellektuellen, der auf seiner Stirn die Schwiele vom häufigen Anschlagen auf den Gebetsstein trägt, wenigstens noch bereit, moderne gesellschaftliche Systeme auf ihre Verwendbarkeit im islamischen Sinn zu überprüfen.

Die meisten der westlich erzogenen islamischen Intellektuellen schweigen sich derzeit verschüchtert aus. Das könnte sich einmal ändern, wenn die Orthodoxie nicht mehr die Billigung der breiten Massen findet.

„Der revolutionäre Umbruch in der Welt des Islam", urteilt Islam-Kenner Khalid, „wird sich vom religiösen Fundamentalismus nur so lange als Reittier benutzen lassen, bis eine geläuterte Form des religiös kulturellen Erbes genügend Dynamik erlangt hat, um dem Spuk ein Ende zu bereiten."

So schnell dürfte das jedoch nicht geschehen, zumal nicht in Persien, dessen neuer Prophet Khomeini vor seiner triumphalen Heimkehr in einem Interview mit dem Pariser „Figaro" ganz klar machte: „Wir wollen die islamischen Gesetze in einem islamischen Staat anwenden, der dem zu Zeiten Mohammeds und Alis so ähnlich wie möglich kommt."

Und Khomeinis Basargan äußerte sich in dieser wichtigen Frage ganz als die Stimme seines Herrn: **„Nicht Libyen oder Saudi-Arabien, sondern die Herrschaft des Propheten in Medina und die fünfjährige Herrschaft des Propheten-Schwiegersohns Ah im irakischen Kufa sind unsere Vorbilder."**

Ist nun das wahnwitzige Unternehmen „Rückmarsch ins Mittelalter" im Wortsinn gemeint oder, was verständlicher wäre, ist die Vision der beiden Greise vom Stadtstaat Medina nur die Metapher einer Besinnung auf Persiens Stunde Null?

Auch dann freilich noch, wenn der Gottesstaat im Wortsinne nicht par force verwirklicht werden sollte, handelte es sich um einen verzweifelten Versuch, der Gemeinde den Weg zu den verschütteten Quellen in der Arabischen Wüste zu weisen und das heilige Wasser der Offenbarung wieder dort sprudeln zu lassen, wo es die islamische Welt von heute in ihrer Mehrheit längst nicht mehr sucht.

„Ich bin der Sprecher, der die Forderungen dieses entrechteten iranischen Volkes zum Ausdruck bringt. Damit ich seinen Ruf anderen Völkern vermitteln kann", so Khomeini über seine eigene Rolle.

Aber nach welchem Islam ruft dieses Volk, welche Auslegung des Koran soll nach der Restauration des Ayatollah Richtschnur für die Iraner werden, wo sich die westlichem Luxus zugeneigten Feudalherren in Saudi-Arabien ebenso auf die Heilige Schrift berufen wie der libysche Sozialist Gaddafi, der liberale Sadat in Ägypten, die Todeskommandos der palästinensischen Fedajin und die faschistischen Mörderbanden der türkischen „Grauen Wölfe"? So lautstark Ayatollah Khomeini dem auch widersprechen mag: Der Islam hat ebenso wie der jüdische und christliche Glaube, wie Buddhismus und Hinduismus so viele Veränderungen durchgemacht, dass allein der Hinweis auf die 78.000 Wörter des Koran nicht ausreicht, selbst dem gläubigsten Moslem seine Stellung in Staat und Gesellschaft von heute zu erklären.

Da hilft auch nicht der Hinweis des Ulema, des islamischen Schriftgelehrten, in der Religion Mohammeds da Staat und Kirche eine untrennbare Einheit sind. Zu oft in der Geschichte des Islam wurde das eine zum Nutzen des anderen verbogen, und umgekehrt.

„Regeln für eine Hirten- und Kaufmannsgesellschaft dürfen im Industriezeitalter nicht mehr wörtlich gelten", ist der Schluss, den die ägyptische Pädagogin Leila Hassana aus ihrer Religionsgeschichte zieht.

Dort, wo Khomeini und Basargan hin zurückwollen, war Steppe und Wüste, in der nomadisierende Beduinen von Kamelzucht, spärlichem Dattelanbau und Raubüberfällen gegen die Nachbarstämme lebten. Eine archaische Gemeinschaft.

In dieser Wüstenlandschaft war um die Mitte des sechsten Jahrhunderts eine geografisch günstig gelegene Oase zum Handelsknotenpunkt gewachsen: Mekka. Die Bewohner wurden schnell reich, denn außer dem Warenumschlag im Dreieck Konstantinopel, Samarkand und Aden zog ein Heiligtum Besucher und Pilger an. Die Kaaba, ein schwarzer Meteorit, der als Zeichen Gottes verehrt wurde. Noch musste sich Allah mit 300 Göttern und Göttinnen in die Anbetung teilen.

In dieser neureichen Stadt wuchs Mohammed als Sohn eines Händlers auf, wurde früh Vollwaise, musste sich als Schafshirt, später als Händler sein Brot verdienen, bis er durch die Heirat mit einer etwa 15 Jahre älteren Witwe zu einem kleinen Vermögen kam.

Erst im Jahr 610, Mohammed war inzwischen etwa 40, hatte er die Begegnung, die sein Leben völlig verändern sollte. In einer Höhle auf dem Berg Hira, in die sich Mohammed gelegentlich zum Nachdenken zurückzog, erschien ihm angeblich der Engel Gabriel und ernannte ihn zum Propheten Gottes.
Aufgewachsen in einer von heidnisch-arabischem wie auch von jüdischem und christlichem Glauben beeinflussten Umgebung, begann Mohammed drei Jahre später das zu predigen, was ihm die Inspiration eingegeben hatte: **Allah sei der einzige Herrscher des Weltalls, vor Gott seien alle Menschen gleich und müssten sich einst vor seinem Gericht verantworten.**

Das alles war in der an Predigern nicht eben armen Stadt Mekka kaum neu. Was aber die Kaufleute gegen den Propheten aufbrachte und die Sklaven anzog, war seine Forderung, die Reichen müssten mit den Armen teilen.
Der Streit wurde hektisch, und im Jahr 622 musste der Prophet mit seiner noch kleinen Gemeinde heimlich die Stadt verlassen. Diese Flucht, die Hidschra, steht am Beginn der islamischen Zeitrechnung.
Die Schar seiner Anhänger wuchs, keinen geringen Anteil daran hatten Mohammeds Erfolge bei Raubzügen gegen die Karawanen aus dem feindlichen Mekka. Mut. Schlauheit und Glück im Krieg, dazu noch reiche Beute, für die Beduinen waren das die überzeugendsten Argumente.
Im Jahr 630 nahm der Religionskrieger Mohammed mit 10.000 Reitern Mekka, wenig später hatten sich fast alle Stämme der arabischen Halbinsel dem neuen Glauben angeschlossen. Die Religion einte Arabien und gab den Wüstensöhnen ein religiös bestimmtes Nationalgefühl.
Noch rechtzeitig vor seinem Tod sorgte der Prophet dafür, dass die ihm im Laufe der Jahre übermittelten Offenbarungen auswendig gelernt wurden. Aber erst nach Mohammeds Tod ließ der dritte Nachfolger des Propheten, Osman, die bis heute gültige

Fassung des Koran in 114 Suren und 6.236 Versen zu Papier bringen.
Vieles in dieser Moslem-Bibel, die wie kein anderes Buch auf der Welt bis heute zitiert und auswendig gelernt wird, sind höchst weltliche Nutzanweisungen: Eheschließung, Scheidung, Erbrecht, Steuern und Strafen für Vergehen und Verbrechen.
Die Heilige Schrift verbietet Wucher und Glücksspiel und setzte sich genau mit Hygiene wie Essen- und Trinksitten auseinander. Dass der Koran tägliche Waschungen vorschreibt und den Genuss von Schweinefleisch verbietet, in einer Zeit, in der noch niemand etwas von Trichinen wusste, hat Millionen von Menschen das Leben gerettet.
Aber auch im religiösen Teil war Mohammeds Lehre für die Zeitgenossen unkomplizierter und einleuchtender als die der rivalisierenden Religionen. Da gab es keine unbefleckte Empfängnis, keine Dreifaltigkeit Gottes wie bei den Christen und keine feudale Klassen-Religion wie bei den Hindus, die untere Kasten zu Sklaven erniedrigte.
Ein Versprechen des Koran war für die siegreichen Moslem-Heere, die unter der grünen Fahne des Propheten Nordafrika und sogar einen Teil Europas überrannten, ebenso wichtig wie für die islamischen Kaufleute und Geschäftemacher.

Für Millionen einzelner Moslems schuf der Islam eine umfassende Lebensordnung, in wirtschaftlicher und politischer, wie in geistiger und sozialer Hinsicht, die es ihnen ermöglichte, in Harmonie mit ihrem Universum zu leben und im Frieden mit sich selbst zu sterben. Und nicht weniger ausgeprägt diente dieses System dem Islam als Quelle jener Kraft, die ihn in die Lage versetzte, aus Arabien auszubrechen und einen großen Teil der Welt neu zu formen.
Um 720, keine hundert Jahre nach Mohammeds Tod, reichte die Herrschaft des Koran von den Pyrenäen bis zum Himalaja. Doch nicht alle der im Namen Mohammeds besiegten Völker nahmen auch seinen Glauben an.

Denn die islamische Herrschaft konnte sich deshalb halten, weil sie Toleranz gegenüber andersgläubigen übte. Eine religiöse Mission betreibt der Islam erst in jüngerer Zeit.

Freilich wurden nicht-islamische Bewohner des Großreiches mit einer besonderen Steuer belegt, was die Berber, die für den Propheten Spanien eroberten, flink zu frommen Moslems machte. Wenn die Staatskassen leer waren, verbot der Kalif sogar den Übertritt zum Moslem-Glauben.

Bei seiner peniblen Sorge um die richtige Weitergabe seiner Lehre hatte Mohammed, möglicherweise mit Bedacht, nur eines versäumt: Seine eigene Nachfolge zu regeln, eine Unterlassung, die dem Islam mehr Schwierigkeiten bereitete als die Eroberung fremder Gebiete.

Denn schon der zweite Mohammednachfolger, Omar, wurde ermordet. Der dritte starb, ermordet durch eine Opposition, die ihm die Rechtmäßigkeit in dem Kalifat genannten Nachfolge-Amt streitig machte. Den vierten Nachfolger, Ah, einen Neffen und Schwiegersohn Mohammeds, erkannten Rivalen nicht an. Auch er wurde ermordet, und seither streiten sich Schiiten und Sunniten um den rechten Nachfolger.

Schon damals war die Wahl des Kalifen, des weltlichen und religiösen Führers, in aristokratischer Erbfolge erstarrt. Auf Mohammed, der in seinem geflickten Mantel noch unter das Volk gegangen war, dessen Tugenden den Soldaten zum Vorbild dienten, folgten Religions-Könige, die sich aus Furcht vor Attentaten hinter dicken Mauern verschanzten.

Die Religion wurde langsam Firnis, wichtiger war die mit dem hohen Amt verbundene Macht. Mekka und Medina, die heiligen Stätten in der rauen Wüste, blieben nicht lange Zentrum, die Hofhaltung des Kaufens zog in lieblichere Gefilde: Damaskus, das der Prophet gemieden hatte, weil er sich diesen Genuss für das Paradies aufheben wollte, Bagdad, schließlich unter den Osmanen Konstantinopel wurden die prunküberladenen Residenzen der islamischen Macht.

Die Solidarität aus der Zeit in der Wüste, die den Islam groß gemacht hatte, die Hilfe des Nachbarn, die Sorge der Reichen für die Armen, das alles geriet in Vergessenheit. Die Gebote und Verbote des Koran galten für die Mächtigen nicht mehr.
Eins freilich bewirkte die glanzvolle Herrschaft der großen Familien: Ihr Reichtum zog Künstler und Gelehrte aus allen Teilen der Welt an. Wissenschaft, Kunst und Kultur konnten unter der schützenden Hand der Kalifen gedeihen wie kaum anderswo.
Dem Islam sind die aus Indien übernommenen „arabischen" Zahlen zu verdanken, er bewahrte die hellenistische Philosophie vor der Vergessenheit. Ärzte in islamischen Diensten diagnostizierten Pocken, Krebs und Tuberkulose, **bevor Europa die Krankheiten erkannte**. Banken und Wechselgeschäfte, die der Purist Khomeini jetzt als Verstoß gegen den Koran verdammt, blühten im achten und neunten Jahrhundert im Kalifat von Bagdad.
Die Kalifen, die wie gottesähnliche Herrscher in ihren Palästen lebten, stets den Henker zur Seite, der jedem Unliebsamen auf einem ledernen Teppich zu Füßen des Throns an Ort und Stelle den Kopf abschlug, überließen die Staatsgeschäfte im Laufe der Zeit bestellten Wesiren.
Fremdländische Elitetruppen, zunächst aus Persien und später die Türken, hielten den Mohammednachfolger vom einfachen Volk fern, bis die Legionäre dahinter kamen, wie morbid die Macht war, die sie zu beschützen hatten, und selbst den Thron besetzten: die Seldschuken, schließlich die Osmanen, beides Reitervölker aus den asiatischen Steppen.
Unter den Türken erstarrte die islamische Herrschaft über den Orient zu einer anfangs mächtigen, dann verfallenden Militär-Monarchie, bis sie, für Impulse von außen nicht mehr zugänglich, unter dem Druck der europäischen Kolonialmächte zerbrach.
Mohammeds Lehre, die nach dem Urteil des kanadischen Orientalisten Wilfried Cantwell Smith „bis zu Karl Marx und dem Aufstieg des Kommunismus den einzigen ernsthaften Angriff auf

die westliche Zivilisation auslöste", war zum Stigma für Rückständigkeit und Unterentwicklung verkommen.

An Versuchen der Neubesinnung hat es nicht gefehlt. Der wichtigste der islamischen Reformer, Dschamal el-Din el-Afghani, schürte das Feuer gegen die britische Überfremdung. Mohammed Abduh, der aus einer reichen Bauernfamilie in Unterägypten stammt und zum Mufti, einem höchsten Richter, von Ägypten aufstieg, hat Vorschläge für eine islamische Bildungsreform gemacht, um die verkrusteten Schalen des religiösen Formalismus aufzubrechen, und wollte in gleichberechtigter Partnerschaft die Brücke zwischen Orient und Okzident erneuern.

Kasim Amin, einer seiner Schüler, bemühte sich um die bis heute nicht erreichte Emanzipation der islamischen Frau. Er wies nach, dass der Koran weder Schleier noch Harem vorschreibe, sondern, im Gegenteil, der Frau sogar das Recht einräume, über eigenes Vermögen frei zu verfügen, so im Heiligen Buch festgehalten, zu einer Zeit, wo gleiches in Europa noch undenkbar war.

Bei diesen islamischen Reformern, so sollte man denken, und nicht im frühen Medina-Staat der Fundamentalisten, müssten für Khomeini und Basargan die Vorbilder und Anknüpfungspunkte für eine islamische Renaissance liegen.

Der Leiter der Islamischen Wissenschaftlichen Akademie in Köln, Professor Abdoldjavad Falaturi, über eine solche Chance:

Wenn die Re-Islamisierung nur eine Wiederbelebung aller Sitten und Gewohnheiten ist, die im Laufe der Zeit historisch bedingt entstanden sind und bereits ihre Entstehungsgründe verloren haben, so wird ein solches Vorhaben nicht nur keine Re-Islamisierung bedeuten, sondern ein solches Bestreben wird auf lange Sicht nicht den Erfolg erzielen, den man sich jetzt davon versprechen kann. Daran gemessen bleiben die erklärten Absichten Khomeinis rückschrittlich, zumindest aber dunkel, zu viele unbeschriebene Felder stehen in seinem Programm.

Ein Arrangement mit dem noch vom Schah ernannten Premier Bachtiar ist wenig wahrscheinlich, so sehr sich der auf eine evolutionäre Entwicklung zielende Sozialdemokrat mit seinem Reformprogramm auch bemüht, Grundsatzforderungen Khomeinis zu erfüllen.

So hat Bachtiar inzwischen ein Gesetz zur Auflösung des gefürchteten Geheimdienstes Savak durchgepaukt und die politischen Gefangenen freigelassen. Er will die Bürokratie abbauen und erklärte den Austritt des Iran aus dem westlich orientierten Cento-Pakt. Doch das alles reicht dem weißbärtigen Ayatollah nicht.

Über das Schicksal der viele Milliarden teuren Auslands-Investitionen im Iran hat Khomeini zwar noch nicht entschieden. Doch die meisten Verträge, besonders die für die supermodernen Renommierbauten des Schahs, dürften gekündigt werden.

In der Industrie sollen kleine und mittelständische Betriebe sowie islamische Genossenschaften Vorrang haben. Multis sind in der Islamischen Republik nicht gefragt, Einfuhren sollen künftig beschränkt werden, vor allem jene Güter, „die für uns nicht lebensnotwendig sind".

Absoluten Vorrang im Wirtschaftsprogramm wird die Landwirtschaft genießen, die wieder in die Lage versetzt werden soll, **„wie noch vor 80 Jahren das Land aus eigener Kraft zu ernähren"**, damals hatte der Iran nur sieben Millionen Einwohner.

Ob altertümliche islamische Genossenschaften und Nachbarschaftshilfen, ein Gesellschaftssystem, in dem „der reiche Mann Verpflichtungen gegenüber den Armen hat" und „jeder von uns aufgerufen ist, sich um seine Nachbarn zu kümmern", in großstädtischen Ballungszentren funktionieren können, scheint mehr als zweifelhaft.

Für die Rechtsprechung soll. „wie auch in anderen islamischen Staaten", die Scharia gelten, wobei der Ayatollah unterschlägt, dass in großen Staaten wie Ägypten und der Türkei die Scharia längst durch moderne Gesetzbücher ersetzt wurde und selbst im orthodoxen Pakistan neben dem Kirchenrecht auch noch Texte aus der britischen Kolonialzeit gelten.

Kino, Fernsehen und eine **„unkontrollierte"** Presse soll es im Iran künftig zwar geben, aber nur, „soweit sie nicht gegen die

Interessen der Islamischen Republik verstoßen". Ob sie das tun, darüber entscheidet „die Regierung und das Volk".

Da die fanatisierten Massen dem Ayatollah zum Teil wie in Trance folgen, kann er sich als Vollstrecker des Volkswillens fühlen, er würde es aber gewiss auch tun, wenn ihm seine Anhänger davongelaufen wären.

Die Freiheiten der nichtislamischen Minderheiten, einschließlich der Juden, sollen „größer sein als zu Zeiten des Schahs". Doch die Minderheiten glauben das nicht, die Juden zumal verlassen das Land.

Besonders energisch dementiert der Ayatollah „die Lüge", die Frauen müssten sich unter einer islamischen Regierung hinter Schloss und Riegel einsperren. Khomeini: „Alle Frauen und Männer sind frei, Universitäten zu besuchen, zu wählen und gewählt zu werden." Jedoch: „Was wir als Moslims nicht akzeptieren wollen, ist die westliche Betrachtung der Frau als Spielzeug." Auch auf den Vorwurf, sein Programm sei eher rückständig als fortschrittlich, hat der Ayatollah eine allzu glatte Antwort parat: „Das gesamte Programm des Islam zielt auf den Fortschritt des Menschen ab. Eine kleine Clique hat bisher versucht, sich in das 20. Jahrhundert abzusetzen, während die Mehrheit des Volkes im 18. Jahrhundert zurückbleiben sollte."

Vieles in den Vorstellungen des Kirchenführers und seines Schatten-Premiers erinnert an die rigorosen Programme, mit denen junge Menschen im Westen versuchen, sich eine Gegenwelt gegen den allesfressenden Moloch des technischen Systems und des Materialismus zu bauen.

Verzicht auf die glitzernde Talmiwelt der Pahlewi scheint dem Khomeini schon ein wahrer Fortschritt, und er ist wohl überzeugt, die Perser würden ihm auf seinem steinigen Weg begeistert folgen. Dass er vieles in seinem Programm nicht rational prüft, die Frage der Zumutbarkeit für das Volk schon gar nicht, macht das eigentliche politische Risiko aus und dass der fromme Mann zum gesprochenen Wort ein sehr eigenes Verhältnis hat: Den Volksentscheid über den Entwurf einer neuen Verfassung. vor einigen

Monaten noch als wichtigster demokratischer Willensakt angekündigt, sieht Khomeini jetzt bereits durch die „Demonstrationen auf der Straße" erfüllt.

Plastisch formulierte Ayatollah Allahmed Nun, ein Mitstreiter Khomeinis, das neue Staatsideal: „Anders als in der Kilogramm-Demokratie, in der Menschen gewogen und gezählt werden wie Gurken und Eier. Ist die zahlenmäßige Mehrheit im islamischen Staat nicht der Maßstab."

Und Basargan, der nach dem Willen seines Mentors Regierungschef sein soll, begreift sein Amt als „progressives Management der öffentlichen Angelegenheiten auf dem Pfade Gottes".

Die Gefahr, dass sich die Macht Khomeinis als das Resultat eines doppelten Missverständnisses erweist, scheint schwerwiegender als das Machtgerangel um das durch die Schah-Flucht entstandene Vakuum:

Khomeinis Missverständnis, dass die Vorbilder für die von ihm erzwungene Wende im Iran in der islamischen Steinzeit liegen könnten, und das Missverständnis seiner Anhänger, wenn Khomeini die menschenverachtende Diktatur des Schahs am Ende doch nur gegen die menschenverachtende Diktatur einer religiösen Orthodoxie eintauscht.

Mit einem riesigen Transparent zogen Khomeini-Anhänger durch Teheran: **„Wenn der Teufel geht, kommt der Engel".**

Dies war die größte Revolution in der moslemischen Welt bisher. Viele Jahre später erlebten wir den Brand Nordafrikas und des Nahen Ostens. Beginnend in Tunesien, übergreifend auf Ägypten, Baharain, dem Jordan und die echten Hartliner Lybia und Syrien.

Zehntes Kapitel

Erleben wir den Beginn einer weltweiten islamischen Revolution?

Nordafrika und das globale politische Erwachen finden statt am Anfang des Jahres 2011.

Es scheint, als erlebe die Welt den Beginn einer neuen revolutionären Ära: das Zeitalter des **»Globalen politischen Erwachens«**. Dieses »Erwachen« manifestiert sich zwar in verschiedenen Regionen und Ländern und unter unterschiedlichen Umständen, wird jedoch in hohem Maße durch die globalen Bedingungen bestimmt. Die weltweite Dominanz durch die westlichen Führungsmächte, allen voran die Vereinigten Staaten, in den vergangenen 65 Jahren, eigentlich schon seit Jahrhunderten, ist an einen Wendepunkt gekommen.
Nach dem demokratischen Aufstand in Tunesien könnte es für weitere Herrscher in Nordafrika und im Nahen Osten eng werden. In mehreren Ländern formieren sich Demonstranten, die gegen Unterdrückung aufbegehren.
In der jemenitischen Hauptstadt Sanaa riefen rund tausend Studenten zum Sturz der Regierung nach dem Vorbild Tunesiens auf. **„Freies Tunis, Sanaa grüßt dich tausend Mal"**, skandierte die Menge, der sich auch Menschenrechtsaktivisten angeschlossen hatten. Die Demonstranten zogen vom Campus zur tunesischen Botschaft in Sanaa. Die Studenten riefen auch andere arabische Völker zur „Revolution gegen ihre lügenden und verängstigten Anführer" auf.
„Geht, bevor Ihr abgesetzt werdet", stand auf einem der Plakate. **„Unser Ziel für einen neuen Jemen ist der friedliche und demokratische Wandel"**, sagte ein Demonstrant. Jemens Präsident Ali Abdallah Saleh steht seit 32 Jahren an der Spitze des Landes. Derzeit wird im Parlament über eine Verfassungsänderung

diskutiert, die ihm den Weg für eine Präsidentschaft auf Lebenszeit ebnen könnte. Die Opposition lehnt dies ab.

In Tunesien war Präsident Zine el Abidine Ben Ali nach wochenlangem Aufruhr nach Saudi-Arabien geflohen. Die Proteste hatten sich gegen Armut und Arbeitslosigkeit im Land gerichtet und schlugen bald in offene Ablehnung der Regierung um. Auch am Wochenende beruhigte sich die Lage in Tunis nicht, in der Nacht zum Sonntag fielen Schüsse. Libyens Staatschef Muammar Gaddafi wandte sich mit einem Appell gegen die Demonstranten und rief zu einer Rückkehr Ben Alis in das Nachbarland auf.

Die Wochen der Wut haben gewirkt: Nach 23 Jahren an der Macht musste der tunesische Staatspräsident Zine el-Abidine Ben Ali am 14. Januar vor seinem Volk fliehen. Als erstes arabisches Land hatte Tunesien seinen Diktator verjagt. **Die Menschen jubelten, sie hatten die Freiheit entdeckt.**

Doch die anfängliche Euphorie ist gewichen. Der Wandel hat gerade erst begonnen; und er passiert nicht so schnell, wie sich das vor allem junge Menschen gewünscht hatten. Eine stabile Demokratie braucht Zeit.

Anfangs saßen noch Vertreter des alten Regimes in der Übergangsregierung, doch es gab täglich Proteste gegen sie, und schließlich zogen aus den armen Regionen in Zentraltunesien Tausende von Menschen in die Hauptstadt Tunis und protestierten gegen die vorläufigen Machthaber. **„Nein zum Raub der Revolution"**, riefen sie. Die meisten Vertreter der alten Garde mussten ihre Ministerposten verlassen. Eine Kommission soll jetzt politische Reformen erarbeiten.

Der Erfolg des tunesischen Aufstands könnte die Menschen in der Region ermutigen, ihrerseits gegen die Autokraten und Monarchen zu protestieren. In Jordanien waren schon am Freitag mehr als 5.000 Menschen auf die Straße gegangen. Sie protestierten gegen steigende Preise und forderten eine Ende von Korruption und Vetternwirtschaft und den Rücktritt des Ministerpräsidenten.

Auch in der ägyptischen Hauptstadt Kairo versammelten sich Demonstranten. Sie protestierten gegen die jahrzehntelange Herr-

schaft von Präsident Husni Mubarak und riefen vor der tunesischen Botschaft. **„Wir werden Tunis bald folgen."**
„Was in Tunis passiert ist, gibt uns allen Hoffnung, dass die Angst gebrochen werden kann und Diktaturen besiegt werden können", sagte ein Aktivist in Kairo. **„Der Funke wird überspringen, und die Welt wird sich über die Ereignisse in Ägypten wundern. Wir sind bereit"**, sagte ein anderer Demonstrant. Auf dem Nachrichtenkanal Twitter, der sozialen Plattform Facebook und in zahlreichen Blogs wurde den Tunesiern am Wochenende zum Sturz des Regimes gratuliert. Zahlreiche Internet-Nutzer ersetzten ihre Profil-Bilder als Zeichen der Solidarität mit der tunesischen Nationalflagge.
Experten gehen jedoch nicht von einer politischen Kettenreaktion wie nach dem Ende des Kalten Krieges in Osteuropa aus. In Staaten wie Ägypten und Iran zementieren die autoritären Herrscher ihre Macht mithilfe der Sicherheitskräfte, die bislang keine Anstalten machen, sich auf die Seite der Opposition zu stellen. In den Golfstaaten Kuwait und Bahrain mit ihren gut organisierten Oppositionsbewegungen genießen die Staatsbürger hingegen so weitreichende soziale Wohltaten, dass wohl nur wenige einen Aufstand riskieren würden.
„Man muss nur in den Iran schauen, um die Schwierigkeiten für all jene zu sehen, die glauben, sie könnten einfach auf die Straße gehen und so einen Wechsel auslösen", sagt der Direktor des Zentrums für strategische Studien in Kuwait, Sami Alfaradsch. Andererseits solle man die Wirkung des tunesischen Aufstands nicht unterschätzen, glaubt Alfaradsch. „Es setzt sich im Bewusstsein fest, dass es möglich ist. Die Bürger glauben, dass es auch in ihren Ländern passieren kann", sagt Alfaradsch. „Die Führer können das nicht einfach abtun."
»Zum ersten Mal in der Geschichte ist fast die gesamte Menschheit politisch aktiviert, legt politisches Bewusstsein an den Tag und beeinflusst sich gegenseitig politisch. Der daraus resultierende weltweite politische Aktivismus führt dazu, dass der Drang nach persönlicher Würde, kulturellem Respekt und wirtschaftlichen

Chancen steigt in einer Welt, die von der schmerzlichen Erinnerung an jahrhundertelange fremde Kolonialherrschaft oder imperialistische Dominanz gezeichnet ist. Das weltweite Verlangen nach Menschenwürde ist die zentrale Herausforderung bei dem Phänomen des globalen politischen Erwachens. Dieses Erwachen erfasst die Gesellschaft ganz massiv und radikalisiert sie politisch.

Der fast überall verfügbare Zugang zu Radio, Fernsehen und zunehmend zum Internet erzeugt eine Gemeinschaft gemeinsamer Wahrnehmung und von Neid, die von demagogischer politischer oder religiöser Leidenschaft elektrisiert und kanalisiert werden kann. Diese Energien reichen über Landesgrenzen hinweg und stellen sowohl für die bestehenden Staaten als auch für die bestehende globale Hierarchie, in der Amerika noch immer eine Spitzenposition einnimmt, eine Herausforderung dar.

Die Jugend in der Dritten Welt zeigt sich besonders unruhig und gereizt. Die demografische Umwälzung, die sie verkörpert, wird somit auch zu einer politischen Zeitbombe. Ihre potenziell revolutionäre Führung wird sich mit hoher Wahrscheinlichkeit aus den Reihen der Millionen von Studenten rekrutieren, die sich in den intellektuell häufig fragwürdigen Hochschulbildungseinrichtungen der Entwicklungsländer sammeln. Je nachdem, was man als Hochschulbildungsebene definiert, gibt es heute weltweit zwischen 80 und 130 Millionen College-Studenten.

Diese Millionen Studenten, die typischerweise aus der sozial unsicheren unteren Mittelschicht kommen und von Wut über die gesellschaftlichen Zustände entbrennen, sind Revolutionäre im Wartestand, sie sind bereits in großen Gruppen teilweise mobilisiert, stehen über das Internet miteinander in Verbindung und sind bereit, das, was vor Jahren in Mexiko City oder auf dem Tiananmenplatz geschehen ist, zu wiederholen. Ihre physische Energie und emotionale Frustration warten praktisch nur darauf, von einem Anlass, Glauben oder Hass gezündet zu werden.

Die neuen und alten großen Weltmächte sind mit einer neuartigen Realität konfrontiert. Einerseits ist ihre Militärmacht größer und tödlicher denn je zuvor, andererseits waren sie nie zuvor so schwach, wenn es darum geht, die politisch erwachten Massen auf der Welt unter Kontrolle zu halten. Um es ganz klar zu sagen: Früher war es einfacher, eine Million Menschen unter Kontrolle zu halten, als eine Million Menschen umzubringen; heute ist es unendlich viel einfacher, eine Million Menschen umzubringen, als eine Million Menschen zu kontrollieren.«
So der ehemalige Nationale Sicherheitsberater der USA, Zbigniew Brzezinski, Mitbegründer der Trilateralen Kommission, Mitglied des Kuratoriums, Center for Strategic und International Studies.
In Tunesien hat ein Aufstand zum Sturz der seit 23 Jahren bestehenden Diktatur von Präsident Ben Ali geführt. Trotz Bildung einer neuen Übergangs-Regierung haben die Proteste nicht aufgehört, bei denen eine völlig neue Regierung gefordert wird, die frei ist von den Relikten der früheren Tyrannei. Seit Wochen gibt es Demonstrationen in Algerien, dort steigt die Wut über steigende Lebensmittelpreise, Korruption und staatliche Unterdrückung. Angesichts von Protesten in Jordanien sah sich der König gezwungen, das Militär einzusetzen, im Umkreis der Städte Panzer aufziehen zu lassen und Kontrollpunkte zu errichten. Zehntausende Demonstranten marschierten in Kairo und verlangten ein Ende der 30-jährigen Diktatur von Hosni Mubarak. Tausende Aktivisten, Oppositionsführer und Studenten demonstrierten in der Hauptstadt des Jemen gegen die korrupte Diktatur von Präsident Saleh, der seit 1978 an der Macht ist. Saleh versucht mit amerikanischer Militärhilfe, eine Rebellenbewegung im Norden zu zerschlagen und ebenso eine massive Abtrünnigen-Bewegung namens **»Bewegung des Südens«**, die im Süden des Landes immer mehr Anhänger gewinnt. Proteste in Bolivien gegen steigende Nahrungsmittelpreise zwangen die populistische Regierung von EVO Morales, eine geplante Kürzung von Subventionen zurückzunehmen. In Chile brachen Unruhen aus, als Demonstranten gegen steigende Benzinpreise auf die Straße gingen. In

Albanien kamen mehrere Demonstranten bei Protesten gegen die Regierung ums Leben.

Die Welt erlebt zurzeit den Beginn einer neuen revolutionären Ära: Das Zeitalter des **»Globalen politischen Erwachens«**. Dieses **»Erwachen«** wird jedoch in hohem Maße durch die globalen Bedingungen bestimmt. Die Menschen auf der Welt sind unruhig, aufgebracht und voller Wut. Veränderung liegt, so scheint es in der Luft. Wie die Zitate von Brzezinski zeigen, bedeutet diese Entwicklung auf der Weltbühne die radikalste und potenziell gefährlichste Bedrohung für globale Macht- und Weltreichs-Strukturen. Sie ist nicht nur eine Bedrohung für die Länder, in denen sich die Proteste erheben und nach Veränderung gerufen wird, sondern sie bedroht, vielleicht sogar in weit höherem Maße, die imperialen Mächte des Westens, internationale Institutionen, multinationale Konzerne und Banken, die weltweit diese unterdrückerischen Regimes einerseits finanziell stützen, bewaffnen und protegieren, und andererseits von ihnen profitieren. Amerika und der Westen stehen somit vor einer kolossalen strategischen Herausforderung: Was ist zu tun, um diesem globalen politischen Erwachen Einhalt zu gebieten? Zbigniew Brzezinski zählt zu den wichtigsten Architekten der amerikanischen Außenpolitik und ist vermutlich einer der geistigen Pioniere des Systems der Globalisierung. Deshalb beziehen sich seine Warnungen vor dem **»Globalen politischen Erwachen«** direkt darauf, dass es von seiner Natur her eine Bedrohung für die herrschende weltweite Hierarchie darstellt. In diesem Sinne müssen wir das »Erwachen« als die größte Hoffnung für die Menschheit betrachten. Gewiss, manches wird scheitern, es wird Probleme und Rückschläge geben. Doch das »Erwachen« hat begonnen, es ist im Gang und kann nicht so einfach vereinnahmt oder unter Kontrolle gebracht werden, wie viele vielleicht denken.

Reflexartig neigen die imperialen Mächte dazu, die unterdrückerischen Regimes weiter zu bewaffnen und zu unterstützen oder möglicherweise eine Destabilisierung durch verdeckte Operationen oder offene Kriegsführung, wie im Jemen, zu organisieren. Als Alternative kommt für sie eine Strategie der **»Demokratisierung«** infrage, bei der westliche NGOs, Hilfswerke und Organisationen der Zivilgesellschaft enge Kontakte und Beziehungen zur Zivilgesellschaft in diesen Regionen und Ländern entwickeln. Das Ziel dieser Strategie besteht darin, die jeweilige Zivilgesellschaft zu organisieren, zu finanzieren und in die Lage zu versetzen, ein demokratisches System nach westlichem Vorbild aufzubauen und dadurch die Kontinuität in der internationalen Hierarchie zu wahren. Im Wesentlichen beinhaltet das System der »Demokratisierung« die Schaffung der äußeren Merkmale eines demokratischen Staats. Wahlen unter Beteiligung von mehreren Parteien, aktive Zivilgesellschaft, »unabhängige« Medien usw., wobei jedoch die Abhängigkeit von Weltbank, IWF, multinationalen Konzernen und westlichen Mächte aufrechterhalten wird.

Wie es aussieht, werden in der arabischen Welt beide Strategien gleichzeitig eingesetzt: die Durchsetzung und Unterstützung staatlicher Repression und der Aufbau von Verbindungen zu zivilgesellschaftlichen Organisationen. Der Westen steht dabei jedoch vor dem Problem, dass bisher in weiten Teilen der Region noch keine starken Bindungen an zivilgesellschaftliche Organisationen und eine entsprechende Abhängigkeit aufgebaut werden konnte, da sich die von ihm unterstützten unterdrückerischen Regimes, kaum überraschend, gegen solche Maßnahmen zur Wehr setzen. In diesem Lichte dürfen wir diese Proteste und Aufstände nicht als vom Westen angezettelt abtun, sondern müssen davon ausgehen, dass sie organisch entstanden sind, wobei der Westen anschließend versucht, die entstehenden Bewegungen zu vereinnahmen und zu kontrollieren.

Ein Teil meiner Ausführungen konzentriert sich auf die Entstehung dieser Protestbewegungen und Aufstände und stellt sie in den Zusammenhang des Globalen politischen Erwachens. Der andere Teil wird dann die westliche Strategie des »demokratischen

Imperialismus« untersuchen, als Methode, das »Erwachen« für sich zu vereinnahmen und »freundliche« Regierungen einzusetzen.

Der Zündfunke ging von Tunesien aus. In einer internen Mitteilung der US-Botschaft in Tunis vom Juli 2009 hieß es:

»Viele Tunesier sind frustriert über die fehlende politische Freiheit und wütend über Korruption in der Präsidentenfamilie, hohe Arbeitslosigkeit und regionale Ungleichgewichte. Extremismus stellt auch weiterhin eine Bedrohung dar« und »die Risiken für die langfristige Stabilität des Regimes wachsen.«

Am Freitag, den 14. Januar 2011, endete nach 23 Jahren die Diktatur des tunesischen Präsidenten Ben Ali. Zuvor hatten die Menschen in Tunesien wochenlang gegen steigende Lebensmittelpreise protestiert, geschürt wurden die Unruhen durch wachsenden Zorn über die politische Repression sowie durch die von **WikiLeaks** veröffentlichten Telegramme, die bestätigten, was man in Tunesien ohnehin vermutete, nämlich umfassende Korruption aufseiten der Herrscherfamilie. Wie es aussieht, sprang der Funke nach der Selbstverbrennung eines 26-jährigen Arbeitslosen am 17. Dezember über.

Auf die Protestwelle, die der Tod des 26-Jährigen auslöste, antwortete die tunesische Regierung mit hartem Durchgreifen gegen die Demonstranten. Die Schätzungen schwanken, doch rund 100 Menschen fanden bei den Zusammenstößen den Tod. Mehr als die Hälfte der zehn Millionen Einwohner Tunesiens sind jünger als 25, kennen also gar kein Leben ohne diesen Diktator. Seit der Unabhängigkeit von der Imperialmacht Frankreich im Jahr 1956 hat es in Tunesien nur zwei Herrscher gegeben: Habib Bourguiba und Ben Ali. Jetzt brachte eine Vielzahl von Auslösern die Menschen auf die Straße: die Unterdrückung durch eine Diktatur, die Medien und Internet einer strengen Zensur unterworfen hatte, steigende Lebensmittelpreise und Inflation, eine korrupte Herrscherfamilie, fehlende Arbeitsplätze für qualifizierte Jugendliche und das allgemeine Gefühl oder die reale Erfahrung von Ausbeutung, Unterwerfung und fehlender Achtung der Menschenwürde.

Nach dem Sturz Ben Alis übernahm Premierminister Mohamed Ghannouchi das Amt des Präsidenten und formierte eine »Übergangsregierung«. Doch das führte nur zu weiteren Protesten, bei denen auch sein Rücktritt und der der gesamten Regierung gefordert wurde. Es ist bezeichnend, dass die Gewerkschaftsbewegung bei der Mobilisierung für diese Proteste eine wichtige Rolle spielte, dabei war in der ersten Phase der Proteste eine Gewerkschaft von Rechtsanwälten besonders aktiv. Auch wenn soziale Netzwerke und das Internet wesentlich dazu beigetragen haben, die Menschen in Tunesien für den Aufstand zu mobilisieren, so haben doch letztlich direkte Proteste und Aktionen zu Ben Alis Rücktritt geführt. Somit entspricht es nicht der Wahrheit, wenn im Fall Tunesien von einer »Twitter-Revolution« gesprochen wird.

In der Tat haben Twitter, WikiLeaks, Facebook, YouTube, Foren und Blogs eine wichtige Rolle gespielt. Sie sind Ausdruck der Fähigkeit, »kollektiv das arabische Informationsumfeld zu verändern und die Fähigkeit autoritärer Regimes zu erschüttern, den Fluss von Informationen, Bildern, Ideen und Meinungen zu kontrollieren«. Die in den USA ansässige Stiftung Freedom House war im Nahen Osten und Nordafrika an der Förderung und Ausbildung einiger Facebook- und Twitter-Blogger beteiligt.
Wir sollten ebenfalls nicht vergessen, dass soziale Netzwerke im Internet inzwischen nicht nur zu einer wichtigen Quelle für Mobilisierung und Information an der Basis geworden sind, sondern auch zu einem Instrument, dessen sich Regierungen und verschiedene Machtstrukturen zur Manipulation des Informationsflusses bedienen. Das zeigte sich 2009 an den Protesten im Iran, wo westliche Länder soziale Netzwerke im Rahmen ihrer Strategie der Unterstützung der sogenannten **»grünen Revolution«** zur Destabilisierung der iranischen Regierung benutzten. **Soziale Netzwerke sind also eine neue Form der Macht**, weder schwarz noch weiß, die in beide Richtungen genutzt werden kann:

den Prozess des »Erwachens« zu fördern oder seine Ausrichtung zu kontrollieren.
Während Amerika im Sommer 2009 den Iran öffentlich wegen der Blockade, oder versuchten Blockade sozialer Netzwerke angeprangert hatte, schwieg man wie auch im gesamten Westen in den ersten Wochen der Proteste in Tunesien, die von den westlichen Medien weitgehend ignoriert wurden, über die dort geübte Zensur. Steven Cook, der für den Council on Foreign Relations, die Denkfabrik der US-Elite, schreibt, kommentierte, dass den Protesten in Tunesien in den ersten Wochen des Widerstands vor dem Rücktritt Ben Alis keine Aufmerksamkeit gewidmet wurde.
Auch wenn viele davon ausgingen, so erklärte er, dass die Regimes der »starken Männer« in der arabischen Welt im Amt bleiben würden, wie es in der Vergangenheit stets der Fall gewesen sei, so könnten sie sich im Irrtum befinden. Es seien **»vielleicht nicht die letzten Tage von Ben Ali, Mubarak oder einem anderen starken Mann im Nahen Osten, doch es ist eindeutig, dass in der Region etwas im Gange ist«**. Doch es war das Ende von Ben Ali und in der Tat **»ist in der Region etwas im Gange«**. Frankreichs Präsident Sarkozy musste sogar einräumen, er habe »die Wut der Menschen in Tunesien und die Protestbewegung, die zum Sturz von Präsident Zine a-Abidine Ben Ali führte, unterschätzt«. In den ersten Wochen des Protests in Tunesien hatten mehrere französische Regierungsvertreter öffentlich die Diktatur unterstützt, wobei die französische Außenministerin so weit ging zu sagen, Frankreich werde das Polizei-»Know-how« zur Verfügung stellen, um Ben Ali dabei zu helfen, die Ordnung aufrechtzuerhalten.
Wenige Tage vor dem Sturz Ben Alis erklärte Hillary Clinton in einem Interview, Amerika sei besorgt »über die Unruhe und Instabilität«. Und weiter: »ohne eine Position zu beziehen, sagen wir, dass wir auf eine friedliche Lösung hoffen. Ich hoffe, dass die tunesische Regierung eine friedliche Lösung herbeiführen kann.« Clinton lamentierte: »Größte Sorgen bereiten mir die vielen jungen Menschen in der gesamten Region, denen ihre Heimatländer keine

wirtschaftlichen Chancen bieten.« Ihre Besorgnis entspringt jedoch nicht etwa humanitären, sondern vielmehr innewohnenden imperialistischen Erwägungen: Es ist ganz einfach schwieriger, **eine Region unter Kontrolle zu haben, die von Aktivismus, Aufständen und Revolution geprägt ist.**
Der tunesische Funke entzündete eine moslemische Flamme der Revolution in der Welt.
Mit Tunesien ist die Messlatte für die Menschen in der gesamten arabischen Welt höher gehängt geworden, Gerechtigkeit, Demokratie, Verantwortlichkeit, wirtschaftliche Stabilität und Freiheit zu fordern. In dem Moment, wo die Proteste in Tunesien in vollem Gange waren, erlebte auch Algerien Massenproteste, hauptsächlich wegen der gestiegenen Lebensmittelpreise, doch auch in Reaktion auf dieselben Anliegen, die schon die Demonstranten in Tunesien auf die Straße getrieben hatten: **demokratische Verantwortung, Korruption, Freiheit.** Ein ehemaliger Diplomat aus Algerien erklärte Anfang Januar gegenüber Al Jazeera: »Es ist eine Revolte, wenn nicht gar eine Revolution unterdrückter Menschen, die seit 50 Jahren auf Wohnungen, Beschäftigung und ein gutes anständiges Leben warten, in einem sehr reichen Land.«
Mitte Januar brachen in Jordanien ähnliche Proteste aus; mit Slogans gegen die Regierung gingen Tausende auf die Straße und protestierten gegen steigende Lebensmittelpreise und Arbeitslosigkeit. König Abdullah II. hatte »in dem Versuch, eine Eskalation der Proteste zu verhindern, im Palast eine Sondereinheit gebildet, zu der Offiziere von Militär und Geheimdienst gehörten«; an den Rändern der großen Städte zogen Panzer auf, Barrieren und Kontrollpunkte wurden errichtet.
Im Jemen, dem ärmsten Land in der arabischen Welt, das in einem von den USA unterstützten Krieg gegen das eigene Volk versinkt und das seit 1978 von einem Diktator beherrscht wird, demonstrierten Tausende gegen die Regierung, sie forderten den Rücktritt des Diktators Ali Abdullah Saleh. In der Hauptstadt Sanaa ertönten Sprechchöre von Tausenden Studenten, Aktivisten und oppositionellen Gruppen: »Hau ab, hau ab, Ali. Folg' deinem

Freund Ben Ali.« Der Jemen ist in den vergangenen Jahren kaum zur Ruhe gekommen; im Norden kämpft eine 2004 gegründete Rebellenbewegung gegen die Regierung; im Süden kämpft seit 2007 eine starke Abtrünnigen-Bewegung namens »Bewegung des Südens« für die Befreiung. Die Financial Times erklärte: »Viele Beobachter im Jemen betrachten die Wut und die Stimmung für eine Sezession, die sich jetzt im Süden breitmacht, als größere Bedrohung für die Stabilität des Landes, als den weit stärker publizierten Kampf mit al-Qaida; die Spannungen werden durch die sich verschlechternde wirtschaftliche Lage noch weiter erhöht. Die Arbeitslosigkeit steigt rasant, vor allem unter der Jugend. Selbst das statistische Büro der Regierung in Aden beziffert sie für Männer zwischen 20 und 24 Jahren auf fast 40 Prozent.«
Mobilisiert von der sozialistischen Opposition, gingen in Albanien am 21. Januar Tausende Demonstranten auf die Straße. Die Proteste endeten in gewalttätigen Zusammenstößen zwischen Polizei und Demonstranten, von denen drei getötet wurden. In Albanien war es seit der hart umkämpften Wahl von 2009 bereits sporadisch zu Protesten gekommen, inspiriert durch Tunesien nehmen sie jetzt an Intensivität zu.

Israels Vize-Ministerpräsident Silvan Shalom brachte seine Besorgnis über die revolutionäre Stimmungslage in der arabischen Welt mit den Worten zum Ausdruck: »Ich befürchte, dass wir gegenwärtig vor einer neuen und äußerst kritischen Phase in der arabischen Welt stehen.« Er fürchtet, Tunesien könne »einen Präzedenzfall bilden, der sich in anderen Ländern wiederholt und sich möglicherweise auf die Stabilität unseres Systems auswirkt.« Die israelische Führung fürchtet Demokratie in der arabischen Welt, denn es besteht eine Sicherheitsallianz mit den großen arabischen Ländern, die, wie Israel selbst, amerikanische Stellvertreterstaaten in der Region sind. Israel unterhält zivile – wenn auch nicht störungsfreie – Beziehungen zu den arabischen Monarchen und Diktatoren. Öffentlich üben die arabischen

Staaten Kritik an Israel, doch hinter geschlossenen Türen sind sie gezwungen, Israels Militarismus und Kriegshetze stillschweigend zu akzeptieren, wenn sie sich nicht gegen die Supermacht, Amerika, erheben wollen. Die öffentliche Meinung in der arabischen Welt ist hingegen extrem israel- und amerikafeindlich, dem Iran ist man freundlich gesonnen.

Im Juli 2010 wurden die Ergebnisse einer großen internationalen Meinungsumfrage in der arabischen Welt veröffentlicht. Befragt wurden Menschen in Ägypten, Saudi-Arabien, Marokko, Jordanien, im Libanon und den Vereinigten Arabischen Emiraten. Es gab einige bemerkenswerte Erkenntnisse, zum Beispiel: War Obama zu Beginn seiner Präsidentschaft noch begrüßt worden, zeigten sich im Frühjahr 2009 noch 51 Prozent der Befragten optimistisch in Bezug auf die Politik der USA, so waren es im Sommer 2010 nur noch 16 Prozent. 2009 sagten 29 Prozent der Befragten, ein atomar bewaffneter Iran wäre gut für die Region, 2010 erreichte dieser Wert 57 Prozent. Die Meinungen wichen also deutlich von der Haltung der jeweiligen Regierung ab.
Während die USA, Israel und die Führer der arabischen Länder behaupten, der Iran stelle die größte Bedrohung für Frieden und Stabilität im Nahen Osten dar, teilen die Menschen in den arabischen Ländern diese Meinung nicht. Auf eine offene Frage, welche zwei Länder die größte Bedrohung für die Region darstellten, antworteten 88 Prozent mit **»Israel«**, 77 Prozent mit **»Amerika«** und **zehn Prozent mit »Iran«.**
Beim arabischen Wirtschaftsgipfel kurz nach dem Rücktritt Ben Alis, der zum ersten Mal nicht an dem Treffen teilnahm, war das Klima vom Aufstand in Tunesien bestimmt. Amr Moussa, der Vorsitzende der Arabischen Liga, erklärte in der Eröffnungsrede des Gipfeltreffens: **»Die tunesische Revolution ist nicht weit weg«**, und **»der Bürger in der arabischen Welt hat ein bisher nie erlebtes Maß von Wut und Frustration erreicht.«** Er betonte: **»Die arabische Seele ist durch Armut, Arbeitslosigkeit und eine allgemeine Rezession gebrochen.«** Die Bedeu-

tung dieser »Bedrohung« für die arabische Führung sollte nicht unterschätzt werden. Von rund 352 Millionen Arabern sind 190 Millionen unter 24 Jahre alt, davon sind fast drei Viertel arbeitslos. Oftmals »haben die jungen Menschen nichts von ihrer Ausbildung, weil es in dem Bereich, für den sie ausgebildet sind, keine Arbeit gibt«
Selbst die israelische Zeitung Ha'aretz brachte einen Artikel, in dem die Behauptung aufgestellt wurde, Israel stehe »möglicherweise am Vorabend einer Revolution«. Zur Erklärung führte der Autor aus:
»Zivilgesellschaftliche Organisationen in Israel haben im Laufe der Zeit erhebliche Macht gewonnen; nicht nur die sogenannten linksgerichteten Organisationen, sondern auch die, die sich mit Fragen wie **Armut, Rechte der Arbeiter, Gewalt gegen Frauen und Kinder beschäftigen.** Sie alle wurden gegründet, um die Lücken zu füllen, die der Staat offengelassen hat, der seinerseits nur allzu gern auch weiter den Problemen aus dem Weg ging, um die sich jemand anders kümmern konnte. Die Versäumnisse nehmen solche Ausmaße an, dass der Dienstleistungssektor, NGOs, Wohltätigkeits- und Freiwilligenorganisationen, mittlerweile einer der größten der Welt ist. Als solcher verfügt er über ansehnliche Macht.
Jetzt wollen Knesset und Parlament in Israel diese Macht zurückhaben; doch, so postuliert der Autor, sie »übersehen dabei geflissentlich die Ursachen dafür, dass diese Gruppen so mächtig geworden sind. Die Quelle ihrer Macht ist das Vakuum, die kriminelle Politik der israelischen Regierungen der vergangenen 40 Jahre. Die Quelle ihrer Macht ist eine Regierung, die ihre Pflicht vernachlässigt, für die Bürger zu sorgen und die Besatzung zu beenden, und eine Knesset, die die Regierung unterstützt, anstatt sie in die Schranken zu weisen.«
Die israelische Knesset hat eine Untersuchung der Finanzierung israelischer Menschenrechtsorganisationen in die Wege geleitet, ein politisches Manöver gegen diese Gruppen. Doch wie in einem Artikel eines israelischen Professors in Ha'aretz betont wurde,

spielen diese Gruppen, wenn auch unabsichtlich, eine Rolle dabei, dass sich die **»Besatzung festsetzt«**. Der Autor erklärte:
»Auch wenn es das Ziel der linksgerichteten Gruppen ist, die Rechte der Palästinenser zu wahren, so ist es doch das unbeabsichtigte Resultat ihrer Aktivitäten, dass die Besatzung aufrechterhalten wird. Das Vorgehen der Armee abzumildern und zu beschränken, verschafft ihr eine menschlichere und legale äußere Fassade. Den Druck der internationalen Organisationen zu mindern und gleichzeitig das Widerstandspotenzial der palästinensischen Bevölkerung zu zügeln, erlaubt es der Armee, dieses Modell der Kontrolle über einen längeren Zeitraum zu erhalten.«
Wenn es der israelischen Knesset somit gelingt, diese mächtigen NGOs loszuwerden, so legt sie damit die Saat dafür, dass das Druckventil in den besetzten Gebieten aufgeht. Das Potenzial für massive Proteste der Linken in Israel selbst und die Möglichkeit einer neuen Intifada, eines Aufstands, in den besetzten Gebieten erschiene dramatisch gestiegen. Israel und der Westen haben ihre Abneigung gegen Demokratie in der Region erkennen lassen. Als 2006 in Gaza demokratische Wahlen abgehalten wurden und die Hamas diese Wahlen gewann, was Israel und Amerika als die »falsche« Wahl betrachteten, verhängte Israel eine gnadenlose Blockade gegen Gaza. Richard Falk, der ehemalige Menschen-Rechts-Beauftragte der Vereinten Nationen für die Palästinensergebiete, schrieb einen Artikel für Al Jazeera, in welchem er erklärte, durch die Blockade sei **»der Zufluss von Lebensmitteln, Arzneimitteln und Benzin widerrechtlich auf das Existenzminimum oder darunter eingeschränkt worden. Diese Blockade dauert bis heute an, die gesamte Bevölkerung von Gaza wird im größten Freiluftgefängnis der Welt festgehalten und ist Opfer einer der schlimmsten Formen kriegerischer Besatzung in der Geschichte der Kriegsführung.«**
Die Lage in den besetzten Gebieten wird durch die jüngste Veröffentlichung der **»Palästinapapiere«** noch weiter angespannt. Sie enthalten Berichte über zwei Jahrzehnte geheimer israelisch-

palästinensischer Vereinbarungen, die die schwache Verhandlungsposition der Palästinenserbehörde belegen. Die Dokumente bestehen zu großen Teilen aus weitreichenden Konzessionen, die die Palästinenserbehörde »in der Frage des Rückkehrrechts der palästinensischen Flüchtlinge, territorialer Zugeständnisse und der Anerkennung Israels« zu machen bereit war. Dabei wurde auch enthüllt, dass palästinensische Verhandlungsführer insgeheim zugestimmt hatten, fast ganz Ost-Jerusalem an Israel zu übergeben. Weiterhin wurde Palästinenserpräsident Mahmoud Abbas, den Israel und Amerika der Hamas vorziehen, von einem hochrangigen israelischen Vertreter am Vorabend der Operation **»Gegossenes Blei«**, dem israelischen Angriff auf Gaza von Dezember 2008 und Januar 2009, bei dem mehr als 1.000 Palästinenser den Tod fanden, persönlich informiert: »Israelische und palästinensische Vertreter sollen über die gezielte Tötung von Aktivisten der Hamas und der Islamischen Jihad in Gaza gesprochen haben.«

Daraufhin hat die Hamas die palästinensischen Flüchtlinge zu Protesten gegen diese Zugeständnisse hinsichtlich des »Rückkehrrechts« aufgerufen; die Verhandlungsführer hatten eingewilligt, dass nur 100.000 von fünf Millionen Flüchtlingen die Rückkehr nach Israel erlaubt werden sollte. Ein ehemaliger US-Botschafter in Israel und Ägypten klagte: »Es besteht die Besorgnis, dass dadurch zusätzliche Probleme für ein Vorankommen entstehen.«

Auch wenn der Vorwurf erhoben wird, die Papiere könnten den Fortschritt des »Friedensprozesses« behindern, so zeigen sie doch deutlich, dass dieser »Friedensprozess« selbst ein Witz ist. Die Macht der Palästinenserbehörde reicht nur so weit, wie Israel ihr zugesteht. Sie wurde eingerichtet als Methode des Umgangs mit einer internen palästinensischen Elite, nach dem Muster aller Kolonialmächte. Die Papiere enthüllen weiter, wie die sogenannte Palästinenser-»Behörde« nicht wirklich im Interesse des palästinensischen Volkes spricht oder arbeitet. Dies wird mit Sicherheit die Palästinenserbehörde und die Hamas weiter entzweien, doch das waren sie ja bereits. Gewiss, dies wird Probleme für den

»Friedensprozess« bedeuten, aber dabei setzt man ja bereits voraus, dass es überhaupt ein »friedlicher« Prozess ist.
Durch die angefachten Unruhen stellte sich die Frage:
Steht Ägypten am Rande der Revolution?
Unruhe verbreitet sich selbst in Ägypten, dem persönlichen Tummelplatz des von den USA unterstützten und bewaffneten Diktators Hosni Mubarak, der seit 1981 regiert. Ägypten ist der wichtigste verbündete der USA in Nordafrika und gehört seit Jahrhunderten zu den bedeutendsten Juwelen verschiedener Weltreiche, zunächst der Osmanen, dann der Briten und später der Amerikaner. Mit einer Bevölkerung, von denen 60 Prozent unter 30 sind, die 90 Prozent der Arbeitslosen in Ägypten stellen, sind die Bedingungen reif für eine Wiederholung der Ereignisse von Tunesien.

Am 25. Januar 2011 erlebte Ägypten seinen **»Tag des Zorns«**, bei dem Tausende Demonstranten auf die Straße gingen, um gegen steigende Lebensmittelpreise, Korruption und die Unterdrückung von 30 Jahren Diktatur zu protestieren. Die Demonstrationen wurden mithilfe sozialer Netzwerke wie Twitter und Facebook vorbereitet. Als die Proteste begannen, sperrte die Regierung den Zugang zu diesen sozialen Netzwerken im Internet, genauso wie es die Regierung in Tunesien in den ersten Tagen des Protests, die zum Zusammenbruch der Diktatur führten, getan hatte.

Ein Kommentator schrieb im Guardian:
»Ägypten ist nicht Tunesien. Es ist viel größer. 80 Millionen Menschen, im Vergleich zu zehn Millionen. Geografisch, politisch, strategisch gehört es in eine andere Liga, es ist die natürliche Führungsmacht der arabischen Welt und das bevölkerungsreichste Land. Doch viele der Missstände sind dieselben. Tunis und Kairo unterscheiden sich lediglich in der Größe. Wenn Ägypten explodiert, dann wird diese Explosion auch viel größer sein.«
In Ägypten hat »eine Ad-hoc-Koalition aus Studenten, arbeitslosen Jugendlichen, Industriearbeitern, Intellektuellen, Fußballfans und

Frauen, die über soziale Netzwerke wie Twitter und Facebook verbunden waren, eine Reihe von sich sehr schnell bewegenden, rasch den Standort wechselnden Demonstrationen in mindestens einem halben Dutzend ägyptischen Städten in Gang gesetzt.« Die Polizei griff gewaltsam durch, drei Demonstranten kamen ums Leben. Mit Zehntausenden Demonstranten auf den Straßen erlebte Ägypten die größten Demonstrationen seit Jahrzehnten, wenn nicht gar in der gesamten Amtszeit von Präsident Mubarak. Steht Ägypten am Rande der Revolution? Diese Frage zu beantworten, erscheint mir verfrüht. Man darf nicht vergessen, dass Ägypten, nach Israel, das zweitgrößte Empfängerland amerikanischer Militärhilfe ist und dass der Polizeistaats- und Militärapparat deshalb weit besser entwickelt ist und sicherer im Sattel sitzt als in Tunesien. Eindeutig regt sich jedoch etwas. Hillary Clinton sagte in der Nacht der Proteste: »Unserer Einschätzung nach ist die ägyptische Regierung stabil, sie sucht nach Wegen, die legitimen Bedürfnisse und Interessen des ägyptischen Volkes zu befriedigen.« Mit anderen Worten: »Wir werden Tyrannei und Diktatur auch in Zukunft den Vorzug vor Demokratie und Befreiung geben.« Was gibt's also sonst Neues?
Einigen Schätzungen zufolge gingen in Kairo, Alexandria, Suez und anderen ägyptischen Städten bis zu 50.000 Demonstranten auf die Straße. Den Protesten wurde mit der üblichen Brutalität begegnet: Demonstranten wurden geschlagen, Tränengas und Wasserwerfer eingesetzt, um sie auseinanderzutreiben. Bilder und Filme aus Ägypten »zeigten Demonstranten, die Polizisten die Straße hinab jagten. Ein Demonstrant stieg auf ein Feuerwehrauto und fuhr es weg.« Spät am Abend der Proteste kursierten Gerüchte, die First Lady von Ägypten, Suzanne Mubarak, sei möglicherweise nach London geflohen; schon zuvor hatte es geheißen, Mubaraks Sohn und möglicher Nachfolger sei ebenfalls nach London geflohen.
Steht uns nun eine globale moslimische Revolution bevor?
In der ersten Phase der weltweiten Wirtschaftskrise, im Dezember 2008, warnte der IWF die Regierungen vor der Aussicht »gewalt-

tätiger Unruhen auf den Straßen«. Der Chef des IWF warnte, dass »gewalttätige Demonstrationen in Ländern auf der ganzen Welt ausbrechen könnten, wenn das Finanzsystem nicht dahin gehend reorganisiert würde, dass es der Allgemeinheit und nicht nur einer kleinen Elite nützt.«
Gerade dieser Chef des IWF wurde während einer privaten Reise auf dem John F. Kennedy International Airport in New York am 14. Mai 2011 festgenommen. Er wurde von der New Yorker Staatsanwaltschaft wegen versuchter Vergewaltigung, sexueller Belästigung und Freiheitsberaubung einer Angestellten des New Yorker Hotels Sofitel angeklagt. Nachdem eine Richterin eine Freilassung gegen Kaution wegen Fluchtgefahr abgelehnt hatte, wurde Herr Strauss-Kahn auf die New Yorker Gefängnisinsel Rikers Island verlegt. Am 18. Mai 2011 trat er von seinem Amt als geschäftsführender Direktor des IWF zurück. Am 19. Mai 2011 entschied ein New Yorker Gericht, dass Straus-Kahn gegen Hinterlegung einer Kaution in Millionenhöhe per 20. Mai 2011 gegen Auflagen freigelassen wird. Er steht unter Hausarrest und wird rund um die Uhr überwacht. Ihm wurde auch eine elektronische Fußfessel angelegt. Verteidigt wird Straus-Kahn durch den Prominentenanwalt Benjamin Brafman.
Straus-Kahn genoss als Vorsitzender des IWF zum Zeitpunkt seiner Festnahme keine diplomatische Immunität, weder in persönlicher noch in funktionaler Hinsicht. Die persönliche Immunität hätte ihm seinem Amt nach Art. 6, Sektion 21, Annex V der UN-Konvention über die Privilegien und Immunitäten der spezialisierten Agenturen zugestanden, jedoch sind die Vereinigten Staaten dieser völkerrechtlichen Übereinkunft nicht beigetreten. Da sich die in der Anklage erhobenen Vorwürfe nicht auf Straus-Kahns Tätigkeit beim IWF, sondern auf seinen privaten Umgang erstreckten, greift die in Artikel IX, Sektion 8 der Articles of Agreement, dem Gründungsvertrag des IWF, festgeschriebene funktionale Immunität für Amtspersonen des IWF ebenso wenig. Die bescheidene Tagesrate für eine Nacht in der Suite des Sofitel beträgt 3.000 USD und geflogen wird selbstverständlich First

Class. Wie ich schon sagte, nicht die Sicherheitskräfte beschützen uns, wir müssen uns vor diesen schützen.

Im Januar 2009 erklärte Dennis Blair, damals Obamas Geheimdienstkoordinator, vor dem Geheimdienstausschuss des US-Senats, die größte Bedrohung für die nationale Sicherheit der USA sei nicht der Terrorismus, sondern die weltweite Wirtschaftskrise: »Ich möchte mit der weltweiten Wirtschaftskrise beginnen, denn sie bahnt sich bereits als die schwerste seit Jahrzehnten, wenn nicht Jahrhunderten, an. Wirtschaftskrisen erhöhen das Risiko von Regimebedrohender Instabilität, wenn sie sich ein oder zwei Jahre hinziehen. Und Instabilität kann die ohnehin brüchige Kontrolle über Gesetz und Ordnung in den Entwicklungsländern lockern, was dann in gefährlicher Weise auf die internationale Gemeinschaft überschwappen kann.«

2007 wurde ein Bericht des britischen Verteidigungsministeriums veröffentlicht, eine Einschätzung der globalen Trends für die kommenden drei Jahrzehnte. Zur Einschätzung des »Globalen Ungleichgewichts« hieß es in dem Bericht, in den kommenden 30 Jahren werde »die Kluft zwischen Reich und Arm aller Voraussicht nach breiter werden, absolute Armut bleibt eine weltweite Herausforderung. Ungleichgewichte bei Reichtum und Vorteilen werden deshalb stärker sichtbar, einschließlich der damit einhergehenden Unzufriedenheit und Verbitterung, selbst bei der wachsenden Zahl derer, denen es wahrscheinlich materiell besser geht als ihren Eltern und Großeltern. Absolute Armut und vergleichbare Benachteiligung werden das Gefühl von Ungerechtigkeit bei denen wecken, deren Erwartungen nicht erfüllt werden, was zu wachsenden Spannungen und Instabilität führen wird, sowohl innerhalb einer Gesellschaft als auch zwischen Gesellschaften; sie werden sich gewaltsam in Unruhen, Kriminalität, Terrorismus und Aufständen Luft machen. Möglicherweise führen sie auch zum Wiederaufleben nicht nur antikapitalistischer Ideologien, vielleicht in Verbindung mit religiösen, anarchistischen oder moralischen

Bewegungen, sondern auch des Populismus und zur Wiederbelebung des Marxismus.«

Siehe mein Buch „Globalisierte Armut", die neue arme Armut.

Weiterhin wurde in dem Bericht vor den Gefahren gewarnt, die den etablierten Mächten von einer Revolution durch eine unzufriedene Mittelschicht drohen:
»Die Mittelschicht könnte zu einer revolutionären Klasse werden, welche die Rolle einnimmt, die Marx dem Proletariat zugedacht hatte. Die **Globalisierung des Arbeitsmarkts** und der **Rückgang bei staatlichen Wohlfahrtsleistungen und Beschäftigung** könnte das Verbundenheitsgefühl der Menschen mit ihrem jeweiligen Staat mindern. Die wachsende Kluft zwischen ihnen und einer kleinen Anzahl sichtbar auftretender Superreicher könnte der Enttäuschung über die Leistungsgesellschaft Auftrieb geben, während die wachsende städtische Unterschicht zunehmend zu einer Bedrohung für gesellschaftliche Ordnung und Stabilität wird, wenn spürbar wird, **welche Belastung durch die aufgelaufenen Schulden entsteht, und Renten nicht gezahlt werden können.** Angesichts dieser doppelten Herausforderung könnte sich die Mittelschicht der Welt zusammenschließen, den Zugang zu Wissen, Ressourcen und Kenntnissen nutzen, um im eigenen Klasseninteresse länderübergreifende Prozesse zu gestalten.«
Wir haben jetzt den Punkt erreicht, an dem die weltweite Wirtschaftskrise sich bereits länger als zwei Jahre hinzieht. Die gesellschaftlichen Auswirkungen werden allmählich, weltweit, spürbar, als Resultat der Krise und der koordinierten Antwort darauf. Da die weltweite Wirtschaftskrise die Länder der sogenannten Dritten Welt am schwersten getroffen hat, werden die gesellschaftlichen und politischen Folgen dort ebenfalls zuerst spürbar werden. Im Rahmen des heutigen rekordverdächtigen Anstiegs der Lebensmittelpreise werden sich, wie schon 2007 und 2008, umgehend weltweit Hungeraufstände ausbreiten. Dieses Mal ist die

Lage jedoch wirtschaftlich viel schlechter und gesellschaftlich viel verzweifelter; es herrscht weit mehr politische Unterdrückung.

Dieses steigende Missbehagen wird sich von den Entwicklungsländern bis in unsere gemütlichen Wohnungen im Westen ausdehnen. Wenn sich erst die raue Erkenntnis durchsetzt, dass es in der Wirtschaft **keinen »Aufschwung«,** sondern vielmehr **eine Depression** gibt, und wenn unsere Regierungen im Westen weiter ihre demokratische Fassade fallen lassen und Rechte und Freiheiten außer Kraft setzen, Überwachung und »Kontrolle« verstärken und gleichzeitig weltweit eine zunehmend militaristische und kriegshetzerische Außenpolitik betreiben, vornehmlich in dem Bemühen, das globale Erwachen auf der ganzen Welt zu unterdrücken oder niederzuschlagen, dann werden wir im Westen erkennen: **»Wir sind alle Tunesier«.**

1967 sagte Martin Luther King in seiner berühmten Rede »Jenseits von Vietnam«:

»Ich bin davon überzeugt, dass wir als Nation eine radikale Revolution unserer Werte brauchen, wenn wir auf der richtigen Seite der Weltrevolution stehen wollen. Wir müssen schleunigst den Wandel vollziehen von einer Gesellschaft, die sich auf ›Sachen orientiert‹ zu einer Gesellschaft, die sich auf ›Personen orientiert‹. Wenn Maschinen und Computer, Profitstreben und Eigentumsrechte wichtiger sind als die Menschen, dann lässt sich der gewaltige Dreibund von Rassismus, Materialismus und Militarismus nicht bezwingen.«

Diese Anmerkungen befassten sich mit **»Nordafrika und das globale politische Erwachen«**. Es sollte das Entstehen von Protestbewegungen, vornehmlich in Nordafrika und der arabischen Welt zum Thema haben und diese in den Rahmen eines breiteren globalen Erwachens stellen.

Im Folgenden möchte ich mich mit der Reaktion des Westens auf das **»Erwachen«** in dieser Region beschäftigen; nämlich in der zweigleisigen Strategie von Unterstützung für unterdrückerische Regimes und gleichzeitiger Werbung für eine **»Demokratisie-**

rung« in einem großen neuen Projekt von »demokratischem Imperialismus«.

Das Mubarakregime könnte angesichts der landesweiten Protestbewegung zusammenbrechen. Welche Chancen böte das für Ägypten und die arabische Welt? – »Diktatoren« herrschen nicht uneingeschränkt, sie gehorchen Befehlen, das gilt gleichermaßen für Ägypten, Tunesien und Algerien. Diktatoren sind ausnahmslos politische Marionetten. Diktatoren entscheiden nicht. Präsident Hosni Mubarak war ebenso wie Ben Ali ein gewissenhafter Diener westlicher Wirtschaftsinteressen. Die Protestbewegung richtet sich gegen die Regierung des Landes. Ziel ist es eher, die Marionette abzusetzen, als den Puppenspieler.

Die Slogans in Ägypten lauten »Nieder mit Mubarak, nieder mit dem Regime«. Bisher wurde nicht über antiamerikanische Transparente berichtet. Der überragende und zerstörerische Einfluss der USA in Ägypten und im ganzen Nahen und Mittleren Osten wird öffentlich nicht diskutiert.

Die wichtigsten Stationen im Leben des ägyptischen Präsidenten Husni Mubarak.

Nach außen hin trat der gepflegte Staatsmann als moderater Vermittler in der Öffentlichkeit auf, innerlich glich er eher einem machtbesessenen Tyrannen.

Der Druck der Straße hat den Herrscher vom Nil zur Aufgabe gezwungen. Nach fast 30 Jahren zieht sich der ägyptische Präsident Husni Mubarak zurück. Er hatte bisher eine Sonderstellung in der arabischen Welt inne.

Nach wochenlangen Massenprotesten und blutigen Ausschreitungen gab der ägyptische Vizepräsident Omar Suleiman bekannt, dass Präsident Husni Mubarak von seinem Amt zurückgetreten ist. Es war Tag 18 der Demonstrationen.

Der 82-Jährige führte das bevölkerungsreichste arabische Land und pflegte gleichzeitig gute Beziehungen zu den USA und Israel.

Der Beamtensohn Mubarak kam über eine Militärkarriere in die Politik. Als Vizepräsident rückte er 1981 automatisch an die Staatsspitze, als Präsident Anwar el Sadat wegen seines Friedensvertrags mit Israel von radikalen Muslimen ermordet wurde. Mubarak gelang es, trotz des in der arabischen Welt umstrittenen Friedensvertrages mit Israel Ägypten in einer regionalen Führungsrolle zu halten. Mit seiner ausgleichenden Außenpolitik und seinem harten Vorgehen gegen radikale Muslimgruppen im Land, die in den 1990er-Jahren ausländische Touristen und Staatsdiener töteten, verschaffte sich Mubarak im Westen breite Unterstützung. Er befürwortete 1991 den Krieg zur Vertreibung der Iraker aus Kuwait, versuchte 2003 aber, die USA von einem erneuten Irakkrieg abzubringen.

Der Westen sah bis zu den Unruhen in dem Präsidenten einen verlässlichen Partner und entscheidenden Pfeiler für die Stabilität im Nahen Osten. Daher wurde sein Land mit Milliarden unterstützt. Über Menschenrechtsverletzungen sah der Westen hinweg oder schwieg dazu.

Kritiker warfen Mubarak vor, seinen Sohn Gamal zum Nachfolger aufzubauen und eine Dynastie schaffen zu wollen. Unter dem Druck der Straße und der Staatengemeinschaft kündigte er allerdings an, dass weder er noch sein Sohn bei den nächsten Wahlen kandidieren werden.

Mubarak hat sich stets tief greifenden politischen und wirtschaftlichen Reformen verweigert. Die Spannungen in der ägyptischen Gesellschaft nahmen seit Jahren zu, auch weil soziale Konflikte immer schärfer zutage traten. Angesichts der Verteuerung von Öl und Lebensmitteln wurde der Präsident in den vergangenen Jahren sogar mit Hungerrevolten konfrontiert.

Kein Szenario ist zu abwegig, um Mubarak ohne Gesichtsverlust außer Landes zu schaffen. So findet in Berlin der Vorschlag Befürworter, den ägyptischen Präsidenten zum Gesundheitscheck ins deutsche Exil zu holen. Schließlich ist er häufiger Patient in den hiesigen Kliniken.

Unionsfraktionsvize Andreas Schockenhoff (CDU) sprach sich dafür aus, dem ägyptischen Präsidenten Husni Mubarak Exil in

Deutschland zu gewähren, wenn damit der Machtkampf in dessen Heimatland gelöst werden kann. „Wenn Deutschland einen konstrutiven Beitrag leisten kann, dann sollten wir Husni Mubarak aufnehmen, wenn er das will."
Auch aus Regierungskreisen hieß es: „Für den Fall einer notwendigen medizinischen Behandlung würden wir ihm die Einreise ermöglichen." Zuvor war darüber spekuliert worden, dass sich Mubarak einem Gesundheitscheck in der Heidelberger Universitätsklinik unterziehen wolle.
Mubaraks Ausreise wird nach Informationen der „New York Times" als Schritt hin zu einer Beilegung der Staatskrise erwogen. Demnach sieht ein Plan der ägyptischen Führung um Vizepräsident Omar Suleiman vor, Mubarak in einer deutschen Klinik unterzubringen. So könnte dem altgedienten Präsidenten ein würdiger Ausweg aus der Krise ermöglicht werden. Mubarak würde einfach zu seinem üblichen Gesundheitscheck nach Deutschland fliegen und diesmal länger wegbleiben. Der 82-Jährige war bereits mehrfach für medizinische Eingriffe in Deutschland.
2004 verbrachte Mubarak wegen eines Bandscheibenvorfalls zweieinhalb Wochen in einer Münchner Spezialklinik. Unter Vollnarkose wurde er dort zwischen dem vierten und fünften Rückenwirbel operiert. Anschließend empfahlen ihm die Ärzte des Münchner Orthozentrums Krankengymnastik, um seine Rücken- und Bauchmuskulatur zu stärken. Während seines Aufenthaltes in der Klinik erhielt er unter anderem Besuche vom jordanischen König Abdullah II., vom damaligen Bundeskanzler Gerhard Schröder (SPD) und von Bayerns damaligem Ministerpräsidenten Edmund Stoiber (CSU). Ursprünglich hätte der Krankenhausaufenthalt höchstens eine Woche dauern sollen.
Im Heidelberger Uniklinikum ließ sich Mubarak im März 2010 die Gallenblase entfernen, unmittelbar nach einem Treffen mit Bundeskanzlerin Angela Merkel (CDU) in Berlin. Die Klinik erklärte nach dem Eingriff, die Operation sei „gut verlaufen", kündigte aber an, dass Mubarak seine Ärzte zu Nachuntersuchungen wieder werde treffen müssen.

In Ägypten wird nur selten und sehr zurückhaltend über den Gesundheitszustand Mubaraks berichtet. In den vergangenen Jahren wurde aber immer wieder über gesundheitliche Probleme des Staatschefs spekuliert. Im Sommer 2007 sah sich Mubarak gar zu einem öffentlichen Auftritt genötigt, um die Spekulationen zu beenden.
Im gleichen Jahr wurde wegen der Berichterstattung über Mubaraks Gesundheitszustand der Chefredakteur der oppositionellen Zeitung „El Dostur", Ibrahim Eissa, zu einem halben Jahr Gefängnis verurteilt. Die Strafe wurde später auf zwei Monate abgemildert und schließlich von Mubarak selbst aufgehoben.
Eine andere Variante neben des Klinikaufenthalts in Deutschland ist nach Informationen der „New York Times", dass der Präsident sich in sein Ferienhaus im Badeort Charme el Sheik zurückziehe. Die Zeitung beruft sich dabei auf ungenannte US-Regierungsmitarbeiter. Ziel sei, dass Mubarak den Präsidentenpalast verlasse, aber nicht seines Amtes enthoben werden müsse.
Die ausländischen Mächte, die hinter der Szene agieren, werden von der Protestbewegung ausgeblendet. Es wird keine einschneidende politische Veränderung geben, solange das Problem der Einmischung aus dem Ausland von der Protestbewegung nicht sinnvoll angegangen wird. Die amerikanische Botschaft in Kairo ist ein wichtiger politischer Faktor und überschattet die Regierung des Landes. Die Botschaft ist kein Ziel der Protestbewegung.
Auf dem Höhepunkt des Golfkrieges 1991 wurde Ägypten vom Internationalen Währungsfonds (IWF) ein verheerendes Wirtschaftsprogramm aufgezwungen. Im Gegenzug erließen die USA Ägypten mehrere Milliarden Dollar Schulden für militärische Güter, und Ägypten erklärte sich bereit, sich am Krieg zu beteiligen. Die daraus folgende Deregulierung der Nahrungsmittelpreise, die umfassende Privatisierung und eine drakonische Sparpolitik ließen das ägyptische Volk verarmen und destabilisierten die Wirtschaft des Landes. Aber die Regierung Mubarak wurde als **»Musterschüler«** des IWF gelobt.

Die gleichen hier geschilderten Vorgaben werden auch von der IWF und der Asien Devolopment Bank versucht in Tonga durchzusetzen, mit den bereits gehörten, negativen Effekten für die, bereits armen und ständig ärmer werdenden Tonganer.
In Tunesien war die Regierung Ben Ali dazu ausersehen, die tödliche Medizin des IWF durchzusetzen, die über einen Zeitraum von mehr als 20 Jahren die Volkswirtschaft destabilisierte und das tunesische Volk in bittere Armut trieb. In den vergangenen 23 Jahren wurde die Wirtschafts- und Sozialpolitik vom »Washingtoner Konsens«, ein vom IWF und Weltbank propagiertes Programm von **»Strukturanpassungsmaßnahmen«**, diktiert.
Hosni Mubarak und Ben Ali wurden an der Macht gehalten, weil ihre Regierungen dem Diktat des IWF gehorchten und es umsetzten. Von Pinochet und Videla, über Baby Doc bis hin zu Ben Ali und Mubarak wurden Diktatoren von Washington an die Macht gebracht. Geschichtlich gesehen wurden in Lateinamerika Diktatoren mit zahlreichen von den USA unterstützten Militärputschen an die Macht gebracht. In der heutigen Welt werden sie über **»freie und demokratische Wahlen«** unter den Augen der **»internationalen Gemeinschaft«** an die Macht gehievt.
Die tatsächlichen Entscheidungen fallen in Washington, im amerikanischen Außenministerium, im Pentagon, im CIA-Hauptquartier in Langley, in H Street NW, dem Sitz der Weltbank und des IWF. Die Beziehung des »Diktators« zu ausländischen Interessen muss zur Sprache gebracht werden. Verjagt die politischen Marionetten, aber vergesst nicht, die **»wirklichen Diktatoren«** ins Visier zu nehmen. Die Protestbewegung sollte sich auf den tatsächlichen Sitz der politischen Macht konzentrieren; sie sollte sich gegen die amerikanische Botschaft und die Büros des IWF und der Weltbank im Lande wenden.
Ein tatsächlicher politischer Wandel kann nur sichergestellt werden, wenn die neoliberale Wirtschaftspolitik aufgegeben wird.
Sollte die Protestbewegung die Rolle der ausländischen Mächte, einschließlich des von »Investoren«, ausländischen Gläubigern und internationalen Finanzinstitutionen ausgeübten Drucks, nicht

thematisieren, wird man das Ziel einer nationalen Souveränität verfehlen. In diesem Fall würde es nur zu einem oberflächlichen »Regimeaustausch« kommen, der die politische Kontinuität absichert.
Diktatoren kommen und gehen. Wenn sie politisch diskreditiert sind und nicht länger den Interessen ihrer amerikanischen Unterstützer dienen, werden sie durch neue »Führer« ersetzt, die oft aus den Kreisen der politischen Opposition stammen. In Tunesien hat sich die Regierung Obama bereits in Szene gesetzt. Sie will eine Schlüsselrolle im »Demokratisierungsprozess«, das heißt, es sollen sogenannte faire Wahlen stattfinden, übernehmen. Darüber hinaus will die amerikanische Regierung die politische Krise dazu nutzen, Frankreich zu schwächen und die eigene amerikanische Position in Nordafrika zu festigen:
Die Vereinigten Staaten haben rasch die Grundströmung der Proteste in den Straßen Tunesiens eingeschätzt und versuchen nun, ihren Vorteil zu nutzen und auf demokratische Reformen im Land und darüber hinaus zu drängen. Der führende amerikanische Gesandte für den Nahen- und Mittleren Osten, Jeffrey Feltman, kam als erster hochrangiger Vertreter des Auslands nach Tunesien, nachdem Präsident Zine El Abidine Ben Ali am 14. Januar gestürzt worden war, und forderte prompt Reformen.
Am 18. Januar erklärte er, nur freie und faire Wahlen könnten der umkämpften Führung des nordafrikanischen Staates Stärke und Glaubwürdigkeit verleihen. ›Ich bin überzeugt, dass wir das tunesische Beispiel in den Gesprächen mit anderen arabischen Regierungen benutzen werden‹, fügte der stellvertretende Außenminister Feltman hinzu. Er wird nun in das nordafrikanische Land entsandt, um in der turbulenten Phase der Machtübergabe amerikanische Hilfe anzubieten und sich mit tunesischen Ministern und Vertretern der Zivilgesellschaft zu treffen.

Am Mittwoch, dem 26. Januar, reiste Feltman nach Paris, um die Krise mit der französischen Führung zu erörtern, womit er auch den Eindruck verstärken wollte, die USA seien die führende internationale Schutzmacht für ein neues Tunesien zum Nachteil des früheren Kolonialherrn Frankreich.

Die Länder des Westens hatten die gestürzte Regierung Tunesiens lange unterstützt, weil sie sie als Bollwerk gegen islamistische Extremisten in Nordafrika sahen. So pries etwa der damalige amerikanische Verteidigungsminister Donald Rumsfeld 2006 in einer Rede in Tunis die Entwicklung des Landes. Und die amtierende amerikanische Außenministerin Hillary Clinton schaltete sich rasch mit einer Rede in Doha am 13. Januar ein, in der sie die arabischen Führer aufforderte, ihren jeweiligen Bürgern größere Freiheiten einzuräumen oder zu riskieren, dass Extremisten von der Situation profitierten. >Ohne Zweifel versuchen die USA, sich rasch auf der guten Seite zu positionieren.<

Wird es Washington gelingen, ein neues Marionettenregime an die Macht zu bringen?

Das hängt in großem Maße davon ab, inwieweit es der Protestbewegung gelingt, die heimtückische Rolle der USA in den inneren Angelegenheiten des Landes zum Thema zu machen und dagegen zu mobilisieren. Bisher blieb der überragende Einfluss der Weltmacht unerwähnt und unangetastet. Zynisch hat Präsident Obama sogar noch seine Unterstützung für die Protestbewegung zum Ausdruck gebracht. Vielen Menschen aus der Protestbewegung soll glauben gemacht werden, dass Präsident Obama entschlossen für Demokratie und Menschenrechte eintritt und dass er die Entschlossenheit der Opposition, den Diktator abzusetzen, der immerhin in aller erster Linie von den USA eingesetzt wurde, unterstützt.

Man benötigt zum Wechsel immer zwei unterschiedliche Meinungen. Die Einvernahme führender Vertreter größerer Oppositionsparteien und der Bürgergesellschaft in Vorwegnahme des Zusammenbruchs eines autoritären Marionettenregimes ist Teil der Washingtoner Strategie, die in unterschiedlichen Weltregionen zum Einsatz kommt. Dieser Prozess wird von Stiftungen mit Sitz in den USA wie der National Endowment for Democracy (NED) und dem Freedom House (FH) gesteuert und finanziert. Beide Organisationen stehen in enger Verbindung mit dem amerikanischen Kongress, und beide sind für ihre Beziehungen zur CIA berüchtigt. Die NED ist in Tunesien, Ägypten und Algerien an den Geschehnissen beteiligt. Freedom House seinerseits unterstützt verschiedene zivilgesellschaftliche Organisationen in Ägypten.

»Das NED wurde von der Regierung Reagan aufgebaut, nachdem die Rolle der CIA bei der verdeckten Finanzierung von Umsturzversuchen ausländischer Regierungen ans Licht gekommen war, was diejenigen Parteien, Bewegungen, Zeitschriften, Bücher, Zeitungen und Persönlichkeiten in Misskredit brachte, die Gelder von der CIA erhalten hatten. Als überparteiliche Stiftung unter Beteiligung der beiden großen Parteien, aber auch des Gewerkschaftsdachverbandes, AFL-CIO und der amerikanischen Handelskammer übernahm das NED die Finanzierung von Bewegungen, die ausländische Regierungen stürzen wollten, tat dies aber offen und unter dem Deckmantel der ›**Verbreitung von Demokratie**‹, schrieb Stephen Gowans im Januar 2011 unter der Überschrift, »Was bleibt?«

Während die USA die Regierung Mubarak in den vergangenen 30 Jahren unterstützte, standen amerikanische Stiftungen mit Verbindungen zum Außenministerium und dem Pentagon der politischen Opposition und der Bewegung für eine Bürgergesellschaft aktiv zur Seite. Originalton Freedom House: »Die ägyptische Zivilgesellschaft ist lebhaft und zugleich eingedämmt. Es gibt Hunderte Nichtregierungsorganisationen, die sich der Ausweitung der Bürger- und politischen Rechte verschrieben haben und in einem stark kontrollierten Umfeld tätig sind.« So in einer Presseerklärung des Freedom House.
Es ist schon zynisch, wenn Washington die Diktatur Mubaraks an der Macht hält und dessen Grausamkeiten duldet, während es zugleich seine Kritiker über die Aktivitäten des Freedom House,

der NED und anderer Organisationen unterstützt und finanziert. Unter der Schirmherrschaft des Freedom House wurden ägyptische Dissidenten und Mubarakgegner im Mai 2008 von Condoleezza Rice im amerikanischen Außenministerium und dem Kongress empfangen. Sie trafen auch mit dem Nationalen Sicherheitsberater des weißen Hauses, Stephen Hadley, zusammen, der der wichtigste außenpolitische Berater George W. Bushs in dessen zweiter Amtszeit war.

Die Bemühungen von Freedom House, eine neue Generation von »Fürsprechern der Demokratie« hervorzubringen, zeigten greifbare Resultate, und das Programm **»Neue Generation«** in Ägypten wurde im In- und Ausland berühmt. Ägyptische Gaststipendiaten aus allen zivilgesellschaftlichen Gruppen wurden mit großer Aufmerksamkeit und Anerkennung empfangen und trafen in Washington mit der amerikanischen Außenministerin, dem Nationalen Sicherheitsberater und bekannten Kongressvertretern zusammen, Condoleezza Rice bezeichnet die Stipendiaten als **»die Hoffnung für die Zukunft Ägyptens«**.

Im Mai 2009 traf Hillary Clinton mit einer Delegation ägyptischer Dissidenten zusammen, von denen einige schon beim Treffen mit ihrer Amtsvorgängerin Condoleezza Rice im Jahr zuvor dabei gewesen waren. Diese hochrangigen Treffen erfolgten eine Woche vor Obamas Besuch in Ägypten:
Die amerikanische Außenministerin Hillary Clinton lobte die Arbeit einer Gruppe von Aktivisten für eine ägyptische Bürgergesellschaft, mit der sie am gleichen Tag zusammengetroffen war und erklärte, es liege im ägyptischen Interesse, sich in Richtung Demokratie zu bewegen und stärker auf die Einhaltung der Menschenrechte zu achten. Die 16 Aktivisten trafen in Washington mit Clinton und dem amtierenden stellvertretenden Außenminister für Nahost-Angelegenheiten, Jeffrey Feltman, am Ende ihres zweimonatigen Stipendiums, das von dem Programm »Neue Ge-

neration« des Freedom House finanziert und organisiert worden war, zusammen.
Die Stipendiaten äußerten sich über die, wie sie es sahen, Distanzierung der amerikanischen Regierung von der ägyptischen Zivilgesellschaft besorgt und forderten Präsident Obama auf, bei seinem Kairobesuch auch mit jungen, unabhängigen Aktivisten für eine Zivilgesellschaft zusammenzukommen. Darüber hinaus forderten sie die Regierung Obama auf, an der politischen und finanziellen Unterstützung für ägyptische Zivilgesellschaft festzuhalten und dazu beizutragen, Nichtregierungsorganisationen die Arbeit in Ägypten zu erleichtern, was unter dem immer noch geltenden Notstandsgesetzen extrem schwierig ist.

Die Stipendiaten erklärten Clinton, in Ägypten wachse bereits die Bewegung für größere Bürger- und Menschenrechte. Amerikanische Unterstützung sei dringend erforderlich. Sie betonten, die Zivilgesellschaft stelle einen gemäßigten und friedlichen »dritten Weg« für Ägypten dar, eine Alternative zu den autoritären Elementen in der Regierung und den nach einem islamischen Gottesstaat strebenden Kreisen.
Während ihres Stipendiums verbrachten die Aktivisten eine Woche in Washington, wo sie an einem Training teilnahmen, in dem man geschult wird, **für etwas einzutreten und Entscheidungsprozesse zu beeinflussen,** und erhielten Einblicke in die Funktionsweise der amerikanischen Demokratie. Nach ihrem Training erhielten sie Gelegenheit, sich mit Vertretern zivilgesellschaftlicher Organisationen aus dem ganzen Land zu treffen und Erfahrungen auszutauschen. Die Aktivisten werden ihr Programm mit Treffen mit amerikanischen Regierungsvertretern, Kongressmitgliedern, und Besuchen bei Medienunternehmen und Denkfabriken abschließen.
Wenn ich den Namen **„Denkfabriken"** höre, habe ich immer einen schlechten Beigeschmack. In Fabriken werden Massengüter des täglichen Gebrauchs kostengünstig und unter Ausnutzung aller technischer Rationalität hergestellt, oft ohne Anspruch auf hohe

Qualität, nur der Preis entscheidet. Denken und Nachdenken sehe ich immer noch als eine gottgegebene, menschliche Gabe an und die Einzigartigkeit persönlichen Denkens sollte niemals in Fabrikabläufen eingegliedert werden. Alles menschliche Denken ist persönliche Entfaltung. Wir sprechen von persönlicher Freiheit des Denkens und dies unterscheidet uns von Maschinen in Fabriken.

Diese zivilgesellschaftlichen Oppositionsgruppen, die derzeit in der Protestbewegung eine wichtige Rolle spielen, werden von den USA unterstützt und finanziert. Sie dienen dauerhaft amerikanischen Interessen. Die Einladung ägyptischer Dissidenten in das Außenministerium und den amerikanischen Kongress dient auch dazu, in ihnen ein Gefühl des Engagements und der Loyalität zu den amerikanischen demokratischen Werten zu wecken. Amerika wird als Modell für Freiheit und Gerechtigkeit dargestellt. Und Obama wird als Vorbild hochgehalten.

Die Strippenzieher im Hintergrund unterstützen Dissidenten gegen ihre eigenen Marionetten. Das nennt man **»politisches Aushebeln«** oder **»Manipulation abweichender Meinungen«**. Man unterstützt den Diktator ebenso wie die Gegner des Diktators, um so die politische Opposition kontrollieren zu können.

Das Vorgehen von Freedom House und der National Endowment for Democracy im Interesse der Regierungen von Bush und Obama garantiert, dass sich die von den USA finanzierte zivilgesellschaftliche Opposition ihre Kräfte nicht gegen die Drahtzieher hinter dem Mubarakregime und zwar die amerikanische Regierung richtet.

Diese fremdfinanzierten, zivilgesellschaftlichen Organisationen handeln wie ein »Trojanisches Pferd«, das sich in die Protestbewegung integriert. Sie schützen die Interessen ihrer Hintermänner. Sie stellen sicher, dass die vom Volk getragene Protestbewegung sich nicht mit dem tiefer gehenden Problem der ausländischen Einmischung in die Angelegenheiten eines souveränen Staates auseinandersetzt.

Im Zusammenhang mit der Protestbewegung in Ägypten haben sich einige zivilgesellschaftliche Gruppen, die von Stiftungen mit Sitz in den USA finanziert werden, an die Spitze des Protestes bei Twitter und Facebook gesetzt:

»Aktivisten der ägyptischen Kifaya Bewegung, eine Koalition aus Regierungsgegnern und der Jugendbewegung »6. April« organisierten die Proteste auf den Internetseiten der sozialen Netzwerke Facebook und Twitter. Westlichen Nachrichtensendungen zufolge scheint Twitter in Ägypten später blockiert worden zu sein.« Die Kifaya-Bewegung, die Ende 2004 einen der ersten Proteste gegen das Mubarakregime organisierte, wird vom amerikanischen International Center for Non-Violent Conflict unterstützt. Kifaya ist eine Bewegung mit einer breiten Basis und hat sich bereits auch mit Palästina und dem amerikanischen Interventionismus in der Region auseinandergesetzt.

Freedom House seinerseits war an der Förderung und Ausbildung der Facebook- und Twitter-Blogs im Nahen Osten und Nordafrika beteiligt:

»Freedom-House-Stipendiaten setzen sich intensiv mit den Möglichkeiten sozialer Netzwerke über die Zusammenarbeit mit Spendern aus Washington, internationalen Organisationen und den Medien auseinander. Nach ihrer Rückkehr nach Ägypten erhalten die Stipendiaten kleine Beihilfen, um innovative Initiativen wie den Einsatz für politische Reformen durch Facebook und SMS-Benachrichtigungen anzustoßen.«

»Vom 27. Februar bis zum 13. März 2010 waren bei Freedom House elf Blogger, von verschiedenen zivilgesellschaftlichen Organisationen, aus dem Nahen Osten und Nordafrika zu einer zweiwöchigen ›Advanced New Media Study Tour‹ zu Gast, in deren Rahmen sich die Blogger intensiv mit den Problemen digitaler Sicherheit, digitaler Videobearbeitung, Entwicklung von Kernbotschaften und digitaler Kartografie beschäftigten. Während ihres Aufenthaltes in Washington und Umgebung nahmen die Stipendiaten auch an Beratungen des Senats teil und trafen mit hochrangigen Vertretern von USAID, des Außenministeriums und des Kongresses, sowie Mitarbeitern internationaler Medien wie Al-Dschasira und der Washington Post zusammen.«

Angesichts der Vielzahl hochrangiger Treffen im Senat, dem Repräsentantenhaus, dem Außenministerium usw. lässt sich leicht die Bedeutung ermessen, die die amerikanische Regierung diesem »Trainingsprogramm« für Blogger zuerkennt. Die Rolle der sozialen Netzwerke Facebook und Twitter als Ausdruck oppositioneller Ansichten muss im Lichte der Verbindungen verschiedener ägyptischer zivilgesellschaftlicher Organisationen zu Einrichtungen wie Freedom House, der National Endowment for Democracy und zum amerikanischen Außenministerium sorgfältig beurteilt werden.

Die Nachrichtensendung BBC News World, die im Nahen und Mittleren Osten ausgestrahlt wird, berichtete unter Berufung auf Zitate aus ägyptischen Internet-Meldungen, »die USA unterstützten prodemokratische Gruppen finanziell«. Und in einem geheimen Dokument der amerikanischen Botschaft heißt es laut einem Bericht des Daily Telegraf:

»Die Proteste in Ägypten wurden von der Jugendbewegung 6. April gesteuert, einer Facebook-Gruppe, die vor allem junge und gebildete Mubarakgegner anzieht. Die Gruppe verfügt über schätzungsweise 70.000 Mitglieder und benutzt die Internetseiten sozialer Netzwerke, um Proteste zu organisieren und über ihre Aktivitäten zu berichten.

Die von **WikiLeaks** veröffentlichten Dokumente enthüllen, dass offizielle Vertreter der amerikanischen Botschaft in Kairo 2008 und 2009 regelmäßig in Kontakt mit dem Aktivisten standen, den sie als eine ihrer vertrauenswürdigsten Quellen für Informationen über Menschenrechtsverletzungen ansahen.«

Die Moslembruderschaft in Ägypten bildet das größte Teilstück der Opposition zu Präsident Mubarak. Berichten zufolge soll die Moslembruderschaft die Protestbewegung weitgehend kontrollieren. Religiöse Parteien sind zwar laut Verfassung verboten, aber Mitglieder der Moslembruderschaft lassen sich als »unabhängige«

ins Parlament wählen, in dem sie die größte parlamentarische »Fraktion« stellen.

Diese Bruderschaft stellt dennoch keine unmittelbare Gefahr für die wirtschaftlichen und strategischen Interessen Washingtons in der Region dar. Westliche Geheimdienste arbeiten seit Langem mit der Bruderschaft zusammen. Die britische Unterstützung für die Bruderschaft über den britischen Geheimdienst geht bis auf die 40er-Jahre des vergangenen Jahrhunderts zurück. Seit den 1950er-Jahren, berichtet der frühere Geheimdienstbeamte William Bär, »ließ die CIA der Moslembruderschaft Unterstützung zukommen, weil die Bruderschaft über beachtliche Möglichkeiten zum Sturz Nassers verfügte«.

Demokratie oder Militärdiktatur? Wie es in Ägypten weitergeht, ist völlig offen. Doch der Wandel zu einem Volksstaat hat eine Chance.

Nur langsam kehrt Normalität in den ägyptischen Alltag zurück. Am Sonntag war zum ersten Mal seit Langem der zu Weltruhm avancierte Tahrir-Platz im Herzen Kairos für den Autoverkehr freigegeben. Das Gros der Protestler hat den Platz geräumt. Die Medien berichten, es habe kleinere Gerangel und laute Wortgefechte gegeben. Doch die große Spannung ist dahin: Mit dem Rücktritt von Präsident Husni Mubarak wurde die Hauptforderung der Demonstranten erfüllt. Für die meist jugendlichen Organisatoren des Volksaufstandes ist dies allerdings nur ein Teilerfolg. Die Parole hieß von Beginn an, nicht nur Mubarak, das ganze Regime muss weg. **„Wir werden zum Tahrir-Platz zurückkommen, wenn die Regierung unsere Forderungen nicht erfüllt"**, sagt Shady Al Ghazali Harb, einer der Anführer des Aufstandes. Selbstbewusst fügt der Jungpolitiker an: **„Wir bestehen darauf, dass wir Teil der Verhandlungen sind."**

In einem Punkt sind sich alle einig: Ägypten ist nach dem Sturz des **„letzten Pharaos"** ein anderes Land, nichts wird so sein, wie es war. Auch in einem weiteren Punkt besteht Konsens: Der Sturz des Autokraten ist, um US-Präsident Barack Obama zu zitieren,

„nicht das Ende, sondern erst der Anfang der Transition". Wie dieser Übergang aussehen soll, wie weit der Reformeifer reichen wird, ist umstritten und möglicherweise Ausgangspunkt neuer Spannungen und Instabilität.

In der Euphorie über den Rücktritt Mubaraks, die sich in einem einzigartigen kollektiven Freudentaumel entlud, ist die Machtergreifung durch das Militär fast untergegangen. Das ägyptische Militär hielt von Beginn der Krise an den Schlüssel in der Hand. In den zurückliegenden drei Wochen ist es der Armee gelungen, sich als Behüterin der Nation zu profilieren und große Sympathien in der Bevölkerung zu generieren. Die Menschen rechnen es den Soldaten hoch an, dass sie nicht auf die Protestler geschossen haben. Die schätzungsweise dreihundert Toten gehen auf das Konto der verhassten Polizei und Schlägertrupps des Mubarakregimes. Im Vergleich zu diesen wirkten die Soldaten in den zurückliegenden Tagen geradezu wie Friedensengel. Als das volle Ausmaß des Volksaufstandes sichtbar wurde, versagte die Generalität dem Präsidenten kurzerhand die Gefolgschaft. Aber, der von den Massen bejubelte Putsch verfolgt keinesfalls uneigennützige Motive. Am Ende drängten die Generäle unter Anleitung des langjährigen Mubarakvertrauten und Verteidigungsministers Mohamed Tantawi den Präsidenten aus dem Amt, um nicht mit ihm gemeinsam unterzugehen. Das strategische Kalkül liegt auf der Hand. Das Militär will den Fortgang der politischen Revolution unter seine Kontrolle bekommen. Durchaus geschickt lavierten sich die Streitkräfte durch die Systemkrise, um nun formal und faktisch an der Macht zu stehen. Erst langsam stellen sich viele Ägypter die Frage, ob ihr Land nun am Beginn einer neuen demokratischen Ära oder aber am Beginn einer Militärdiktatur steht.

Für die bewaffnete Macht steht viel auf dem Spiel. Lange tabuisiert wird nun über die immensen wirtschaftlichen Interessen der Generäle gesprochen. Der militärisch-industrielle Komplex galt als eine Hauptstütze Mubaraks.

Die Muslimbruderschaft, so wird gesagt, gilt als die Urzelle des politischen Islam.
Sie könnte als Sieger aus dem Aufbegehren des ägyptischen Volkes gegen den als Despoten empfundenen Präsidenten Husni Mubarak hervorgehen. Die verbotene, aber geduldete islamistische Organisation der Muslimbrüder.
Sie ist der stärkste Teil der ägyptischen Opposition und die Urzelle des politischen Islam, aus der zahlreiche militante und terroristische Splittergruppen hervorgegangen sind. Diese Urzelle hat sich zwar mittlerweile selbst einer demokratischen Grundordnung geöffnet und lehnt, zumindest offiziell, Gewalt ab. Doch nicht nur Israel, auch der Westen ist skeptisch.
Der Vater der Bewegung trägt einen dunklen Kinnbart und ein leichtes Lächeln. Konserviert ist sein Konterfei in Internetforen, tausendfach zu sehen, sein Name: **Hassan el-Banna**. Er ist die Ikone jenes politischen Islamismus: Als Märtyrer wird er verehrt, weil er 1949 in Kairo auf offener Straße erschossen wurde, vermutlich im Auftrag des ägyptischen Königshauses. Gemeinsam mit sechs Arbeitern der Suez-Kanal-Gesellschaft hat der Sohn eines Imams, der selbst als Volksschullehrer arbeitete, Idee und Gestalt der Muslimbruderschaft entwickelt. Traumatisiert durch das Ende des Osmanischen Reiches und den Siegeszug des Westens, der sich Ende des 19. Jahrhunderts immer schneller modernisierte und die arabische Welt mit ihrer Innovationsfähigkeit in Wissenschaft und Technik, in Politik und Verwaltung zu überrollen drohte, suchte el-Banna nach einem Weg, diese, seine Welt zu stärken.
1906 in ein kleinbürgerliches Milieu, das fest in Traditionen wurzelte, hineingeboren und religiös erzogen, schien ihm die britische Fremdherrschaft über Ägypten unerträglich. Den Weg aus dieser Unterlegenheit hinaus suchte el-Banna in der Rückbesinnung auf alte Werte, auf einen fundamentalen Islam, auf eine Einheit aus Glaube und Politik. So erfand er einen radikalen Islamismus, den er auch zur politischen Marschroute erhob. Diese befürwortete als Kampfmittel auch den Jihad. Auch wenn Jihad nicht nur den Kampf der Muslime mit Waffen, sondern vor allem

auch die Anstrengung im moralischen Sinne meint, beziehen sich auf die Person el-Bannas und auf seine Schriften bis heute Terroristen. Auch, wenn die Muslimbrüder selbst inzwischen vor allem in Ägypten gemäßigtere Realpolitik betreiben und nach einem Mittelweg zwischen Gottesstaat und demokratischem Staatswesen suchen.

Die Ausrüstung des Orients, schrieb el-Banna in seinen Memoiren, seien Sitte und Glauben. Nur durch diese beiden könne all das, was der Orient verloren habe, zu ihm zurückkehren. Der Islam als Lösung für alle Probleme der staatlichen Organisation, als Grundlage der Gesetze. Jene Idee breitete sich vom Mutterland Ägypten ausgehend schon wenige Jahre nach der Gründung der Muslimbruderschaft in der arabischen Welt aus und fand Hunderttausende Anhänger. Heute will die Bruderschaft nach eigenen Angaben etwa 70 Ableger weltweit haben, die sich ideologisch aufeinander beziehen, aber weitgehend eigenständig handeln. In Europa und auch in Deutschland gibt es Dachorganisationen, die die Anhänger und Unterorganisationen vereinen.

Zum radikalen Auftreten nach außen gehörte eine innere Einigung der Gesellschaft in den jeweiligen Ländern. Von Beginn an schufen die Muslimbrüder ein eigenes System sozialer Versorgung, das vor allem sozial Benachteiligten zugutekam. Nicht nur Moscheen, sondern auch Krankenhäuser, eigene Fabriken und Schulen gehören zu dieser allumfassenden sozialen Versorgung. Besonders der Bildung und Ausbildung junger Menschen widmen die Muslimbrüder ihre Aufmerksamkeit. So sollen die Gläubigen in das Wertesystem sozialisiert werden.

Doch neben dem sozialen Gesicht entwickelte sich auch der militante Arm der Bewegung weiter, den die in sich streng hierarchisch organisierte Mutterorganisation nur bedingt kontrolliert. Anfang der 40er-Jahre schufen sich die Muslimbrüder ein eigenes Militär, die Keimzelle jener militaristischen Splittergruppen, die sich im Laufe der folgenden Jahrzehnte immer wieder aus den Reihen der Muslimbrüder abspalten sollten. Die wohl bekannteste: Die palästinensische Hamas. Eine Verbindung, die vor allem Israel in der aktuellen politischen Situation in Ägypten als zutiefst bedrohlich empfindet. 1952 unterstützten die Muslimbrüder den Putsch der sogenannten **„Freien Offiziere"** gegen das ägyptische Königshaus. Unter dem neuen Präsidenten Gamal Abdel Nasser kam es jedoch bald zu Spannungen, die Muslimbrüder wurden verboten, wichtige Köpfe inhaftiert, manche sogar getötet. Der wichtigste unter ihnen: **Sayyid Qutb**, der sich zum wichtigsten Denker des militanten Islamismus entwickelte und 1966 hingerichtet wurde. Seine Schriften gelten heute als Lektüre für Terroristen. Zunächst sollten sich die Muslime aus der falschen Welt, in der sie leben, zurückziehen, um dann im Kampf den Unglauben zu überwältigen, so die radikale Theorie, die Qutb in Werken wie „Wegzeichen" und „Soziale Gerechtigkeit im Islam" entwickelt hatte und die beinhaltete, dass auch alle Muslime, die sich dieser Sicht nicht anschließen, zu ungläubigen erklärt werden. Und diese gelte es zu bekämpfen.

Unter dem Nachfolger **Anwar al-Sadat** entwickelte sich die Muslimbruderschaft trotz dieses indirekten Aufrufes zum bewaffneten Kampf zu einer Organisation, die Gewalt offiziell ablehnte. Aus der Bewegung heraus entstanden dennoch immer neue Abspaltungen, darunter auch die Organisation **„Islamischer Jihad"**, die Sadat 1981 ermordete. Auch **Ayman al Zawahiri**, der ideologische Kopf und zweite Mann bei Al Kaida hinter **Osama bin Laden**, entstammt dieser Organisation. In Ägypten hat sich die Muslimbruderschaft selbst dagegen im vergangenen Jahrzehnt zu einer Art Partei entwickelt, die offizielle keine sein darf, aber von weiten Teilen des Bürgertums und der kleinen Leute getragen wird. Sie ist die mit weitem Abstand stärkste Oppositionspartei, einem Strategiepapier zufolge nicht mehr zugeeignet antiwestlich, prowestlich dürfte sie aber aufgrund ihrer Entstehungsgeschichte keinesfalls einzuschätzen sein. Wo der Weg jener mehr als 90 Jahre alten Organisation hinführt, das dürfte der Verlauf der kommenden Tage und Wochen entscheiden.

Der Sturz von Hosni Mubarak war schon seit einigen Jahren als Option Bestandteil der außenpolitischen Planungen der USA. Der Austausch von Regimen dient der Sicherung der Kontinuität, weil er, für Öffentlichkeit und Bevölkerung, die Illusion erzeugt, es habe wirklichen politischen Wandel gegeben.
In Bezug auf Ägypten will Washington die Protestbewegung für seine Zwecke manipulieren und Präsident Mubarak durch eine neue gefügige Marionette ersetzen. Washington will die Interessen ausländischer Mächte schützen und die neoliberale Wirtschaftspolitik fortsetzen, die die ägyptische Bevölkerung in bittere Armut getrieben hat.
Aus Sicht Washingtons ist bei der Auswechselung eines Regimes die Installation eines autoritären Militärregimes wie in den Glanztagen des amerikanischen Imperialismus nicht länger die einzige Option. Ein neues Regime kann auch durch die Einvernahme politischer Parteien, auch der linken, durch die Finanzierung zivilgesellschaftlicher Gruppen und die Infiltration der Protestbewegung und nicht zuletzt die Manipulation von Wahlen eingesetzt werden.
Unter Bezug auf die Protestbewegung in Ägypten erklärte Präsident Obama am 28. Januar in einer Videosendung, die auch über YouTube verbreitet wurde: »Die Regierung sollte nicht zu Gewalt Zuflucht nehmen.« Es stellt sich aber die grundlegendere Frage, was ist die Quelle dieser Gewalt? Ägypten ist nach Israel der zweitgrößte Empfänger amerikanischer Militärhilfe. Und das ägyptische Militär gilt als Machtbasis des Mubarakregimes:
»Die Streitkräfte des Landes und die Polizeieinheiten sind aufgrund der mehr als eine Milliarde Dollar umfassenden jährlichen Militärhilfe aus Washington bis an die Zähne bewaffnet. Wenn die USA Ägypten offiziell als ›einen wichtigen Verbündeten‹ bezeichnen, bezieht sich das ungewollt auf die Bedeutung Mubaraks als Vorposten amerikanischer Militäroperationen und schmutziger Kriegstaktiken im Nahen und Mittleren Osten und darüber hinaus. Internationale Menschenrechtsgruppen haben klare Beweise dafür vorgelegt, dass zahllose ›Verdächtige‹ von amerikanischen Kräften

in ihren verschiedenen Operationsgebieten gefangen und dann heimlich nach Ägypten geschafft werden, wo sie dann ›robust‹ verhört werden. Das Land dient als gigantisches ›Guantanamo‹ des Nahen Ostens, das angenehmerweise der amerikanischen Öffentlichkeit verborgen ist und wo man von legalen Feinheiten in Bezug auf Menschenrechte befreit ist.«
Amerika ist kein Vorbild für die Demokratisierung des Nahen und Mittleren Ostens. Die amerikanische Militärpräsenz, die Ägypten und der arabischen Welt seit mehr als 20 Jahren aufgezwungen wird, ist in Kombination mit den »freimarktwirtschaftlichen« Reformen der eigentliche Grund staatlicher Gewalt.
Die Bewegung des Volkes sollte ihren Energien eine neue Richtung geben: Die Beziehungen zwischen Amerika und »dem Diktator« müssen klar herausgestellt werden. Setzt die Marionette Amerikas ab, aber vergesst dabei nicht die »wirklichen Diktatoren«.

Zum Schluss des Themas Mubarak können wir erfahren, dass möglicherweise der ehemalige Präsident Ägyptens an Magenkrebs erkrankt ist. Nach Angaben seines Anwalts leidet der ehemalige ägyptische Präsident Husni Mubarak (83) an Krebs. Es gäbe Hinweise darauf, dass er an Magenkrebs erkrankt sei, so Verteidiger Farid el-Deeb. Der am 11. Februar nach einem 18-tägigen Volksaufstand gestürzte Mubarak wird seit April wegen Herzproblemen in einem Krankenhaus in Scharm-el-Scheich behandelt. Mubarak habe sich im vergangenen Jahr in Heidelberg einer schwierigen Krebsoperation unterzogen, bei der die Gallenblase und ein Teil der Bauchspeicheldrüse entfernt worden seien. Nun gebe es Hinweise darauf, dass der Krebs zurückgekehrt sei und den Magen befallen habe. Mubaraks Gesundheitszustand sei „schrecklich". Der ehemalige Machthaber esse nicht und verliere oft das Bewusstsein.
Aus den vorgenannten Gründen und insbesondere wegen des hohen Alters wird mit Sicherheit auf eine Strafverfolgung verzichtet werden, so sehe ich die weitere Zukunft des Husni Mubarak. Die Gesetze gelten nur für das gemeine Volk.

Elftes Kapitel

Kein Job, kaum Geld, keine Zukunft, die Perspektivlosigkeit der Jugend zählt auch im taumelnden Libyen zu den größten Problemen. Weltweit ist die Not der Jungen ein gigantisches Problem. Die Lage dürfte sich weiter verschärfen, neue Aufstände drohen.
Die Wut ist grenzenlos. In Tunesien und Ägypten hat die Bevölkerung ihre Despoten schon aus dem Amt gejagt, seit Tagen gehen die Menschen nun in Libyen auf die Straße, um Muammar al-Gaddafi zu stürzen, den am längsten herrschenden Diktator der arabischen Welt. Der antwortet mit brutaler Gewalt, doch die Proteste gehen weiter, befeuert von einer zornigen Jugend, die in Libyen für ihre Chance auf ein freies Leben und eine bessere Zukunft kämpft. Hoffnungslosigkeit und fehlende Perspektiven, darunter leiden die Jugendlichen in Gaddafis Reich ebenso wie in anderen Schwellen- und Entwicklungsländern. Rund 81 Millionen Jugendliche sind weltweit arbeitslos. Doch in keiner Weltregion sieht es so schlecht aus wie in den nordafrikanischen **Maghrebstaaten**, zu denen unter anderem Tunesien, Marokko, Algerien und in Teilen Libyen zählen. Fast ein Viertel aller Heranwachsenden dort hat keinen Job.
Die Menschen spüren, dass sie keine Chancen haben. Die Dynamik der Aufstände in Nordafrika hängt sicherlich mit dieser Frustration zusammen. Und im kommenden Jahrzehnt könnte sich die Situation weltweit noch verschärfen. Es gibt zwar Fortschritte bei der Grundbildung von Kindern, doch gerade junge Menschen im Übergang ins Erwachsenenalter stehen vor enormen Problemen. Mehr als eine Milliarde Jugendliche zwischen zehn und 19 Jahren leben in Entwicklungsländern, das sind 90 Prozent der jungen Menschen weltweit, **ein gewaltiges Unruhepotenzial**. Regierungen und Entwicklungsprogramme müssen die Unzufriedenheit der Jugend, wie aktuell in Nordafrika, ernst nehmen.
Selbst mit vergleichsweise guter Ausbildung finden viele junge Menschen in den Maghrebstaaten nur schwer Arbeit. Der Tunesier Mohammed Buazizis musste sich trotz Abitur mit dem Verkauf

von Obst über Wasser halten, seine Selbstverbrennung im vergangenen Dezember wurde zum Fanal für den Volksaufstand. Die Bürger deuteten den Tod des 26-jährigen als Protest gegen die Jugendarbeitslosigkeit; und obwohl die wirklichen Umstände der Verzweiflungstat unklar blieben, steht fest: Sie weckte den Zorn der Bevölkerung, die den Despoten Ben Ali wenige Wochen später aus dem Amt trieb. Auch in Ägypten, wo Diktator Mubarak am 11. Februar aufgab, zählt die hohe Arbeitslosigkeit junger Menschen zu den größten Problemen.

Neben der Arbeitslosigkeit wird vor allem die schlechte Bildung angeprangert. Weltweit können demnach rund 71 Millionen Jugendliche nach der Grundschule nicht weiter zur Schule gehen. In einem immer härter werdenden Wettbewerb bleiben so kaum Chancen auf eine ordentliche Arbeitsstelle. Weibliche Teenager stehen laut UNICEF besonders schlecht da: Sie sind schlechter ernährt und besuchen seltener eine weiterführende Schule als Jungen. Jedes dritte Mädchen in Entwicklungsländern heiratet noch vor seinem 18. Geburtstag.

Wer als Teenager im **Armutskreislauf** steckt, findet später nur selten heraus. So entscheidet sich meistens schon in der frühen Phase des Lebens, ob Armut und Perspektivlosigkeit auf die nächste Generation vererbt werden. UNICEF fordert daher gezielte Investitionen in Jugendliche.

Bildungsangebote müssen verbessert werden, etwa über die Ausdehnung der Schulpflicht auf weiterführende Schulen. Zudem sollten Regierungen Schulgebühren abschaffen und in die Förderung von Mädchen sowie die Ausbildung von Lehrern investieren.

Jugendliche müssen besser beteiligt werden, zum Beispiel durch Jugendparlamente und Onlineforen.

Rechte von Jugendlichen müssen stärker abgesichert werden, in Entwicklungsprogrammen und Gesetzen.

Kinder und Jugendliche aus den ärmsten Bevölkerungsschichten müssen unterstützt werden, durch besondere Schutz- und Förderprogramme.

Sollte sich die desolate Lage in Schwellen- und Entwicklungsländern nicht bessern, drohen weltweit weitere Aufstände. In Tunesien und Ägypten haben die Menschen mit dem Sturz der Despoten einen Schritt in Richtung **Freiheit** geschafft. Doch ob sich die Situation der jungen Menschen wirklich bessert, ob die hohe Arbeitslosigkeit verringert werden kann, muss sich nach den chaotischen Umstürzen erst noch zeigen.
Denn bislang bestimme brutale Gewalt weiterhin das Bild gegen Reformer in der arabischen Welt.
In der moslemischen, arabischen Welt gärt und brodelt es an allen Ecken. An den aktuellen Brennpunkten Tunesien, Ägypten, Libyen, Algerien, Bahrain und Jemen gingen erneut Abertausende Menschen auf die Straßen, um Reformen in ihren Ländern einzufordern. Selbst Verbote können sie nicht abhalten und unter Einsatz oft ihres Lebens lassen sie den Rest der Welt wissen:
Leben ist nicht nur überleben!
Die Machthaber antworteten auf die Forderungen mit teilweise blutiger Gewalt. Lediglich in Bahrain gab es erste Zeichen der Entspannung, dort erhielt die Armee den Befehl zum Rückzug von den Straßen, der Kronprinz erhielt den Auftrag zum Dialog.
Um die Situation etwas besser Verstehen zu können, möchte ich dem werten Leser einen Überblick geben, um welche Länder der moslemischen Welt es sich handelt. Wie die Menschen dort leben, ebenso welche Regierungen im Amt sind und welche Lebensbedingungen für die Menschen hier herrschen. Die moslemische Revolution nahm ihren Anfang in Tunesien. Nach allgemeinen Erklärungen über Ägypten möchte ich über Tunesien und Libyen zu sprechen kommen, hier liegt der Beginn der nordafrikanischen, moslemischen Revolution des Jahres 2011.

Libyen

Muammar Al-Gaddafi hat Libyen lange mit Petrodollars, Polizei und Revolutionskomitees kontrolliert. Das ist vorbei. Nun zeigt sich, wie schwach der Staat dort ist.

Eine der letzten sozialistischen Diktaturen wankt. In Libyen geht das Volk auf die Straßen. Der Aufstand verursachte dort bislang mehr als 1.000 Tote. Einige Städte stehen bereits nicht mehr unter der Kontrolle der Regierung. Ein Sohn des Diktators droht seinem Volk offen via TV mit Gewalt. Und nun scheint ein Überschwappen der Revolte vom seit je her unruhigen Osten auf die Hauptstadt Tripolis bevorzustehen. Demonstranten liefern sich schwerste Auseinandersetzungen mit den Sicherheitskräften. Allein in der zweitgrößten libyschen Stadt Bengasi, Zentrum der bisherigen Proteste im Osten, sollen Ärzten zufolge am letzten Sonntag mindestens 50 Menschen getötet worden sein.

Im Gegensatz zu Tunesien und Ägypten, wo Demonstranten die Präsidenten aus dem Amt jagten, ist Libyen eigentlich ein reiches Land. Es hat große Öl- und Gasvorkommen, auch wenn diese schrumpfen. Den Libyern geht es wirtschaftlich besser als den Nachbarn im Osten und Westen auf der Karte Nordafrikas. Dennoch, der viertgrößte Flächenstaat Afrikas mit seinen nur 6,5 Millionen Einwohnern, weist gleichzeitig die höchste Arbeitslosenrate und das stärkste Bevölkerungswachstum Nordafrikas auf.

Libyen galt unter den arabischen Autokratien immer als der repressivste Polizeistaat von allen, ausgestattet mit einem allmächtigen Geheimdienst. Herrscher über den Wüstenstaat ist **seit 1969 der Beduine Muammar al-Gaddafi**. Mittlerweile gilt er als dienstältester Staatschef der Welt. Der Exzentriker unter den arabischen Potentaten nennt sich Revolutionsführer und führt offiziell Militär und Sicherheitskräfte, **„Bruder Führer"** soll man ihn nennen, diese Anrede kommt mir bekannt vor. Sagten auch unsere Gefolgsleute im Nazireich Deutschlands **„Heil, mein Führer"**. Sein Staat rangiert auf der Liste der arabischen Länder ohne Meinungsfreiheit ganz weit oben, vergleichbar mit Syrien oder dem Irak unter Saddam Hussein. In moderner Autokraten-Manier versuchen die libyschen Behörden die elektronischen Kommunikationskanäle abzuwürgen, zum Teil mit Erfolg. Es wird abgehört und wer mit dem Ausland telefoniert, macht sich verdächtigt.

Gaddafis wichtigstes Kontrollinstrument sind seine Revolutionskomitees. 1977 gegründet, haben sie Gesellschaft und Justiz durchdrungen. Theoretisch wird der Staat von direkt gewählten Basisvolkskonferenzen auf Graswurzelebene organisiert. In der Praxis wird dieses Konferenzsystem jedoch von den Revolutionskomitees Gaddafis kontrolliert, ein System, das an lang vergangene Sowjetzeiten erinnert. Außerdem hat er in den neunziger Jahren die paramilitärische Volksgarde gegründet, die ihm gegenüber als besonders loyal gilt und zentrale Sicherheitsaufgaben übernommen hat.

Entsprechend dazu hat Gaddafi seine Familie an zentralen Positionen in Sicherheit und Wirtschaft platziert. Am bekanntesten in Libyen ist sein Sohn Saif, der verschiedene Unternehmen besitzt und auch Verhandlungen mit dem Ausland über die Rohstoffe des Landes geführt hat. Saif Al-Islam hatte vorsichtige politische und ökonomische Reformen im Land versucht. Am Sonntag hielt er eine vierzigminütige Fernsehansprache, in der er vor einem Bürgerkrieg warnte und den Libyern einen Kampf bis zum Ende androhte. **"Rivers of Blood" sollen fließen."** Verbreitet unter den Söhnen Gaddafis sind Funktionen in den Sicherheitsdiensten, im Ausland sind einige durch ihre selbstherrlichen Auftritte bekannt geworden. Unter den Libyern sollen sie sehr unbeliebt sein.

Gaddafis Errungenschaft ist sicherlich die Schaffung eines Wohlfahrtsstaates, er ließ viel Geld in Bildung, Gesundheit und Wohnungsbau stecken, finanziert aus dem Verkauf von Gas und Öl. Allein die Analphabetenrate konnte er von 80 auf unter 20 Prozent senken. Zudem gehörte Gaddafi zu den ersten Autokraten Arabiens, die die Rolle der Frauen in der Gesellschaft aufwerteten. Dennoch, seiner Gesellschaftspolitik und ewigen Revolutionsrhetorik zum Trotz, ist Libyen ein konservatives Land. Besonders im ländlichen Raum dominieren Stämme und Clans. Bislang schaffte Gaddafi es, diese über ein spezielles Komitee in sein Konferenzsystem einzubinden. Entscheidendes Mittel ist auch hier die Zahlung von Geld an die Clan-Führer. Gaddafi selbst gehört zum

Stamm der Gadhafa, zusammen mit dem Clan der Maqarha ist dieser der mächtigste Familienverbund Libyens.

Die Unzufriedenheit der größtenteils jungen Libyer wuchs in der jüngsten Vergangenheit stark an, das zeigen die Proteste. Fast alle Arbeitnehmer des Landes sind in irgendeiner Form für niedrige Löhne beim Staat angestellt. Die Arbeitslosenrate wird dennoch heute auf 30 bis 65 Prozent geschätzt. Gas und Öl reichen noch, so lautet eine Schätzung, für 30 Jahre, doch ein Umbau der Wirtschaftsstruktur, um von den Rohstoffen unabhängiger zu werden, ist nicht in Sicht. **Wie in allen Diktaturen sind Korruption und Misswirtschaft weit verbreitet.**

Die Jugendlichen vergleichen heute das glanzlose Libyen mit den Golfstaaten und sehen, dass vom natürlichen Reichtum bei ihnen nicht viel ankommt, dass die Eliten sich einen großen Teil dieser staatlichen Einnahmen zuschanzen. Auch die Förderung der Frauen hatte im konservativen Libyen wenig Erfolg. Soziale Spannungen unter den jungen Libyern erzeugt zudem die Anwesenheit zahlreicher eingewanderter Arbeiter, Rassismus ist ein gravierendes Problem geworden.

Bislang blieben die Libyer jedoch meist still, Systemkritik gab es kaum. Jeder Tadel am „Bruder Führer" Gaddafi und an seiner Ideologie der Herrschaft der Volkskomitees führte direkt ins Gefängnis. Echte Opposition gab es bislang nur von den Islamisten, sie sind nach Einschätzung von Experten die am besten organisierte Gruppe. Sie rufen bei ihren Protesten in den Städten wie der Islamisten-Hochburg Bengasi und Misrata zwar auch **„Das Volk will den Sturz des Regimes"**, so wie vor ihnen die Ägypter. Doch anders als bei den Demonstrationen in Ägypten und Tunesien hört man hier auch viele religiöse Parolen. Sie rufen „Gott ist groß" und „Muammar (al-Gaddafi) ist der Feind Gottes". Die Angst vor den Islamisten ist im Regime groß. In den achtziger und neunziger Jahren hatte es sogar öffentliche Hinrichtungen in Bengasi gegeben, der unruhigen Hafenstadt im Osten des Landes. In den neunziger Jahren wurden in der Region zahlreiche bewaffnete Anschläge verübt, auch Gaddafi selbst wurde zum Ziel.

Die gewalttätige Fraktion der Gotteskrieger richtete sich vor allem gegen die Herrschaft der Revolutionskomitees. Die Muslimbrüder, auch in Libyen die wichtigste Organisation der Islamisten, finden heute besonders im Hochschulmilieu starken Rückhalt.

Inzwischen heißt es, dass sich auch die ersten Stämme vom „Bruder Führer" abgesetzt haben, auch einige libysche Politiker distanzieren sich von ihrem Herrscher. Gaddafi ausgeklügeltes System aus Revolutionskomitees, Clan-Einbindung und der Zahlung von Petrodollars scheint am Ende zu sein. Sein Ölsozialismus hat ausgedient.

Linke wie rechte Mythen von der arabischen Welt zerfallen, seit Millionen junger Menschen dort aufbegehren. Die neue Fremde verstört, die alte war so schön vertraut.

Wilde, wütende Reiter tauchten auf, wie aus dem Nichts. Mitten in den friedlichen Massenprotesten auf Kairos Tahrir-Platz gaben diese ägyptischen Reiter ihren Kamelen und Gäulen die Sporen. Sie trugen Turbane und saßen auf bunt gewebten Satteldecken, mit Stöcken oder Peitschen holten sie im Galopp gegen die Menge aus. Für einen Moment war er wieder da, an diesem 2. Februar 2011: der Orient. Wie so oft fasste „Bild" den westlichen Blick auf das Szenario am dichtesten: **„Revolution mit Steinen und Kamelen"**, verkündete das Blatt: „Jetzt gehen die Ägypter aufeinander los." Ägypten befinde sich im Bürgerkrieg, informierten die Reporter. Kairo, die Stadt der Revolution, explodiere in Gewalt. Nur wenig später wurde klar, dass die blutige, orientalische Freiluftoper von Anhängern des Regimes Mubarak selbst inszeniert, mancher Gegendemonstrant sogar für Honorar auf den Platz gekommen war. Freilich war die Inszenierung nicht nur für die Kameras des Staatssenders im Land gedacht, sondern genau dafür, dass „Bild" und andere Medien westlichen Orientalarm schlagen sollten: **„Chaos in Ägypten"**. Nachdem die Kamele des Regimes medial enttarnt waren, hat man sie nicht mehr wiedergesehen. Und der Präsident musste gehen.

Ägypten war allerdings Zeuge einer Bürgerbewegung, nicht eines Bürgerkriegs, geworden. Dieses Ägypten ähnelte plötzlich überhaupt nicht mehr dem klassischen, westlich konstruierten Orient. Internationale Fernsehsender trugen Interviews mit jungen Bloggern, Rappern und Facebook-Aktivisten um die Welt. Entspannte junge Leute mit oder ohne Sonnenbrille sprachen von **Partizipation, Demokratie, Emanzipation**, weder von **Allah** noch von **Jihad** oder gar dem westlichen **Satan**, wie man es von spontanen Vertretern der „arabischen Straße" erwartet hatte. Man wolle **Freiheit**, sagten sie.

„Kann der Islam mit der Freiheit leben?" Diese Frage stellen sich viele, doch das allgemeine Verstehen über den Ablauf des Islams geführten Ländern ist vielen immer noch weitestgehend unbekannt.

Hamed Abdel-Samad, in Deutschland lehrender ägyptischer Politologe und Autor, warf die Frage auf, mit welcher Berechtigung latent schlummernde Gefahren hinter dem allzu auffällig friedlichen Aufstand beschworen wurden. Er gewinne den Eindruck, sagte Abdel-Samad, **„dass manche hier ihren Orient wiederhaben wollen, mit Kamelen und Diktatoren."** Ich hatte in meinem Leben des Öfteren gleichlautende Aussagen von in demokratielebenden Deutschen gehört, die der Meinung waren, ein Hitler, nur ein ganz kleiner Hitler müsse wieder her, um unser Land von allem Übel zu befreien. Wie sich die Dummheit paart.

Abdel-Samads Beobachtung trifft zu: Der Okzident ringt um Orientierung, während der Orient seine entdeckt. Mit fast erleichterter Vehemenz wendet sich die deutsche Öffentlichkeit gerade vom verwirrenden Arabien weg, hin zur vergleichenden Lektüre von Textpassagen zur Doktorarbeit eines Ministers.

Die neue Fremde verstört, weil völlig unbekannt. Die alte Fremde war so schön vertraut, mit ihren Basaren, Turbanen, Schleiern, Pantoffeln und Wasserpfeifen. Sicher, Frauen spielen eine untergeordnete Rolle **„bei denen"**, gewiss, in arabischen Haftanstalten ging es brutal zu, aber so sind die hitzigen Araber, die meisten Muslime überhaupt, nun einmal. All das hielt Touristen aus kälteren Gegenden nie davon ab, am Strand unter Palmen zu liegen, sich mit Ganzkörpermassage, männlich oder weiblich verwöhnen zu lassen und Ali mit einem dürftigen Trinkgeld abzuspeisen, obwohl jeder weiß, dass er seine Familie mit dem gezahlten Lohn des Hotels nicht ernähren kann. Während doch nur ein paar Kilometer entfernt, in einem Gefängnis, irgendeinem Regimekritiker die Fingernägel ausgerissen wurden, oder wehrlose Frauen auf brutalste Art vergewaltigt werden. Ebenso wenig scheuten sich Politiker und Diplomaten jeder Couleur, auf den pompösen Armsesseln der Potentaten exotischer, undemokratischer Staaten abgelichtet zu werden. Man besucht ja den Kameltreiber nicht aus freien Stücken, sondern aus politischem und geschäftlichem Grund und dabei vergisst man gerne Themen der Unmenschlichkeit und der Menschenrechte anzusprechen, es könnte ja unter Umständen ein Millionengeschäft verloren gehen. Eltern eines Berliner Elitegymnasiums schrecken schon seit zehn Jahren nicht davor zurück, ihre Teenager in den Sommerferien in den von Folterknechten der Mullahs terrorisierten Iran zu schicken, damit die Schüler mal **„eine andere Kultur"** kennenlernen, und bei Teppichknüpfern und Goldschmieden ein wenig persischen Orient einatmen. Bei uns wäre Folter das Ende der Zivilisation. Bei denen gehört Folter ein bisschen zur Kultur. Wie hierzulande von 1933 bis 1945, aber der Ausrutscher ist ja lange vorüber.

Auf den Orient als Folie westlicher Vorstellungen vom **„Anderen"** machte der amerikanische Literaturwissenschaftler palästinensischer Herkunft, Edward Said aufmerksam. Laut Said verdankt sich die Konstruktion und Produktion des Objekts **„Orient"** einem westlichen Diskurs, nach dem er 1985 sein Hauptwerk, **„Orientalismus"**, nannte. Im Nachhall kolonialer Ethnisierung habe sich Europa **„politisch, militärisch, soziologisch und ideologisch"** einen Orient geschaffen, der kein freies Subjekt darstelle, sondern vielmehr eingehüllt sei in eine Vielzahl von Zuschreibungen. Diese erlaubten es Westlern, sich vom Orient selbstgefällig abzusetzen, sich als Kontrast dazu zu verstehen. Erstaunlich an der Rezeption Saids ist, wie gern er von der Kulturkritik als Kronzeuge aufgerufen wird, auch wenn autoritäre

Systeme infrage gestellt werden. Dabei mutiert Saids Orientalismus zu einem positiv verstandenen Kulturalismus.

Zu den Modebegriffen der Kulturwissenschaft zählen **„Alterität"**, **„Differenz"** und **„Identität"**. Der Respekt vor der Andersartigkeit einer Kultur erfordere es, deren Ausdrucksformen, Schleier, Patriarchat, Scharia und so fort, unangetastet zu lassen. Schleier oder Kopftuch müssten ästhetisch, und als Schutz von Frauen und Mädchen betrachtet werden, erklärten etwa die beiden deutschen Akademikerinnen, die 2007 ihre Studie **„Verschleierte Wirklichkeit"** publizierten. Kritik an Verkrustungen des Islam kommt, aus einem solchen Blickwinkel betrachtet, einer Respektlosigkeit gleich, gespeist zum Beispiel aus westlichen, feministischen Projektionen. Schleierkritiker wollten, in sexistisch-kolonialer Geste, der Orientalin gewaltsam ihren Schutz vom Leibe reißen. Eine weitere links-kulturalistische Position erklärt, wer der muslimischen Welt laizistischen, demokratischen Wandel **„regime change"** wünsche oder gar aktiv vorantreibe, der mache sich des **„Menschenrechtsimperialismus"** schuldig, zum Beispiel jene Amerikaner, die im Mittleren Osten Demokratien gedeihen sehen wollen.

Komplementär dazu findet sich auf der rechten Seite die Argumentation, **„der Araber"**, **„der Orientale"**, **„der Muslim"**, sprachlich mitunter im Kollektivsingular eingehegt, sei quasi genetisch eine etwas andere Spezies Mensch, auf die man keinesfalls von heute auf morgen westliche, rechtsstaatliche Prinzipien anwenden dürfe. Deutsche Richter, die Ehrenmorde als kulturbedingte Taten im Vergleich milder verurteilten, waren Protagonisten einer solchen Sicht. Denn patrimoniale Hierarchie, Gewalt, Tribalismus, Buchstabengläubigkeit, all das bräuchten die Orientalen eben, ganz besonders die frommen, bildungsfernen in den Slums oder auf den Äckern.

Ergänzt wird diese Ansicht durch das religionsgeschichtliche Argument: Da der Islam bisher ohne einen **Luther, einen Reformator,** geblieben sei, benötige er noch Jahrhunderte, um da anzukommen, wo **„wir"** sind. Die Bewohner des Orients verharrten gewissermaßen in ihrem ureigenen Mittelalter, da dürfe man nicht zu viel erwarten. Zum selben Mittelalter passen die Islamisten als antimoderne, fundamentalistische Sektierer. Um sie in Schach zu halten, benötigt man wiederum Despoten, die ihrerseits das Mittelalter aufrechterhalten. Mit diesem Dilemma – Status quo genannt – gelte es politisch zu koexistieren.

Unterdessen, da waren sich die Kulturalisten des Westens in ihrem offenen oder latenten Rassismus und Exotismus einig, müsse „der Orient" vor seinen Reformern in Schutz genommen werden. Erfreut griffen gerade arabische Herrscher und Kleptokraten solche Denkstränge auf, etwa Saudi-Arabiens 2005 gestorbener König Fahd: **„Das demokratische System, das auf der Welt vorherrscht, ist für unsere Region und unsere Bevölkerung nicht geeignet"**, gab er im März 1992 kund. Verblüffenderweise weisen linke wie rechte Kulturalisten im Westen am meisten Übereinstimmung mit den Stimmen der herrschenden Eliten in der arabischen Welt auf.

Wie sich die Aussagen der „sogenannten" Führer gleichen. Der tonganische Premierminister ließ vor den ersten Wahlen des Landes, in demokratischer Richtung, verlauten, dass das tonganische Volk nicht **reif** sei für eine Demokratie und es viele Jahre dauern kann, bis Verständnis für eine Änderung der Staatsform sich entwickeln kann. Er verschwieg wohlweislich, dass die Regierung nichts unternimmt, ihrer Bevölkerung die demokratische Umgestaltung näherzubringen und verbreitet nur Halbwahrheiten, die sehr viel Spielraum zur Auslegung lassen.

Es müsse sich zuerst einmal eine Zivilgesellschaft entwickeln, ehe autoritär regierte Staaten reif seien für Demokratie, so erklang die Parole des Orientalismus zweiter Ordnung, der ab den 1990er Jahren Fuß fasste. **Wie aber sollen die Elemente der Zivilgesellschaft, Bürgerrechtler, Bürgerinitiativen, Menschenrechtler, gedeihen, wenn Geheimpolizei und staatlicher Terror ihr Entstehen unmöglich machten?** In solchem Kontext konnte schon der Übergang von **Steinigung zu Erhängen** als Fortschritt verkauft werden.

2008 führten westliche Experten eine Onlinedebatte an der Universität Harvard. Es ging um die Thesen des Ökonoms **Charles Issawi** (1916-2000) über den Mittleren Osten. Issawis 1956 formulierte Einsichten seien weitsichtig gewesen, staunten die Experten, und klängen überraschend aktuell. Voraussetzung jeglicher Demokratisierung der Region, hatte Issawi erklärt, sei eine **grundlegende soziale und wirtschaftliche Transformation**. Zu investieren sei daneben vor allem in **Bildung**. Einflussreiche Experten wie Jon Alterman, Leiter des Middle East Program am Center for Strategic und International Studies, erklärten dazu, Issawi habe recht behalten: Die autoritären Systeme hätten sich als bemerkenswert dauerhaft und anpassungsfähig erwiesen. Scott Carpenter vom Washington Institute merkte an, dass Bildung in der arabischen Welt keineswegs zu Demokratiestreben geführt habe, Tunesien zum Beispiel müsse dann doch längst vorneweg sein, habe aber eines der repressivsten Systeme.

Die jungen Tunesier, Ägypter, Algerier, Libyer, Jemeniten, Libanesen oder Bahrainer, die heute im Begriff sind, mit der Demokratie ihre Gleichrangigkeit mit den Nachbarn in Europa einzufordern, haben sich um solch westliche Diskurse herzlich wenig gekümmert. Sie müssen weder auf Edward Said rekurrieren, noch sich gegen einen Autor wie Sarrazin wehren. Tag für Tag widerlegen sie vor aller Augen die Vorstellung, der „andere" Charakter ihrer Bevölkerung prädestiniere diese zu einem Hang nach autoritären Strukturen. Sie verbrennen keine israelischen Flaggen und brüllen nicht nach mehr geistlich-islamischer Autorität. Längst hätte man sie hören können. Der aus Algerien stammende **Cheb Khaled**, nicht nur im Maghreb bekannt als bester Interpret der Rai-Musik, besang schon vor Jahren in **„El Harba Wayn?"**, fliehen fliehen, aber wohin?, den Zorn auf das Regime: **„Die Reichen leben in Schwelgerei, die Armen schuften sich zu Tode, die islamischen Scharlatane zeigen ihr wahres Gesicht."**

Sie wollen also jetzt Demokratie, im Nahen Osten, sogar in manchen Golfstaaten. Und Israel? Absolut. Israel muss die erste Sorge gelten, besonders in Deutschland.

Jüngste Umfragen, in Auftrag gegeben vom Washington Institute for Near East Policy, sprechen jedenfalls nicht für ein homogen antiisraelisches Klima in Ägypten. Nur 15 Prozent der Befragten zeigten Sympathie für die Muslimbrüder, lediglich ein Prozent sähe deren Anführer gern als Präsident. 37 Prozent sprachen sich für den Erhalt des Friedensvertrags mit Israel aus, 27 Prozent waren dagegen. Lediglich fünf Prozent der Befragten glaubten, dass es zum Aufstand gekommen sei, weil ihre Regierung zu „proisraelisch" sei.

Längst sind im Neu-Orient wache Stimmen zu hören, etwa Abdulateef Al-Mulhim, der auf arabnews.com schrieb: „Seit meiner Kindheit höre ich von dieser unsichtbaren Sache, die israelische Verschwörung heißt. Bis heute sehe ich Araber, die die Israelis für alles verantwortlich machen, für junge, arabische Drogenabhängige, für ihre eigene mangelhafte Bildung, die irakische Invasion Kuwaits, schlechte Straßen, Korruption, fehlende Demokratie, Arbeitslosigkeit, Nine Eleven, die Teilung des Sudans, die Aufstände in Tunesien und Ägypten. Ist Israel imstande, all das zu verursachen, dann sind entweder die Israelis Übermenschen oder wir genießen es einfach nur, andere für unsere Fehler zu beschuldigen."

So einfach will es sich die junge Generation der Araber nicht mehr machen. Der Westen wird auf seinen Orient verzichten müssen, um den Dialog mit ihnen zu finden.

Man befindet sich in einer Umbruchphase, die arabische Welt trotzt der Gewalt ihrer Regime.

Das Königshaus in Bahrain zieht das Militär zurück. In Libyen lösen Elitetruppen Kundgebungen mit Waffengewalt auf. Die arabischen Staaten sind weiter in Aufruhr.

Der bahrainische Kronprinz Scheich Salman bin Hamad al-Chalifa hat die Streitkräfte aus den Straßen und Wohngebieten des Landes zurückbeordert. Der Befehl trete mit „sofortiger Wirkung" in

Kraft, hieß es in einer Erklärung der Regierung. Das Militär hatte insbesondere den Luluplatz, was Perlen-Platz bedeutet, im Zentrum Manamas besetzt, von dem die Proteste gegen die Regierung ausgegangen waren. Anstelle des Militärs solle nun wieder die Polizei für die Aufrechterhaltung der Ordnung sorgen, hieß es in der Erklärung. Kronprinz Al-Chalifa ist zugleich stellvertretender Oberbefehlshaber der Streitkräfte.

Nach der blutigen Niederschlagung der Proteste in der Hauptstadt Manama zwei Tage zuvor blieb die Lage in dem Golfstaat dennoch angespannt. Der Abzug der Soldaten und Panzer aus den Straßen und Wohngebieten war eine der Forderungen der Opposition, an die sie die Aufnahme eines Dialogs mit der Regierung geknüpft hatte. **König Hamad bin Issa al-Chalifa** hatte der Opposition zuvor Gespräche angeboten, diese hatte das Angebot aber abgelehnt.

Unmittelbar nach dem Rückzug der Armee aus dem Zentrum von Bahrains Hauptstadt Manama ist die Polizei mit Tränengas gegen regierungskritische Demonstranten vorgegangen. Polizisten blockierten die Zugänge zum Perlen-Platz, dem Hauptschauplatz der seit Tagen andauernden Proteste. Die dort versammelte Menge wurde auseinander getrieben, Polizisten nahmen mehrere Demonstranten fest.

Die Opposition hatte die Ablehnung des Gesprächsangebots des Königs mit der Forderung verbunden, dass das Militär zurückgezogen werden müsse und eine Übergangsregierung gebildet werden solle. „Wir haben nicht den Eindruck, dass es einen ernsthaften Willen zum Dialog gibt, denn das Militär ist auf den Straßen", sagte Wefaq-Mitglied Ibrahim Mattar. Auch die Absetzung des Innen- und des Verteidigungsministers wurde gefordert. Nötig sei eine „Übergangsregierung mit neuen Gesichtern". Die Mitglieder der Wefaq-Partei hatten am Donnerstag das Parlament verlassen. Die schiitische Bevölkerungsmehrheit fühlt sich von der sunnitischen Königsfamilie benachteiligt, die das Land seit Jahrzehnten fest im Griff hat. Bei einer Oppositionskundgebung hatte die Armee erneut das Feuer auf Demonstranten eröffnet. Nach offiziellen Angaben wurden dabei 55 Menschen verletzt, die schiitische Wefak-Bewegung sprach von 95 zum Teil lebensgefährlich Verletzten.

Auch in mehreren anderen arabischen Staaten sind Sicherheitskräfte weiter mit Gewalt gegen protestierende Oppositionsanhänger vorgegangen. Deshalb hat die Jugend dieser Länder sich zusammengefunden und kämpft gegen die **„arabische Malaise"**. In Ägypten, im Jemen und in Tunesien wollen junge Menschen nicht mehr **Opfer** sein. Sie demonstrieren gegen strenge Ideologien und für die **Würde** des Einzelnen.

„Die arabischen Menschen sind erfüllt von einem Gefühl der Machtlosigkeit. Sie sind durchdrungen von der Überzeugung, dass die Araber keine Zukunft haben. Dieses Gefühl wird immer wieder genährt durch den Blick der anderen, des Westens, sodass es kein Entkommen gibt." Der libanesische Historiker und Journalist Samir Kassir hat 2004 in seinem Essayband **„Araber sein"** gnadenlos die politische und intellektuelle Stagnation der arabischen Welt gegeißelt. Schonungslos beschreibt er, was die Unterdrückung durch die eigenen, mediokren Regime mit den Menschen macht, wie sie eine psychologische Malaise produziert bis hin zum Selbsthass. Und Kassir analysiert, wie das Gefühl der Ohnmacht potenziert wird durch den Westen, der bis heute durch die Unterstützung Israels und die Besetzung Iraks die Region dominiert. **„Das Gefühl, dass du nur ein einsamer Bauer auf dem globalen Schachbrett bist, obwohl das Spiel in deinem Hinterhof stattfindet."** Ein Jahr später hat Kassir noch mitbekommen, wie die Libanesen ihr Schicksal selbst in die Hand nahmen und mit Massendemonstrationen nach dem Mord an Ex-Premier Rafiq Hariri die Ordnungsmacht Syriens aus ihrem Land vertrieben. Doch den Aufstand der Jugend von Tunesien über Ägypten bis Jemen hat er nicht mehr erlebt: Im Juni 2005 wurde der prominente Syrienkritiker in Beirut ermordet.

Die arabische Malaise, die Kassir beschreibt, entlädt sich derzeit in einem machtvollen Ausbruch des Zorns. Neben steigenden Preisen und fehlenden Arbeitsplätzen ist es vor allem das Verlangen nach **Respekt und Würde**, das die jungen Leute befeuert. Dies verbindet die Menschen in den arabischen Ländern, die sich in Regierungsformen, vorherrschenden Ideologien und auch sozialer Lage stark unterscheiden. Die Umstürze im Ostblock, mit denen die Ereignisse in der arabischen Welt heute gerne verglichen werden, hatten die arabischen Länder nicht berührt. Sie blieben weiter am Rand der Weltgeschichte hocken.

Doch der Funke aus Tunesien sprang überraschenderweise innerhalb von Tagen nach dem Sturz von Präsident Ben Ali über. Heute rufen die Menschen im Jemen, das einen Kontinent entfernt liegt, **„Tunesien ist die Lösung"**, in Anspielung auf den allgegenwärtigen Slogan der Islamisten, **„Der Islam ist die Lösung"**. Libanesen demonstrieren vor der ägyptischen Botschaft in Beirut für den Abgang von Präsident Hosni Mubarak. Es geht erstmals seit Jahrzehnten nicht gegen Israel oder dessen Schutzmacht, die USA oder dessen Invasion im Irak. **„Es geht um uns"**, wie ein Demonstrant in Tunis sagte. Und darin schwingt ein ganz neues Selbstbewusstsein mit. Der Pan-Arabismus ist zwar längst totgesagt. Aber es gibt eine arabische Identität, die sich neben Kultur, Religion und Sprache auf gemeinsame historische und aktuelle Erfahrungen stützt und ein Band zwischen den 230 Millionen Arabern knüpft.

Davon war in den letzten Jahrzehnten wenig zu spüren. Denn der Begriff war politisch missbraucht worden. Die Arabische Liga ist ein impotenter Verein, in dem jedes Regime seine Interessen wahren will. Der regionale Handel ist unterentwickelt aufgrund von Zoll- und Grenzschranken. Zum Besuch des Nachbarlandes ist oft ein Visum nötig.

Eine prägende gemeinsame Erfahrung der meisten arabischen Völker ist die Kolonisation in unterschiedlichsten Formen. Die Befreiungskämpfe haben die Länder in ihrer Entwicklung gebremst und dazu beigetragen, dass anschließend Militärführer und autoritäre Regime die Macht übernahmen. Die Schaffung Israels und die Entrechtung der Palästinenser wurden als Fortsetzung der westlichen Beherrschung der Region gesehen. Auch wenn der

Westen das nicht verstehen will. Dies hat auch dazu beigetragen, dass die Menschen in der arabischen Welt wie gelähmt waren und sich resigniert darin eingerichtet hatten, dass andere sie beherrschen. Innen wie außen. Auch in diesem Bereich kommen mir Vergleiche mit dem tausendjährigen Deutschen Reich auf. Die jüdische Bevölkerung befand sich in gleicher weiße gelähmt und resignierte vor den Menschen vernichtenden Nazi Schurken. Man lies sich beherrschen und ohne Gegenwehr vernichten.
Natürlich muss aber auch gesehen werden, dass Tunesien anders als Ägypten ist. Das Land, das sich ohne großes Blutvergießen aus Frankreichs Vorherrschaft lösen konnte, ist der französischen Kultur mitsamt seinen **Idealen der Revolution** verbunden geblieben. Das Bildungsniveau ist extrem hoch und dies hat Ben Ali am Ende auch das Amt gekostet. Wie können sich Ingenieure, die die Elitehochschulen in Frankreich absolviert haben, damit abfinden, dass ihr Land von den Marotten und der Lieblingsfarbe des Präsidenten beherrscht wird? Brückengeländer wurden blasslila gestrichen, das Logo des staatlichen Fernsehens ebenso, die Funktionäre der Regierungspartei trugen nur noch Krawatten in blassem Lila. Da Ben Ali die Macht an einem 7. November übernommen hatte, wurde das Land einem Siebenerkult unterworfen: Jedes Dorf hatte seine Straße des 7. November, Geldscheine und Briefmarken zeigten die Zahl sieben, auf die Personalausweise waren sieben Tauben gedruckt und vor alle Telefonnummern im Festnetz wurde die Zahl sieben gesetzt. Dies hat die Revolution nicht ausgelöst, aber es hat die Tunesier in den Wahnsinn getrieben und ihre Intelligenz beleidigt.
Das Internet hat die arabische Jugend aus der Passivität geholt. Die Dekolonialisierung Ägyptens zog sich deutlich länger hin, Großbritannien behielt sich auch nach der formellen Unabhängigkeit starke wirtschaftliche Privilegien vor. Die vom Westen unterstützte Gründung Israels in unmittelbarer Nachbarschaft sowie die Angriffe Frankreichs, Englands und Israels, nachdem Präsident **Gamal Abdel Nasser** den Suezkanal verstaatlicht hatte, trugen dazu bei, dass die Ägypter ein gespaltenes Verhältnis zum Westen

haben. Viele Kräfte konnten immer wieder mobilisiert werden für die Verteidigung der Unabhängigkeit und wurden damit abgelenkt von Fehlentwicklungen im Inland. Ideologien wie Nationalismus und Sozialismus, Nasserismus und ansatzweise auch Islamismus wurden im 20. Jahrhundert ausprobiert und von der jetzigen Jugend in den Mülleimer der Geschichte geworfen.

Die arabische Jugend will keine strengen Ideologien und keine ideologischen Führer mehr und ist damit im 21. Jahrhundert angekommen. Selbst im Gazastreifen, der von der **islamistischen Hamas** beherrscht wird, haben sich junge Leute mit einem Internetmanifest zu Wort gemeldet. Darin wünschen sie die Hamas, die Fatah und die Vereinten Nationen zum Teufel und rufen verzweifelt aus: **„Wir wollen ein normales Leben führen. Ist das zu viel verlangt?"**

Diese Stimmen sind mittlerweile überall in der arabischen Welt nicht mehr zu überhören. Damit hat die Region erstmals seit Jahrzehnten wieder eine kollektive Stimme. Der qatarische Fernsehsender Al Jazeera spielte dabei eine wichtige Rolle, weil er kritisch über die Regime berichtete, aus einer arabischen Perspektive. Der Sender hat die Menschen informiert und eine arabische Identität wiederbelebt, aber die Zuschauer nicht aus ihrer Passivität geholt. Dies gelang dann dank dem Internet mit seinen sozialen Netzwerken, die jedem Einzelnen trotz Zensur und Verfolgung eine Stimme geben, aus denen sich nun ein **Chor** gebildet hat.

Das ist auch der große Unterschied zur **„Stimme der Araber"**, dem legendären ägyptischen Radiosender, dessen Programm in den fünfziger und sechziger Jahren in der gesamten arabischen Welt gehört wurde. Wenn am Freitagabend die Stimme der ägyptischen Sängerin Oum Kalthoum erklang, stand die arabische Welt still. Eigentlich war der Sender aber die Stimme des charismatischen Präsidenten Nasser, der 1952 die Revolution der Freien Offiziere angeführt hatte und das Radio zur Verbreitung seiner panarabischen und sozialistischen Thesen nutzte. Weil er dem Westen die Stirn bot, war er ein Symbol für die kollektive Würde der Araber. Dabei schlossen viele Menschen aber die Augen davor, dass er im Inneren die Grundlagen des repressiven politischen Systems legte, gegen das die heutige Jugend rebelliert. Sie kämpft für die Anerkennung als Bürger und für die Würde des Einzelnen. Damit ist sie gleichzeitig auf dem besten Wege, die von Samir Kassir beschriebene kollektive „arabische Malaise" zu beenden.

Der ägyptische Präsident Husni Mubarak ist zurückgetreten. Das hat der Vizepräsident Omar Suleiman offiziell mitgeteilt. Hunderttausende feiern frenetisch auf dem Tahrir-Platz in Kairo und in anderen Städten.
Auf dem zentralen Tahrir-Platz in Kairo brachen die Menschen in lauten Jubel aus. **„Gott ist der größte",** riefen die Demonstranten. Auch in anderen Städten brachen Jubelfeiern aus, Autokonvois fuhren hupend durch die Straßen.

„Das Land ist nach Jahrzehnten der Unterdrückung befreit, dies ist kein Ende, das ist ein Anfang."

Doch wie soll der neue Anfang aussehen, wohin steuert Ägypten nach dem Sturz Mubaraks?
Einem arabischen Despoten nach dem anderen droht der Sturz – nur was kommt danach? Kann beispielsweise Ägypten nach dem Ende Mubaraks demokratisch werden nach westlichem Vorbild? Das fragen sich Europas Politiker immer wieder. Bundesaußenminister Guido Westerwelle (FDP) will helfen, dieses Vorhaben in die Tat umzusetzen. Nur hätte er zuerst einmal den Ägyptern zuhören sollen, denn die kümmern sich inzwischen kaum um Demokratie-Konzepte, sie fragen sich eigentlich nur noch eins: Wo sind die Milliarden, die Präsident Husni Mubarak, seine Familienangehörigen und korrupte Mitglieder der Regierungspartei veruntreut haben sollen?

Eine zweiwöchige Reise durch das Land der Revolution zeigte mir, dass alle Ägypter das Wort Thaura – **Revolution** – am Tag zwar zigmal wiederholen, dass sie aber längst nicht alle für eine neue demokratische Ordnung revoltierten, sondern eine Mehrheit gegen die alte ausbeuterische Klasse aufbegehrte. Der Sturz Husni Mubaraks und seiner gierigen Kaste wird gefeiert, egal ob vom Schuhputzer in Kairo, den Bauern in den westlichen Oasen oder den Felucca-Kapitänen auf dem Nil bei Luxor. Mubarak, der noch vor zehn Jahren verehrt wurde, gilt nun als Inbegriff des bösen. Sagenhafte Summen, die Rede ist von 70 Milliarden Dollar, soll er sich angeeignet haben und so für die Armut im Land gesorgt haben. Fremdenführer Mohamed ist sich sicher, dass alle Ägypter vom veruntreuten Geld ein Leben lang hätten leben können. Zeitungen spekulieren anhand von Dokumenten über einen sagenhaften Platin-Schatz, den der greise Präsident in der Schweiz gebunkert haben soll. Andere Ägypter sind sich sicher, dass man vom Vermögen des Präsidenten Hunderte von Schulen und Krankenhäuser hätte bauen können.

Handfeste Beweise für den Reichtum des Potentaten gibt es keine, aber ein dämonischer Mubarak, der an allem Schuld ist, befriedigt die Volksseele. Man jagt ihn in die Wüste und alle Probleme des Landes lösen sich in Luft auf. Natürlich stimmt es, dass Mubarak einen schrecklichen Polizeistaat geschaffen hat, der auch vor schlimmster Folter nicht zurückschreckte. Natürlich hat er kaum etwas gegen Korruption unternommen, sich wahrscheinlich selbst bereichert, nur bleiben auch nach seinem Abdanken die strukturellen Schwächen des Landes bestehen. 80 Millionen Menschen leben in einem Land, das nur über eine marode Wirtschaft verfügt, kaum Infrastruktur hat, das ihnen kaum Rechtsstaatlichkeit garantiert, dafür aber Islamisten beherbergt, die beständig nach der Macht streben.

Das viel wichtigere Nachsinnen über eine neue demokratische Ordnung überlässt man getrost den Militärs. Die sollen innerhalb kürzester Zeit die Verfassung abändern. Niemand stört sich daran. Welcher demokratische Europäer würde es aber zulassen, dass seine Verfassung vom Heer verändert würde? Und dann noch im leicht naiven Brustton der Überzeugung wie der Tourist-Guide Reda behaupten: „Das Militär ist auf jeden Fall gut." Vergessen

scheint zu sein, dass Mubarak ein Soldat war, ebenfalls seine Vorgänger Sadat und Nasser. Vergessen, dass gerade die Militär-Oberen Teile der Wirtschaft kontrollieren und deshalb an tief greifenden Umwälzungen der Gesellschaft kaum interessiert sein dürften.
Dass die Revolution eigentlich erst nach dem Sturz Mubaraks beginnt, dass sie ein Mehrparteien-System hervorbringen muss, einen säkularen Staat, eine Schwächung des Präsidenten, der bislang alle wichtigen Posten besetzen durfte, eine prosperierende Wirtschaft und verbriefte Meinungsfreiheit, ist nur wenigen bewusst. Tag für Tag demonstrieren auf dem Tahrir-Platz zwar auch noch Ägypter für diese Ziele, aber die Zahl ist längst nicht mehr so beeindruckend. Mohamed bewundert diese Demonstranten, aber er versteht sie nicht wirklich. Täglich karrt er Touristen, die er inzwischen schmerzlich vermisst, zu den sagenhaften Königsgräbern bei Luxor. Natürlich zahlen seiner Meinung nach die Behörden allen Angestellten dort viel zu wenig. Der Staat soll einfach mehr Geld ausschütten. Mohamed strebt nicht nach Demokratie, sondern nach der Umverteilung des Reichtums. Seine Logik: Werden alle korrupten Staatsbediensteten verfolgt, ist genug Geld da, um die Massen, auch er hat zehn Kinder, zu versorgen. Dass die Korruption ein Gesellschaftsphänomen ist, das sich durch alle Bevölkerungsschichten zieht, auch die Ärmeren, ignoriert er geflissentlich. Ägyptens islamistische Muslimbruderschaft befördert die Unterteilung in Schwarz und Weiss, in böse korrupte Herrschende und gute Arme. Schon jetzt treibt sie die Revolution in diesem Sinne weiter voran. Und die strengreligiösen erweisen sich zudem noch als Demokraten. Schnell haben sie ihre Partei für **"Freiheit und Gerechtigkeit"** gegründet, wohl wissend, dass die Massen eben nach dieser Gerechtigkeit dürsten, die ein Hauptziel des Islam ist und viel weniger nach Demokratie. Die demokratische Jugendbewegung, die eigentlich die Revolution ins Rollen brachte, gerät zunehmend ins Hintertreffen. Ohne eigene Partei wird sie bei der nächsten, hoffentlich ersten fairen Wahl Ägyptens, kaum Erfolg haben. Der Islam könnte dann in Erman-

gelung anderer demokratischer Konzepte neue Ordnungsform Ägyptens werden.

Die Militärs haben bei der weitgehend unblutigen Revolution in Ägypten eine entscheidende Rolle gespielt. Doch wie berechtigt ist das Vertrauen in die Armee, wenn es um den demokratischen Übergang geht?
Das ägyptische Militär ist die mächtigste Einrichtung des Landes und hat den größten Einfluss in der neueren politischen und sozialen Geschichte. Der Militärputsch der Offiziere von 1952 zwang **König Faruk** zum Abdanken und beendete die fast 150-jährige Erbfolge in der ägyptischen Politik. Alle Präsidenten seit 1952 kamen auch aus den Reihen der Armee.
60 Jahre später war es wieder die Armee, die eingriff und die Ära Mubarak letztlich beendete. Es ist nicht überraschend, dass es wiederholte Forderungen nach einem Eingreifen des Militärs gab, als die Zusammenstöße auf der Straße außer Kontrolle zu geraten drohten. Am Vorabend von Mubaraks Rücktritt wurde das Militär erneut gerufen, um ihn, falls nötig gewaltsam, von seinem Amt zu entbinden. Seit dem 10. Februar war den meisten Ägyptern deutlich, dass ein Rücktritt Mubaraks die einzige Option zur Beendigung der Proteste war. Die Armee sollte mit ihrem Einsatz für die Demonstranten also auch eine Rückkehr in die Normalität ermöglichen.
Dieses Vertrauen ist auch historisch bedingt. Die meisten Ägypter sehen die Armee als nationale Institution an. Ihre Geschichte während des 20. Jahrhunderts hat sie zu einem Symbol für Einheit, Widerstandsfähigkeit und Stolz werden lassen. Im Jahre 1956 hat sich das Militär während der Suezkrise gegen Frankreich, Großbritannien und Israel gestellt. Im Jahre 1967 erlitt es eine beschämende Niederlage mit Konsequenzen für die gesamte Region. 1973 folgte der Gegenschlag mit einer Reihe überraschender Siege über die israelische Armee. Viele Ägypter glauben, die Rückgabe der Sinaihalbinsel sei direkt auf militärische Überlegenheit und geschicktes Verhandeln auf Camp David zurückzuführen.

Auch regional nimmt das ägyptische Militär eine große Bedeutung ein. Für viele arabische Staaten war es Garant einer Abschreckung gegen Israel. Jetzt bietet Ägypten das Gegengewicht zu Irans wachsendem Einfluss in der Region.

Zwei ausschlaggebende Ereignisse haben das ägyptische Militär, wie wir es heute kennen, geprägt. Der Sturz des von den USA begünstigten Schahs im Jahre 1979 entwurzelte die US-Außenpolitik im Golf und führte zu einem Ungleichgewicht, das eine sozialpolitische Unbeständigkeit entfachte, die zugleich verstärkt und verschlimmert wurde durch den zerstörerischen und blutigen Krieg zwischen Irak und Iran zwischen 1980 und 1988, die israelische Invasion des Libanon 1982 und durch die erste richtige Beteiligung des amerikanischen Militärs, als es begann, kuwaitische Öltanker im Persischen Golf zu beschützen.

Auch die Verbindung zu den USA ist innerhalb der Armee besonders ausgeprägt. Seit dem Friedensvertrag zwischen Israel und Ägypten 1979 leisten die USA jedes Jahr Zahlungen in Milliardenhöhe. Durch Ausbildungskurse und Waffenlieferungen werden Wissen und Ausrüstung von den USA an Ägypten weitergegeben. Viele westliche Entscheidungsträger sehen das ägyptische Militär als stabilisierende Kraft an, das das Friedensabkommen gesichert hat und als Partner im Kampf gegen den Terror auftritt. Westliche Politiker sind auch überzeugt, dass das Militär wachsende islamistische Einflüsse ausgleichen kann. Aus diesen Gründen scheint das Militär derzeit die beste Option zu sein, sowohl für die Stabilität innerhalb Ägyptens als auch für die Region allgemein. Es bleibt abzuwarten, wie sich die verkrusteten Befehlsstrukturen und alten Eliten innerhalb der Armee auf den rasanten Wandel einstellen. **Die Welle der Veränderung wird vom Militär nicht aufzuhalten sein.**

Tunesien

Es ist das nördlichste Land Afrikas und nur 140 Kilometer von Sizilien entfernt. Es erstreckt sich zwischen dem Mittelmeer und der Sahara, zwischen 37° 20' und 30° 10° nördlicher Breite sowie zwischen 7° 30' und 12° östlicher Länge. Die größte Nord-Süd-Ausdehnung zwischen Cap Blanc und der Grenzstation Bordj el Khadra beträgt rund 780 km, die größte Ost-West-Ausdehnung zwischen der Insel Djerba und Nefta etwa 380 km. Die Mittelmeerküste hat eine ungefähre Länge von 1.300 Kilometern.
Der Nordwesten Tunesiens wird vom Tell-Atlas bestimmt. Parallel zur Nordküste verlaufen von der algerischen Grenze bis zur Bucht von Bizerta die Gebirgszüge der Kroumirie (700–800 m Höhe). Daran schließt sich nordöstlich das Mogod-Bergland (300–400 m Höhe) an, das zum Beispiel am Cap Blanc in einer meist steilen Felsküste ins Mittelmeer abfällt. Auf der dem Wind abgewandten Seite des Gebirges schließt sich das Talbecken des ganzjährigen Wassers führenden Medjerda an, dessen Unterlauf zur wichtigsten Agrarzone des Landes gehört. Die Bergrücken der Dorsale verlaufen von Nordost nach Südwest mit dem höchsten Berg Tunesiens, dem Djebel Chambi, 1.544 m, mit einer Länge von 220 Kilometern. Die nordöstliche Verlängerung dieser Gebirgszüge bildet die Halbinsel Cap Bon mit fruchtbaren Ebenen und einigen Erhebungen, die jedoch als eigenständige Landschaftsregion aufgefasst wird.
Östlich der Dorsale, entlang der Mittelmeerküste zwischen Hammamet und Skhira, Sousse und Sfax, liegt der Sahel genannte Küstenstreifen, der durch Regen bringende Ostwinde sehr fruchtbar ist und unter anderem große Olivenbaumkulturen ermöglicht. Südlich der Dorsale schließt sich die Region des Zentraltunesischen Steppenlandes an, die an ihrem Südrand mit dem nördlichen Gebirgssaum einen Übergang zur Schottsenke Chott el Djerid und Chott el Gharsa bildet. Die von Salzseen und Oasen geprägte Landschaft geht weiter südlich am östlichen großen Erg in die Wüstenlandschaft der Sahara über. In südöstlicher Richtung

folgt das bis zu 600 m hohe Kalksteinplateau Dahar, das mit einem Schichtstufenland an die Wüstensteppe der Djeffara-Ebene anschließt. Diese Landschaft erstreckt sich weiter über die Landesgrenze nach Libyen.

Entlang des Mittelmeeres, um den Golf von Gabes liegt die Litoralzone, die durch sandige Flachküsten, Lagunen und vorgelagerte Inseln, beispielsweise Djerba, gekennzeichnet ist.

Tunesien hat im Jahr 2005 die Schwelle von 10 Millionen Einwohnern überschritten. Dies bedeutet eine Verdreifachung der Bevölkerung seit 1956, und eine Verdoppelung seit Beginn der 1970er Jahre. Seit dem Beginn der 1990er Jahre hat sich das Bevölkerungswachstum jedoch verlangsamt. Tunesien hat heute die niedrigste Geburtenrate der ganzen arabischen Welt und ein Bevölkerungswachstum von etwa 1 %.

Die große Mehrheit der Tunesier (98 %) identifiziert sich kulturell mit den Arabern, wenngleich Studien belegen, dass sie aus ethnischer Sicht den Berbern und auch den Iberern näher stehen, während der genetische Anteil der Araber, die die Region im 7. und 8. Jahrhundert besiedelten, geringer ausfällt. Unter den Zivilisationen, die das Gebiet des heutigen Tunesiens besiedelt haben und die zu jeweils unterschiedlichen Graden assimiliert wurden, sind die Phönizier, die Römer, die aus Germanien kommenden Vandalen, die Ottomanen und zuletzt die Franzosen. Dazu kamen im 15. Jahrhundert zahlreiche Mauren und Juden aus Andalusien. Die ersten Ostaraber kamen im 7. Jahrhundert mit der moslimischen Eroberung des Maghrebs. Sie islamisierten den Großteil der Ifriqiya. In dieser Epoche entstanden neue Städte wie Kairouan und Mahdia. Ab dem 11. Jahrhundert kamen die aus Ägypten vertriebenen Banu Hilal im heutigen Tunesien an und besiegelten die sprachliche und kulturelle Arabisierung des Landes. Die berberische Sprache und Kultur ist nur in einigen geografisch isolierten Gebieten in den Bergen nahe Matmata, Tataouine, Gafsa oder Sbeitla erhalten geblieben. Anders als in Marokko oder Algerien, wo die Berber eine ethnische Minderheit darstellen, ist ihre Zahl in Tunesien verschwindend gering.

Der Islam ist in Tunesien Staatsreligion; 98 % der Bevölkerung bekennen sich zu diesem Glauben. 85 % der tunesischen Muslime gehören dem malikitischen Madhhab der sunnitischen Glaubensrichtung des Islam an. Der Rest sind Hanafiten und Ibaditen. Christen und Juden sind kleine Minderheiten, aber das Land ist gegenüber religiösen Minderheiten vergleichsweise tolerant.

Im Volksglauben der Tunesier finden sich noch heidnische Überbleibsel wie etwa der Glaube an den bösen Blick. Das ganze Land ist von Qubbas übersät. Diese kleinen, meist weißen Kuppelbauten sind Pilgerorte, häufig Grabstätten von islamischen Heiligen, Marabouts, von denen geglaubt wird, dass sie Botschafter zwischen Mensch und Gott sind. Im Volksislam werden Marabouts um Hilfe gebeten, auch wenn dies vom offiziellen Sunnitentum als Abgötterei bezeichnet wird.

Das Judentum war in Tunesien einst sehr bedeutend, heute gibt es nur noch rund 1500 Juden. Auf der Insel Djerba steht seit wahrscheinlich über 1.000 Jahren die Al-Ghriba-Synagoge, Die Erstaunliche, eine der ältesten Synagogen der Welt. Jedes Jahr findet dort die größte jüdische Wallfahrt Nordafrikas statt, zu der Gläubige aus der ganzen Welt erwartet werden. Auf Djerba leben auch noch einige muslimische Kharidjiten.

Die Verfassung Tunesiens sieht die freie Ausübung des Glaubens vor, solange diese nicht die öffentliche Ordnung stört. Dieses Grundrecht wird von der tunesischen Regierung in der Regel respektiert. Religiöse politische Parteien sind jedoch nicht zugelassen, Abwerbung von Gläubigen und Polygamie sind verboten. Das Tragen des Hidschab ist eingeschränkt und in der Verwaltung und öffentlichen Schulen nicht gestattet. Islamische Feiertage, wie etwa das Islamische Opferfest, das Fest des Fastenbrechens oder Maw-lid an-Nabi, sind in Tunesien gesetzliche Feiertage.

Die Exekutive Gewalt in Tunesien liegt in der Hand des Staatspräsidenten. Er wird direkt vom Volk für eine Amtszeit von fünf Jahren gewählt und ist zugleich Oberbefehlshaber der Streitkräfte und ernennt den Premierminister. Die Verfassung verlangt, dass sich der Präsident zum Islam bekennen muss. Wählbar sind nur Personen, deren Eltern und Großeltern die tunesische Staatsbürgerschaft besaßen, die am Tag ihrer Kandidatur mindestens 40 Jahre und höchstens 75 Jahre alt waren und die von einer bestimmten Anzahl von Parlamentsmitgliedern oder Bürgermeistern nominiert worden sind. Alternativ dazu müssen sie mindestens zwei Jahre vor ihrer Kandidatur gewählter Vorsitzender einer zugelassenen politischen Partei sein. Diese Regelung wird als massive Benachteiligung für Kandidaten der politischen Opposition gesehen.

Seit 1987 amtierte Präsident Zine el-Abidine Ben Ali und wurde zuletzt im Oktober 2009 mit 89,28 Prozent Stimmenanteil im Amt bestätigt, und wie wir mittlerweile Wissen, Anfang 2011 aus seinem Amt verjagt und hat das Land bereits verlassen. Am 14.01.2011 wurde Zine el-Abidine Ben Ali aufgrund öffentlichen Drucks durch massive Proteste, die ab Dezember 2010 aufkamen, gestürzt und ergriff die Flucht nach Saudi-Arabien. Derzeit übernimmt Parlamentspräsident Fouad Mebazaa die Amtsgeschäfte.

Die Justiz ist formal unabhängig, reagiert aber auf Empfehlungen der Exekutive, besonders in politischen Fällen. Sie orientiert sich am französischen Vorbild, bezieht aber auch islamisches Recht mit ein. Es gibt verschiedene beratende Körperschaften: Staatsrat, Sozial- und Wirtschaftsrat, Konstitutionsrat und den höheren islamischen Rat.

Die Rechtsgrundlagen der Verfassung orientieren sich am französischen Recht. Die Staatsreligion ist zwar der Islam, Tunesien ist aber das einzige arabische Land, das das islamische Rechtssystem Schari'a in seiner Verfassung vom 1. Juni 1959 abgeschafft hat. Lediglich Artikel 38 der tunesischen Verfassung schreibt fest, dass der Präsident ein Muslim sein muss. Im Zivilrecht finden sich nur noch wenige Teile islamischer Rechtsvorschriften. Die Frauen sind in den letzten Jahren im Familienrecht, Eheschließung, Scheidung, Sorgerecht den Männern gleichgestellt worden.

Tunesien galt dem Westen als Musterland des Maghrebs. Das Volk sah das anders und hat seinen Präsidenten Ben Ali in die Flucht geschlagen. War die Zeit des einstigen Hoffnungsträgers einfach abgelaufen?

Die Gewalt auf den Straßen von Tunis und die rasche Abfolge der Ereignisse versetzen die arabische Welt in Aufregung. Zahlreiche autokratische Herrscher verteidigen dort zwar seit Langem ihre Macht, geraten aber zunehmend unter Druck durch eine protestierende Jugend, wirtschaftliche Probleme und militanten Islamismus. Der Westen hat sich lange zurückgehalten, weil diese Machthaber als Bollwerk gegen den Islamismus gelten.
Mit Zine el Abidine Ben Ali verbanden die Tunesier in frühen Jahren die Hoffnung auf Freiheit und Wohlstand. Diese erfüllte sich allerdings nicht ausreichend. Der Präsident regierte mit harter Hand, wie sich vor allem in den letzten Wochen vor seinem Sturz zeigte.
Ein Sieg der Jugend wurde in Tunesien errungen und **aus einem verzweifelten Sozialprotest ist eine islamische Revolution geworden.** Nun hat die Demokratie in Tunesien eine Chance. Der Diktator Sein al-Abidin Ben Ali ist aus dem Land geflohen. Kräfte aus dem politischen Establishment haben in Tunis die Macht übernommen. Das ist das Ergebnis einer Erhebung, die als **verzweifelter Sozialprotest begann und als Revolutionsbewegung endete.** Und das innerhalb von nur vier Wochen.
Der bedeutendste revolutionäre Faktor war die Jugend, sowohl die Hochgebildeten als auch die vielen Unterprivilegierten aus den Vorstädten. Ihr entscheidendes Werkzeug war Facebook.
Der heutige Freitag hat alles geändert. Gestern noch unterdrückte die Polizei jeden Versuch auch nur der kleinsten Demonstration mit Tränengas, Knüppeln und Gewehrkugeln. Heute versammelten sich Tausende Tunesier friedlich in der Innenstadt ihrer Hauptstadt. Dann setzte der letzte Versuch des Regimes ein, sich durchzusetzen. Die Polizei ging brutal gegen die Demonstranten vor. Doch in den Seitenstraßen des Zentrums und mehreren Stadt-

vierteln stießen sie auf Gegenwehr. Der Widerstand brachte die Wende.

Der Notstand ist nach wie vor ausgerufen, auf jede Versammlung von mehr als drei Personen wird scharf geschossen, die Ausgangssperre gilt. Es sieht so aus, als würde es nach wie vor Zusammenstöße geben.

Vielleicht kehrt aber schon bald Ruhe ein, und es müssen Wahlen vorbereitet werden. Die Parlamentswahlen und vielleicht auch eine Präsidentenwahl. Dafür werden die Tunesier in den kommenden Wochen und Monaten Demokratie üben müssen. Die Voraussetzung ist da, dass dies gelingen kann: die Volksbewegung. Es gibt allerdings keine nennenswerte Opposition, auch keine echte Oppositionspartei und auch keine allgemein anerkannten Führungspersönlichkeiten; die Bewegung war zu kurzzeitig, um eigene Führer hervorzubringen. Zudem hatte die Diebesherrschaft den Staatsapparat infiziert. Das Erlernen der Demokratie muss deshalb einhergehen mit einem Reformprozess, der die Reste dieser Kleptokratie und der Korruption beseitigt. Deswegen ist es wichtig, dass die Bevölkerung nach wie vor politischen Druck auf das Establishment ausübt. Ist eine Transformation hin zu einer neuen politischen Formation, zu Frieden und Stabilität also möglich? Im Prinzip ja. Tunesien hat die Chance dazu.

Zu bedenken ist auch, dass dies eine Revolution ohne jeden Einfluss von Islamismus ist. Der Islamismus war ein Popanz des Regimes. Europäische Regierungen haben daran allzu leicht geglaubt. Europa ist in diesen Tagen von den Menschen auf der Straße scharf kritisiert worden, die sich vom Westen Unterstützung erhofft hatten. Zu Recht. Nach dem Ende der tunesischen Diktatur muss Europa nun seinen Umgang mit solchem arabischen Regime dringend überdenken.

Als Zine el Abidine Ben Ali im November 1987 in den tunesischen Präsidentenpalast einzog, bedeutete er für die Menschen in dem nordafrikanischen Land die Aussicht auf mehr Demokratie und Freiheit. Sein Vorgänger, der despotisch regierende **Habib Bourguiba**, hatte sich auf Lebenszeit zum Präsidenten ernennen lassen. Ben Ali setzte den senilen Vater der tunesischen Unabhängigkeit ab und strich die lebenslange Amtszeit des Staatschefs umgehend aus der Verfassung, im Laufe seiner Präsidentschaft konnte aber auch er selbst immer weniger von der Macht lassen. Jetzt floh der 74-Jährige nach wochenlangen Unruhen aus seiner Heimat.

Ben Ali wurde in der östlichen Stadt Hammam-Sousse in eine bescheidene Familie geboren, als Tunesien noch ein französisches Protektorat war. Bei der Unabhängigkeit im Jahr 1956 war er 19 Jahre alt und strebte eine Karriere in der Armee an. Nach seiner Militärausbildung in Frankreich und den USA wechselte er zum tunesischen Armeegeheimdienst. 1985 zum Minister für nationale Sicherheit ernannt, wurde er 1986 Innenminister und Anfang 1987 Regierungschef, ehe er den kranken Bourguiba mit einem Putsch von der Staatsspitze verdrängte. Dies geschah auch unter Beifall aus dem Ausland. In seiner Antrittsrede versprach er Demokratie und soziale Gerechtigkeit.

In den ersten Jahren seiner Amtszeit trieb er tatsächlich die Modernisierung Tunesiens voran, für die sein Vorgänger bereits die Grundlagen gelegt hatte. Ben Ali schuf ein Sozialversicherungssystem und bekämpfte die Armut, setzte sich für die Emanzipation der Frauen ein und baute das Bildungswesen aus. Ben Ali regierte dabei allerdings mit eiserner Hand.

Menschenrechtsorganisationen bemängeln seit Jahren Einschnitte bei Presse- und Meinungsfreiheit sowie Repressalien gegen Oppositionelle und starke staatliche Überwachung. Die Rede ist von Folter politischer Gefangener und fortgesetzter Isolationshaft. Der Westen kritisierte regelmäßig die Lage der Menschenrechte in Tunesien, doch wegen seines entschlossenen Vorgehens gegen Islamisten galt Ben Ali als wichtiger Partner. Auch angesichts wirtschaftlicher Erfolge und der Millionen Touristen, die das Land jedes Jahr aufsuchen, sahen die westlichen Regierungen in dem tunesischen Staatschef kein größeres Problem.

Im Jahr 2002 änderte Ben Ali mit einer Volksabstimmung die Verfassung, die dem Präsidenten maximal drei Amtszeiten er-

laubte. Im Oktober 2009 gewann Ben Ali sein fünftes Präsidentschaftsmandat in Folge, allerdings erstmals mit weniger als 90 Prozent der Stimmen. Seine Partei, die Konstitutionelle Demokratische Versammlung (RCD), die Tunesien seit 1956 regiert, verfügt im Parlament über eine überwältigende Mehrheit der Sitze.
Ben Ali hatte stets bestritten, ein autokratischer Staatschef zu sein. Stattdessen erklärte er, in Sachen Demokratisierung folge Tunesien seinem „eigenen Rhythmus" und habe „von niemandem eine Lektion erteilt zu bekommen". Dieser Rhythmus scheint der Bevölkerung zuletzt nicht mehr ausgereicht zu haben. Wochenlang gingen Demonstranten auf die Straße, protestierten gegen die hohe Arbeitslosigkeit, teure Preise und die fehlende Freiheit. Dutzende Menschen starben, weil die Sicherheitskräfte auf Regierungskritiker schossen.
Ben Ali versprach in einer Rede an die Nation Reformen, er kündigte ein Ende der Zensur an und seinen Verzicht auf eine weitere Amtszeit. Die Zugeständnisse kamen zu spät. Während in der Hauptstadt Tunis die Proteste eskalierten, verließ Ben Ali Hals über Kopf das Land.
Über das Privatleben des in Hammam Sousse an der Ostküste geborenen Präsidenten ist wenig bekannt. Ben Ali gilt als computer- und technikbegeistert, färbt sich augenscheinlich die Haare und wirkt somit deutlich jünger als 74 Jahre. Gerüchte über eine zurückliegende Krebserkrankung wurden nie bestätigt. Zusammen mit seiner zweiten Frau hat er sechs Kinder. Leila Ben Ali wurde zuletzt zu einer starken Belastung für den Präsidenten. Die 63-Jährige ist in weiten Teilen der Bevölkerung als rücksichtslos und habgierig verschrien. Ihrer Familie, dem Trabelsi-Clan, werden Korruption und hemmungslose Bereicherung vorgeworfen.
Da Frankreich ihn nicht wollte, ist Tunesiens Präsident Ben Ali in Saudi-Arabien gelandet. Das Chaos in seiner Heimat indes hält an. Aus der Hauptstadt und anderen Landesteilen werden weiter Proteste und gewalttätige Ausschreitungen gemeldet.
Tunesien kommt auch nach der Flucht des zurückgetretenen Präsidenten nicht zur Ruhe. Aus der Hauptstadt Tunis wurde von

chaotischen Szenen berichtet. Gebäude brannten, es kam zu Plünderungen. Auch ein Krankenhaus soll angegriffen worden sein. Helikopter kreisen über der Stadt.
Nach Angaben von Augenzeugen brannte in der Nacht der Zentralbahnhof der Hauptstadt, auch in mehreren Supermärkten und Wohngebäuden sei Feuer gelegt worden. Unruhen wurden auch aus anderen Landesteilen gemeldet. Ministerpräsident **Mohammed Ghannouchi** sprach im tunesischen Staatsfernsehen von einem völligen Sicherheits-Chaos. Er riet den Bewohnern von Tunis, sich in Gruppen zusammenzuschließen, um ihre Habe zu schützen. In einem Interview kündigte er an, die Armee verstärkt zur Sicherung der Wohnviertel einzusetzen.
Ben Ali hatte vor dem Abflug ins Exil die Regierung abgesetzt und den Ausnahmezustand verhängt. Die Proteste, die sich ursprünglich gegen die hohe Arbeitslosigkeit gerichtet hatten, hatten sich immer mehr zu offenen Aufstand gegen sein Regime entwickelt. Bis zu Neuwahlen wird Ghannouchi das Amt des Interims-Präsidenten ausüben. Er werde sich mit den Führern der politischen Parteien treffen, um über das weitere Vorgehen zu beraten, sagte er in einem Interview. „Morgen wird ein entscheidender Tag", kündigte Ghannouchi an. Zwei Oppositionsführer hätten bereits Bereitschaft zur Zusammenarbeit signalisiert. Eine Rückkehr Ben Alis nach Tunesien bezeichnete er als **„unmöglich"**.
Doch die jungen Menschen des Landes sind zuversichtlich. Für sie gibt es ein neues Leben nach dem Sieg.
Es ist wie das Theaterstück „Die Bürgertochter und der Kommunist." Ein neues Tunesien bricht in die Freiheit auf.
Montagabend vor dem Stadttheater in Tunis. Junge Leute halten Zettel in die Höhe, darauf sind mit Filzstiften Parolen gemalt. Gegen Polizeigewalt und Vandalismus, die am Sonntag fünf Bürgern das Leben gekostet haben. Das war in einigen Provinzstädten, wo sich die Bevölkerung dagegen empörte, dass sich lokale Machthaber der Diktatur noch immer halten, und zwar mit unverändert brutalen Methoden.

Vor dem weißen Gebäude wird es allmählich schwarz, man trägt die übliche dunkle Kleidung. Nur eine junge Frau mit kurzen Locken nicht, ihr roter Umhang macht sie weithin sichtbar. Das ist Olfa Riahi. Sie hatte gar nicht gewusst, dass hier etwas los sein sollte. Nun aber ist sie mal wieder mittendrin und filmt mit dem Handy, wie sich ein Demonstrationszug bildet und singend dorthin marschiert, wo Schützenpanzer den Zugang zum Innenministerium versperren. Olfa Riahi lacht, singt mit, dann kniet sie sich an den Straßenrand, klappt ihren Laptop auf und veröffentlicht die Videos auf Facebook.
Ein Bürgerkind ist die 28-Jährige und erst vor wenigen Wochen zur politischen Aktivistin geworden. Am Sonntag war sie zurückgekehrt von einer Reise ins Landesinnere, um die Familien zu filmen, die in der Revolution ihre Söhne verloren haben. »Dort geht es anders zu als in der Hauptstadt«, sagt sie. »**Die meisten Leute haben keine Arbeit, und der Staat schützt sie nicht gegen die Verbrecherbanden und die Milizen des alten Regimes. Da ist auch kein Journalist mehr, die sind jetzt alle in Ägypten.**«
Fast alle. Bis auf Fahem Boukadous, der zur gleichen Zeit wie sie dort war. Er ist schon seit 25 Jahren Aktivist. Geboren wurde Fahem in Regueb, nahe bei Sidi Bouzid, wo sich am 17. Dezember 2010 ein junger Gemüsehändler namens Mohamed Bouazizi verbrannte, weil er die Willkür des korrupten Systems nicht mehr ertragen wollte.
»Auch mein Vater hatte einen kleinen Gemüseladen«, sagt Fahem, »und meine Mutter zog die elf Kinder groß. Meine Eltern sind einfache Gläubige. Ich habe von ihnen oft das Wort ‚Würde' gehört.« Mitte der achtziger Jahre erfuhr Fahem in der Schule von einem Mann, der im bolivianischen Dschungel für die Würde gekämpft hatte: **Che Guevara.** Fahem hörte die antibürgerlichen Chansons der Franzosen Georges Brassens und Leo Ferre, las das kommunistische Agitationsstück „Die Mutter" von Maxim Gorki und wurde ein strammer Linker. Zehn Jahre später organisierte er Kundgebungen an der Universität in Kairouan, die Polizei schlug

zu, Fahem versteckte sich. Drei Jahre lang, immer in anderen Städten, »manche Wochen lebte ich nur von Brot und Zucker«. Statt aus dem Haus zu gehen, schrieb er viel, für Untergrundblätter, »so bin ich Journalist geworden«.
Als 1997 eine Phase der Lockerung anbrach, stellte er sich den Behörden und kassierte zwei Jahre mit Bewährung. Verfasste aber einen Artikel, der Geschichte machen sollte, denn er rührte an das strengste Tabu, die kleptokratische Sippschaft Ben Alis. „Die Familie, die Tunesien ausplündert" hieß der Text, gedruckt mit Wachsmatrizen, und deren Geruch vergisst Fahem nicht, **»das ist der Geruch der Freiheit«**. Die Drucke wurden im ganzen Land umhergeschickt, bis die Geheimpolizei die Postämter heimsuchte. Zuerst griff sie sich die Leser. **»Manche wurden im Innenministerium in Tunis vergewaltigt und gefoltert«**, sagt Fahem und schildert die grausigen Details, »bis man mir auf die Spur kam.« Wieder verschwand er im Untergrund. Schließlich fand ihn die Polizei und brachte ihn ins Innenministerium, das Haus des Schreckens.
Sein Martyrium dauerte zwei Tage, unterbrochen von einem kurzen Aufenthalt im Polizeikrankenhaus, bis er ins Gefängnis verfrachtet wurde, in eine Zelle mit 120 Gefangenen, Betten gab es keine. »Da waren auch zehn Islamisten. Man hatte sie besonders schlimm gefoltert. Aber sie wollten keine Solidarität von einem Ungläubigen wie mir« – damals war Fahem der Kommunistischen Partei beigetreten. Erst als er sich weigerte, den Anstaltschef zu grüßen, begegneten sie ihm mit Respekt. 2001 kam er frei, wollte wieder studieren, durfte es aber nicht. Also richtete er mit seiner Frau einen Gemüseladen ein. Der bald zum Treffpunkt der Oppositionellen im Provinzort Gafsa wurde. Fahem gründete einen illegalen Fernsehsender. Das System trieb ihn wieder in den Untergrund. Fahem musste eine Klinik aufsuchen, Ben Ali lockte mit Begnadigung, falls der Oppositionelle sich »entschuldige«, das kam nicht infrage, und im Sommer 2010 musste er wieder ins Gefängnis.

Zu jener Zeit hatte Olfa Riahi keine Probleme. »Ich mochte das tunesische System ursprünglich«, gesteht sie. »Hier in der Küstenregion lebten wir im Wirtschaftswachstum und in Sicherheit, und ich gehörte ja auch zur Oberschicht.« Die Tochter eines pensionierten Obersten der Armee hat Ökonomie studiert, betreibt ein Übersetzungsbüro und moderiert die wochentägliche Vormittagssendung eines Wirtschaftsradios, außerdem sonntags ein Feature namens „Success story."

Alles schön. Dann kam der 17. Dezember 2010. »Als ich am Sonntag darauf zur Arbeit kam«, sagt Olfa, »hat mir eine Kollegin von der Selbstverbrennung erzählt, sie hatte es auf Twitter gelesen.« Sofort wollte Olfa mehr wissen, verbrachte ganze Tage und Nächte im Netz, »aber auf Sendung wollte niemand darüber sprechen. Ich habe viel geweint und gesagt: Dann spielt doch wenigstens traurige Musik!« Das geschah auch, und die Hörer quittierten es auf der Facebook-Seite des Radios mit deutlichen Worten.

Immer weiter verfolgte Olfa das Geschehen im Netz, sah die Videos von illegalen Demonstrationen und erfuhr Anfang Januar, dass zwei Blogger verhaftet worden waren. »Ich dachte: Ich kann nicht mehr auf diese Weise weitermachen. Am Sonntagmorgen sagte ich dann im Radio, ‚dieses Lied ist für Slim und Azyz' und spielte „Blowing in the Wind" von Bob Dylan.« Olfa wurde beurlaubt. Und ging demonstrieren, filmte, gab die Videos an al-Dschasira weiter.

Am Mittwoch, den 12. Januar protestierten die Bürger von Bizerte, woraufhin die Polizei die am Mittelmeer gelegene Großstadt rundum absperrte. Der Finanzier von Olfas Firma hat dort Familie, sorgte sich um sie und wollte Tags darauf mit dem Auto hinfahren: »Ramzi nähert sich einer Brücke, da wirft jemand einen großen Stein aufs Auto. Ramzis Gesicht ist zerschmettert, ein Auge hängt heraus. Der Beifahrer will ihn ins Krankenhaus fahren, sie werden an einer Straßensperre angehalten, die Polizei holt beide heraus, verprügelt sie; sie kehren um, wieder eine Sperre, die

Polizei schießt eine Tränengasgranate ins Auto. Ramzi liegt bis heute im Koma. So habe ich die Nacht zum 14. Januar erlebt.«

Der 14. Januar, das Revolutionsdatum, der Tag der großen Demonstration vor dem Innenministerium mitten in Tunis. Sie dauerte fünf kostbare Stunden, dann machte die Polizei Jagd auf die Bürger. »Wir sind in einen Garten in der Nähe geflohen«, sagt Olfa und zeigt das Video, das sie dort gedreht hat, »für meine zukünftigen Kinder.«

Als der Diktator im saudischen Dschidda landet, sitzt Fahem noch im Gefängnis. »Am 14. Januar hatte mich der Gefängnisdirektor zu sich geholt, und wir haben ferngesehen. Danach bin ich in meine Zelle zurückgekehrt und habe geweint. Es war geschehen, wovon ich immer geträumt hatte.« Freigelassen wird er erst fünf Tage später.

Dies ist die Generation, auf deren Rücken ein neues Staatsgebilde aufgebaut werden kann. Sein Traum der Freiheit wurde wahr und sein, in die Zukunft weißendes Denken, werden in die nächste Generation übermittelt und ein Spielfeld für Vertrauen und Freiheit aufgebaut.

Die ersten zwei Wochen danach gelten dem Wiedersehen. So im Büro des Demokratischen Frauenvereins in Tunis. Fahem ruft nicht vorher an, läutet an der Tür, dann ist, außer Freudenschreien nichts mehr zu verstehen. Fahem fährt zum Flughafen, um Oliver Besançenot zu empfangen, den jünglinghaften Sprecher der französischen Trotzkisten, der für einen Tag bei der Revolution vorbeiguckt. In der Halle wartet auch eine Gruppe verhüllter Frauen und bärtiger Männer, sie lassen einen Islamisten hochleben, der aus dem Exil zurückkehrt. Die Revolution hat Kommunisten und Islamisten befreit, Sozialdemokraten und Liberale. Aber nicht sie haben die Revolution gemacht, sondern junge Leute in den armen Provinzen und Angehörige der Bildungselite wie Olga. Politisch ist sie nicht festgelegt, obwohl um sie herum viele neue Parteien entstehen. »Ich hab keinen Überblick«, sagt sie, »ich weiß nur, dass es weitergehen muss.« In den ersten Tagen nach Ben Alis Sturz war in der Mittelschicht die Meinung verbreitet, nun könne

man in Ruhe demokratische Wahlen vorbereiten und die neu errungene Freiheit genießen. Doch Ende Januar kam aus dem Landesinneren eine Karawane der Armen nach Tunis, um dagegen zu protestieren, dass der Hydra nur der Kopf abgeschlagen sei. Die Protestierenden erhielten Zulauf von der Hauptstadtjugend, bald von fast der ganzen Gesellschaft, und sie erzwangen eine Regierungsumbildung. Seither steht das Bündnis der Mittelschicht mit der Landarmut wieder, das der provisorischen Regierung immer neue Schritte aufzwingt: die Entlassung führender Polizeioffiziere, ein Verbotsverfahren gegen die Staatspartei des Exdiktators, die Entmachtung des von ihr beherrschten Parlaments.
Das Bündnis wurde in der vergangenen Woche mit einer Dankeskarawane von Tunis ins Landesinnere besiegelt. Auch Olfa und Fahem werden dieser Tage wieder dorthin reisen. Filmend, schreibend und kettenrauchend alle beide; aufgekratzt und müde, beklommen, froh.

Die Maschine des geflohenen Präsidenten landete nach arabischen Medienberichten in Dschiddah am Roten Meer. Man habe Ben Ali und seine Familie im Königreich willkommen geheißen, meldete die saudische Nachrichtenagentur. Die Regierung Saudi-Arabiens Wünsche Tunesien **„Sicherheit und Stabilität"** und „stehe an der Seite des tunesischen Volkes", hieß es. Ben Ali hatte nach französischen Medienberichten zuvor versucht, in Paris zu landen. Die französische Regierung habe ihn aber nicht einreisen lassen wollen, hieß es in Regierungskreisen. Paris fürchte, dass es bei einer Aufnahme BenAlis zu Protesten der tunesischstämmigen Gemeinde des Landes komme.
Reiseveranstalter flogen deutsche Tunesienurlauber in die Heimat aus. Erste Maschinen mit Touristen trafen in Düsseldorf und Berlin ein. Wegen des Ausnahmezustands und der partiellen Sperrung des tunesischen Luftraums war es zu Flugausfällen gekommen, die die vorzeitige Heimkehr zahlreicher Touristen verzögerte. Reiseveranstalter schätzen, dass mit deutschen Anbie-

tern zwischen 6.000 und 8.000 Touristen nach Tunesien geflogen sind. In den Urlauber-Hotels blieb es zunächst ruhig.

Das Auswärtige Amt in Berlin riet von nicht unbedingt erforderlichen Reisen nach Tunesien ab. Bundeskanzlerin Angela Merkel zeigte sich besorgt über die Lage und mahnte eine friedliche Beilegung der sozialen Unruhen an.

Die EU-Kommission dringt ebenfalls auf einen friedlichen Wandel in dem Mittelmeerland. **„Wir mahnen alle Parteien, Zurückhaltung zu zeigen und Ruhe zu bewahren, um weitere Opfer und Gewalt zu vermeiden"**, erklärte die Eu-Außenbeauftragte in Brüssel. Der Schlüssel für die weitere Entwicklung sei der Dialog.

Auch die USA riefen alle Seiten zur Zurückhaltung auf. Die tunesische Regierung müsse **„in diesem Moment des bedeutenden Wandels"** das Recht ihres Volkes respektieren, sich friedlich zu versammeln und seine Ansichten zu äußern, erklärte US-Außenministerin Hillary Clinton. Die Vereinigten Staaten verfolgten die rapiden Entwicklungen ganz genau, so die Außenministerin. Sie rief zu freien und fairen Wahlen in naher Zukunft sowie zu Reformen auf.

In Tunesien bleibt die Lage auch nach dem Sturz von Machthaber Ben Ali angespannt. Bei Kundgebungen kam es zu Auseinandersetzungen. Die Polizei ging mit Wasserwerfern und Tränengas gegen Demonstranten vor.

In mehreren Städten forderten Demonstranten die Auflösung der Partei des gestürzten Präsidenten Zine El Abidine Ben Ali. **„Die Revolution geht weiter"**, skandierten Protestteilnehmer in Tunis bei zwei Kundgebungen mit mehreren Hundert Teilnehmern. Auch der schon unter Ben Ali amtierende Ministerpräsident Mohammed Ghannouchi, der eine Übergangsregierung unter Beteiligung der bis zuletzt regierenden RCD-Partei vorstellen wollte, müsse abgelöst werden, hieß es. Die Polizei löste die Kundgebungen vor dem Stadttheater und der französischen Botschaft wegen des geltenden Demonstrationsverbots mit Wasserwerfern und Tränengas auf.

Ähnliche Kundgebungen gab es auch in den Städten Sidi Bouzid und Regueb im westlichen Tunesien. In Sidi Bouzid hatte sich vor einem Monat ein 26-jähriger Arbeitsloser aus Protest gegen die Lage im Land verbrannt. Sein Tod war Auslöser für die landesweiten Unruhen. **„Wir können nur von Wasser und Brot leben, aber wir können nicht mit der RCD leben"**, riefen Demonstranten in Regueb.

In der Nacht und bis zum frühen Morgen waren in Tunis Schüsse zu hören gewesen. Anwohner berichteten, Männer hätten aus vorbeifahrenden Autos und von Motorrädern gefeuert. Auch zu Fuß seien Bewaffnete schießend durch die Straßen geeilt.

Inmitten von Chaos und Gewalt ist in Tunesien Foued Mbazaa als neuer Übergangspräsident vereidigt worden. Kurz darauf kam es vor dem Innenministerium zu einem Feuergefecht, an anderen Orten gab es erneut Tote.

In Tunesien herrscht weiter der Ausnahmezustand. Plünderer zogen durch die Straßen der Städte und setzten in Tunis den Hauptbahnhof in Brand. Immer wieder waren Schüsse in der Hauptstadt zu hören. Vor dem Innenministerium in Tunis lieferten sich Soldaten und Polizisten ein Feuergefecht mit Angreifern. Journalisten der Nachrichtenagentur AP beobachteten, wie zwei Menschen nach dem Schusswechsel am Boden lagen. Ob sie tot oder verletzt waren, war unklar. Auf den Dächern des Innenministeriums wurden Scharfschützen gesehen.

Bei einem Gefängnisbrand in der Küstenstadt Monastir starben bis zu 60 Gefängnisinsassen, wie ein Gerichtsmediziner sagte. Die Ursache des Feuers war zunächst unbekannt. Auch in der Stadt Kasserine stand ein Gefängnis in Flammen. Zudem sei es in einer Haftanstalt in der Küstenstadt Mahdia zu einem Aufstand gekommen, in dessen Folge Soldaten das Feuer auf Häftlinge eröffnet hätten, wie ein Beamter sagte. Nach Schätzungen des Beamten kamen fünf Menschen ums Leben. Um weitere Tote zu verhindern, habe der Gefängnisdirektor rund 1.000 Insassen freigelassen. Insgesamt erhöhte sich die Zahl der Menschen, die seit Beginn der

Unruhen in dem Mittelmeerland ums Leben gekommen waren, auf mehr als 130.

Ministerpräsident Mohammed Ghannouchi hatte im Staatsfernsehen erklärt, er habe die Macht nach der Flucht von Staatschef Ben Ali und seiner Familie aus Tunesien übernommen, doch nur 24 Stunden später fand die Vereidigung von Mbazaas als Ministerpräsident des nordafrikanischen Staates statt. Der zweite Wechsel an der Spitze.
Der 77-jährige Mbazaa, der bisher Präsident des Unterhauses des Parlaments war, forderte am Samstag Ghannouchi zur Bildung einer Einheitsregierung auf. Im Interesse des Landes müssten **„ohne Vorbehalte, und ohne Ausnahmen"** alle politischen Parteien beteiligt werden, auch die Opposition, sagte er in einer ersten Fernsehansprache. Das Verfassungsgericht kündigte Neuwahlen innerhalb von zwei Monaten an.
Der gestürzte tunesische Präsident Zine El Abidine Ben Ali ist in einem ersten Prozess wegen illegaler Bereicherung in Abwesenheit zu 35 Jahren Haft verurteilt worden. Ein Richter verhängte auch gegen Ben Alis Ehefrau Leila Trabelsi eine 35-jährige Haftstrafe. Er verhängte zudem millionenschwere Geldstrafen gegen die beiden.

Zwölftes Kapitel

In der islamischen Welt von Marokko bis zum Iran gärt es. Ein Überblick soll helfen, die aktuellen Brennpunkte der Revolution zu kennen.

JEMEN

In der Antike war das Gebiet des heutigen Staates unter dem Namen **„Arabia felix"**, das glückliche Arabien, bekannt. Hier nahm die **„Weihrauchstraße"** zum Mittelmeer ihren Anfang. Nord- und Südjemen, die unterschiedliche politische und gesellschaftliche Wege zurückgelegt hatten, fanden 1990 zur staatlichen Einheit, deren Erhalt in einem blutigen Konflikt vom Norden erzwungen wurde.
Das Land im Südwesten der Arabischen Halbinsel wird im Westen vom Roten Meer und im Süden vom Golf von Aden begrenzt. Zu Jemen gehören außer der Insel Perim am Eingang zum Roten Meer der Socotra-Archipel vor dem afrikanischen Kap Guardafui und die Insel Kamaran vor der Nordwestküste. Hinter der bis 70 km breiten Küstenebene im Westen, der Tihamah, erhebt sich steil das zerklüftete Randgebirge. An das Gebirge schließt sich landeinwärts das zentrale Hochland (2.000-2.500 m) an. Kanonartige Wadis zerschneiden das nahezu menschenleere, wüstenhafte Kalkplateau. Am bedeutendsten ist der 400 km lange Talzug des Wadi Hadramaut mit Oasen und Bewässerungskulturen. Nach Nordosten hin senkt sich das Land allmählich zur großen Sandwüste Rub al-Khali ab.
In der westlichen Küstenregion herrscht feuchtheißes subtropisches Klima; Regenfälle sind jedoch selten. Den meisten Niederschlag erhält das Randgebirge in Form von Steigungsregen. Die Temperaturen nehmen mit der Höhe deutlich ab und fallen im Winter bis an den Gefrierpunkt. In den Wüstenzonen herrschen hingegen Temperaturen bis zu 45°C.

Die Bevölkerung besteht fast ausschließlich aus südarabischen Jemeniten, die jedoch unterschiedlichen Stämmen angehören. Aufgrund von Oasenkulturen ist das westliche Hochland dicht besiedelt; typisch sind dort mehrstöckige Wohntürme aus Lehm. Einzige Millionenmetropole des Landes ist das Verwaltungs- und Handelszentrum Sana'a. Insgesamt lebt rund ein Viertel der Bevölkerung in Städten, doch steigt die Zahl durch die Abwanderung aus den ländlichen Gebieten an. Mit durchschnittlich 3,6 % wächst die Bevölkerung trotz hoher Kindersterblichkeit und geringer Lebenserwartung extrem rasch.

Die Republik Jemen gilt als Armenhaus Arabiens mit einem gewaltigen Terrorproblem. Al Kaida nutzt das von Bergen und Wüsten geprägte Land im Südwesten der Arabischen Halbinsel als Rückzugsgebiet mit Ausbildungslagern. Das auch nach der Vereinigung von Nord- und Südjemen politisch gespaltene Land mit seinen zahlreichen Stämmen gilt in weiten Teilen als unregierbar. Viele Männer sind auch im Alltag mit Krummdolch und Gewehr bewaffnet.

Der seit 1978 regierende Ali Abdullah Salih ließ in den vergangenen Wochen die Proteste Hunderttausender Regimegegner mit brutaler Gewalt niederschlagen. Seit etwa zehn Jahren kämpft die Regierung mehr oder weniger entschlossen gegen Al-Kaida-Leute, die sich in einigen Stammesgebieten verschanzt haben. Luftangriffe der jemenitischen Armee auf Stellungen der Terroristen konnten die Extremisten nicht von dort vertreiben.

Um eine Basis für weltweite Anschläge zu schaffen, gründeten die bisher weitgehend regional agierenden Terroristen aus dem Jemen und Saudi-Arabien „Al Kaida auf der Arabischen Halbinsel". Auf ihr Konto soll der Anschlagsversuch auf ein US-Passagierflugzeug über Detroit am Weihnachtstag 2009 gehen, der von einem Passagier verhindert wurde. Nach vereitelten Luftpost-Anschlägen hatte Deutschland Ende 2010 seinen Luftraum für Flugzeuge aus dem Jemen vorübergehend gesperrt. In den vergangenen Jahren sorgte der Jemen zudem für Schlagzeilen, weil Clan-Führer Ausländer entführen ließen.

Der bis 1990 unabhängige und zeitweise auch von der DDR unterstützte Südjemen fühlt sich von der Zentralregierung benachteiligt. Eine Separatistenbewegung kämpft seit Jahren für die Abspaltung von Sanaa. Hinzu kommt der teils politisch, teils religiös motivierte Aufstand der schiitischen Houthi-Rebellen im Nordwesten des Landes, der seit 2004 mehrfach zum Bürgerkrieg eskalierte.

Gemäß der Verfassung von 1994 (zuletzt 2001 geändert) ist der Jemen eine präsidiale Republik auf der Grundlage des Islams. An der Staatsspitze steht ein auf sieben Jahre direkt gewählter Präsident, der auch die Regierung ernennt. Das Repräsentantenhaus mit 301 Abgeordneten wird für eine Legislaturperiode von sechs Jahren gewählt. Ein Konsultativrat mit 111 vom Präsidenten ernannten Mitgliedern fungiert als beratendes Gremium. Wichtige Parteien sind der Allgemeine Volkskongress (AVK), die ehemalige Einheitspartei des Nordens sowie die Jemenitische Vereinigung für Reform (Islah) und die Jemenitische Sozialistische Partei (JSP).

Trotz der Erdöl- und Erdgasvorkommen, deren Förderung rund 70 % der Staatseinnahmen ausmacht, zählt das Land zu den ärmsten der arabischen Welt. Aufgrund von Wassermangel kann nur ein kleiner Teil des Landes als Ackerland genutzt werden; 75 % der Nahrungsmittel werden eingeführt. Die Kaffeekulturen sind größtenteils durch den Khatstrauch verdrängt worden, dessen Blätter eine berauschende Wirkung haben. In den trockeneren Landesteilen wird Viehzucht betrieben, die traditionell in den Händen nomadischer Beduinen liegt. Einzig von lokaler Bedeutung sind kleine traditionelle Handwerksbetriebe, in denen Silber- und Lederarbeiten hergestellt werden.

In vorchristlicher Zeit gehörte Jemen zum Reich der Sabäer und Minäer. In den ersten nachchristlichen Jahrhunderten wurden die jemenitischen Himjaren das führende Volk Südarabiens. Im 7. Jahrhundert folgte die rasche Islamisierung. Der Zaidite Jahja Ibn Al Hussain begründete im 9. Jahrhundert eine Dynastie und das Imamat. Bei stets wechselnden Machtverhältnissen, zeitweise übte das Osmanische Reich die Herrschaft aus, behauptete sie sich bis in das 20. Jahrhundert.

1839 eroberten die Briten Aden und machten es später zur Kronkolonie. Die südjemenitische Befreiungsbewegung erzwang 1967 den Abzug der Briten und proklamierte 1970 die Demokratische Volksrepublik Jemen, einen sozialistischen Staat nach sowjetischem Vorbild. Der Nordjemen hatte schon nach dem Zerfall des **Osmanischen Reiches** 1918 seine Unabhängigkeit erklärt. Nach inneren Wirren wurde 1962 in Sana'a die Arabische Republik Jemen proklamiert. Bürgerkriege und gewaltsame Regierungswechsel verhinderten sowohl in Nord- als auch in Südjemen eine innenpolitische Stabilisierung.

Nachdem in den 1970er und frühen 1980er Jahren verschiedene Anläufe zum Zusammenschluss der beiden Länder gescheitert waren, vereinigten sich Norden und Süden am 22.5.1990 zur Islamischen Republik Jemen. Staatspräsident wurde Ali Abdallah Saleh aus dem Nordjemen. 1994 führten innere Spannungen zum Ausbruch schwerer Kämpfe und zur Unabhängigkeitserklärung des Südens. Der Bürgerkrieg endete mit dem Einmarsch der nordjemenitischen Truppen in Aden. 1999 bestätigte die Bevölkerung Saleh in direkter Wahl im Präsidentenamt.

2000 verübten Terroristen im Hafen von Aden einen Bombenanschlag auf das US-amerikanische Kriegsschiff „Cole". Daraufhin schloss die Regierung nach den Anschlägen vom Elften September 2001 ein Abkommen mit den USA, um islamische Terroristen im Jemen effizient zu bekämpfen. Der AVK konnte bei den Parlamentswahlen 2003 seine dominierende Stellung ausbauen. Eine 2004 im Nordwesten des Landes ausgebrochene Aufstandsbewegung schiitischer Extremisten destabilisierte die innenpolitische Lage. Die Präsidentschaftswahlen 2006 entschied Saleh erneut für sich. Er schloss 2007 ein Waffenstillstandsabkommen mit den aufständischen Schiiten. 2008/09 kam es jedoch erneut zu schweren militärischen Auseinandersetzungen. Daneben sah sich die Regierung durch mehrere Terroranschläge herausgefordert, die al-Qaida-Anhängern zugeschrieben wurden. 2010 schloss die

Regierung mit den Houthi-Rebellen ein neuerliches Waffenstillstandsabkommen. Beeinflusst von den Protestbewegungen in Tunesien und Ägypten demonstrierten 2011 auch im Jemen Regimegegner gegen die Herrschaft Salehs. Dieser erklärte sich bereit, auf eine weitere Amtszeit zu verzichten. Gleichwohl weiteten sich die Proteste aus. Bei einer Massendemonstration der Opposition am 18.3.2011 verloren zahlreiche Menschen durch gezielten Schusswaffengebrauch ihr Leben. Saleh verhängte den Ausnahmezustand. Das Regime ging weiter mit Gewaltaktionen gegen Demonstrierende der prodemokratischen Bewegung vor. Vermittlungsversuche des Golfkooperationsrates scheiterten. Im Mai 2011 verschärfte sich die Situation, als ein Machtkampf zwischen den Anhängern Salehs und Stammeskämpfern der Hashid ausbrach. Am 3. 6. 2011 wurde Saleh bei einem Angriff auf den Präsidentenpalast verletzt. Zur medizinischen Behandlung ließ er sich nach Saudi-Arabien ausfliegen. Die Amtsgeschäfte über-nahm Vizepräsident Abdrabbu Mansur Hadi.

Demonstranten fordern den Rücktritt von Langzeit-Präsident **Ali Abdullah Salih**. Bei Zusammenstößen zwischen Regierungsgegnern und Anhängern Salihs wurden in den vergangenen Tagen nach Berichten des Senders BBC fünf Menschen getötet. Salih hat bisher lediglich zugestanden, 2013 nicht mehr zu kandidieren.

In der jemenitischen Hauptstadt Sanaa verhinderten strikte Sicherheitsvorkehrungen Zusammenstöße zwischen Anhängern und Gegnern von Präsident Ali Abdullah Salih. **„Das Volk fordert das Ende des Regimes"**, riefen die Opponenten Salihs, der das ärmste arabische Land seit 32 Jahren regiert. In der südjemenitischen Stadt Aden schossen Sicherheitskräfte auf Regierungsgegner. Augenzeugen zufolge wurden ein Mann getötet und mindestens 25 Menschen verletzt. Oppositionelle stürmten ein Verwaltungsgebäude und zündeten ein Auto an.

Trotz anhaltender Proteste und zunehmend chaotischer Zustände in seinem Land will Jemens Langzeit-Präsident Ali Abdullah Salih nicht zurücktreten.

Er werde sich den Protesten nicht beugen, erklärte der seit mehr als 30 Jahren amtierende Staatschef in der Hauptstadt Sanaa. **«Diese Machtgierigen sollten zu zivilisiertem Benehmen zurückfinden und auf die Wahlurnen vertrauen. Wenn die Menschen ihnen glauben, werden wir ihnen die Macht übergeben.»** Der Weg zur Macht werde allerdings nicht über Chaos und das **«Blut der jemenitischen Jugend»** führen.
Seit Mitte Februar fordern Demonstranten den sofortigen Rücktritt Salihs, der eine Präsidentenwahl bis Ende 2011 versprochen hat und dann nicht mehr antreten will. Sicherheitskräfte und Salih-Anhänger haben bisher fast 100 Regimegegner getötet und mehr als 1.000 verletzt. Daneben schlägt sich das Regime mit dem Houthi-Aufstand im Norden und mit dem Islamisten-Feldzug eines Al-Kaida-Ablegers im Süden und Osten des Landes herum. Es starben bei einer Explosion nach einem Angriff von Islamisten auf eine Munitionsfabrik nach Medienberichten mehr als 100 Menschen.
Da sich im Jemen immer mehr Chaos und Gewalt ausbreiten, verlassen die Diplomaten die Hauptstadt Sanaa. Im Süden fliehen Zivilisten aus der Stadt Sindschibar, in der die Regierungstruppen gegen Al-Kaida-Terroristen kämpfen.
Die Truppen von Präsident Ali Abdullah Salih lieferten sich nach Angaben von Augenzeugen in mehreren Vierteln heftige Gefechte mit den Kämpfern des Stammesführers der Haschid, Scheich Sadik al-Ahmar. In den vergangenen zwei Tagen wurden nach Informationen lokaler Medien 45 Stammeskämpfer getötet. Zur Zahl der getöteten Soldaten lagen keine Angaben vor.
Die kuwaitische Botschaft in Sanaa wurde geschlossen. Auch die italienischen Diplomaten haben bereits den Jemen verlassen. Die deutsche Botschaft in Sanaa ist derzeit noch mit einer Kernmannschaft besetzt. Eine Sprecherin des Auswärtigen Amtes sagte: «Es gibt derzeit keine konkreten Pläne, die Botschaft zu schließen, aber wir beobachten die Lage sehr aufmerksam.» Das Auswärtige Amt hatte am 28. Februar eine Reisewarnung für den Jemen

ausgesprochen. Derzeit halten sich noch rund 30 Deutsche im Land auf.

Augenzeugen in Sanaa berichteten, es seien auch Granaten im Al-Dschamaa-Viertel gelandet. Beobachter vor Ort deuteten dies als Versuch des Präsidenten, die Einheit von General Ali Mohsen al-Ahmar in den Konflikt zu verwickeln. Der General, der zu Salihs Familie gehört und früher zum Kreis seiner Vertrauten zählte, hatte sich auf die Seite der Demonstranten gestellt, die seit vier Monaten einen Regimewechsel fordern.

In der Stadt Thais waren bei Auseinandersetzungen zwischen Regierungstruppen und Anti-Salih-Demonstranten in den vergangenen Tagen Dutzende von Zivilisten getötet worden. Nach Angaben der Oppositionsmedien ging das Blutvergießen unvermindert weiter. Mehrere Zufahrtsstraßen wurden von den Regierungstruppen blockiert.

In der südlichen Stadt Aden leben inzwischen nach Informationen der Nachrichtenwebsite News Yemen 3.000 Vertriebene aus der Provinz Abijan in Schulen. Sie waren vor den Kämpfen zwischen Regierungstruppen und Al-Kaida-Terroristen rund um die Stadt Sindschibar geflohen.

Das Oppositionsbündnis JMP zog unterdessen seine Zustimmung zu einem von den arabischen Golfstaaten vorgeschlagenen Plan zurück, der einen Rücktritt Salihs vorsieht, ihm gleichzeitig aber Straffreiheit garantiert. Salih hatte die Vereinbarung nicht unterzeichnet.

Jetzt, da die Revolte das Land überspült, sollen Veränderungen und Verbesserungen für die Menschen eingeführt werden. Insbesondere da Präsident Salih schwer verletzt nach Saudi-Arabien ausgereist ist, nun herrscht im Jemen völliges Chaos. Von der Regierung sind nur noch Reste übrig, die Waffenruhe ist brüchig, die Opposition drängt an die Macht. Fällt das Land auseinander, oder bietet der Wandel auch Chancen?

Der Jemen war nie ein stabiler Staat, aber das gegenwärtige Chaos ist einmalig. Am Samstagabend verließ der seit 33 Jahren regierende Präsident Ali Abdullah Salih das Land Richtung Saudi-

Arabien; er ging nicht freiwillig, sondern weil er beim Beschuss seines Palastes am Tag zuvor verletzt wurde. So schwer offenbar, dass er im Nachbarland behandelt werden muss, die Rede ist von einem über sechs Zentimeter langen Stück Schrapnell im Brustkorb. Am Sonntagabend hieß es aus dem Krankenhaus, in das er sich begab, die Operation sei gut verlaufen, das Metallstück ist entfernt worden. Salih sei wach und in guter Verfassung. Der Präsident wolle nach **„zwei Wochen Erholung"** nach Sanaa zurückkehren, sagte ein Vertreter Salihs. Mit Salih reisten offenbar zwei Ehefrauen sowie mehrere seiner Kinder. Und auch ein großer Teil der Regierungsspitze. Denn der Premierminister, dessen Stellvertreter, der Parlamentssprecher sowie der Gouverneur der Hauptstadt Sanaa waren bei demselben Angriff ebenfalls verwundet worden.

Formal regiert den Jemen jetzt Salihs Stellvertreter, der ehemalige Karrieresoldat Abdrabuh Mansur Hadi. Ob er diese Rolle nun tatsächlich ausführt, scheint indes unklar: Aus Sanaa heißt es, er habe erklärt, dass er keineswegs die Macht übernommen habe. Ob die Meldung stimmt, Weiß niemand, wie fast alle anderen auch ist sie unbestätigt.

Sicher ist damit nur eines: Im Jemen, dem bitterarmen und nur an Konflikten reichen Land im Süden der arabischen Halbinsel, herrscht de facto ein Machtvakuum. In den kommenden Tagen wird sich zeigen, welche Individuen und welche Gruppen versuchen werden, es wie zu füllen und von der Antwort auf diese Fragen hängt ab, ob der Jemen in den Bürgerkrieg abgleitet, im Chaos stecken bleibt oder eine Chance erhält, sich neu zu erfinden.

Bei Salihs Rückkehr könnte es zu einem Bürgerkrieg kommen.

Als die Ausreise Salihs bekannt wurde, feierten Tausende Jemeniten auf den Plätzen der Hauptstadt und anderswo im Land. Sie sind sicher, dass er nicht zurückkehren wird. Vertreter der Opposition schworen denn auch umgehend, sollte er dies versuchen, würden sie ihn daran hindern. Vermutlich wird das nicht nötig sein. Die medizinische Behandlung in Saudi-Arabien könnte der halbwegs Ehren rettende Ausweg sein, der Salih zuvor nicht mehr zur Verfügung stand.

Sein Abgang würde bedeuten, dass der Jemen nach Tunesien und Ägypten das dritte Land ist, das seinen Autokraten abgeschüttelt hat. Das allein wäre ein Triumph, und viele Jemeniten sind überzeugt, dass es ohne Salih nur besser sein kann als mit.

Leider ist das nicht sicher. Sollte Salih versuchen wiederzukommen, könnte es einen Bürgerkrieg zwischen Loyalisten und oppositionellen Stammeskriegern geben. Aber auch wenn er im Exil bleibt, ist die Gefahr weiterer Gewalt nicht gebannt.

Noch stehen Teile der Armee auf seiner Seite. Sollte jemand versuchen, einer formalen Abdankung Salihs vorzugreifen und die Machtfrage zu stellen, ist unklar, wie die einzelnen Kommandeure sich verhalten.

Die Stammeskrieger der Ahmar-Konföderation, deren Aufbegehren Salih letztlich aus dem Land trieb, werden vermutlich einen Zugang zur Macht suchen und sie sind keine Demokraten. Derzeit halten sie sich nach eigenen Angaben an eine Waffenruhe. Aber ein minimaler Anlass könnte genügen, um eine Eskalation herbeizuführen. Es könnte im Jemen also auch zu einem schnöden Staatsstreich statt zu einer von progressiven Kräften angeführten Revolution kommen.

Im besten Fall einigen sich die Konfliktparteien unter Führung von Vizepräsident Hadi auf eine Übergangsregierung der nationalen Einheit und Neuwahlen. Theoretisch blieben dafür laut Verfassung 60 Tage, was extrem knapp ist. Aber es wäre der einzige Weg, politischen Wandel herbeizuführen, der auf Mehrheitswillen und nicht auf militärischer Macht basiert. Die friedlich-progressive Opposition, die mit ersten Massenkundgebungen vor fast vier Monaten die Saat für den Wandel ausbrachte, steht im Moment überrollt von den Ereignissen an der Seitenlinie. Freie Wahlen sind der einzige Weg, sie zu integrieren und ihre Rolle anzuerkennen; sie war entscheidend, und nur wenn sie belohnt wird, lässt sich der Jemen in das Paradigma des Arabischen Frühling einordnen.

Ob das gelingen kann, ist ungewiss. Noch steht das Land unter Schockstarre, dürften Militärführer wie Regierungsmitglieder und Stammesführer im Kopf durchrechnen, welche Option für sie die günstigste ist.

Jeder Tag aber, den der Jemen im Machtvakuum verbleibt, ist gefährlich. Sezessionisten im Süden und schiitische Huthi-Rebellen im Norden könnten es nutzen, ihre Pläne für vollständige Autonomie umzusetzen. Ist die staatliche Einheit aber erst geknackt, lässt sie sich womöglich nicht wiederherstellen.

Saudi-Arabien und die USA sind die auswärtigen Akteure mit dem meisten Einfluss. Riad hält die Karten in der Hand, könnte womöglich Salih dazu bewegen abzudanken. Zugleich wird Riad aber Interesse an einer stabilen neuen Herrschaft haben. Ob diese demokratisch legitimiert ist, hat in Saudi-Arabien wenig Bedeutung.

Die USA sind wichtig, weil sie jede politische Lösung absichern helfen können, mit Geld, politischen Zusagen, anderen Hilfen. Immerhin ist Washington von der strategischen Bedeutung des Jemen überzeugt, wenn auch aus einem verengten Blickwinkel heraus, nämlich dem der Terrorbekämpfung.

Vorhersagen sind angesichts dieser Vielzahl an Varianten, Interessen und Akteuren nicht möglich, das geben selbst Jemen-Experten unumwunden zu. Zwischen Bürgerkrieg und Bürgersieg ist alles möglich. Es kommt darauf an, ob zu irgendeinem Zeitpunkt eine kritische Masse an Zahnrädern ineinanderzugreifen beginnt und einen Schritt nach vorne erzeugt. Vor allem, welche Zahnräder dies sind.

Tausende Menschen verlassen aus Furcht vor einem Bürgerkrieg die jemenitische Hauptstadt Sanaa. Der Machtkampf zwischen dem umstrittenen Präsidenten Salih und seinen Gegnern droht weiter zu eskalieren. Der Diktator kündigte Vergeltung für den Anschlag vom Freitag an.

Sanaa wirkt in einigen Vierteln bereits wie eine Geisterstadt. Tausende Menschen sind vor den eskalierenden Kämpfen zwischen Anhängern und Gegnern des jemenitischen Präsidenten Ali

Abdullah Salih aus der Hauptstadt geflüchtet. Der Verkehr staute sich auf den Ausfallstraßen.

Das Land droht nach Monaten überwiegend friedlicher Proteste gegen die fast 33-jährige Herrschaft Salihs in einen Bürgerkrieg abzurutschen. Am Samstag, dem Tag nach dem Anschlag auf den Präsidenten, blieb es allerdings zunächst ruhig.

Die Auseinandersetzungen hatten am Freitag mit einem Angriff auf den Präsidentenpalast einen neuen Höhepunkt erreicht. Dabei waren neben Salih mehrere Regierungsvertreter verletzt worden. Sieben Menschen starben laut Berichten staatlicher Medien. Einige der Verletzten sollen zur Behandlung nach Saudi-Arabien gebracht worden sein.

Der Fernsehsender al-Arabija berichtete unter Berufung auf jemenitische Kreise, auch Salih befinde sich im Nachbarland. Der stellvertretende Informationsminister des Jemen wies diese Darstellung als falsch zurück. Auch aus dem Umfeld der saudischen Königsfamilie hieß es, Salih sei in seiner Heimat. Dennoch wurde über den Zustand Salihs weiter spekuliert.

Am Freitag hatte die Opposition zunächst vermeldet, der Präsident sei bei dem Angriff ums Leben gekommen. Am Abend erklärte die Regierung, der 69-Jährige habe nur Kratzer abbekommen. Statt einer zunächst angekündigten Pressekonferenz wurde allerdings später lediglich eine Audiobotschaft Salihs verbreitet. In der Öffentlichkeit ließ sich der Präsident seit dem Angriff bislang nicht blicken. In der Audioansprache warf er dem Hasched-Stamm vor, hinter dem Angriff zu stecken. Ein Sprecher des Stamms wies dies zurück.

Insbesondere in Sanaa hat sich der Machtkampf zwischen Anhängern und Gegnern des Präsidenten zugespitzt, aber auch aus anderen Landesteilen werden immer wieder Kämpfe gemeldet. Fast 200 Menschen wurden allein in den vergangenen zwei Wochen getötet, insgesamt starben etwa 400 Menschen, seit die von den Umstürzen in Tunesien und Ägypten inspirierten Proteste im Januar erstmals ausbrachen.

Die deutsche Botschaft wurde aus Sicherheitsgründen geschlossen. „Ich fordere alle Landsleute eindringlich auf, das Land umgehend zu verlassen, sofern dies sicher und möglich erscheint", erklärte Bundesaußenminister Guido Westerwelle. Der britische Außenminister William Hague rief ebenfalls seine Landsleute auf, umgehend den Jemen zu verlassen.

Salih hat ungeachtet des wachsenden internationalen Drucks und schwindenden Rückhalts im eigenen Land drei Vermittlungsversuche der Golfstaaten abgelehnt, die ihm im Gegenzug für einen Rücktritt Immunität zugesichert hätten. Durch sein Festhalten an der Macht hat er es sich inzwischen auch mit den einstigen verbündeten USA und Saudi-Arabien weitgehend verscherzt. Es wird befürchtet, der verarmte Jemen könnte zum **„gescheiterten Staat"** und so zum Sicherheitsrisiko für die gesamte Region werden. Insbesondere der jemenitische Flügel der radikal-islamischen al-Qaida würde nach Einschätzung von Experten von der Instabilität des Landes profitieren.

Als der Präsident verletzt wurde und ausreisen musste, jubelten die Demonstranten im Jemen. Salih will jedoch angeblich nicht lange im Ausland bleiben. Neue Informationen über seinen Gesundheitszustand befeuern nun die Spekulationen darüber, wann und ob er überhaupt zurückkehren wird.

Zunächst war vor leichten Verletzungen die Rede, dann von einem Granatsplitter in der Herzgegend. Jetzt berichtet ein Vertreter der US-Regierung, dass die Verletzungen des Machthabers Ali Abdullah Salih noch schwerwiegender sind als bislang offiziell dargestellt. Der Präsident habe an 40 Prozent seines Körpers Verbrennungen erlitten, außerdem habe er eine Blutung im Kopf. Laut der Online-Ausgabe der „New York Times" wurde dies von der Regierung im Jemen bestätigt. Salih gehe es nicht so gut, wie es seine Helfer darstellten, werden westliche Diplomaten zitiert.

Der Palast von Salih war bei einem Raketenangriff in der vergangenen Woche getroffen worden. Bislang hieß es, Salih sei in einer Klinik in Saudi-Arabien, wo ihm ein Raketensplitter operativ aus der Brust entfernt wurde. Noch am Montag hatte ein hochrangiger

Regierungsbeamter erklärt, der Staatschef werde binnen weniger Tage wieder in seine Heimat kommen. Salihs Ausreise war in Jemen mancherorts von jubelnden Massen begrüßt und sogar mit einem Feuerwerk gefeiert worden. Angesichts der Schwere seiner Verletzungen wird nun erneut gemutmaßt, dass Salih gar nicht mehr in den Jemen zurückkehren könnte. Andernfalls befürchten Beobachter eine neue Verschärfung des blutigen Konflikts in dem arabischen Land.

Auch in Salihs Abwesenheit reißen die Proteste nicht ab: Wieder forderten Tausende Demonstranten vor dem Sitz des Vizepräsidenten die Einsetzung eines Übergangsrats, der eine neue Regierung bilden soll. Auch riefen sie zu einem Marsch gegen eine Rückkehr Salihs, an dem sich eine Million Menschen beteiligen sollen.

Seit fünf Monaten fordern Demonstranten im Jemen überwiegend friedlich ein Ende der seit beinahe 33 Jahren währenden Herrschaft Salihs. Zuletzt kam es vor allem in der Hauptstadt **Sanaa** zu schweren Kämpfen zwischen Regierungstruppen und rivalisierenden Clans mit Hunderten Toten. Aber auch aus anderen Landesteilen wurden Kämpfe gemeldet, so auch am Dienstag aus dem Süden, wo der jemenitische Arm der radikal-islamischen al-Qaida besonders aktiv ist. Die Armee erklärte, sie habe in Sindschibar Dutzende Extremisten getötet. Auch in Thais soll es zu Kämpfen gekommen sein. In Sanaa schien dagegen eine von Saudi-Arabien vermittelte Waffenruhe zu halten.

BAHRAIN

Nach tagelangen Protesten mit mehreren Toten hat das Königshaus eingelenkt und die Armee in die Kasernen zurückbeordert. **Kronprinz Scheich Salman bin Hamad al-Chalifa** soll mit der Opposition einen nationalen Dialog aufnehmen. Bei Zusammenstößen der Sicherheitskräfte mit Demonstranten wurden mindestens vier Menschen getötet. Zehntausende Demonstranten forderten in Bahrain Reformen und einen Rücktritt der Regierung. Sie zogen in zwei Protestzügen durch die Hauptstadt Manama. Anschließend ließen sich Tausende Menschen auf dem zentralen **Perlen-Platz** teils mit Zelten nieder, um dort weiter auszuharren. Am Abend entließ König Hamad Ibn Issa Al Chalifa nach Informationen von al-Dschasira drei Minister, die „die Krise ausgelöst" hätten.

Im Königreich Bahrain am Persischen Golf blieb die Lage zwei Tage nach der blutigen Niederschlagung der Proteste in der Hauptstadt Manama angespannt. Kronprinz Scheich Salman bin Hamad al-Chalifa beorderte überraschend mit „sofortiger Wirkung" die Armee aus den Straßen und Wohngebieten des Landes zurück.

Als die Armee den zentralen Luluplatz räumte, von dem die Proteste gegen die Regierung ausgegangen waren, strömten Hunderte von Demonstranten nach und stießen dort mit vorrückenden Polizeieinheiten zusammen. Die Polizisten setzten Tränengas und Handfeuerwaffen ein, zogen sich dann aber zurück. Bei Zusammenstößen von Regierungsgegnern mit der Armee wurden in der Nacht nach Angaben des Gesundheitsministers Faisal Jakub al-Hamar sechs Menschen verletzt. Ärzte im Salmaniya-Krankenhaus sprachen dagegen von mindestens 66 Verletzten.

Der Abzug der Soldaten und Panzer aus den Straßen und Wohngebieten von Manama war eine der Forderungen der Opposition, an die sie die Aufnahme eines Dialogs mit der Regierung geknüpft hatte. König Hamad bin Issa al-Chalifa hatte der Opposition zuvor Gespräche angeboten. Er beauftragte seinen Kronprinzen einen nationalen Dialog „mit allen Parteien" aufzunehmen, wie der Sender Al-Dschasira berichtete.

Die Unruhen in Bahrain gefährden auch den Fahrplan der Formel 1. Bis zum Montag wollen die Teams von Formel-1-Chef Ecclestone wissen, ob das erste Rennen der Saison wie geplant Anfang März in Bahrain gefahren werden kann. Eine Absage würde die Zeitpläne der Teams durcheinanderbringen, die dann letztendlich das Rennen in Melbourne/Australien austrugen.

KUWAIT

Kleine Geschenke erhalten die Freundschaft. Das weiß auch Kuwaits Emir, **Scheich Sabbah al-Ahmed al-Sabbah**. Und so zeigte er sich Mitte Januar von seiner großzügigen Seite. 1.000 Dinar, umgerechnet rund 2.600 Euro, schenkte er jedem kuwaitischen Bürger. Außerdem wird es alle Grundnahrungsmittel umsonst geben, und zwar bis März kommenden Jahres.
Offizielle Anlässe für die Geschenkorgie, die sich das ölreiche Emirat rund 3,7 Milliarden Euro kosten lässt, gibt es genug. Vor fünf Jahren bestieg der Emir seinen Thron, vor 20 Jahren befreite eine internationale Streitmacht Kuwait von der irakischen Besatzung, und vor 50 Jahren erlangte das Land seine Unabhängigkeit von der britischen Krone. Und jetzt gerade erheben sich in anderen arabischen Ländern die wütenden Bürger.
„Ich wäre wirklich extrem überrascht, wenn es in Kuwait zu größeren Demonstrationen kommen sollte", sagt Katja Niethammer, Islamwissenschaftlerin von der Universität Hamburg. Zumal es den Bürgern finanziell nicht schlecht geht, und sie bereits jetzt Annehmlichkeiten wie eine kostenlose Gesundheitsversorgung genießen.
Für zusätzliche Stabilität sorgt ein relativ starkes Parlament, das die herrschende Familie kontrolliert und unangenehme Fragen stellt, wie vor einigen Wochen, als ein Gefangener in Polizeihaft zu Tode gefoltert wurde. Erst im Dezember brachten die Abgeordneten ein Misstrauensvotum gegen Premier Scheich Nassir Mohammed al-Sabbah auf den Weg, weil Sicherheitskräfte das Haus eines Oppositionspolitikers gestürmt und mehrere Menschen verletzt hatten. Zwar überstand der Premier den in der arabischen Welt ungewöhnlichen Vorgang knapp, doch der Warnschuss war kaum zu überhören.
Bei einem Polizeieinsatz gegen eine Protestkundgebung von **Beduinen** sind nach einem Bericht von Human Rights Watch Dutzende Menschen verletzt worden. Die Beduinen hatten gegen die

Weigerung der Behörden protestiert, ihnen die Staatsbürgerschaft zu verleihen.

Oman

Ganz ohne Auswirkungen ist der arabische Aufstand auch in Oman nicht geblieben. Rund 200 Menschen versammelten sich im Januar im Regierungsviertel der Hauptstadt Maskat und demonstrierten gegen Korruption und steigende Preise. Doch insgesamt gilt Oman als stabil. „Die Lage ist weit weniger brisant als in Ägypten", sagt Thomas Richter, Nahost-Experte am German Institute of Global und Area Studies in Hamburg.
Das Land ist reich und vergleichsweise modern. Sultan Kabus Bin Said, der den Wüstenstaat seit 1970 regiert, hat Oman mit enormen Einnahmen aus dem Ölgeschäft ins 21. Jahrhundert geführt und arbeitet sehr zaghaft an einer Demokratisierung. Es gibt ein kostenloses Gesundheitssystem, die Lebenserwartung liegt bei rund 75 Jahren. 90 Prozent der Kinder besuchen Schulen. Altersrenten und eine Versorgung für Witwen und Waisen wurden eingeführt. Weniger als 10 Prozent der Bevölkerung arbeiten in der Landwirtschaft.
Doch einen Demokratisierungsprozess erlebt das Land nicht, nicht einmal ansatzweise. Der Sultan ernennt seine Minister, das Parlament hat lediglich beratende Funktion. Parteien und Gewerkschaften sind verboten, ebenso öffentliche Versammlungen. Amnesty International kritisiert, dass trotz fortschrittlicher Gesetzgebung besonders Frauen und Kinder diskriminiert werden. Vor allem unehelich geborene und ausländische Kinder erhalten nur eingeschränkten Zugang zur medizinischen Versorgung und zu Schulen.
Insgesamt jedoch hat der Nahost-Experte Udo Steinbach in Oman keine „nennenswerte Frustration" festgestellt. Die rasante Entwicklung zum modernen Ölstaat sichert dem Sultan die Loyalität seiner Bürger.

SAUDI-ARABIEN

In der ölreichen Ostprovinz Saudi-Arabiens haben **Schiiten** gegen die Diskriminierung ihrer Religionsgruppe in dem islamischen Königreich protestiert. Die Demonstranten beklagten, dass Schiiten von der Besetzung höherer Ämter ausgeschlossen würden.
Auch in Saudi-Arabien ist man alarmiert. Nicht, dass die Machthaber ähnlich wie in Ägypten einen Umsturz fürchten. Aber ein Ägypten ohne Mubarak halten sie für unkalkulierbar, sehen darin ein Sicherheitsrisiko für die Region. So bezeichnete König Abdullah jüngst die Demonstranten in Kairo, die „im Namen der Meinungsfreiheit" die Sicherheit Ägyptens destabilisieren wollen, als „von außen" gesteuert.
Im eigenen Land ist öffentlicher Widerspruch verboten. Echte Opposition gibt es nicht, auch sonst kaum politische Organe, wenn, dann nur in beratender Funktion. Und doch regt sich auch in Saudi-Arabien zaghafter Widerstand. In der Hauptstadt Riad forderten etwa 40 Frauen vor dem Innenministerium die Freilassung von Gefangenen, die im Zuge des Kampfes gegen den Terror festgesetzt wurden. Die Häftlinge säßen ohne Gerichtsurteil im Gefängnis. Zudem haben Aktivisten via Facebook politische Reformen verlangt. Die Internet-Gruppe hat bislang nur einige Hundert Mitglieder, aber weitreichende Forderungen. Eine konstitutionelle Monarchie, die Achtung von Menschenrechten, freie und faire Wahlen.
Doch davon ist man noch weit entfernt. In seinem jährlichen Demokratie-Index für 2010 kam der „Economist" zu dem Ergebnis, dass nur sechs der untersuchten 167 Staaten noch autoritärer geführt werden als Saudi-Arabien. Das Wüstenland ist eine absoute Monarchie, die Macht verteilt sich unter den Mitgliedern der Königsfamilie, diese wiederum bildet eine Allianz mit den wahabitischen Islamgelehrten. Immerhin hat der seit 2005 amtierende König Abdullah einige Reformen angepackt, etwa mehr Rechte für Frauen garantiert. Noch immer aber werden Frauen unterdrückt. In der Öffentlichkeit müsse sie etwa bodenlange Gewänder und

schwarze Kopftücher tragen. Ein Mann wurde Anfang Januar zu 30 Peitschenhieben verurteilt, weil seine sonst komplett verhüllte junge Frau ihre Augen nicht zusätzlich mit einem Schleier bedeckt hatte.

Mit Massenprotesten rechnen die Herrscher in Saudi-Arabien aber in absehbarer Zeit nicht. Einer der wichtigsten Gründe: Das Land ist sehr wohlhabend. Zwar gibt es auch arme Saudis, unter der schiitischen Minderheit zum Beispiel oder in bestimmten vernachlässigten Landesteilen. Auch hier frustriert viele junge Menschen die Arbeitslosigkeit. Doch der Reichtum aus den Öleinnahmen wird gleichmäßiger verteilt als in anderen Ländern.

Die einzige wirkliche Gefahr aus Sicht des Königshauses: Die Islamisten, vor allem die militanten Dschihadisten, die immer wieder Anschläge in dem Land verüben und die royale Familie gerne stürzen würden.

JORDANIEN

Die jordanische Monarchie gilt als relativ stabil, wie andere Monarchien in der Region auch. Dennoch hat der arabische Aufstand inzwischen auch Jordanien erreicht. Seit Beginn des Jahres demonstrieren immer mehr Menschen gegen die Regierung. Es sind zwar längst nicht so viele wie in anderen arabischen Ländern. Das Bemerkenswerte ist aber, dass sich zum ersten Mal überhaupt in Jordanien aus der eigenen Gesellschaft heraus eine Opposition bildet, die die Zustände anprangert.

Die Menschen merken, dass sie etwas ändern können: Der König feuerte am 1. Februar die Regierung. Das hat er in den vergangenen zwölf Jahren zwar schon mehrfach getan, doch dieses Mal reagierte er direkt auf dem Volkszorn.

Und der ist groß. 15 Prozent der Jordanier leben unterhalb der Armutsgrenze, Arbeitslosigkeit ist ein erhebliches Problem. Amman ist eine der teuersten Städte des Nahen Ostens.

Seit Jahren gibt es immer wieder Proteste und Unruhen, der Druck der Straße dürfte zunehmen. Der Ruf nach Freiheit ist unüberhörbar. Die Menschen fordern vor allem mehr politische Mitbestimmung. Eines aber wollen sie auf keinen Fall: das Ende der Monarchie. Bei allem Protest skandieren die Demonstranten immer wieder: „**Es lebe seine Majestät König Abdullah II.**" Der König, 49 Jahre alt und seit 1999 an der Macht, gilt als einigender Faktor in einem gespaltenen Land. Jordanien ist die Heimat von Beduinen und Palästinensern. Als große Stütze seiner Macht befehligt Abdullah das Militär und die Geheimdienste. Auch jetzt reist er durch sein Land, hört den Menschen zu und verteilt Geschenke. Notfallpakete für die leidende Bevölkerung, Lohnerhöhungen für Beamte und Soldaten. Die Regierung zu entlassen war ein geschickter Zug. Damit hat er eine der Hauptforderungen der Demonstranten erfüllt und seine eigene Rolle gefestigt.

Der entmachtete Premier **Samir Rifai** war im Volk unbeliebt, weil er die Privatisierung vorangetrieben hat. Zudem wird auch in Jordanien immer wieder der Vorwurf der Korruption erhoben. Neuer Regierungschef ist nun ein Vorgänger Rifais: **Maaruf al-Bachit**. König Abdullah, der sich selber als Vorreiter der Modernisierung im Nahen Osten sieht, hat ihm einen Auftrag für Veränderungen im Land erteilt. Es soll ein neues Wahlgesetz und Sozialreformen geben. Das Land ist plötzlich in Bewegung.

Doch ob Maaruf al-Bachit der richtige Mann dafür ist? Der Ex-General hat von 2005 bis 2007 regiert, diese Zeit hat keine Reformen, sondern Stillstand gebracht.

Bei Zusammenstößen von Anhängern und Gegnern der neuen Regierung in Jordanien wurden in der Hauptstadt Amman mindestens zehn Demonstranten verletzt. **König Abdullah II.** hatte Anfang des Monats die Regierung ausgetauscht, nachdem Oppositionelle mehrere Wochen lang für Reformen demonstriert hatten. Auch im bislang eher ruhigen Jordanien gingen etwa 5.000 Menschen auf die Straße und forderten mehr Demokratie und weniger Macht für den König. **„Reform und Wandel will das Volk"**, hieß es in Sprechchören der überwiegend islamistischen und linken Demonstranten. Reformen könnten nicht länger warten. „Das ist die Forderung aller Jordanier", rief Scheich Hamsa Mansur von der größten Oppositionsbewegung Islamische Aktionsfront den Demonstranten zu.

IRAK

Auch in Bagdad und anderen irakischen Städten gab es groß angelegte Kundgebungen. Sicherheitskräfte schossen in die Menge und töteten nach offiziellen Angaben mindestens fünf Menschen. Die Wut der Iraker richtete sich vor allem gegen die schlechten öffentlichen Dienstleistungen. Es gebe kein Trinkwasser und keinen Strom. Die Arbeitslosigkeit steige und könne die jungen Leute dem Terrorismus in die Arme treiben, warnte eine Demonstrantin. In mehreren Städten versuchen die Protestierer, öffentliche Gebäude zu stürmen.

„Wir sind Freiwild."
Im Irak ist die Situation etwas anders gelagert als in den übrigen moslemischen Nachbarländern. Die amerikanischen Streitkräfte halten viele wichtige Treffpunkte unter Kontrolle und Versammlungen sind nicht erlaubt. Trotz der Verbote demonstrieren viele junge Menschen für mehr geistige Freiheit und den Abzug der amerikanischen Truppen aus ihrem Land. Es kommt häufig zu Bombenanschlägen und Selbstmordattentaten.

IRAN

Die iranische Opposition versucht, das Momentum der Proteste in Ägypten und Tunesien auszunutzen, doch reagiert die Führung in Teheran einmal mehr mit brutaler Gewalt. Am Sonntag riefen die Regierungsgegner trotzdem zu neuen Protestaktionen auf.

Es waren die heftigsten Proteste im Iran seit einem Jahr. Ermutigt durch Tunesien und Ägypten haben sich Tausende auf die Straßen gewagt. Die Polizei reagierte mit Gewalt.

In der iranischen Hauptstadt Teheran ging die Polizei nach Zeugenberichten mit Tränengas gegen oppositionelle Demonstranten vor. Sicherheitskräfte hätten auch mit Farbkugeln auf die Regierungskritiker geschossen, sagten Augenzeugen. Demnach wollten die Demonstranten ihre Sympathie mit den Protestbewegungen in Ägypten, Tunesien und anderen arabischen Ländern zum Ausdruck bringen.
Tausende Demonstranten versammelten sich den Angaben zufolge in kleinen Gruppen nahe des Asadi-Platzes im Westen Teherans. Während die Regierungsgegner sich demnach zunächst ruhig verhielten, sollen einige später in Anspielung auf Staatschef **Mahmud Ahmadinedschad „Tod dem Diktator"** gerufen haben. Einige hätten auch Mülltonnen in Brand gesetzt, sagten Augenzeugen. Die Sicherheitskräfte hätten versucht, größere Menschenansammlungen zu verhindern.
Es handelte sich um die bedeutendsten öffentlichen Proteste gegen die Regierung seit etwa einem Jahr. Die Menschenrechtsorganisation Amnesty international verurteilte in einer Erklärung das gewaltsame Vorgehen der Sicherheitskräfte.
Die iranischen Sicherheitskräfte hatten nie einen Zweifel daran gelassen, dass sie nicht zögern werden, jedes Mittel einzusetzen, um die Proteste zum Schweigen zu bringen. So bezogen in der Hauptstadt Hunderte Bereitschaftspolizisten an großen Kreuzungen Stellung. Sicherheitskräfte riegelten die Eingänge zu U-Bahn-Stationen ab. Ein Augenzeuge berichtete, in der Nähe des berüchtigten Evin-Gefängnisses seien zusätzliche Polizeifahrzeuge abgestellt worden.
Doch nicht nur in Teheran, auch in anderen Teilen des Landes setzte sich die Bevölkerung über das Demonstrationsverbot hinweg. In Schiras gab es Protesten. In Isfahan gingen Augenzeugen zufolge ebenfalls Hunderte Iraner auf die Straße. „Es gab Zusammenstöße zwischen Sicherheitskräften und Demonstranten", berichtete ein Augenzeuge aus Isfahan. „Dutzende Menschen wurden festgenommen."

Die iranischen Oppositionsführer **Mir-Hossein Mussawi** und **Mehdi Karubi** hatten eine Solidaritäts-Kundgebung für die Protestbewegungen in Ägypten und Tunesien beantragt Die Behörden untersagten dies und erklärten, es handle sich lediglich um eine „List", um gegen die Regierung zu demonstrieren. Mussawis Website Kaleme.com und Karubis Internetseite Sahamnews.org riefen dennoch zu der Demonstration auf. Journalisten wurden verboten, sich zum Ort des Geschehens zu begeben. Zuvor hatte die iranische Polizei den Zugang zum Haus von Oppositionsführer Mussawi blockiert und seine Telefonleitungen lahmgelegt, wie Kaleme.com berichtete. Auch Karubi war unter eine Art Hausarrest gestellt worden.
In der Folge der umstrittenen Wiederwahl von Staatschef Ahmadinedschad im Juni 2009 war das Land von wochenlangen Massenprotesten erschüttert worden. Die Sicherheitskräfte gingen massiv gegen die Demonstranten vor. Dutzende Menschen wurden verletzt und Tausende festgenommen.
Das US-Außenministerium begann damit, über den Internet-Kurznachrichtendienst Twitter Mitteilungen an die Menschen im Iran zu schicken. In ersten Nachrichten in der Landessprache Farsi hob das Ministerium die „historische Rolle" des Internets bei den Protesten im Iran 2009 hervor und warf Teheran Heuchelei vor. Während die iranische Führung die jüngsten Proteste in Ägypten begrüßt habe, verbiete sie ihren eigenen Bürgern zu demonstrieren.
Es herrscht Aufruhr in der arabischen Welt. Der tunesische Diktator ist gestürzt, der ägyptische wackelt sehr stark, in der ganzen arabischen Welt gehen die Menschen auf die Straße.
In der arabischen Welt wird der Ruf nach Reformen lauter, doch die Machthaber jedoch, verteidigen ihre Positionen zum Teil mit brutaler Gewalt.
Trotz der eingesetzten, brutalen Gewalt der Sicherheitskräfte wollen die Iraner Ägyptens Vorbild folgen.
Die Protestbewegung in der islamischen Welt ermutigt nun auch die Opposition im Iran, nach langer Pause wieder auf die Straße zu gehen. In Kairo wird derweil hart um eine Neuordnung der Staats-

spitze verhandelt. Die Muslimbruderschaft ist nicht begeistert von den Gesprächen.

Die sogenannte grüne Bewegung im Iran will erstmals seit der Niederschlagung ihrer Proteste 2009 wieder auf die Straße gehen und aus Solidarität mit den Massendemonstrationen in Ägypten und Tunesien zu einem Marsch aufrufen. Die Oppositionsführer Mirhossein Moussawi und Mehdi Karubi beantragten dafür eine Genehmigung beim Innenministerium. Die Demonstration solle am Montag, 14. Februar, stattfinden, heißt es in dem Antrag, den die beiden auf ihren Internetseiten veröffentlichten. „Wir bitten um die Erlaubnis, um unsere Solidarität mit der öffentlichen Bewegung in der Region zu zeigen, besonders mit dem Aufstand für Freiheit der Völker von Tunesien und Ägypten gegen eine tyrannische Regierung."

Die Regierung von Präsident Mahmud Ahmadinedschad unterstützt die Proteste in der Region als **„islamisches Erwachen"**, unterdrückt aber jeden Widerstand im eigenen Land. Die Opposition wirft Ahmadinedschad vor, sich seine Macht bei der Wahl im Sommer 2009 durch unlautere Mittel gesichert zu haben. Sie hat keine Proteste mehr organisiert, seit Polizei und Militär im Dezember 2009 acht Demonstranten getötet und mehr als 1.000 Menschen verhaftet haben.

Syrien

Die Arabische Republik Syrien wird seit 40 Jahren von den Assads beherrscht. Hier demonstrieren seit Wochen Hunderttausende für politische Reformen. Machthaber **Baschar al-Assad** setzt auf die Gewalt eines umfassenden Unterdrückungsapparates und lässt auf sein Volk schießen. Bereits sein Vater Hafis-Al-Assad – Präsident von 1971 bis zu dessen Tod 2000 – ließ alle oppositionellen Strömungen im Keim ersticken.

Bevor der 1930 geborene Luftwaffenpilot Hafis al-Assad 1971 an die Macht kam, bekleidete er bereits wichtige Posten. Assad gehörte zur Militärkommission der Sozialistischen Baath-Partei, die 1963 die Regierung aus dem Amt putschte. Der General wurde Oberbefehlshaber der Luftwaffe und 1966 Verteidigungsminister. Assad brachte immer mehr Gefolgsleute in Schlüsselpositionen unter, übernahm 1970 die Führung der sich stark an die Sowjetunion anlehnenden Baath-Staatspartei und ließ sich 1971 zum Präsidenten machen. Nach jeder siebenjährigen Amtszeit ließ er sich in Wahlen als Staatschef bestätigen, mit bis zu 99 Prozent der Stimmen.

Politische Gegner Assads wurden **ermordet** oder **verschwanden für Jahre hinter Gittern.** 1980 wurden massive Proteste von Muslimgruppen in mehreren Städten Syriens vom Regime brutal unterdrückt. 1982 ließ Assad senior Panzer und Artillerie in die Stadt Hama einrücken, um einen Aufstand der Muslimbrüder niederzuschlagen. Bis zu 20.000 Menschen starben, die genaue Zahl der Opfer wurde nie bekannt. Nach dem Zusammenbruch der Sowjetunion versuchte Assads Syrien – einst von Washington auf die Liste von Terrorunterstützern gesetzt – einen außenpolitischen Kurswechsel. 1990 unterstützte das Land die US-geführte Koalition gegen den Irak.

Als Hafis al-Assad im Jahr 2000 starb, wahrte das Regime Kontinuität. In der syrischen Verfassung wurde das Mindestalter für den Präsidenten herabgesetzt, damit der 1965 geborene Baschar al-Assad seinen Vater beerben konnte. Hafis al-Assad hatte seinen ältesten Sohn Basil zum Kronprinzen aufgebaut. Erst nach dessen Unfalltod 1994 war der Augenarzt Baschir vom Vater nach Damaskus zurückbeordert worden. Der junge Staatschef versprach Modernisierung und wirtschaftliche Reformen und galt vielen Syrern als Hoffnungsträger. Auch wegen der neuen First Lady Asma al-Assad wuchs die Hoffnung auf einen gesellschaftlichen Wandel. Die 1975 geborene Arzttochter wuchs in London auf. Bekannt für elegante Garderobe und betont westlichen Lebensstil erwarb sie im Volk hohes Ansehen für ihr soziales Engagement. Baath-Partei, Militär und Geheimdienst verhinderten allerdings

wirkliche Reformen im Polizeistaat Syrien ebenso wie den erhofften Kampf gegen die Korruption.
Gegen jede oppositionelle Strömung setzt Baschar al-Assad wie sein Vater Hafis auf Gewalt. Im März 2004 erstickte die dem Innenministerium unterstellte Gendarmerie Unruhen der kurdischen Minderheit im Nordosten des Landes an der Grenze zur Türkei.
Auch heute lässt sich Baschar al-Assad selbst durch internationale Proteste nicht von seinem Kurs der brutalen Repression abbringen. Zum Schutz vor Aufständen stehen Assad neben der Armee mit 325.000 Soldaten und der 100.000 Mann starken Miliz die 8.000 Mann der paramilitärischen Gendarmerie und ein allgegenwärtiger Geheimdienst zur Verfügung.

In Syrien hat **Baschar al-Assad** das geschafft, was Husni Mubaraks Sohn in Ägypten anstrebte. Er hat von seinem Vater die Macht übernommen. 2000 starb Hafis al-Assad, seither ist Baschar Präsident.
Sonst aber hat Syrien viele Gemeinsamkeiten mit anderen Mittelmeeranrainern. Wie in Kairo und Tunis bereichert sich auch in Damaskus eine korrupte Elite, gibt es kaum politische Freiheiten. Das passt nicht zum Bild, das Staatschef Assad gern von sich abgibt: Er inszeniert sich als aufgeklärt und modern. Der 45-Jährige, der vor seiner Machtübernahme in London als Augenarzt arbeitete, hat immer betont, dass Syrien sich wandeln müsse. Doch statt die Rechte seiner Bürger zu stärken, gibt er der wirtschaftlichen Neugestaltung Vorrang. Die von ihm betriebene vorsichtige Öffnung der Märkte kam bislang jedoch vor allem betuchten Unternehmern zugute. Die offizielle Arbeitslosenquote liegt bei 13 Prozent, westliche Diplomaten gehen jedoch davon aus, dass bis zu jeder vierte Syrer arbeitslos sein könnte. Die Wirtschaft wächst, aber auch die Armut nimmt zu. 12 Prozent der 22 Millionen Einwohner Syriens leben unterhalb der Armutsgrenze.
Wer aufbegehrt, dem drohen im straff geführten Syrien Verhaftung und Folter. In einem aktuellen Bericht weist Human

Rights Watch auf die zahlreichen Menschenrechtsverletzungen hin. 2010 seien Regierungskritiker verhaftet, die Meinungsfreiheit beschnitten und die kurdische Minderheit unterdrückt worden. Inhaftierte würden über lange Zeit ohne Kontakt zur Außenwelt in Gefängnissen verschwinden. Neben den Repressionen hat wohl auch die syrische Furcht vor irakischen Verhältnissen größere Unruhen verhindert. Wie sein kriegszerstörtes Nachbarland ist Syrien entlang religiöser und ethnischer Gruppen gespalten. Assad, selbst ein Mitglied der herrschenden alawitischen Minderheit, hat es bislang verstanden, diese Konflikte klein zu halten. Der Sturz des Regimes, glauben viele, könnte einen Bürgerkrieg zur Folge haben. Und doch gibt es erste Anzeichen für Veränderung in Syrien. Ende Januar versammelten sich etwa hundert junge Menschen vor der ägyptischen Botschaft, sie protestierten mit weißen Kerzen und Plakaten, auf denen zum Beispiel stand: **„für die Freiheit."** Solche und ähnliche Kundgebungen sind klein, aber es gibt sie. Die jüngsten Revolten in Nahost hätten **„einen gewaltigen Umbruch eingeleitet, der alles erschüttern wird, und Syrien ist nicht immun dagegen"**, sagt Burhan Ghalioun, Direktor des Instituts für Orientalistik an der Pariser Sorbonne.

Assad beeilte sich in einem Interview mit dem „Wall Street Journal" zu versichern, sein Land sei „stabil" und nicht anfällig für Unruhen wie in Tunesien und Ägypten.

Doch auch seine Regierung hat reagiert. Unter dem Eindruck der Jasmin-Revolution in Tunesien kündigte Assad im Januar die Einrichtung eines nationalen Sozialfonds an. Für bedürftige Familien sollen umgerechnet 183 Millionen Euro bereitgestellt werden. Gleichzeitig wurden die Heizkostenzuschüsse für zwei Millionen Arbeitnehmer und Pensionäre um 72 Prozent erhöht. Die syrische Tageszeitung „al-Thawra" meldete, alle Behörden seien angwiesen worden, binnen 15 Tagen Vorschläge zu machen, wie man künftig die unrechtmäßige Enteignung von Grundstücken verhindern könne.

Trotz aller Beschönigungen vonseiten der Regierung hat das syrische Regime im Norden des Landes einen groß angelegten Militäreinsatz begonnen, nur wenige Kilometer von der türkischen Grenze entfernt. Die Truppen sind bereit zum Sturm auf die Stadt Dschisr al-Schugur. Tausende Menschen sind schon in die Türkei geflüchtet.

Syrische Truppen haben nach Angaben des staatlichen Fernsehens in der Stadt Dschisr al-Schugur einen groß angelegten Militäreinsatz gestartet. Die Aktion zielt, laut der Propaganda des Regimes darauf ab, „bewaffnete Banden" festzunehmen und sei angeblich „auf Wunsch der Bevölkerung" begonnen worden. Insgesamt 30.000 Soldaten seien an dem Einsatz beteiligt, hieß es im Staatsfernsehen. Von Dutzenden Panzern unterstützte Truppen stünden vor der Stadt und seien zum Einmarsch bereit. In der Stadt, die nur wenige Kilometer von der türkischen Grenze entfernt liegt, hatten die Menschen seit Tagen eine Vergeltungsaktion der Armee befürchtet, nachdem vor einer Woche angeblich 120 Polizisten durch Aufständische ermordet worden waren.

Menschenrechtsaktivisten und Oppositionelle weisen die Darstellung der Regierung jedoch zurück. Es habe vielmehr eine Meuterei in den Reihen der Polizei gegeben, offenbar, nachdem sich Sicherheitskräfte geweigert hätten, auf unbewaffnete Demonstranten zu schießen. Die Meuterer seien dann von einer Miliz des Regimes erschossen worden.

Doch das tägliche Geschäft der Staatstreuen besteht aus Überwachungstechnik, Knüppeln und Beratern. Die Hinweise verdichten sich nun, dass Syriens Regime bei der brutalen Niederschlagung des Aufstandes im Land Hilfe aus dem Iran erhält. Teheran hat große Sorge, seinen wichtigsten verbündeten zu verlieren.

Sie sind überall und nirgendwo. Iranische **„Berater"**, sind nach westlichen Diplomatenkreisen und Medienberichten überzeugt, dass sie dem syrischen Regime heimlich dabei helfen, die seit fast einem Vierteljahr andauernde Revolte im Land niederzuschlagen. Bereits Anfang Mai berichtete der „Guardian", dass die Präsenz Irans in Syrien **„signifikant"** angestiegen sei. Mehrere Hundert Iraner, mutmaßlich Angehörige der berüchtigten Revolutionsgarden, würden der befreundeten syrischen Regierung unter die Arme greifen. Die „Berater" würden zwar nicht selbst handgreiflich, stellten aber unter anderem technisches Equipment und Knowhow zur Aufstandsbekämpfung zur Verfügung.

Mittlerweile haben sich diese Hinweise verdichtet. Die „Washington Post" meldete kürzlich, dass Teheran nicht nur Waffen, Helme und Knüppel zur Verfügung stellt, sondern auch Überwachungstechnologie, mit deren Hilfe die syrische Regierung etwa Facebook- und Twitter-Konten Oppositioneller ausforscht. Diese Bruderhilfe aus Teheran sei auch der Grund, so das Blatt, warum die US-Regierung die Kuds-Brigaden, eine Unterabteilung der Revolutionsgarden, jüngst mit Sanktionen belegt hat, als deutliche Warnung an Iran.

Der britische „Telegraf" ergänzte, dass offenbar auch iranische Technologie eingesetzt würde, um das Internet zu blocken. Die britische Regierung wolle die entsprechenden „glaubhaften Informationen" zum Anlass nehmen, auch auf EU-Sanktionen gegen die Revolutionsgarden zu drängen.

„Es steht mittlerweile außer Zweifel, dass die iranische Regierung den Syrern bei der Niederschlagung der Opposition Nachhilfe gegeben hat", so Omid Nouripour, verteidigungspolitischer Sprecher der Grünen-Fraktion und Iranexperte. „Die Methoden, mit denen in den vergangenen zwei Jahren die grüne Oppositionsbewegung in Iran unterdrückt wurde, lassen sich in Syrien derzeit sehr genau beobachten. Mal eins zu eins kopiert, mal an syrische Verhältnisse angepasst."

Tatsächlich erkennen Analysten in einigen Methoden, die Syriens Sicherheitskräfte anwenden, ein Spiegelbild der iranischen Vorgehensweise gegenüber der eigenen Opposition. Dazu gehören etwa willkürliche Massenverhaftungen aus Privatwohnungen heraus oder die engmaschige Überwachung des Internets und dessen teilweise Blockierung.

Der Grund, aus dem Teheran Syriens Präsidenten Baschar al-Assad an der Macht halten möchte, liegt auf der Hand. Syrien ist der wichtigste arabische Verbündete. Bricht die Achse auseinander, verliert Teheran Einflussmöglichkeiten und Spielräume für das ausgefeilte Taktieren zwischen Eskalation und Deeskalation. Sollten die Unruhen in Syrien zudem auf den Libanon übergreifen, droht der zweite Verbündete Irans, die Hisbollah, in Schwierigkeiten zu geraten.

Zwar hat Syrien verneint, dass es sich Hilfe von außen holt. Aber westliche Geheimdienste halten dieses Dementi für unglaubwürdig. Irans Regime hatte 2009 einen Aufstand im eigenen Land höchst effektiv niedergeschlagen.

Allerdings greift Syriens Regime nicht nur auf die iranische Expertise zurück, sondern setzt vor allem auf brutale Gewalt. Die Armee und verschiedene Sicherheitsdienste haben mittlerweile über 1.000 Demonstranten getötet, zumeist erschossen. Panzer riegeln immer wieder ganze Städte ab, Scharfschützen sollen gegen Zivilisten zum Einsatz gekommen sein. Außerdem schottet sich Syrien massiv ab. Ausländische Journalisten werden nicht ins Land gelassen, die heimische Presse ist gleichgeschaltet, das Staatsfernsehen sendet fast ausschließlich Propaganda. Oppositionelle berichten zudem, dass Passwörter für Facebook- und Twitter-Accounts teilweise durch Folter in Erfahrung gebracht wurden. Mithilfe dieser Daten wurden die eigentlichen Inhaber der Konten dann diskreditiert.

Die iranische Technologie könnte bei der Niederschlagung des Aufstands trotzdem eine wichtige Rolle spielen. Unter Berufung auf US-Beamte berichtete die „Washington Post", dass wahrscheinlich Hunderte Oppositionelle allein wegen der iranischen Hilfe bei der Computer-Überwachung festgenommen wurden.

Ähnlich wie in Tunesien und Ägypten, wo Anfang dieses Jahres erfolgreiche Revolutionen gegen langjährige autokratisch regierende Präsidenten gelangen, vernetzt sich die Opposition auch in Syrien über das Internet und soziale Netzwerke. Allerdings ist die Internetverbreitung in Syrien geringer als in den beiden nordafrikanischen Staaten. Die Omnipräsenz der zahlreichen Sicherheits- und Geheimdienste und die Abwesenheit internationaler Berichterstatter macht die Lage für Oppositionelle in Syrien zudem besonders prekär. Viele Informationen gelangen derzeit nur mit Hilfe von Exil-Syrern an die Medien.

Elitesoldaten, die unter dem Kommando des Bruders von Präsident Baschar al-Assad, stehen, waren Anfang der Woche in den Norden des Landes vorgerückt. Der Bruder des Präsidenten, Maher al-Assad, gilt als besonders brutal und als treibende Kraft hinter der Unterdrückung der Protestbewegung.
Berichte über eine bevorstehende Militäroperation in Dschisr al-Schugur hatten in den vergangenen Tagen eine Flüchtlingswelle in die nahe gelegene Türkei ausgelöst. Etwa 2.700 Menschen haben bis jetzt schon im Nachbarland Zuflucht gesucht. Ankara erwartet Berichten zufolge bis zu eine Million Flüchtlinge aus Syrien. Die Türkei warnte Präsident Assad, es dürfe nicht zu einer Eskalation kommen wie 1982 in der Stadt Hama. Der türkische Ministerpräsident Recep Tayyip Erdogan ging auf Distanz zu seinem verbündeten: „Syrien sollte nicht ein weiteres Massaker wie Hama erleben." Er habe dies dem syrischen Präsidenten persönlich gesagt.
In Hama hatte Assads Vater und Amtsvorgänger Hafis al-Assad 1982 einen Islamisten-Aufstand mit brutaler Gewalt ersticken lassen. Während tagelanger Bombardierungen wurden Tausende Menschen getötet, darunter auch viele Frauen und Kinder. Das Massaker von Hama gilt vielen Syrern als Menetekel. Die jahrzehntelange politische Grabstille in dem Land wird auch auf die Angst der Menschen vor einem „neuen Hama" zurückgeführt. Erst im Zuge des **arabischen Frühlings** sind nun vielerorts Proteste ausgebrochen, auf die das Regime brutal reagiert. Menschenrechtsgruppen zufolge sind seit Beginn der Unruhen in Syrien mehr als 1.300 Menschen gewaltsam ums Leben gekommen und über 10.000 festgenommen worden.
Dschisr al-Schugur ist mittlerweile fast vollständig verlassen. „Es ist praktisch eine Geisterstadt", sagte ein Bewohner. „Fast jeder ist in benachbarte Dörfer geflohen, aber viele sind darauf vorbereitet,

in die Türkei weiterzuziehen, falls Assads Truppen anfangen, sie zu jagen."

In den letzten Berichten spricht man davon, dass die syrische Regierung immer härter gegen Regimegegner vorgeht. Im Norden hat das Militär einen regelrechten Feldzug gegen die Bevölkerung gestartet, Hubschrauber jagen Demonstranten, Soldaten sollen von Dächern auf Unbewaffnete geschossen haben. Augenzeugen berichten von Dutzenden Toten. Die syrische Armee hat eine neue Offensive gestartet – **im eigenen Land, gegen das eigene Volk.** Mit einem Großaufgebot von 30.000 Soldaten bedrohte das Militär die Stadt Dschisir al-Schughur in der Provinz Idlib im Nordwesten des Landes. Der Geschützdonner war noch weit entfernt zu hören, selbst jenseits der Grenze in der Türkei. Das staatliche Fernsehen berichtet, dass die Armee ihre Gegner festnehme. Augenzeugen berichten jedoch von einem weitaus härteren Vorgehen. Auf den Internetseiten der Opposition ist von Schüssen und von Panzern die Rede, die in die Kleinstadt eindrangen. Ein durch drei Kugeln gelähmter Flüchtling erzählt, Angehörige des syrischen Militärgeheimdienstes hätten in Dschisir al-Schughur von Dächern herab das Feuer auf ihn und andere unbewaffnete Demonstranten eröffnet. Ein anderer sagte, die Sicherheitskräfte hätten auch auf Sanitäter geschossen. In der Stadt Maarat al-Numaan berichten Zeugen, Soldaten hätten von Armeehubschraubern mit Maschinengewehren auf Demonstranten geschossen.

Inzwischen heißt es, der Ort gleiche einer Geisterstadt, Telefonverbindungen seien gekappt. Ein Großteil der Bevölkerung sei geflüchtet. Einige Familien seien von der Armee vertrieben worden. „Die Menschen werden nicht dableiben und sich wie Lämmer abschlachten lassen", sagte ein Flüchtling.

In mehreren Städten Syriens gingen nach dem Freitagsgebet Demonstranten auf die Straße, die zum Sturz des Regimes aufriefen. **„Lang lebe Syrien – nieder mit Assad",** riefen sie. Nach Informationen arabischer TV-Sender wurden mindestens 28 Demonstranten erschossen, darunter auch ein Kind. In Damaskus

starben mindestens zwei Kundgebungsteilnehmer. In der Ortschaft Busra al-Harir in der südlichen Hauran-Ebene töteten Einwohnern zufolge Regierungstruppen zwei Demonstranten. In der Stadt Deraa feuerten Sicherheitskräfte auf Tausende Menschen, die sich trotz eines Kundgebungsverbots versammelt hatten. Menschenrechtler berichteten zudem von einem getöteten Demonstranten in der Hafenstadt Latakia. Die Angaben waren von unabhängiger Seite nicht zu überprüfen. Syrien unterbindet die Berichterstattung ausländischer Journalisten.
Der türkische Präsident Abdullah Gül warnte das Regime des syrischen Präsidenten Baschar al-Assad vor weiterer Gewalt. Die Türkei betrachte die Syrer als Nachbarn und Brüder, mit denen es auch familiäre Verbindungen gebe, zitierte die türkische Nachrichtenagentur Anadolu Gül am Freitag in Istanbul. „Wir verfolgen die Lage in Syrien täglich nachrichtendienstlich genau, und zwar äußerst genau", sagte Gül. Sein Land sei zivil und militärisch auch auf die schlimmsten Szenarien vorbereitet. „Natürlich wollen wir nicht, dass diese schlimmsten Szenarien wahr werden. Aber die Dinge entwickeln sich nicht in die richtige Richtung", sagte er.
Inzwischen nimmt offenbar auch der Protest innerhalb der syrischen Regierung zu. Der Nachrichtensender al-Dschasira meldete, neun Mitglieder der regierenden Baath-Partei aus Idlib seien aus Protest gegen die Militäroperation aus der Partei ausgetreten. Die staatlichen syrischen Medien sprachen von einem Einsatz gegen „bewaffnete Banden" in Idlib und behaupteten, diese hätten Felder, Heuschober und Wälder angezündet.
Aus Furcht vor der angekündigten Militäroffensive sind seit Anfang dieser Woche nach Angaben der türkischen Nachrichtenagentur Anadolu schon mehr als 3.000 Menschen in die Türkei geflüchtet. Aktivisten warnten, dass sich unter die flüchtenden auch einige Mitarbeiter des syrischen Geheimdienstes gemischt hätten. Einige Regimegegner hatten in den vergangenen Tagen auch versucht, sich in den Irak zu retten. Dort sind sie jedoch nicht willkommen. Ein Angehöriger der irakischen Sicherheitskräfte sagte der Nachrichtenagentur dpa, am vergangenen Mitt-

woch seien zwei „illegale Grenzgänger" erschossen worden. Mehrere Syrer, „die von den Sicherheitsbehörden in ihrer Heimat gesucht wurden", seien festgenommen und abgeschoben worden.

Der Präsident des Internationalen Komitees vom Roten Kreuz (IKRK) forderte Syrien auf, der Organisation Zugang zu Verletzten und Verhafteten zu gewähren. Das Rote Kreuz habe keinen „sinnvollen Zugang" zu jenen Landesteilen erhalten, an denen es zu Zusammenstößen mit Truppen des Regimes komme. Menschenrechtsorganisationen zufolge sind mehr als 1.300 Menschen bei der Niederschlagung von regierungskritischen Demonstrationen getötet worden, die meisten Opfer waren unbewaffnet. Eine Sprecherin der syrischen Regierung sagte, dass 500 Sicherheitskräfte während der Revolte ihr Leben gelassen hätten.

Nach dem Beschuss der eigenen Bevölkerung folgt eine hanebüchene Unterstellung. Die syrische Führung hält die Bürger des Landes für politisch unmündig. Der Flüchtlingsstrom in die benachbarte Türkei schwillt derweil an.

Die amtliche Zeitung „El Thawra" schrieb am Montag, das auf Geheiß von Präsident Baschar el Assad kürzlich gegründete Komitee zur Ausarbeitung eines neuen Parteiengesetzes habe festgestellt, dass es den Syrern insgesamt an **„politischer Kultur"** mangele. Welche Schlüsse das Komitee aus dieser Feststellung ziehen will, blieb unklar. Die Formulierung eines neuen Parteiengesetzes, das für mehr Pluralismus sorgen soll, war über viele Jahre eine der Hauptforderungen der syrischen Opposition. Um die Mitte März begonnenen Proteste im Land einzudämmen, hatte Assad versprochen, diesen Prozess zu beschleunigen. Nachdem die Armee in mehreren Städten auf Demonstranten geschossen hatte, wurde aus der Forderung nach demokratischen Reformen jedoch schnell der Ruf nach einem Sturz des Assadregimes. Inzwischen lässt das Regime von Militärhubschraubern und Panzern aus auf die Demonstranten feuern. Nach inoffiziellen Schätzungen sollen mehr als 1.500 Menschen seit Beginn des Konfliktes getötet worden sein.

Es soll Geisterorte geben in Syrien entlang der Grenze zur Türkei. Leere Häuser, geschlossene Geschäfte, kaum eine Menschenseele auf der Straße. Flüchtlinge, die es in die türkische Provinz Hatay geschafft haben, beschreiben aufgeblähte Leichen auf den Straßen und Kadaver von Kühen und Ziegen. Überprüfen lassen sich diese Angaben kaum, Syrien verbietet Journalisten die Einreise. Aber ihre Berichte, Angaben von Bloggern und Informationen von Menschenrechtsorganisationen in Syrien lassen kaum Zweifel: Die Truppen von Präsident Baschar al-Assad gehen brutal gegen das eigene Volk vor. Das Staatsfernsehen zeigt natürlich nichts davon, dort laufen Bilder, die Normalität vermitteln sollen. Und tatsächlich herrscht in den meisten Teilen des Landes genau das: Alltag. In der Hauptstadt Damaskus oder in der nordsyrischen Metropole Aleppo sei alles ruhig, berichten Einwohner. Man könne einkaufen gehen, in Cafés sitzen und sich frei bewegen. Es ist wegen der Nachrichten nur insgesamt weniger los, die Leute sind halt verunsichert und vorsichtig, so hört man.

Die syrische Regierung verbreitet seit Wochen dieselbe Information: Es werde nicht auf Demonstranten geschossen, auch nicht auf Deserteure, man bekämpfe vielmehr **„Islamisten"**, **„Verbrecher"**, **„Banditen"**. Viele Menschen in den ruhigen Gebieten scheinen das zu glauben, halten Berichte über marodierende Soldaten zumindest für übertrieben. Auch in der Türkei, wo inzwischen mehr als **10.000 Flüchtlinge aus Syrien** angekommen sind und Tausende darauf warten, die Grenze überqueren zu dürfen, sind viele davon überzeugt, es sei alles **„gar nicht so schlimm"** in Syrien. Vielmehr nutzten die armen Schichten des Landes die Gelegenheit, in die Türkei zu flüchten auf der Suche nach einer besseren wirtschaftlichen Zukunft.

Es ist eine grausame, aber effektive Strategie, die das Assadregime anwendet: Gewalt in einigen wenigen Orten, dort aber so grausam, dass die Botschaft sich auch wirklich überall verbreitet – und ansonsten Normalität und das Beteuern, man schieße doch nicht auf die eigenen Leute. Die öffentliche Meinung zu gewinnen, ist ein großer Schritt in jedem Krieg – auch in einem Krieg gegen das eigene Volk.

Mit den Säuberungen in manchen Dörfern sollen Exempel statuiert werden. Die Botschaft lautet: Das geschieht all jenen, die sich gegen Assad, gegen Syrien wenden. Ein Menschenrechtsaktivist sagt am Telefon, die ohnehin überall mithörenden Spitzel seien jetzt noch aktiver. „Kein Mensch traut sich mehr, über die Regierung, über die eng zusammenstehende Assadfamilie oder gar über den Präsidenten selbst zu sprechen." Die Menschen seien vorsichtig geworden, weil sie nicht wüssten, was sie glauben sollten und welches Schicksal sie erwarte, wenn sie etwas Kritisches über die Lage in Syrien sagten.

Dass das Militär nicht zimperlich mit denen umgeht, die Flüchtlingen helfen, wurde am Samstag erneut deutlich: Nach Angaben von Menschenrechtlern stürmten syrische Soldaten das Dorf Bdama, nur zwei Kilometer von der Grenze zur Türkei entfernt. Mindestens sechs Panzer und 15 Truppentransporter seien in den Ort eingerückt, man habe Gewehrfeuer gehört, es seien mindestens 70 Menschen verhaftet und viele Häuser niedergebrannt worden. Der Angriff sei Rache dafür, dass die Bewohner in den vergangenen Tagen Flüchtlinge aus der Protesthochburg Dschisr al-Schughur, nur ein paar Kilometer von Bdama entfernt, mit Nahrungsmitteln versorgt hätten. Dschisr al-Schughur war vergangene Woche nach tagelanger Belagerung von der Armee eingenommen worden, Tausende Bewohner flohen.

Auch aus Städten wie Homs, Hama und aus Orten nahe der Grenze zum Irak wurde Gewalt gegen Demonstranten gemeldet. „Im Stadtzentrum von Damaskus, wo ebenfalls Menschen gegen Präsident Assad demonstrierten, blieb alles ruhig", sagte ein westlicher Diplomat. **„In den umliegenden Bezirken und den Vororten ging die Armee dagegen brutal gegen die Protestierenden vor."**

Vor allem arme Menschen protestieren gegen die Verhältnisse im Land, gegen die Ungerechtigkeit und die Unterdrückung. Daher

finden die Proteste in den Randgebieten der Großstädte statt und in den armen ländlichen Gegenden. Es ist nicht auszuschließen, dass sich Demonstranten mancherorts bewaffnet haben und zurückschießen. Knapp die Hälfte der 22,5 Millionen Syrer ist unter 19 Jahre alt, die meisten Jugendlichen sehen keine Perspektive für sich. Eine echte Chance haben die Proteste nur, wenn große Teile der Mittelschicht sich an den Demonstrationen beteiligen, **wenn auch sie Demokratie und ein Ende der Assadherrschaft fordern.** Genau diese Beteiligung will Assad mit seiner gezielten Gewalt in ausgewählten armen Orten verhindern. Mit der Anhebung der Gehälter von Staatsbediensteten um 30 Prozent hat er zudem **deren Loyalität erkauft.**
Es gibt keine gut organisierte Opposition, und wie schwierig ein dauerhafter Erfolg ohne echte Alternative zum herrschenden Regime ist, sehen Assads Leute in Ägypten. Zudem wissen sie: Die USA haben nach dem Desaster im Irak und Afghanistan und den Problemen in Libyen kein Interesse an einem weiteren Krieg. Auch die Europäer werden sich hüten, in Syrien zu intervenieren. Russland und China lehnen eine UNO-Resolution gegen Damakus ab. Die brutale Taktik Assads, so die Überzeugung, scheint aufzugehen.
Jedenfalls so lange Ausländer nicht mit eigenen Augen sehen, wie das Militär Proteste gegen die seit vier Jahrzehnten autokratisch regierende Assadfamilie niederschlägt. Doch die Bilder lassen sich nicht unterdrücken, immer wieder gelingt es Bloggern, Fotos und Videos zu veröffentlichen, immer wieder berichten Flüchtlinge in der Türkei unabhängig voneinander von den Gräueltaten der Soldaten. Am Sonntag wollen Kritiker von Assad vor dem Parlament in Damaskus demonstrieren.
Nach nunmehr drei Monaten zeigen die Proteste offensichtlich erstmals Wirkung: Rami Makhlouf, Hassfigur vieler Syrer, reichster Mann des Landes und Cousin des Präsidenten, erklärte, er sei bereit, auf Gewinne aus seinen Firmen zu verzichten. Assad hat zudem einen Sondergesandten nach Ankara geschickt, der versichern sollte, die Lage werde sich bald bessern und der Flücht-

lingsstrom aufhören. Die Syrer seien nur „vorübergehend" in der Türkei, versprach er. Sie könnten schon bald wieder nach Hause zurückkehren.

Viele Flüchtlinge sind verzweifelt, sie haben Teile ihrer Familien und ihr Hab und Gut in Syrien zurücklassen müssen. Manche schenkten schon an diesem Wochenende den Beteuerungen aus Damaskus Glauben, sie könnten wieder nach Hause gehen. Am Sonntag machten in der Türkei Berichte die Runde, die Rückkehrer seien bei ihrer Ankunft in Syrien verhaftet worden. Ob das stimmt und ob sie ihre Gefangenschaft lebend überstehen werden, auf diese Nachricht warten jetzt Tausende Flüchtlinge in den türkischen Lagern.

Syriens Präsident Baschar el Assad erklärte in einer Rede an das Volk, diese Saboteure seien nur eine kleine Gruppe. Sie hätten jedoch bereits großen Schaden angerichtet und die friedlichen Proteste infiltriert. **„Keine Reform durch Sabotage und Chaos",** betonte Assad in seiner Ansprache, die von arabischen und internationalen TV-Sendern übertragen wurde. Der Widerstand gegen das laufende „Komplott" werde Syrien jedoch nur noch stärker machen. Sein Land befinde sich nach „schwierigen Tagen" an einer „Wendemarke".

Über die Demonstranten, die seinen Rücktritt fordern, sagte er: **„Sie töten im Namen der Religion."** Die Regimegegner seien Extremisten, die sich moderne Waffen und Kommunikationsgeräte beschafft hätten. In der Ortschaft Dschisr el Schugur hätten sie ein „Massaker" an den Sicherheitskräften verübt. Ein zweites „Massaker" in der Nähe der Stadt Maarat el Noaman habe die Armee verhindern können.

Zugleich signalisierte Assad der Protestbewegung seine Bereitschaft zu einem nationalen Dialog. Das Justizministerium solle prüfen, inwieweit die vor drei Wochen erlassene Amnestie für politische Gefangene ausgeweitet werden könne, sagte er und warnte das Ausland vor einer Einmischung in den Konflikt: „Wir sollten syrische Probleme eigenständig lösen." Der nationale Dialog werde bald beginnen, versprach er. Zuvor müsse man sich aber auf den dafür notwendigen Rahmen einigen. Es war erst Assads dritte Rede an das Volk seit Beginn der Proteste im März. Die Opposition fordert den Rücktritt Assads und seiner Minister. Das Regime versucht, den Aufstand niederzuschlagen. Dabei kamen nach Angaben von Menschenrechtsaktivisten bisher mehr als 1.400 Syrer ums Leben. Rund 10.000 wurden festgenommen.

Die EU-Staaten verständigten sich derweil im Grundsatz auf weitere Sanktionen gegen das Land. Die EU arbeite „aktiv" daran, ihre Strafmaßnahmen auszuweiten, heißt es in einem Entwurf für eine Erklärung der EU-Außenminister. Die EU fordert von der Regierung in Damaskus ein Ende der Gewalt gegen die Oppositionsbewegung und hatte weitere Sanktionen angekündigt. Der Text soll von den Außenministern bei ihren Beratungen in Luxemburg verabschiedet werden. Assad und rund 20 Vertraute wurden von der EU bereits mit Einreiseverboten und Vermögenssperren belegt. Die Liste könnte nun um weitere Vertreter der Regierung sowie um syrische Firmen erweitert werden. Bundesaußenminister Guido Westerwelle forderte in Luxemburg ein entschiedenes Handeln gegen die Regierung in Damaskus. Es sei nötig, „dass auch die internationale Gemeinschaft gemeinsam handelt und sich auf eine Erweiterung der Sanktionen verständigt". Der Rest der Welt erwartet gespannt die Entscheidungen der UNO und der amerikanischen Regierung. **Unter den Augen der Welt nimmt man das Abschlachten der eigenen Bevölkerung hin und lässt einen irren Diktator weiterregieren und töten.**

Ich verneige mich vor der Entschlusskraft unserer politischen Führungskräften.

ALGERIEN

In Tunesiens Nachbarland Algerien gab es Anfang Januar in vielen Städten, darunter der Hauptstadt Algier, tagelange Unruhen. Auslöser war die Anhebung der Lebensmittelpreise. Bei den Unruhen kamen mehrere Menschen ums Leben. Um die Lage zu entschärfen, beschloss die Regierung die Erhöhung der Weizenlieferungen

an die Provinzen, zudem kündigte sie vorübergehende Preisnachlässe für Speiseöl und Rohrzucker an.
Dennoch kam es Ende Januar erneut zu Protesten gegen die Regierung. In der Küstenstadt Bejaia in der Region Kabylei gingen die Menschen auf die Straße. Die Organisatoren sprachen von rund 10.000 Demonstranten. Führende Kraft ist die Sammlungsbewegung für die Kultur und die Demokratie (RCD). Die RCD rief für den 12. Februar zu einer weiteren Kundgebung in der Hauptstadt auf. Der seit 1999 amtierende autoritäre Präsident **Abdelaziz Bouteflika** wurde 2009 für eine dritte Amtszeit wiedergewählt. Nach Jahren mit blutigen Angriffen islamistischer Rebellen sorgte er für Stabilität. Seine Politik der „Nationalen Aussöhnung" mit der Wiedereingliederung von Ex-Terroristen in die Gesellschaft fand bisher breite Zustimmung. Das könnte Bouteflika auch weiterhin zugutekommen. Für viele, gerade ältere Menschen ist der Bürgerkrieg der 90er-Jahre noch präsent. Sie fürchten Unruhen und Instabilität. Die Unzufriedenheit unter den Jungen ist jedoch groß.
Bei einer Demonstration von Regierungsgegnern in Algier gab es mehrere Verletzte. Mehrere Hundert Menschen hatten sich trotz der massiven Polizeipräsenz auf dem Platz des 1. Mai in der Innenstadt versammelt, um gegen die Regierung und soziale Missstände im Land zu protestieren. Einziges Zugeständnis von Präsident Abdelaziz Bouteflika bisher: Der seit 1992 geltende Ausnahmezustand soll **„in naher Zukunft"** aufgehoben werden.

Als Ben Ali aus Tunesien fliehen musste, blickte die Welt gespannt auf das große Nachbarland Algerien. Auch dort protestieren Menschen gegen die Regierung, auch dort übergossen sich Verzweifelte mit Benzin und zündeten sich an. Kaum ein Monat vergeht ohne Demonstrationen aufgebrachter junger Männer. Fünf Menschen starben bei gewaltsamen Protesten Anfang Januar. Nicht wenige Beobachter erwarteten, dass Algerien ein zweites Tunesien werden würde.

Die Regierung von **Präsident Abdelaziz Bouteflika** wankt zwar bislang nicht, Weiß aber um die Gefahr. Um weitere sogenannte „**Brotunruhen**" zu verhindern, hat das Regime die Steuern und Zölle auf Grundnahrungsmittel gesenkt. Im vergangenen Monat kaufte Algerien mehr als 800.000 Tonnen Weizen.
Doch Unruhen werden das 35 Millionen Einwohner zählende Land weiter erschüttern, glauben Beobachter. Denn die Probleme Algeriens sind enorm. Die Arbeitslosigkeit ist vor allem in der jungen Bevölkerung hoch, die Eliten gelten als korrupt. Trotz riesiger Öl- und Gasvorkommen lebt die Hälfte der Bevölkerung in Armut. Vor allem Jugendlichen und jungen Erwachsenen fehlt eine Perspektive. Für den 12. Februar hatte die Opposition eine Demonstration in Algier geplant. Sie fordern den Rücktritt des Präsidenten. Dass Bouteflika sich bislang an der Macht halten kann, liegt auch daran, dass viele sein System mittragen, auch das Militär. Zudem ist die algerische Gesellschaft sehr fragmentiert, erklären die Nahost-Expertinnen Muriel Asseburg und Isabelle Werenfels in einem aktuellen Papier der Stiftung Wissenschaft und Politik. Regimekritische Akteure würden geschickt gegeneinander ausgespielt: „Entsprechend gespalten und handlungsunfähig ist die Opposition." Eine politische Kraft, die Proteste kanalisieren könnte, existiere nicht.
Darüber hinaus hat Algerien in den neunziger Jahren einen blutigen Bürgerkrieg zwischen Militär und Islamisten, der über 100.000 Todesopfer forderte. Viele Menschen fürchten wohl eine neue Eskalation der Gewalt.
Einige Zugeständnisse macht Bouteflika den Bürgern. So ist die Zensur der Presse nicht ganz so strikt wie in anderen arabischen Ländern und laut neuesten Plänen will der Präsident den Ausnahmezustand aufheben, der seit 19 Jahren gilt. Demonstrationen und Versammlungen wären danach auch offiziell erlaubt, nicht jede öffentliche Versammlung müsste beim Innenministerium genehmigt werden. 2014 sind zudem Präsidentschaftswahlen. Die Machthaber müssen sich gut überlegen, ob Bouteflika noch einmal kandidieren soll.

MAROKKO

In Marokko forderten Bürgerinitiativen und Jugendgruppen bei landesweiten Kundgebungen demokratische Reformen und eine Einschränkung der Macht von **König Mohammed VI**. In der Nacht starben fünf Menschen bei den Protesten. Das Land hat eine vielfältige Parteienlandschaft und ein frei gewähltes Parlament. Die Macht der Regierung ist allerdings dadurch eingeschränkt, dass der König in wichtigen Fragen das letzte Wort hat, oder bald nicht mehr haben wird. Es entstanden Tage des Zorns, Wochen des Umbruchs, Marokko lebt in einer krassen Kluft zwischen Arm und Reich.
In Marokko liegt das mythische Casablanca, das Land im Westen Nordafrikas gilt als beliebtes Urlaubsziel. Doch hinter schönen Fassaden eröffnet sich ein Land von herben Gegensätzen: Die Kluft zwischen Arm und Reich ist nirgends im Maghreb so groß wie hier. Die Analphabetenrate ist außerhalb der Städte sehr hoch, 50 Prozent der Frauen können weder lesen noch schreiben.
König Mohammed VI. bestimmt im Wesentlichen die Geschicke des Landes. Der 47 Jahre alte Monarch hat sich einen Ruf als Reformer erworben. In seiner ersten Thronrede 1999 kündigte er eine „aktive Sozialpolitik" an. Tatsächlich hat er Frauenrechte gestärkt und ließ das autoritäre Regime seines Vaters aufarbeiten. Doch das Versprechen, sich für mehr Arbeitsplätze, gegen Armut und Korruption einzusetzen, hat er nicht gehalten.
Misswirtschaft und Korruption grassieren. Jungen Marokkanern fehlen die Perspektiven im eigenen Land, 30 Prozent sind arbeitslos. Besonders betroffen sind junge Akademiker. Bereits seit rund zehn Jahren campieren ihre Protestgruppen vor dem Parlament in Rabat. Immerhin gibt es in Marokko ein Parlament, wenngleich der König es jederzeit auflösen kann. Wahlen sind zwar transparenter und liberaler als in Tunesien oder Ägypten. Marokko sei aber **„weder demokratisch noch befindet es sich in einem demokratischen Transitionsprozess",** warnte die Nahost-Ex-

pertin Eva Wegner anlässlich der Parlamentswahlen vor vier Jahren.

Aus Unzufriedenheit und Wut über die Verhältnisse haben Demonstranten bereits mehrfach den ultimativen Protest gewählt und sich selbst angezündet. Eine Gruppe junger Marokkaner rief bei Facebook für den 20. Februar zu einem Protesttag auf. Die Regierung nehme die Ankündigung ausgesprochen gelassen zur Kenntnis, sagte der marokkanische Regierungssprecher. Das Land befinde sich in einem **„langfristigen und unumkehrbaren Prozess der Demokratisierung und Öffnung".**

Die Autorität des Königs, der für seine Vorliebe für Jetskis und Sportwagen bekannt ist, wird bislang nicht infrage gestellt. Er gilt als **„Führer der Gläubigen",** dessen Herkunft direkt vom Propheten Mohammed abgeleitet wird. Um die Bevölkerung zu beruhigen, könnte Mohammed VI., wie der jordanische König, einfach die Regierung entlassen.

Als allgemein beliebter König gilt Marokkos König Mohammed VI. Er will einen Teil seiner umfassenden Machtbefugnisse abgeben. Eine neue Verfassung soll der Regierung in dem nordwestafrikanischen Land mehr Rechte geben. Der Monarch reagiert damit auf den zunehmenden Druck aus dem Volk. Während viele Parteien die Pläne begrüßten, rief die Protestbewegung zu neuen Demonstrationen auf. Unter dem Eindruck der Demokratiebewegung in Nordafrika ist Marokkos König Mohammed VI. bereit, sich von einem Teil seiner umfassenden Machtbefugnisse zu trennen. Der Monarch präsentierte Pläne für eine Verfassungsreform, die der Regierung mehr Befugnisse einräumt. In einer Fernsehansprache rief er die Bürger des Landes auf, der neuen Verfassung in einem Referendum am 1. Juli zuzustimmen. Wie in vielen anderen nordafrikanischen und arabischen Staaten gehen die Menschen auch in Marokko seit Monaten für mehr Freiheiten und Demokratie auf die Straße. Jedoch soll er weiter als **„unantastbar"** angesehen werden und Führer der marokkanischen Muslime sowie Oberbefehlshaber der Streitkräfte bleiben. In der neuen Verfassung soll die Berber-Sprache Amazigh zudem gleichberechtigt neben Arabisch als offizielle Amtssprache fungieren.

Künftig muss der König einen Premierminister aus der Partei ernennen, die bei Wahlen die meisten Parlamentssitze erhalten hat. Bislang konnte er den Regierungschef nach Gutdünken bestimmen. Zugleich erhält der Premier weitere Befugnisse wie das Recht, Minister zu entlassen. Außerdem kann er dem König Kandidaten für Botschafterposten und die Führung von staatlichen Unternehmen vorschlagen.

Zudem ist eine Trennung von **Judikative** und **Exekutive** vorgesehen. Der König wird auch weiter offiziell dem Hohen Rat der Justiz, dem obersten Rechtsorgan des Staates, vorstehen. Laut neuer Verfassung wird er aber diese Aufgabe an den Präsidenten des Obersten Gerichts delegieren und nicht mehr an den Justizminister.

Die Sicherheitspolizei soll einem vom König geleiteten Rat unterstellt werden, dem der Regierungschef und die Präsidenten beider Parlamentskammern sowie des Obersten Gerichts angehören. Außerdem kann der König laut neuer Verfassung nicht mehr allein einem anderen Land den Krieg erklären oder über den Abbruch der diplomatischen Beziehungen entscheiden.

König Mohammed hatte die Verfassungsreform bereits im März nach Demonstrationen für mehr Demokratie angekündigt. Eine Kommission hatte den Entwurf unter Beteiligung der politischen Parteien, Gewerkschaften, Nichtregierungsorganisationen und anderen Vertretern der Gesellschaft in den vergangenen Wochen erarbeitet.

Bei einer Zustimmung in dem Referendum am 1. Juli wäre es die sechste Verfassungsreform in Marokko seit der Unabhängigkeit des Landes von Frankreich 1956. Aber die erste, die vom Volk gestaltet wurde, wie Mohammed in der Fernsehansprache betonte.

„Verglichen mit der jetzigen Verfassung ist das Vorhaben ein wichtiger Fortschritt", lobte der Abgeordnete Saad Eddine Othmani von der oppositionellen islamistischen Partei für Gerechtigkeit und Entwicklung die Pläne. Seine Partei wollte kurzfristig darüber debattieren, ob die Zugeständnisse des Monarchen ausreichten. Der Generalsekretär der an der Regierungskoalition beteiligten Partei für Fortschritt und Sozialismus, Nabil Benabdallah, sagte, die Reform ermögliche die Errichtung eines **„modernen demokratischen Staates"**.

Die Protestbewegung hingegen kritisierte die Zugeständnisse des Königs als unzureichend. Die Änderungspläne erfüllten die Forderungen nach einer **„echten Gewaltenteilung"** nicht, sagte ein Vertreter der Bewegung des 20. Februar, die nach dem ersten Tag der Proteste in dem Land benannt ist. Deshalb seien in mehreren Städten Demonstrationen für eine **„wirklich demokratische Verfassung und eine parlamentarische Monarchie"** geplant. Nach Angaben auf der Facebook-Seite der Bewegung soll es unter anderem in Marrakesch, Rabat und Casablanca Proteste geben.

König Mohammed VI. gilt als ein der Tradition verpflichteter Hoffnungsträger. Marokkos Monarch hat aber schon viele Reform-Erwartungen enttäuscht. Auch die jüngsten Ankündigungen können die Erwartungen nicht erfüllen. Zwischen Hoffnung und Wirklichkeit klaffen manchmal tiefe Gräben. Als Marokkos König Mohammed VI. im März eine tief greifende Verfassungsreform ankündigte, hofften viele seiner Untertanen, er werde eine moderne Monarchie auf der Basis von Gewaltenteilung einführen. Zwar gibt der 47-jährige Monarch einen Teil seiner Befugnisse ab, das Heft behält er aber weiterhin in der Hand. Damit wiederholt sich das Muster von Mohammeds bisheriger Regentschaft.

Als Mohammed VI. im Juli 1999 nach dem Tod seines Vaters Hassan II. auf den Thron kommt, hoffen viele, dass der 35-jährige Monarch das Land reformiert. Kaum an der Macht, beschreibt er ungeschönt die wirtschaftliche und gesellschaftliche Lage seines Lands, spricht von den tiefen sozialen Gräben, von der hohen Arbeitslosigkeit, der grassierenden Korruption, der Benachteiligung der Frauen und verspricht, dass alles besser werden soll. Die Anfänge lassen hoffen. Der diplomierte Jurist und Politikwissenschaftler, der über die Beziehungen der Maghrebstaaten zur Europäischen Wirtschaftsgemeinschaft promovierte, trennt sich als erstes von dem mächtigen und ungeliebten Innenminister seines Vaters, Driss Basri, lässt Oppositionelle aus dem Ausland zurückkehren und entlässt den Islam-Gelehrten Abdessalam Yassine aus zehnjährigem Hausarrest. 2004 setzt er gegen den Widerstand der radikalislamischen Opposition ein neues Familiengesetz durch, das die Rechte der Frauen stärkt.

Gleichzeitig gibt er sich als Monarch mit sozialem Gewissen. Es vergeht kaum ein Tag ohne Fotos in den staatlichen Medien, die zeigen, wie Mohammed VI. eine Wohnsiedlung oder ein Krankenhaus in einem abgelegenen Flecken des Landes einweiht. Seine Kritiker aber werfen ihm vor, auf halbem Wege stehen geblieben zu sein. Es gibt kaum Fortschritte im Gesundheits- und Bildungswesen, nach wie vor sind 40 Prozent der Einwohner Analphabeten. Die Justiz gilt weiter als wenig unabhängig und korrupt, ihre Reform bleibt eine Baustelle.

Unabhängige Medien stehen nach ersten Lockerungen wieder unter starkem wirtschaftlichen und juristischem Druck, an zahlreiche Tabuthemen darf nicht gerührt werden. Kritiker monieren zudem den starken Einfluss der Königsfamilie in der Wirtschaft und Geschäftswelt des Landes. Mohammed VI. stammt aus einer Königsdynastie, deren Wurzeln im 17. Jahrhundert liegen. Er ist Staatschef, Armeechef und oberster geistlicher Führer zugleich und an dieser Machtfülle will er trotz einiger Zugeständnisse nicht rütteln. Und doch stellt bis heute niemand die Monarchie infrage, allen Rufen nach mehr Demokratie zum Trotz.

Dies wiederum liegt in der Person des Monarchen begründet, der bis heute über großes Ansehen innerhalb der Bevölkerung verfügt. Für sie ist er immer noch der Hoffnungsträger, und nicht wenige verweisen dabei auf Mohammeds eigene Familie. Als er am 21. März 2002 die **bürgerliche Salma Bennani** heiratet, räumt er rasch mit dem alten Brauch auf, das Leben im Palast von der Öffentlichkeit abzuschirmen. Seine Frau, die seit der Hochzeit **Prinzessin Lall-LA Salma** heißt, tritt immer wieder in der Öffentlichkeit auf, sie beteiligt sich aktiv an sozialen Werken. Das

Paar hat zwei Kinder, den 8-jährigen **Erbprinz Moulay Hassan** sowie seine 4-jährige Schwester, **Prinzessin Lall-LA Khadija**.

Trotz seiner Beliebtheit haben mehrere Tausend Menschen in Marokko gegen die ihrer Ansicht nach unzureichenden Pläne für die angekündigte Verfassungsreform protestiert. „**Nein zu einer Verfassung der Diktatur**", riefen die Teilnehmer des Protestes in der Metropole Casablanca, unter ihnen Islamisten und Anhänger linker Parteien. Die vom König vorgeschlagenen Änderungen seien unzureichend.

Sie bringen „**keinen Übergang von der absolutistischen Monarchie zur parlamentarischen Monarchie**", sagte Ahmed Mediany, einer der Aktivisten der „Jugendlichen vom 20. Februar", die zu der Demonstration aufgerufen hatten. Der Demonstration schlossen sich auch Islamisten der Bewegung für Gerechtigkeit und Wohlstand an. Nach Angaben der Veranstalter beteiligten sich 20.000 Menschen an dem Protest, in Regierungskreisen war von 2.500 Teilnehmern die Rede.

Mehrere Hundert Gegendemonstranten, die Bilder des Königs hochhielten, versuchten den Protestzug zu stören. Die Oppositionellen änderten jedoch ihre Route, um Auseinandersetzungen zu vermeiden. In einem ärmlichen Viertel der Hauptstadt Rabat gerieten Dutzende Gegner der Verfassung mit Anhängern des Königs aneinander.

König Mohammed VI. hatte umfassende Änderungen der Verfassung angekündigt, nachdem der „**arabische Frühling**" und die Forderung nach demokratischen Reformen auch Marokko erfasst hatten. Der Entwurf sieht die Abgabe mehrerer Befugnisse des Königs an den Ministerpräsidenten vor. Auch das Parlament soll mehr Befugnisse erhalten. Die Justiz soll unabhängig von der Exekutive und der Legislative sein. Zudem sollen in der neuen Verfassung die Gleichberechtigung zwischen Mann und Frau und der Schutz der Menschenrechte festgeschrieben werden. Die Schlüsselrolle im Machtgefüge wird aber auch in Zukunft der

Monarch haben. So soll er weiter zentrale Führungsfigur in Fragen der Sicherheit, des Militärs und der Religion bleiben.
Über die Verfassungsreform soll am 1. Juli in einem landesweiten Referendum abgestimmt werden. Der seit 1999 regierende Mohammed VI. hatte die Verfassungsänderungen bereits im März unter dem Eindruck von Massenprotesten für mehr Demokratie im Land versprochen.

LIBYEN

Bei den Protesten gegen Langzeit-Machthaber **Muammar al-Gaddafi** in den Küstenstädten, aber auch im Binnenland, sind in kurzer Zeit schon mehr als 200 Menschen getötet worden. Das brutale Vorgehen von Elitetruppen unter dem Befehl der Gaddafisöhne scheint den Protest aber noch mehr anzufachen. Da ausländische Presse in Libyen kaum vertreten ist, dringen die Berichte nur sporadisch an die Außenwelt.

All die übergreifenden, revolutionären Unruhen der islamischen Welt zeigen die Unzufriedenheit der Menschen auf. Ein bekannter Islam-Experte **„Die Libyer werden einen hohen Blutzoll zahlen"**
Der sunnitische Rechtsgelehrte Mohammad Sammak erklärt einiges über irrende Muslime, den **„Tsunami des Umsturzes"** in der arabischen Welt und die Menschenrechte im Islam.
Er sieht es als der späte Beginn eines Umbruchs, der lange dauern wird und es gibt wichtige Indikatoren für eine Veränderung. Sogar die muslimische Bruderschaft sagt in Ägypten, sie wolle keinen religiösen Staat nach dem iranischen Modell, sondern Teil der neuen Gesellschaft sein, ohne sie zu dominieren. Während der Demonstrationen riefen der koptische Papst Shenouda und der Imam von Al Azhar zur Unterstützung Mubaraks auf, aber die Gläubigen verweigerten ihnen die Gefolgschaft und demonstrierten gegen Mubarak. Wir haben den Eindruck, dass die Dinge den richtigen Weg gehen. Mit Demokratie geht es jedem besser

und dies war ja das Modell im Nahen Osten vor diesen Diktaturen. Die Diktatoren benutzten Islamisten auch zur Rechtfertigung ihrer Macht.

Die junge Generation mit ihren neuen Kommunikationswegen ist wirklich anders und so glaube ich, dass auch Christen beim Aufbau der Demokratie eine wichtige Rolle spielen werden.

Ich kann aber nicht sagen, dass es eine Gefahr nicht gibt. Es wird immer Gruppen geben, die diesen Tsunami des Umsturzes nutzen wollen. Wir werden ihre Stimmen hören, sie werden Probleme schaffen, aber ich bin ziemlich sicher, dass sie keine Chance haben.

Ich fürchte, die Menschen in Libyen werden einen unvorstellbar hohen Blutzoll zahlen. Das ist der Weg von Gaddafis Regime, aber es gibt für ihn keine Zukunft mehr. Wir haben dort keine Opposition, weil sie Gaddafi nicht zuließ, aber Libyen hat eine sehr gut gebildete Elite und sie wird von den Nachbarländern Tunesien und Ägypten lernen und den Weg zu mehr Menschenrechten gehen.

Nach der islamischen Doktrin bekommen Christen, Muslime oder Nichtgläubige ihre Würde von Gott. Und ich habe kein Recht über Menschen wegen ihres Glaubens zu richten. So ist das Prinzip der Menschenrechte vom Islam garantiert. Wenn also Staaten, oder islamische Gemeinschaften die Menschenrechte nicht achten, liegt das nicht am Islam. Unser größtes Problem ist, Muslimen den Islam zu erklären. Das heutige Image unseres Glaubens, über Extremisten vermittelt, ist nicht der Islam.

Wir glauben, dass der Koran heilig ist, weil er von Gott kommt und er ist ewig gültig. Aber er muss interpretiert werden. Das tun Menschen und sie irren nun leider auch häufig.

Muammar al-Gaddafi regiert Libyen seit mehr als 40 Jahren mit harter Hand. Oppositionelle ließ er einkerkern, während sein Clan sich bereicherte. Nach jahrelanger Isolation näherte er sich zuletzt dem Westen an, doch die brutale Gewalt gegen Demonstranten rückt ihn nun wieder international ins Abseits.

Von Ängsten geplagt, kritikunfähig, vertraut nur engsten Beratern, so beschreiben US-Diplomaten den 68-jährigen libyschen Diktator. Auf eines habe er sich allerdings immer gut verstanden, die eigene Macht zu sichern. Nun stemmt sich Muammar al-Gaddafi mit letzter Kraft gegen die Revolte.

Für seine Machtergreifung hat Muammar al-Gaddafi eine einfache Erklärung. Dass er 1969 **König Idris** vom Thron putschte, erläuterte er einmal so: „**Gott war mit der Revolution.**" Doch jetzt, vier Jahrzehnte später, lehnen sich Regimekritiker gegen ihn auf und Gaddafi beantwortet das mit unerbittlicher Härte. Eine neue Revolte will der ewige Revolutionsführer mit allen Mitteln verhindern.

Soldaten feuern offenbar aus Flugzeugen und mit Maschinengewehren auf Demonstranten. Hunderte Menschen sind in den Tagen der Revolution bisher gestorben. Das Parlament brannte. Es sind die schwersten Unruhen in Gaddafis 42-jähriger Herrschaftszeit.

Kritische Stimmen wusste er schon immer brutal zu unterdrücken. Politische Parteien sind verboten, Demonstrationen ebenfalls. Wer sein Recht auf Meinungs- und Versammlungsfreiheit ausüben möchte, muss mit der Todesstrafe rechnen. Libyen ist eines der repressivsten Regime der Welt.

Im Zentrum der Macht steht Gaddafi. Seit 1979 ist er zwar offiziell kein Staatschef mehr, sogenannte Volkskonferenzen sollen der Theorie nach im Sinne des Volkes regieren. Doch tatsächlich ist Gaddafi Herrscher geblieben und feiert das mit einem ausschweifenden Personenkult. In ganz Libyen hängen überlebensgroße Bilder von ihm. Mit dunkler Sonnebrille oder im bunten Fantasiegewand.

Zum 40. Jahrestag der Revolution ließ er für Hunderte Millionen Dollar ein bombastisches Fest inszenieren, inklusive Reitershow, Militärmärschen, Feuerwerken und Exekutionsszenen.

Wenn Gaddafi reist, gleicht sein Hofstaat einem Zirkus: Zelt, Pferde, schöne Frauen hat er im Gepäck. Immer dabei ist seine langjährige ukrainische Krankenschwester Galina K., sie wird als

„üppige Blondine" beschrieben. Auch beim Rombesuch im Sommer 2010 wollte er nicht auf das Damenprogramm verzichten: Vor Hunderten Models erteilte er eine Lehrstunde über den Islam.

Es sind solche und ähnliche Details, die weltweit Spott auslösen. Auch der neueste Kurzauftritt Gaddafis im Staatsfernsehen löst Befremden aus. Aus einem alten Auto heraus, mit einem Regenschirm in der Hand, murmelt er in ein Mikrofon, dass er sich noch in Tripolis befinde. Zweiundzwanzig Sekunden dauert diese eigenartige Szene.

Der frühere ägyptische Präsident **Anwar al-Sadat** urteilte einmal über Gaddafi: **„Hundert Prozent krank im Kopf."** Der US-Geheimdienst CIA gelangte 1982 zu der Erkenntnis: „Nach unserer Einschätzung leidet er an einer schweren Persönlichkeitsstörung."

US-Diplomaten beschreiben den heute 68-jährigen Gaddafi als einen neurotischen, von Ängsten geplagten Mann, der nur seinen engsten Beratern vertraut und mit Kritik nicht gut umgehen könne. Vor allem eines aber konnte er immer gut. **Seine Macht sichern.**

Das gelinge ihm durch **„gewieftes Ausbalancieren von Interessen"**, so der amerikanische Botschafter Gene Cretz. Besonders deutlich ist das in den vergangenen Jahren geworden, seit Gaddafi sich westlichen Staaten angenähert hat.

Gaddafi, der einst terroristische Gruppen in der ganzen Welt unterstützte und damit auf die Liste der **„Sponsoren des internationalen Terrorismus"** gelangte, vollzog 2003 eine außenpolitische Kehrtwende. Damals verzichtete er auf sein Programm für Massenvernichtungswaffen, entschädigte Opfer des Attentats von Lockerbie, allerdings wohl weniger aus Überzeugung denn aus politischem Kalkül.

Denn damit wurden erst die Sanktionen der UNO und der EU, später auch der USA, gegen Libyen aufgehoben. Gaddafi fand wieder Abnehmer für sein Öl, seither hat sich das Land zu einem der wichtigsten Erdöllieferanten für Europa entwickelt. Die Einnahmen sind in die Höhe geschnellt, Gaddafi kauft sich damit die

Loyalität von Teilen der Gesellschaft, etwa der wichtigen Stämme. 2007 kündigte er zudem Lohnerhöhungen im öffentlichen Dienst um bis zu 80 Prozent an. Ende Januar wurde als hektische Reaktion auf die Proteste im Land bekannt gegeben, dass Libyen einen Entwicklungsfonds in Höhe von 14 Milliarden Euro auflegen werde.

Doch das libysche Gesundheitswesen ist in einem desolaten Zustand; Korruption und Vetternwirtschaft lähmen das Land. Wie in den Nachbarländern sind viele Jugendliche arbeitslos. Fast die Hälfte der sechs Millionen Einwohner des Landes ist unter 25 Jahre alt. **„Die Menschen sind enttäuscht, dass es nach der außenpolitischen Öffnung keinen innenpolitischen Wandel gegeben hat"**, so die Stiftung Wissenschaft und Politik in Berlin. Zunehmend bröckelt die Machtbasis von Gaddafi, der sich bislang auf seinen Familienclan, die Armee, den Sicherheitsapparat und die Stämme gestützt hat. Gaddafi selbst gehört einem Berberstamm an, er wuchs in bescheidenen Verhältnissen auf. Er absolvierte eine militärische Ausbildung und gründete den **„Bund der freien Offiziere"**, mit dem er putschte.

Noch scheinen Teile der Armee hinter ihm zu stehen. Allerdings sollen in der Hafenstadt Bengasi ganze Militäreinheiten desertiert sein. Die Vertreter wichtiger Stämme haben sich nun von ihm distanziert, ein bemerkenswertes Signal. Auch der libysche Botschafter bei der Arabischen Liga legte sein Amt nieder und protestierte damit gegen die Schüsse auf Demonstranten.

Gaddafi schickte seinen Sohn **Saif al-Islam** vor, der seinerseits einen bizarren Auftritt hatte. Saif al-Islam wurden bislang die besten Chancen als Nachfolger Gaddafis eingeräumt. „Doch auch ihn hat Gaddafi immer wieder zurückgepfiffen", erklärt ein Libyenexperte. **„Er spielt alle gegeneinander aus."**

So wurde Saif al-Islam Mitte Januar als Chef der Gaddafistiftung entmachtet. Der 38-Jährige gilt als Reformer, der das Land politisch und wirtschaftlich öffnen will. Er ist Architekt, Ingenieur und Ökonom, hat an der London School of Economics promoviert. 2006 sagte er, **„das demokratische System, von dem wir** träumten, gibt es in der Realität nicht". Das existierende System **„missbraucht den Begriff der Demokratie"**.

Seine Rede im Fernsehen überraschte daher. Zwar kündigte Saif al-Islam Veränderungen an, um **„ein neues Libyen zu schaffen"**. Aber das Regime, bekräftigte er, werde sich gegen die Revolte verteidigen – **„bis zum letzten Mann, zur letzten Frau, zur letzten Kugel"**. Die Armee sei loyal und bestens bewaffnet. Als Schuldige für die Aufstände identifizierte er: Islamisten, Medien, Verbrecher, Betrunkene und Drogensüchtige und natürlich Ausländer.

Dabei galt Saif al-Islam bislang als moderat, im Gegensatz zu Bruder **Mutassim**, der ebenfalls um die Nachfolge des Vaters konkurriert. Er ist Nationaler Sicherheitsberater, kommandiert eine eigene Brigade und gilt als Hardliner. Ebenso verankert im Sicherheitsapparat ist ein weiterer Bruder, **Khamis**, der eine Brigade kommandiert, die als hervorragend trainiert und ausgestattet gilt.

Von den übrigen Brüdern, Gaddafi hat sieben Söhne und eine Tochter, machte besonders **Hannibal** auf sich aufmerksam. In Rom soll er betrunken Flaschen auf Polizisten geworfen haben, in Paris raste er über die Champs-Elysées, mit Tempo 140 auf der falschen Straßenseite. Ein französisches Gericht verurteilte ihn zu vier Monaten Gefängnis auf Bewährung, weil er seine Geliebte und spätere Ehefrau Alina schlug. Eben jene Alina war auch mit ihm in Genf, als zwei Bedienstete sich bei der Schweizer Polizei beklagten, sie würden körperlich misshandelt, was Gaddafi junior bestreitet. Die Affäre wuchs sich zur diplomatischen Krise aus und gipfelte darin, dass Gaddafi zum Dschihad gegen die Schweiz aufrief.

Doch die Diskussion um die Nachfolge Gaddafis könnte sich auch schnell erledigen. Die Proteste weiten sich immer mehr aus, das Parlamentsgebäude in Tripolis und Polizeiwachen wurden angezündet. Der Libyenexperte möchte zwar keine Prognose wagen, wann genau es so weit ist, aber er ist sich sicher: **„Das Gaddafiregime wird das nicht überleben."**

So leben die Menschen im Sog der Revolution. Die Sehnsucht nach Freiheit, Wohlstand und Glück treibt die Menschen auf die Straßen.

Nach der Jasmin-Revolution in Tunesien und dem Sturz von Husni Mubarak in Ägypten greift die Protestwelle auf andere Staaten der arabischen Welt über. Befeuert werden die Unruhen von massiven Wirtschaftsproblemen.

In Libyen haben die Ausschreitungen zum Bürgerkrieg geführt und Gaddafi erklärte seinem Volk den Krieg und wollte seine Macht demonstrieren.

In einer wirren TV-Ansprache droht Gaddafi den Protestierern unverhohlen mit dem Tod. Doch Libyen gerät ihm außer Kontrolle, der Osten ist in der Hand der Aufständischen. Panzer, Kampfflugzeuge und Hubschrauber sowie seine wild um sich schießenden Soldaten, Hunderte Tote, Tausende Verletzte und Zehntausende auf der Flucht, das Regime von Muammar al-Gaddafi hat seinem eigenen Volk den Krieg erklärt.

„Wir werden bis zum letzten Blutstropfen kämpfen" kündigte der Despot am Abend in einer wirren und streckenweise wahnsinnigen Tirade im staatlichen Fernsehen an.

Die Demonstranten beschimpfte er als Ratten und Drogensüchtige. Rücktritt oder Flucht ins Exil lehnte er ab. Er habe kein Amt in Libyen inne, von dem er zurücktreten könne, giftete der Machthaber und las mit theatralischer Geste aus seinem Grünbuch vor. Den Aufständischen warf er vor, sie wollten die Einheit Libyens zerstören und das Land in einen islamischen Staat verwandeln.

Doch umso härter der Gaddaficlan um sich schlägt, umso mehr schwindet seine Macht. Immer mehr Militäreinheiten desertieren. Der gesamte Osten des Landes einschließlich der Grenzstation zu Ägypten ist bereits in der Hand der Aufständischen. In New York trat der UN-Sicherheitsrat auf Antrag libyscher UN-Diplomaten zusammen, die ihre Ämter aus Protest gegen das Blutbad in ihrer Heimat niedergelegt hatten. Zuvor hatte UN-Generalsekretär Ban Ki Moon rund 40 Minuten lang dem Machthaber ins Gewissen geredet und in scharfem Ton verlangt, **„die Gewalt gegen die Demonstranten zu beenden"**.

Aus aller Welt hagelte es empörte Warnungen an die Adresse des Regimes. Die Europäische Union und Deutschland drohten Gaddafi bereits mit Sanktionen. Bundeskanzlerin Angela Merkel reagierte bestürzt auf die Fernsehansprache, Gaddafi habe seinem Volk **„den Krieg erklärt",** sagte sie in Berlin. Seine Worte seien **„sehr, sehr erschreckend"** gewesen.

Doch der gibt sich völlig ungerührt. Mehr als eine Stunde dauerte der bizarre Auftritt von **„Bruder Führer"** Muammar al-Gaddafi im staatlichen Fernsehen, aufgenommen in den Trümmern der 1986 von einem amerikanischen Luftangriff zerstörten Villa des selbst ernannten Revolutionsführers auf dem Areal der Militärbasis Bab al-Azizia. Immer wieder verlor er den Faden, starrte schweigend auf sein Manuskript. Den Protestierern droht er unverhohlen mit Tod und Blutvergießen, bevor er seine bizarre Rede mit den Worten **„Revolution, Revolution"** beendete.

Gaddafi hat alle Fäden fest in der Hand, sollte dieser Auftritt wohl suggerieren, sekundiert von der Propaganda-Maschine des libyschen Staatsfernsehens. **„Alles Lügen"** seien die Behauptungen, die Sicherheitskräfte hätten die Protestierer in verschiedenen Städten und Ortschaften massakriert. **„Das ist Teil der psychologischen Kriegsführung gegen Libyen"**, stand auf einem roten Nachrichtenband des Kanals Al-Jamahiriya Two zu lesen. Die von außen gesteuerte Hetzkampagne habe nur das Ziel, **„unsere Moral, unsere Stabilität und unseren Reichtum"** zu zerstören. Die Sicherheitskräfte seien lediglich dabei, Gruppen von Terroristen niederzukämpfen.

Mächtige rebellierende Wüstenstämme in Libyen destabilisieren das Gaddafiregime zusätzlich. Stämme spielen im sozialen Gefüge des Landes immer noch eine zentrale Rolle. Ganz im Gegensatz zur politischen Opposition.

Ein Sturz des Regimes Muammar al-Gaddafi, so drohte Saif al-Islam, Sohn des libyschen Diktators, werde das Land ins Chaos stürzen, Angehörige verschiedener Stämme würden **„einander in den Straßen töten"**. Das Töten ist auf Befehl des Herrschers längst Realität geworden, und viele Libyer fürchten sich nun vor der Anarchie eines Machtvakuums, das ein Sturz des Herrschers nach 42 Jahren hinterlassen könnte.

Seit Gaddafi an der Spitze einer Gruppe freier Offiziere 1969 die prowestliche Monarchie stürzte, verkündete er dem Land zwar eine soziale Revolution, hielt sich jedoch mit Brutalität an der Macht. Oppositionsbewegungen wurden zerschlagen, deren Angehörige inhaftiert und häufig exekutiert, während der Diktator seine Gegner im Ausland viele Jahre lang verfolgte.

Schon bald nach seiner Machtübernahme geriet Gaddafi, der seine eigene „grüne" Version des Islams predigt, in schweren Konflikt mit den traditionellen islamischen Institutionen des Landes. Zu seinen Erzfeinden erkor er neben den gemäßigteren Muslimbrüdern vor allem radikalere islamistische Strömungen, gegen die er mit besonderer Härte vorging.

Erst in den vergangenen Jahren begann sein Sohn Saif al-Islam einen Dialog mit islamischen Extremistengruppen, darunter insbesondere der „Libyschen Islamischen Kampfgruppe", die 1996 einen Attentatsversuch gegen Gaddafi unternommen und sich später wiederholt Gefechte mit libyschen Sicherheitskräften geliefert hatte. Zu ihren Mitgliedern zählten heimgekehrte Kämpfer aus dem Krieg gegen die Sowjetunion in Afghanistan, die auch Kontakte zur Terrororganisation Al Kaida pflegten. Im Gefängnis schworen einiger dieser Militanten jedoch nach offiziellen Aussagen Saif al-Gaddafis dem Terror ab, zu Beginn der Unruhen wurden rund 110 Häftlinge der Gruppe freigelassen.

De facto gibt es heute in Libyen keine organisierte Opposition. Im Exil formierten Gaddafis Gegner zwar diverse politische Gruppierungen sind jedoch stark zersplittert und ebenfalls politisch bedeutungslos. Sieben Oppositionsparteien, darunter die „Nationale Front zur Rettung Libyens" (NFRL), die größte unter ihnen,

schlossen sich 2005 in London zur „Nationalen Konferenz für die libysche Opposition" zusammen.
Jahrelang hatten sie kaum Zugang zur libyschen Bevölkerung, gewannen nun aber dank Internet und sozialer Netzwerke vor allem unter der jungen Bevölkerung ein wenig an Einfluss durch ihr entschiedenes Engagement für den **„Tag des Zorns"**, der am 17. Februar den Auftakt zur Rebellion setzte. Doch ein künftiger Führer lässt sich nicht erkennen.
Demgegenüber spielen im sozialen Gefüge des Landes die Stämme immer noch eine zentrale Rolle. Die Entscheidung des mächtigen Warfala-Stammes, zu dem sich etwa eine Million Libyer zählen, sich den Gegnern Gaddafis anzuschließen, wird als entscheidende Schwächung des Diktators gewertet. Dies wurde noch verstärkt, als es Warfala-Führern gelang, Angehörige der südlichen Tuareg-Stämme, die etwa 500.000 Menschen zählen, für den Widerstand zu gewinnen.
Als sich nach zehnjähriger Herrschaft im Land eine Opposition gegen Gaddafi zu formieren begann, suchte der Revolutionsführer zum alten Teile-und-herrsche-System Zuflucht und verstärkte erneut die Stammesstrukturen. Er gründete ein „Soziales Führungskomitee", das sich aus 15 Repräsentanten der größten der insgesamt rund 100 Stämme des Landes zusammensetzt und zugleich auch Repräsentant der Stämme in den Streitkräften ist. Gaddafi hielt die Stammesführer durch Privilegien bei der Stange. So verhinderte er die Entwicklung einer nationalen Identität unter einer Bevölkerung, die außer brutalem italienischen Kolonialismus keine gemeinsame historische Erfahrung besitzt.

Im Osten Libyens wird heftig gekämpft, in der Hauptstadt läuft das Leben beinahe wieder normal: Die Müllabfuhr arbeitet, Modegeschäfte haben geöffnet. Es könnte die Ruhe vor dem Sturm sein.
Wie ist die Lage in Libyen? Gesicherte Informationen aus dem umkämpften Land sind nur schwer zu bekommen, derzeit ist unklar wie die Kämpfe zwischen den Rebellen und den Truppen

von **Diktator Muammar al-Gaddafi** ausgehen. Besonders rar sind auch die Informationen aus der Hauptstadt, die für ausländische Reporter nur schwer zu erreichen ist: **Tripolis**. Heidemarie Zöllner arbeitet seit drei Jahren in Tripolis. Sie ist geblieben, während Tausende Menschen versuchen, das Land zu verlassen. Doch nach den jüngsten Warnungen der Deutschen Botschaft habe sie sich immerhin entschieden, aus dem Zentrum wegzuziehen in ein ruhigeres Viertel am Stadtrand. Dort hätten die Leute bisher **„noch nie einen Schuss gehört"**.
Zu Beginn der Aufstände machten in Tripolis Horrorgeschichten von Heckenschützen im Auftrag Gaddafis die Runde, sie sollen gezielt auf Gegner des Regimes geschossen haben. Auch in ihrer alten Straße habe sie Schüsse gehört, sagt Heidemarie, damals sei sie in der Wohnung geblieben.
Während im Osten des Landes nun heftig gekämpft wird, sei es in Tripolis seit Samstag wieder ruhig. Tagsüber entwickele sich sogar wieder normales Leben: „Drogerien und Modegeschäfte haben wieder geöffnet, die Polizei regelt den Verkehr, der Müll wird regelmäßig abgeholt."

Funktioniert das Regime Gaddafis in Tripolis also nach wie vor? Das scheint nur bedingt der Fall zu sein: Abends sei die Stadt wie tot. „Dann geht keiner mehr auf die Straße." In der vergangenen Woche sei selbst aus Privatfahrzeugen auf Menschen gefeuert worden, die Leute hätten natürlich Angst.
Wie nervös die Menschen in Tripolis sind, zeigte sich am Morgen, als vor einem Krankenhaus in der Hauptstadt ein Tanklaster in Brand geriet. Anwohner reagierten panisch. War es ein Unfall? Oder doch ein Anschlag? Ein „ungeheurer Druck" liege auf der Stadt und den Menschen. „Das ist kein Dauerzustand. So kann Tripolis nicht weiterleben."
Es sei zu befürchten, dass die Hauptstadt momentan die Ruhe vor dem Sturm erlebe. Heidemarie hofft, das es kein blutiges Ende nimmt. Aber irgendwie müsse sich die Situation auflösen. Die Telefonleitung nach Tripolis ist jetzt alles andere als stabil. Immer

wieder wird das Gespräch unterbrochen. „Ich Wünsche Gaddafi **so viel Einsicht, dass er sich aufs Altenteil zurückzieht", sagt sie** noch, dann ist die Leitung wieder stumm.

Derzeit deutet wenig darauf hin, dass ihr Wunsch in Erfüllung gehen könnte. Am Mittag wendet sich Gaddafi in einer Fernsehansprache erneut an sein Volk: Libyens System werde **„von der Welt nicht verstanden"**, sagt der Despot. Im ganzen Land gebe es große Veranstaltungen, bei denen er gepriesen werde. **Die Herrschaft des Volkes in Libyen, so Gaddafi, sei „die wahre Demokratie".**

Die wirkliche Wahrheit sieht aber etwas anders aus.

Tausende ägyptische Gastarbeiter fliehen vor den Schergen des libyschen Diktators Gaddafi in ihre Heimat. Mit Sack und Pack schleppen sie sich über die Grenze. Ihre Berichte sind erschütternd.

Es ist der Exodus der Bauleute, der Handwerker und Arbeiter. Mit ihren Schaufeln auf dem Rücken, den Schubkarren, Hilti-Bohrmaschinen und Trennschleifern ziehen sie zu Hunderten, Tausenden über den Grenzposten. Plastiktaschen an sich gedrückt, die meisten in langen Galabiya-Gewändern und einem darüber geworfenen Anorak. Einer schleppt eine Matratze auf der Schulter, zwei andere haben sich vor eine Werkzeugkiste gespannt und zerren sie über den steinigen Boden.

Wer Glück hatte, ist mit einem Toyota-Bus gekommen, auf doppelte Höhe beladen mit Bündeln und Koffern, Deckenrollen, festgezurrten Säcken und Matratzen. Sie kommen aus Bengasi, al-Baida, Tobkruk, und sie wollen nur noch weg, nach Hause, in die Städte Ägyptens, aus denen sie einmal aufgebrochen sind nach Libyen.

Der Grenzkontrollposten in Sallum ist kaum noch als solcher zu erkennen. Auf der libyschen Seite sind die Grenzschützer verschwunden. Auf der Ägyptischen ist das Tor weit geöffnet. Die Militärs hier haben Befehl bekommen, die Fliehenden als Heimkehrer zu behandeln. Es ist ein Gedrängel, Hupen, Brüllen.

Alle paar Minuten drängt sich eine Ambulanz durch den Menschenstrom, mit Blaulicht werden Verletzte aus Libyen in das Krankenhaus von Sallum gebracht. Die Staatsgrenze hat sich aufgelöst. Schon wenige Meter hinter dem Posten werden die ägyptischen Mobiltelefone reaktiviert, die Familien in Alexandria und Kairo benachrichtigt. Die Posten schauen nur flüchtig auf die Papiere. Es wird nur aufs Nötigste kontrolliert. Es sind zu viele.
Die Region im Osten mag größtenteils befreit sein, aber den ägyptischen Arbeitsmigranten ist es unheimlich. Sie haben von den Aufrufen im libyschen Staatsfernsehen und im Radio gehört. Alle Bürger, hatte es dort am Dienstag geheißen, alle Soldaten und Sicherheitskräfte seien aufgerufen, jeden Ägypter zu erschießen.
„Wir sind Freiwild", sagt Hussein, ein 22-jähriger Maler, Bündel unter beiden Armen. Er ist aus al-Baida gekommen. Und hat sich geschworen, nie wieder zurückzukehren. Am Freitag, erzählt er, sei aus einem Hubschrauber auf ihn geschossen worden: „Vor der großen Moschee. Wir waren nur 200, vielleicht 250 Leute."
Die Propaganda von Oberst Muammar al-Gaddafi hatte die Schuldigen an der Revolte schon früh ausgemacht. „Kräfte aus dem benachbarten Ausland", so hieß es, stünden hinter der Rebellion. Das war leicht zu verstehen. Die Ägypter also seien schuld, Leute wie Hussein, der vor anderthalb Jahren nach Libyen emigriert ist.
„Zuerst kamen die Männer von den Volkskomitees. Sie schossen wild herum", sagt Hussein. Auch am Samstag seien Hubschrauber über die Stadt al-Badein geflogen und hätten geschossen. Er habe Explosionen von Granaten gehört. Söldner mit Anti-Panzer-Waffen auf den Schultern seien durch die Straßen gegangen, sagt er. Das sei ihm erzählt worden. Hunderte von Toten soll es gegeben haben. Am Montag hätten sie zum ersten Mal versucht, nach Osten, Richtung ägyptischer Grenze aufzubrechen. „Wir waren schon auf der Straße, als Tiefflieger kamen. Wir drehten wieder um. Sie schossen nicht, aber ich hatte Angst." Dann waren sie endlich auf der Straße. Es sei eine gute Straße gewesen: „Es gab keinen Gegenverkehr."

Die Söldner stammten aus dem Tschad, aus dem Bardae-Massiv, wo Gaddafi auch früher schon Milizen rekrutierte.

Mohammed Salah, 25-jähriger Bauarbeiter aus Kairo, sagt: „In Bengasi standen plötzlich die Gefängnistore offen. Das führte zu Chaos. Halunken zogen herum und hatten Waffen. Dann brannten die Polizeistationen. Das waren wir nicht. Aber wir sind mit den Halunken fertig geworden." Und auch mit den Söldnern, zumindest in Bengasi. **„Sie wurden gefangen genommen und erschossen."**

Die Armee in Bengasi, so schätzt dieser Mann, sei zu 80 Prozent zu den Aufständischen übergelaufen. Hinter ihm hockt ein alter Mann auf einer Leitplanke, sein Bündel neben sich und hinter sich endlos freies, mit Plastikfetzen und Steinen bedecktes Nichts.

Das ägyptische Fernsehen berichtet inzwischen von anderthalb Millionen Ägyptern, die in Libyen arbeiteten. Das ist eine politische Zahl. Bislang waren es vielleicht hunderttausend. Möglicherweise soll Stimmung für ein militärisches Eingreifen gemacht werden.

Gaddafi wankt, und die Welt bekommt erste Einblicke in die Schattenwelt des Despoten. Gefangene berichten von Folterhaft, Basen der Armee stehen offen, und Bürger zeigen ihre heimlich aufgenommenen Fotos und Videos. Es sind Zeugnisse grässlicher Verbrechen des Regimes gegen das eigene Volk.

Haddud kennt die Zelle gut, sagt er, jeden Winkel. Mehrfach war er hier über Wochen in Gefangenschaft. „Wir nannten das die Kammer der Dunkelheit", berichtet der 50-jährige Libyer. Eigentlich schreit er die ganze Zeit, gestikuliert wild herum. Nur wenige kleine Öffnungen ließen Lichtstrahlen in dieses Loch fallen, erzählt er. An den Wänden, sagt der bullige Mann, hätten ihn die Schergen von Muammar al-Gaddafi mit Handschellen angekettet. Nur für die stundenlangen Verhöre wurde er in einen anderen Raum gebracht. Seine Stimme überschlägt sich immer wieder, es ist ihm ein bisschen peinlich, dass er als erwachsener Mann Tränen in den Augen hat. Haddud läuft durch die Gänge des Knasts von Tobruk in Ost-Libyen. Die Polizeiwache mit angeschlossenem Gefängnis war eins der ersten Gebäude, das die Aufständischen gestürmt haben. Haddud war dabei. Innerhalb von einer halben Stunde, erzählt er, hätten Hunderte Bürger das zweistöckige Gebäude am zentralen Platz der Hafenstadt verwüstet, alle Gefangenen aus ihren Zellen geholt und dann alles angesteckt. Der Ruß des Feuers hat die Gänge geschwärzt. Es riecht nach verbranntem Plastik, überall stehen die Skelette von Stühlen. „al-Gaddafi over" hat jemand mit seinem Finger in den Ruß geschrieben.

Haddud schreit in seiner Wut weiter. Dreimal, sagt der Geschichtslehrer, sei er von der Polizei festgenommen worden. Warum, weiß er bis heute nicht. „Sie stellten mir immer die gleichen Fragen, ob ich mit Ausländern zusammenarbeite", sagt er. „Sie behaupteten, ich hätte die Schüler mit Propaganda gegen die Regierung aufhetzen wollen." Beim letzten Mal hätten ihn die Polizisten nach den ersten Vernehmungen nach Bengasi gebracht, die nächste größere Stadt. Dort saß er sechs Jahre im Gefängnis, ohne Prozess, ohne jeden Kontakt zu seiner Familie. Als er freigelassen wurde, konnte er nicht mehr als Lehrer arbeiten. „Das Einzige, was ich noch tun konnte, war Taxi fahren", sagt er. **„Die Spitze des Regimes muss büßen".** Die Wut Haddud und vieler andere Opfer des Überwachungsstaates von Muammar al-Gaddafi hat sich an der Polizeiwache entladen, diesem Symbol der Unterdrückung. Im Innenhof stehen Dutzende ausgebrannte Polizeifahrzeuge, angesteckt von einem wütenden Mob. Die Polizisten selbst, erinnert sich Haddud, seien schon Stunden zuvor geflüchtet. „Wir werden Einzelne nicht zur Rechenschaft ziehen", sagt ein vermummter Bewaffneter, „doch die an der Spitze des Regimes, sie müssen einfach büßen." Muammar al-Gaddafi, das ist für viele der Aufständischen klar, müsse mit dem Leben für seine Taten bezahlen. Wie das Regime des Despoten funktioniert hat, es wird nun langsam sichtbar. Über die ägyptische Grenze, wo die Sicherheitsbehörden Libyens vor einigen Tagen abrupt die Flucht ergriffen, gelangen Journalisten in den abgeschotteten Wüstenstaat und dringen immer weiter ins Land vor. Die Geschichten von

Haddud und Tausenden anderer Libyer entlarven Gaddafis Regime. Sie zeigen, dass der Despot, trotz seiner scheinbaren Läuterung Mitte der neunziger Jahre, im eigenen Land keineswegs Milde gezeigt hat. Und dass er derzeit mit allen Mitteln versucht, die Rebellion niederzuschlagen. Im Osten des Landes haben die Sicherheitsbehörden bereits aufgegeben. Vor der riesigen Nasr-Armeebasis in Tobruk kontrollieren vermummte Bewaffnete der Rebellen den Zugang auf das Flugfeld. Aus den Waffenkammern haben sich die jungen Männer mit Gewehren und Handgranaten eingedeckt, sie haben hier die Macht übernommen.
Die Soldaten, die früher auf der Basis lebten, sind geflüchtet. Vor einem Kampfjet der libyschen Armee posieren nun die jungen Guerilla-Einheiten für Fotos, sie schwenken ihre Waffen. „Wir werden diese Basis bewachen, bis wir eine frei gewählte Regierung haben", sagen sie, „kommen die Gaddafi-Einheiten zurück, kämpfen wir bis zum letzten Mann." Die Scharfschützen töten per Kopfschuss, direkt zwischen die Augen
Wie brutal sich der taumelnde Gaddafi gegen den Volksaufstand wehrt, hat Mustafa in den letzten Tagen dokumentiert. Mehrere Tage lang hat der Arzt aus Tobruk in einer Klinik in Bengasi ausgeholfen, wo die Auseinandersetzung mit dem Regime besonders heftig tobte. 24 Stunden am Tag, berichtet er, seien schwer verletzte und verwundete Demonstranten in das Krankenhaus eingeliefert worden. Die Ärzte operierten rund um die Uhr. „Es waren Szenen wie im Krieg", sagt er, „wir mussten schnell entscheiden, wem wir überhaupt noch helfen konnten und wen wir gleich aufgeben." Um die 70 Tote habe er selber gesehen. Vermutlich aber seien es noch sehr viel mehr gewesen.
In seinen kurzen Arbeitspausen hat Mustafa mit seinem Smartphone gefilmt. Nun flackern die Bilder auf einem Flachbild-TV in einem der Hotels von Tobruk. Die verwackelten Szenen sind verstörend. Penibel hat Mustafa in der Leichenhalle des Krankenhauses die Toten gefilmt. Mehrere von ihnen haben Kopfschüsse, direkt zwischen den Augen. Die Aufnahmen, von denen es mittlerweile viele gibt, belegen, dass die Gerüchte über Scharfschüt-

zen, die gegen die Demonstranten eingesetzt werden, wahr sind. **„Gaddafi hat seinem eigenen Volk den Krieg erklärt", jeden Tag begehen seine Getreuen Kriegsverbrechen gegen uns, und die gesamte Welt schaut tatenlos zu."**
Mustafa fleht die anwesenden Fernsehjournalisten an, die Bilder auch im Westen zu verbreiten. Dort, sagt er, müssten die Regierungen endlich begreifen, dass das libysche Volk dringend Hilfe brauche. Er lässt ein anderes Video laufen. Vor dem Krankenhaus sind mehrere Jeeps zu sehen. Auf ihnen afrikanische Söldner in verschiedenen Uniformen, die durch eine Ansammlung von Menschen fahren. Immer wieder schießen sie in die Luft, aber auch auf die Demonstranten.

Nicht nur für Mustafa sind diese Bilder der Beleg, dass Gaddafi – nachdem große Teile der Armee zu den Regimegegnern übergelaufen sind – tatsächlich Tausende skrupelloser Söldner ins Land gebracht hat, um den Protest mit tödlicher Gewalt niederzuringen, eben einen **„River of Blood"** fließen zu lassen.

Das Regime, so angeschlagen es auch sein mag, versucht weiter alles, die Veröffentlichung solcher Aufnahmen zu verhindern. Düster drohte einer der letzten Gaddafiminister, die dem Despoten noch nicht den Rücken gekehrt haben, alle Journalisten im Land seien illegal dort und müssten mit drakonischen Strafen rechnen. Mit bisher unbekannten technischen Mitteln stört das Regime zudem seit Tagen die Datensatelliten, mit denen Fernsehteams und Print-Journalisten ihre Berichte aus dem Land in die Heimatredaktionen schicken. Bisher ist es meist noch gelungen, eine Verbindung herzustellen.

So intensiv wie Gaddafi hat wohl zuvor nur **Saddam Hussein** im Irak versucht, die Wahrheit über sein Land zu zensieren.

Im Westen des Landes, im Machtzentrum Tripolis und in den angrenzenden Städten, funktioniert der Abschottungsapparat zumindest noch teilweise. Westliche Journalisten sind hier noch nicht angekommen. Bisher gibt es nur Augenzeugenberichte von brutalen Angriffen auf die Proteste. An der westlichen Grenze des Landes suchen die libyschen Grenzwächter die Tausenden Flücht-

linge intensiv nach Speicherkarten und Mobiltelefonen ab, sie sollen die Bilder des Grauens nicht zu den Reportern hinter der Grenze bringen. Gleichwohl gelingt es Einzelnen, ihre Zeugnisse von brutalen Aktionen des Staats gegen die eigenen Bürger öffentlich zu machen.
Für Freitag befürchten die Regimegegner einen neuen Höhepunkt der Gewalt. In der Hauptstadt Tripolis haben sie zu einer Großdemonstration aufgerufen. Schon jetzt sind wohl deswegen Tausende Söldner rund um die Stadt postiert, immer neue Gruppen von ihnen beziehen in der Stadt Stellungen und gehen gegen Menschenansammlungen vor. Mit einem letzten brutalen Gegenschlag, das jedenfalls Befürchten die Oppositions-Komitees im Osten des Landes, will sich Gaddafi möglicherweise ein letztes Mal gegen die Revolte aufbäumen.
Gerade weil der Diktator weiß, dass seine Zeit gekommen ist, scheint er die letzten Skrupel endgültig abgelegt zu haben.
Sommul ist ein hoffnungsloser Grenzort an einer Bucht ohne Boote mit einem britischen Heldenfriedhof als einziger Attraktion. Der **Nazi-General Erwin Rommel** gewann hier einst eine Schlacht gegen die Panzerverbände **Montgomerys**. Die Straße zur Grenze windet sich zu einem Hochplateau hinauf. Hinunter drängeln sich die Fliehenden und Verjagten.

Der Rote Halbmond hat zwei Zeltlager aufgestellt. In den kommenden Tagen sollen Sonderzüge von dem Ober-Bahnhof von Sallum Richtung Alexandria und Kairo fahren. In Marsa Matruh, dem Badeort 220 Kilometer östlich, haben Salafiten, strenggläubige Muslime, Geld gesammelt für ihre Verwandten jenseits der Grenze. „Ägypter und Libyer sind ein Volk" steht auf den fotokopierten Zetteln an ihren Pick-ups. Der Satz stimmt, jedenfalls für die Beduinenstämme der Gegend. Zwei Busse einer Ärzte-Hilfsgruppe warten, um weiter nach Bengasi fahren zu können. **„Ich kann die Freiheit schon riechen"**, sagt Atenzah Ramadan, ein Kardiologe. Er hat sich von seinem Chefarzt in Liverpool Sonderurlaub geben lassen: **„Ich konnte einfach nicht mehr**

arbeiten. Ich musste los. Ich habe noch nie in meinem Leben so viel geweint wie in den letzten drei Tagen, glauben Sie mir das."
Er ist ein Mann mit einem kurz geschnittenen, aber schon weißen Bart. Sein Kollege Abubakir al-Badri ist Kinderarzt in Liverpool. Er hat Familie in Tripolis und Bengasi. Er sagt: „Gaddafi hat diese jungen und völlig verzweifelten Flüchtlinge aus den Lagern zu Söldnern ausgebildet. Das erzählen mir meine Leute. Für 12.000 Dollar heißt es. Das ist alles eine Folge des Abkommens zwischen Italien und Libyen." Berlusconi und Gaddafi hatten 2008 einen Freundschaftsvertrag unterzeichnet. Es ging um libysches Gas und gemeinsame Patrouillen, um die Bootsflüchtlinge von Lampedusa fernzuhalten.
Die ägyptischen Lokalsender sprechen am Mittwochmorgen bereits von der **„arabischen Intifada"** und melden, dass auch der libysche Innenminister zurückgetreten sei: **„Ich stehe auf der Seite des Volkes"**, habe er gesagt. Die Mobilfunknetze in Bengasi seien von den Aufständischen inzwischen wieder repariert worden. In Libyens Hauptstadt Tripolis eskaliert die Gewalt: Nach einem Aufruf Gaddafis zur Verteidigung des Landes erschossen Milizen viele Demonstranten.
In der libyschen Hauptstadt Tripolis ist die Gewalt eskaliert: Zahlreiche Demonstranten wurden Augenzeugenberichten zufolge von regimetreuen Milizen erschossen. Staatschef Muammar Gaddafi hatte zuvor auf einem zentralen Platz in Tripolis rund 1.000 Anhänger aufgerufen, die Demonstranten zu bekämpfen und **„die Nation zu verteidigen"**. Mit erhobener Faust rief er auf einem Wall des Roten Schlosses, eines Forts in der Nähe des grünen Platzes: „übt Vergeltung gegen sie, übt Vergeltung gegen sie!" Seine Anhänger sollten sich vorbereiten, **„die Nation und das Öl zu verteidigen"**.
Weiter kündigte er an, **„zu gegebener Zeit werden wir die Waffenkammern öffnen, damit alle Libyer und Stämme bewaffnet werden, damit Libyen rot von Feuer wird."**

„Flüsse voller Blut werden fließen", droht Diktatorensohn Saif al-Islam Gaddafi: Libyens Herrschersippe bereitet sich auf einen Kampf um Leben und Tod vor.

Nach dem Freitagsgebet strömten Demonstranten aus einer Moschee im Zentrum der Hauptstadt und versuchten, den grünen Platz zu erreichen, wie ein Augenzeuge sagte. Milizionäre hätten zunächst Warnschüsse in die Luft abgefeuert, um sie daran zu hindern, sagte ein weiterer Augenzeuge. Auf Dächern seien Scharfschützen postiert gewesen. Bei der ersten Salve seien sieben Personen in einem Umkreis von zehn Metern von ihm erschossen worden, sagte ein Zeuge. Vielen sei in den Kopf geschossen worden. **„Es war, als wären wir Hunde",** sagte er.

Auch andere Bewohner der Hauptstadt meldeten Gewehrfeuer aus mehreren Vierteln. Eine unabhängige Bestätigung der Augenzeugenangaben war nicht möglich.

Gaddafitreue Einheiten griffen unterdessen mit Panzern den Luftwaffenstützpunkt in Misrata an, der von Demonstranten besetzt war. In Kämpfen mit Anwohnern und übergelaufenen Einheiten der Streitkräfte konnten die Regierungstruppen einen Teil des Stützpunktes zurückerobern, sagten ein Arzt und ein Verwundeter am Rand der von Demonstranten beherrschten Stadt.

Bei den Kämpfen seien in den vergangenen zwei Tagen 22 Menschen ums Leben gekommen. Noch in der Nacht waren Schüsse zu hören. Misrata ist die drittgrößte Stadt Libyens und liegt rund 200 Kilometer östlich von Tripolis.

Saif al-Islam, Sohn des libyschen Machthabers Muammar Gaddafi, bekannte sich zu Verhandlungen mit Aufständischen. Er hoffe, dass bis Samstag ein Waffenstillstand in Misrata und Sawija geschlossen werden könne, sagte Saif al-Islam Gaddafi vor ausländischen Journalisten in der Hauptstadt Tripolis.

Man habe es in den beiden Städten mit Terroristen zu tun. Dennoch habe sich die Armee entschlossen, sie nicht anzugreifen. In den beiden westlibyschen Städten kämpfen Aufständische gegen Anhänger Gaddafis.

Die Regierungsgegner brachten unterdessen nach eigenen Angaben zwei wichtige Ölhäfen unter ihre Kontrolle: Breka und Ras Lanuf. Ein Bewohner von Ras Lanuf berichtete, die Sicherheitsleute, die den Hafen bewachten, hätten sich der Rebellion angeschlossen und bewachten nun gemeinsam mit denen die Anlagen.
Al-Islam sagte jedoch, abgesehen von den beiden Städten Misrata und Sawija sei „alles ruhig".
In einem Interview mit dem Sender CNN hatte al-Islam zuvor gesagt, seine Familie werde in Libyen **„leben und sterben"**. Befragt zu Alternativen angesichts der zunehmenden Protestbewegung sagte er: „Plan A ist es, in Libyen zu leben und zu sterben, Plan B ist es, in Libyen zu leben und zu sterben, Plan C ist es, in Libyen zu leben und zu sterben." Gaddafi werde nicht zulassen, dass „eine Bande von Terroristen" an die Macht kommt. Gaddafis Truppen haben die Kontrolle über den Osten Libyens weitgehend verloren, halten bisher aber Tripolis und Umgebung mit äußerster Härte.
Der Diktator machte unterdessen das Terrornetzwerk al-Qaida und dessen Führer Osama bin Laden für den Aufstand gegen seine 42-jährige Herrschaft verantwortlich.
Angesichts des blutigen Vorgehens gegen Regierungsgegner in Libyen will die internationale Gemeinschaft den Druck auf Staatschef Muammar al Gaddafi verstärken. Der UN-Sicherheitsrat widmete sich Beratungen über Sanktionen gegen das libysche Regime. Zuvor hatten sich US-Präsident Barack Obama und auch Bundesaußenminister Guido Westerwelle für Sanktionen gegen Tripolis ausgesprochen. Zu Beginn der Sitzung des UN-Sicherheitsrats forderte UN-Generalsekretär Ban Ki-moon handfeste Maßnahmen zum Schutz von Zivilisten in Libyen. Jede Verzögerung koste Menschenleben, warnte er.
Er forderte das Gremium auf, verschiedene Sanktionen in Betracht zu ziehen, darunter Handels- und Finanzsanktionen, Reiseverbote, ein Waffenembargo und weitere Maßnahmen zum Schutz von Menschenrechten. Auch die Einrichtung einer Flugverbotszone ist

im Gespräch. „Die Gewalt muss aufhören" und die dafür Verantwortlichen müssten dafür bestraft werden, sagte Ban.
Die USA haben bereits Sanktionen gegen Libyen angekündigt. Sie würden auf den Weg gebracht, sagte Regierungssprecher Jay Carney in Washington. Gaddafi habe nach den brutalen Angriffen seiner Anhänger auf Demonstranten das Vertrauen seines Volkes verloren.
Zwar verlangte die US-Regierung noch nicht offen die Abdankung Gaddafis. Jedoch sagte Carney, Gaddafis Legitimation sei „auf Null reduziert".
Nach Angaben aus Regierungskreisen wollen sich die USA zudem für eine von den Vereinten Nationen geleitete Untersuchung der „schwerwiegenden und systematischen Verstöße gegen die Menschenrechte durch die libyschen Behörden" einsetzen. Um das weitere Vorgehen zu besprechen, telefonierte Präsident Barack Obama mit dem britischen Premierminister David Cameron und dem französischen Präsidenten Nicolas Sarkozy. Für Montag ist ein Treffen Obamas mit UN-Generalsekretär Ban geplant.
Außenminister Guido Westerwelle sagte, er halte Sanktionen für unvermeidbar. Es gehe nicht mehr darum, Zeitlimits zu setzen, sondern **„jetzt zu handeln"**, sagte er im Deutschlandfunk. Als mögliche Sanktionen nannte er Einreiseverbote für die Familie von Staatschef Gaddafi sowie das Einfrieren von Vermögen. Wichtig sei zunächst auch eine geschlossene Haltung der internationalen Staatengemeinschaft.

In Libyen saßen nach Angaben der EU-Kommission noch 3.600 EU-Bürger fest. 3.400 seien seit Beginn der Gewalteskalation bereits zurück in ihre Heimat gebracht worden, sagte Kommissionssprechern Maja Kocijancic in Brüssel.
Die Evakuierung mit Flugzeugen und Schiffen wurde von stürmischem Wetter behindert. Hunderte Ausländer strandeten in Häfen und Flughäfen. Es waren aber auch Schiffe mit mehreren Hundert Ausländern nach Malta und Griechenland unterwegs.

Die Türkei brachte nach eigenen Angaben bis Freitag 8300 ihrer Bürger nach Hause, China leitete die Evakuierung der Hälfte seiner 30.000 in Libyen arbeitenden Bürger ein.

Einst versorgte Gaddafi Terroristen in aller Welt mit Waffen und Geld. Doch dann hofierte die Welt den libyschen Herrscher, denn er hat etwas, was jeder will: **Erdöl.** Jetzt wird er abermals geächtet. Das macht ihm nichts aus, er wird brutal gegen seine Gegner vorgehen. Doch am Ende könnte er tot durch die Straßen geschleift werden und sein Land gespalten haben.
Im libyschen Massenstaat musste man immer mit Überraschungen rechnen. Der Revolutionsführer stattete einst Terroristen vom Baskenland bis zu den Philippinen mit Geld und Waffen aus, ließ über Lockerbie und der Sahara Verkehrsflugzeuge explodieren, sodass Ronald Reagan versuchte, ihn mit seinen Raketen im Zelt als „tollwütigen Hund" abzuschießen.
Dann wurde Gaddafi friedfertig, stellte seine Atombasteleien ein und half den Amerikanern mit seinen Geheimdiensten bei der Verfolgung von al-Qaida. Alle Welt hofierte ihn nun, denn er hat etwas, was jeder will: Erdöl. Die Vorkommen liegen noch dazu ganz nahe an Europa. Bei all seiner Skurrilität schien Gaddafi ein Bürge für jene Kombination von Stabilität und Stagnation zu sein, die der Westen an arabischen Potentaten bis vorgestern über alles schätzte.
Und jetzt, im Unglück, verhält sich der Potentat wieder anders als seine vormaligen Nachbarn, die Diktatoren Tunesiens und Ägyptens. Die warfen nach einigen Tagen Volksaufstand das Handtuch. Gaddafi hingegen wehrt sich mit einer Brutalität, die nur den überraschen kann, der die Schattenseiten seines Regimes vier Jahrzehnte lang nicht sehen wollte.
Gaddafi hat in diesen Jahren die Erfahrung gemacht, dass er mit internationaler Ächtung leben kann. Deshalb ist der Ausgang des Ringens zwischen dem „Bruder Revolutionsführer" und seinen jüngeren Geschwistern, den Menschen im Land, noch ungewiss. Vielleicht gelingt es ihm noch einmal, den Aufstand mit Bomben

und Panzern niederzuschlagen und sich zu halten. Falls nicht, riskiert er durchaus, als Toter durch die Straßen geschleift zu werden wie vor einem halben Jahrhundert der unglückliche König des Iraks.

Wie das Zweistromland, so ist auch Libyen kein historisch gewachsener Staat. Das gibt dem Aufstand einen zusätzlich dramatischen Charakter: Die Revolten in Tunis und Kairo stellten nie die Einheit des Landes infrage; in Libyen verhält es sich anders. Das nordafrikanische Land war ferne Provinz der arabischen und osmanischen Weltreiche, dann italienische Kolonie. Nach seiner Befreiung wurde es ein Königreich, das seine historischen Wurzeln in der einheimischen Mystiker-Bruderschaft des Senussi-Ordens hatte. Die Phase währte aber nur für einundhalb Jahrzehnte. Dann errichtete der moderne Polit-Mystiker Gaddafi seine Herrschaft.

Eine Republik wie andere arabische Putsch-Generäle wollte er nicht. Liberale Demokratie verabscheute er. Die Islamisten, die hartnäckig den Koran seinem grünen Buch vorzogen, erkannte er schon bald als Gefahr. Also dachte er sich die „Volks-Dschamaharija" aus, auch auf Arabisch ein Monstrum, eine Art Basis-Demokratie, in der niemand außer ihm das Geringste zu sagen hatte. Präsident, Chef der Regierung oder einer Partei war Gaddafi nie. Aber er bestimmte alles.

In der Woche des Aufruhrs hat er die Kontrolle über die historische Großprovinz Cyrenaika weitgehend verloren. Bengasi, Beida, Tobruk, mindestens ein halbes Dutzend Städte, scheinen in den Händen der Aufständischen zu sein. Dort, tausend Kilometer östlich der Hauptstadt Tripolis, liegt südlich von Bengasi der größere Teil der libyschen Erdölvorräte. Hier lebt knapp die Hälfte der Libyer. Doch dieser Osten, in dem der Aufstand am heftigsten tobt, wurde bei der Entwicklung des Landes über Jahrzehnte hinweg vernachlässigt. Die Sehnsucht nach dem Senussi-König blieb dort lange lebendig. Danach begünstigte der traditionelle Islam den Aufstieg des Fundamentalismus. Vom Ölgeld hingegen profitiert vor allem die Provinz Tripolitanien.

In Libyen hat bei niedrigem Lebensstandard jeder zu essen. Brotrevolten wie in Tunesien hat es nie gegeben. Neben dem Verlangen nach Reformen und mehr Freiheit für alle ist der Aufstand in seinen Motiven auch die Auseinandersetzung einer Landeshälfte mit der anderen. Lässt sich kein friedlicher Ausgleich mehr finden, hält Gaddafi am Ende nur noch Tripolitanien, dann ist auch eine Spaltung Libyens letztlich nicht auszuschließen.
Die Chancen für einen Kompromiss stehen nicht gut. Es heißt, Vermittler hätten versucht, Gaddafis rechte Hand von ehedem, den später geächteten Abdel Salam Dschallud als Chef einer Übergangsregierung zu gewinnen. Aber der scheint nicht zu wollen. Der Revolutionsführer wird außerdem loyale Stämme als Verbündete seiner Truppen zu gewinnen versuchen. Aus dem Regierungslager desertieren indessen nicht nur Soldaten, die ihr Leben aufs Spiel setzen, und Diplomaten auf risikofreien Auslandsposten, sondern auch religiöse Würdenträger und erste Minister. **Der Staat zerfällt.**
Nur publizistische Hochstapler könnten behaupten, sie hätten vor einer Woche Gaddafis raschen Absturz vorhergesehen. Wie früher einmal der großen Sowjetunion, so sagten Experten dem kleinen Massenstaat selbst nach der Vertreibung Ben Alis und Mubaraks eher eine lange Periode des kränkelnden Niedergangs voraus. Daraus wurde nun ein plötzlicher Kollaps mit blutigen Verwicklungen.
Es geht um Hunderte Millionen Euro, mit denen der Gaddaficlan wohl sein ausschweifendes Leben finanziert. Die Schweiz reagiert auf die Unruhen in Libyen und sperrt die Konten des Diktators. Bis vor Kurzem buhlte Europa noch um sein Geld.
Was Schweizer Menschenrechtler in den letzten Tagen forderten, wird nun umgesetzt. Das Vermögen des libyschen Staatschefs Muammar al-Gaddafi und seines Clans wird mit sofortiger Wirkung eingefroren. Das teilte das Schweizer Außenministerium mit. Damit will die Regierung jegliches Risiko einer Veruntreuung von staatlichem libyschem Eigentum vermeiden. Von der Verordnung

betroffen und namentlich genannt sind 28 Personen um Gaddafi, Familienmitglieder und Verwandte sowie Politiker und Manager.
Auf Schweizer Konten lagern etwa 490 Millionen Euro aus Libyen, wie die „Aktion Finanzplatz Schweiz" erklärte. Unbekannt sei, welcher Anteil zu Gaddafi gehöre. Anfang Februar war in der Schweiz ein Gesetz in Kraft getreten, das die Rückgabe von **„Potentatengeldern"** erleichtern soll. Bedingung ist ein förmliches Rechtshilfegesuch des Staates, der durch die Machenschaften seines Herrschers geschädigt wurde. Das Gesuch kann meist erst nach dem Rücktritt des Machthabers erfolgen. „Aktion Finanzplatz", appellierte an Banken, nach weiterem Vermögen des Clans zu suchen.
Fraglich ist, wie viel Geld die Banken noch finden werden. Gaddafi zog schon 2008 sein Privatvermögen von knapp 6,5 Milliarden Franken zum Großteil aus der Schweiz ab. Das Geld wird in Steuerparadiesen oder auf verschiedenen Konten in Europa vermutet. Die EU diskutiert gerade darüber, auch diese Konten einzufrieren.
Über die Familie des Diktators wird wenig Gutes berichtet. Medien greifen immer wieder Ausschweifungen von Söhnen Gaddafis auf. Saif al-Arab Gaddafi beispielsweise führte ein ungewöhnliches Studentenleben. Als er sich in München einschrieb, lebte er in einer Hotelsuite, später kaufte der libysche Staat eine Villa für knapp acht Millionen Euro. In die zog der sechste Sohn von Herrscher Muammar al-Gaddafi aber nie ein, stattdessen erwarb er ein zweites luxuriöses Anwesen.
Auch seine Geschwister gerieten in den vergangenen Jahren immer wieder in die Schlagzeilen. Das libysche Volk lebt in Armut, Gaddafis Kinder hingegen lieben den Luxus. Das Vermögen der Familie wird auf viele Milliarden Dollar geschätzt. Das meiste Geld fließt aus der Staatskasse auf die Familienkonten. Staatsetat und Herrscherhaushalt sind nicht klar getrennt. Die Einnahmen der libyschen Wirtschaft stammen zu 95 Prozent aus Ölexporten. Beim Volk kommt aber nur ein Bruchteil der Gewinne an.

US-Diplomaten kamen in von Wikileaks veröffentlichten Botschaftsdepeschen zu dem Schluss, dass der Clan gerne feiert. Die Sippe gilt als „blutdürstig" und „gewalttätig" – „nur interessiert an verschwenderischem Lebensstil". Allein Vater Gaddafi gilt als bescheiden. Gaddafisohn Mutasim ließ Superstars zu Privatkonzerten in die Karibik einfliegen und feierte ausschweifende Partys. Die Gage für Mariah Carey beispielsweise: angeblich eine Million Dollar. In einem Bericht der US-Diplomaten in Tripolis von 2008 heißt es, Sohn Mutasim habe den Vorsitzenden des staatlichen Ölkonzerns, Schukri Ghanem, unter Druck gesetzt, ihm 1,2 Milliarden Dollar bar oder in Öl zu zahlen. Ghanem sagte damals zu einem Vertrauten, er denke über seinen Rücktritt nach, da er sich vor Mutasims Rache fürchte.
Dennoch buhlte Europa immer wieder um Gaddafis Geld. Bis zu 40 deutsche Firmen sind in Libyen ansässig. Die engste Bindung an das Land aber hat Italien. Als Gaddafi im vergangenen August nach Rom reiste, war es wieder mal ein großer Auftritt in der Ewigen Stadt. Ein Besuch wie immer, ganz nach dem Geschmack des Revolutionsführers: Große Entourage, Beduinenzelt, schöne Frauen an seiner Seite.
Beim Abendessen mit Ministerpräsident Silvio Berlusconi dann saßen Italiens Wirtschaftsbosse mit am Tisch. Am Tag darauf berichteten die Medien vor allem über die 200 Models, die Berlusconi Gaddafi ins Zelt schickte, angeblich, um dort etwas über den Koran zu lernen. Dass es bei dem Gipfel vor allem um Milliardengeschäfte ging, geriet dabei fast in den Hintergrund. Denn wie immer, wenn Gaddafi nach Rom kam, drehte es sich vor allem um Geld. Viel Geld.
Erst Anfang des Jahres wurde bekannt, dass die staatliche Investmentgesellschaft LIA (Libyan Investment Authority) mit zwei Prozent am römischen Rüstungskonzern Finmeccanica beteiligt ist; jeweils 7,5 Prozent hält man am Erstliga-Klub Juventus Turin und an der Mailänder Unikredit-Bank. Auch an Fiat sollen die Libyer ein größeres Aktienpaket von knapp zwei Prozent halten. Banken, Sport, selbst die Textilgruppe Olcese, die unter anderem

Armani mit edlen Stoffen versorgt, gehört zum Investment-Portfolio der Libyer. Der Staatsfonds soll zudem 32 Milliarden Dollar bei US-Banken angelegt haben, meldete Wikileaks. LIA ist sehr eng mit dem Gaddaficlan verbunden. Sohn Saadi saß selbst eine Zeit im Juventus-Vorstand.
Beim Treffen von Berlusconi und Gaddafi soll es auch um die Frage gegangen sein, wo der Wüstenstaat weitere Milliardenbeteiligungen erwerben kann. Die Beziehung geht weit zurück: Als Mitte der 70er Jahre Fiat ins Schlingern geriet, klopften die Italiener in Tripolis an. Gaddafi zahlte, bekam dafür ein Fünftel der Fiat-Aktien und galt seitdem als Retter in der Not. Bis heute.
Heute wird den Italienern flau, wenn sie nur daran denken, wie viel Geld Gaddafi in ihre Volkswirtschaft investierte. Lukrative Beteiligungen mit Petro-Dollar, von denen man nun nicht mehr weiß, wie es mit ihnen weitergehen soll.

Wohin aber steuert die arabische Welt nach den massiven Aufständen der vergangenen Monate?

Die Gruppe der Acht, G 8, will die Entwicklungen in Richtung Demokratie leiten und sagt 20 Milliarden Dollar Hilfe zu. Thema war vor allem auch der Bürgerkrieg in Libyen und hier besonders die Lufteinsätze, die unvermindert weitergehen sollen, gleichzeitig soll aber auch vermittelt werden.
Die G-8-Staaten wollen den demokratischen Wandel in Nordafrika mit großzügigen Finanzhilfen absichern. Ägypten und Tunesien sollen bis 2013 insgesamt 20 Milliarden Dollar (14 Milliarden Euro) erhalten. Diese Kreditzusagen machten internationale Förderbanken zum Abschluss des G-8-Gipfels im französischen Deauville. Die politischen Umwälzungen in Nahost und Nordafrika standen im Mittelpunkt des zweitägigen Gipfels. Neben anderen Afrikavertretern kamen die Regierungschefs von Ägypten und Tunesien am zweiten Tag zum Treffen der Staats- und Regierungschefs der großen Industrienationen USA, Kanada, Deutschland, Frankreich, Großbritannien, Italien sowie Japan und Russ-

land dazu. Zu den Krediten der Förderbanken an Ägypten und Tunesien kommen nach Angaben von Diplomaten noch weitere Milliardenbeiträge unter anderem der EU und anderer Länder. Diese Gelder wurden auf dem Gipfel aber nicht beziffert. Für großzügige Hilfen hatte sich neben US-Präsident Barack Obama vor allem Bundeskanzlerin Angela Merkel eingesetzt. In Ägypten, dem größten arabischen Land, und in Tunesien hatten friedliche Demonstranten ihre Herrscher innerhalb weniger Wochen von der Macht vertrieben. Die Europäer fürchten große Flüchtlingsströme, falls sich die verheerende Wirtschaftslage in den beiden Ländern nicht rasch bessert.

Ein weiteres Gipfelthema war Libyen, wo sich Diktator Muammar al Gaddafi zwei Monate nach Beginn der NATO-Militäraktion noch immer an der Macht hält. Obama und sein französischer Kollege Nicolas Sarkozy stellten klar, dass die NATO-Luftangriffe weitergehen müssten, bis Gaddafi die Macht abgibt. **„Wir sind entschlossen, die Arbeit zu Ende zu bringen"**, sagte Obama vor Journalisten. Die NATO-Operation mache Fortschritte. Ähnlich äußerte sich Sarkozy: **„Die Libyer haben ein Recht auf Demokratie."**

Zugleich gab es in Deauville aber auch erste Ansätze, den Konflikt in Libyen durch Vermittlung beizulegen. Russland sei zur Vermittlungstätigkeit aufgefordert worden, ließ der Kreml in Moskau verlauten. „Bei jedem bilateralen Treffen ist dieser Wunsch deutlich geworden", sagte die Sprecherin von Kremlchef Dmitri Medwedew, Natalia Timakowa, nach Angaben russischer Agenturen. Medwedew hatte sich am Rande des Gipfels mit Obama, Sarkozy und dem britischen Premierminister David Cameron getroffen.

Auch der libysche Ministerpräsident **Al Baghdadi Al Mahmudi** habe in einem Telefongespräch mit dem russischen Außenminister Sergej Lawrow um Hilfe bei der Vermittlung eines Waffenstillstandes sowie bei Verhandlungen ohne Vorbedingungen gebeten, hieß es weiter. Es gebe eine echte Chance für ein Abkommen, teilte das Außenministerium in Moskau mit.

Die NATO-Luftangriffe auf Libyen hatten vor rund zwei Monaten begonnen. Der UN-Sicherheitsrat erlaubte die Aktion zum Schutz der Zivilbevölkerung, die UN-Vetomacht Russland ermöglichte die Resolution durch Enthaltung.

Die G-8 verurteilen in ihrer Abschlusserklärung die Gewalt in Syrien. Sie fordern das Regime von Präsident **Baschar al Assad** zu Reformen auf. Die Regierungschefs der G-8-Staaten hatten im französischen Seebad Deauville unter anderem über die Themen Atom und Internet gesprochen. Die Gruppe der Acht will sich schärfere Sicherheitsstandards für die Kernenergie zum Ziel setzen. Der Gipfel in dem Seebad in der Normandie dauerte lediglich 25 Stunden.

Frankreichs Staatschef Nicolas Sarkozy hat nach Angaben der Präsidialverwaltung in Paris mit seinem US-Kollegen Barack Obama, mit Bundeskanzlerin Angela Merkel (CDU) und Großbritanniens Premier David Cameron über den Einsatz internationaler Truppen in Libyen gesprochen.
Das rund 40-minütige Gespräch fand ab 19:15 Uhr per Videokonferenz statt, hieß es aus dem Elysee-Palast. Es sollte demnach das in London geplante Treffen der politischen Koordinationsgruppe für den Einsatz vorbereiten.
Der libysche Machthaber Muammar al-Gaddafi soll unverzüglich zurücktreten. Auf diese Forderung verständigten sich die EU-Staats- und Regierungschefs, wie Diplomaten am Rande eines Krisengipfels in Brüssel. Das Vorgehen gegen den Diktator sorgt aber auch für schwere Spannungen in der EU. Der französische Staatspräsident Nicolas Sarkozy fordert „gezielte" Militäraktionen, um das Gaddafiregime in die Knie zu zwingen. Frankreich und Großbritannien seien unterbestimmten Bedingungen dazu bereit.
Für seinen unabgesprochenen Vorstoß erntete Sarkozy Unmut und Kritik. Bundeskanzlerin Angela Merkel (CDU) grenzte sich klar von der Forderung ab, ohne Sarkozy oder Frankreich beim Namen zu nennen. Sie warnte vor einer Spaltung der Union:

„Teile und herrsche würde nur Herrn Gaddafi in die Hände spielen. Und genau das muss vermieden werden", sagte Merkel.
Noch deutlicher wurde Litauens Präsidentin Dalia Grybauskaite: „Ohne Zustimmung oder Resolution der UN werden die meisten Staaten keine Erlaubnis für solch eine Entscheidung geben." Dem Vernehmen nach fuhr außer Sarkozy nur der britische Premier David Cameron beim Gipfel einen **„Kriegskurs"** gegenüber Tripolis.
NATO-Generalsekretär Anders Fogh Rasmussen sagte am Rande eines Treffen der Allianz zu der Sarkozyforderung: „Diese Idee ist bei unseren Gesprächen nicht auf den Tisch gekommen."
Im Gespräch waren bei der EU auch verschärfte Sanktionen. Die EU hat bereits die Vermögenswerte von fünf libyschen Finanzinstituten eingefroren. Zudem gibt es schon länger EU-Sanktionen gegen den Gaddaficlan wie Einreiseverbote und Kontensperrungen.
Frankreich übt seit Tagen mit seinem Vorgehen Druck auf die EU in der Libyenkrise aus. So hatte Paris bereits am Donnerstag im Alleingang als erster EU-Staat die libysche Opposition in Bengasi als alleinige und rechtmäßige Vertretung des libyschen Volkes anerkannt. Diplomaten berichteten, dass dieser Vorstoß in der EU nicht mehrheitsfähig sei. Auch in der Debatte über eine mögliche Flugverbotszone über Libyen zeichnete sich keine einheitliche Linie ab.
Militäraktionen kommen nach Worten Sarkozys nur „rein defensiv" infrage, beispielsweise, wenn Gaddafi chemische Waffen gegen sein Volk einsetzen sollte. Voraussetzung sei zudem die Zustimmung der Vereinten Nationen und der Arabischen Liga.
Der Gipfel sollte später auf Ebene der 17 Staats- und Regierungschefs des Euro-Raums fortgesetzt werden. Das unter starkem Druck der Finanzmärkte stehende Portugal kündigte unmittelbar vor dem Spitzentreffen ein neues Sparpaket an. Bei der Begegnung am Abend standen die geplanten Reformen für eine bessere Wirtschaftskoordinierung in der Eurozone auf dem Programm.

Die Lösung des Libyenkonfliktes mit Gaddafi ist undenkbar, daran lassen US-Präsident Obama und seine Kollegen aus London und Paris keinen Zweifel. Die USA, Großbritannien und Frankreich wollen im Libyenkonflikt nicht lockerlassen, ehe Machthaber Muammar al-Gaddafi die Führung abgegeben hat. Das machten die Präsidenten Barack Obama und Nicolas Sarkozy sowie der britische Premierminister David Cameron in einem gemeinsamen Zeitungsbeitrag für die britische „Times", den französischen „Le Figaro" und die „Washington Post" deutlich. Würde Libyen seinem Schicksal überlassen, bestehe das Risiko, dass das Land zu einem „gescheiterten Staat" werde. „So lange Gaddafi an der Macht ist, müssen die NATO und ihre Koalitionspartner ihre Operationen weiterführen, sodass Zivilisten geschützt bleiben und Druck auf das Regime aufgebaut wird", schreiben Obama, Sarkozy und Cameron.

Die Welt würde sich eines „skrupellosen Verrats" schuldig machen, würde Gaddafi an der Macht bleiben, heißt es in dem Bericht von Obama, Sarkozy und Cameron. Auch eine Waffenruhe mit einem Ausstiegsszenario für Gaddafi, das Familienmitglieder in Libyen an der Macht belasse, sei nicht akzeptabel. „Es ist undenkbar, dass jemand, der sein eigenes Volk massakrieren wollte, eine Rolle in einer künftigen Regierung spielt."

Die NATO-Außenminister hatten bei ihrem Treffen in Berlin eine **„transparente politische Lösung"** gefordert. Dies sei der einzige Weg für einen dauerhaften Frieden in Libyen. Erstmals stellte die NATO Gaddafi klare Bedingungen für ein Ende der Luftschläge. Alle Angriffe und Angriffsdrohungen gegen Zivilisten müssten aufhören. Außerdem müssten sich alle Streitkräfte einschließlich Heckenschützen, Söldnern und anderen paramilitärischen Milizen nachprüfbar zurückziehen. Ferner müsse das Regime für humanitäre Hilfsleistungen an alle Bedürftigen im Lande ungehinderten Zugang gewähren.

Andernfalls werde das „hohe Einsatztempo" aufrechterhalten, warnte NATO-Generalsekretär Anders Fogh Rasmussen. „Wir werden nicht untätig zusehen, wie ein diskreditiertes Regime sein

eigenes Volk mit Granaten, Panzern und Scharfschützen angreift."
Kampfflugzeuge der NATO griffen wieder Ziele in Libyen an. „Wir können bestätigen, dass Flugzeuge heute eine Batterie von SA-2 Flugabwehrraketen 40 Kilometer südlich von Tripolis getroffen haben", sagte eine NATO-Sprecherin in Berlin. Berichte des libyschen Staatsfernsehens, wonach auch mehrere Angriffe auf die Hauptstadt Tripolis geflogen wurden, wies sie zurück.

Auch die Kämpfe am Boden gingen weiter: Der arabische Nachrichtensender Al-Dschasira meldete unter Berufung auf die Aufständischen, die Regierungstruppen hätten ein Gebiet in der Nähe des Hafens der seit Wochen belagerten westlichen Stadt Misurata angegriffen. 23 Menschen seien getötet worden, darunter drei Ägypter.
Unterdessen rief auch das Terrornetzwerk al Kaida zum Kampf gegen Gaddafi auf. Die arabischen Armeen müssten in Libyen eingreifen und helfen, Gaddafi zu vertreiben, bevor **„die Hilfe des Westens sich in eine Invasion verwandelt"**, sagte der Stellvertreter von Osama bin Laden, **Eiman al-Sawahiri**, laut dem US-Sender ABC in einer auf Islamisten-Websites verbreiteten Videobotschaft.
Doch zwischenzeitlich brennen Ölanlagen, Städte sind hart umkämpft und ein Ende des Aufstands in Libyen ist nicht abzusehen. Machthaber Gaddafi setzte Kopfprämien für seinen Gegner **Dschalil** aus. Gleichzeitig umgarnt er den Westen mit einer diplomatischen Offensive und denkt übers Exil nach. EU und NATO beschäftigen sich mit der Gewalt. Ras Lanuf wird erneut von Gaddafis Truppen aus der Luft unter Beschuss genommen. Am Morgen wurden der Parkplatz eines Krankenhauses und ein Wohnhaus getroffen. Nach ersten Informationen wurden sieben Menschen verletzt. Staatschef Muammar al-Gaddafi ging seinerseits diplomatisch in die Offensive und entsandte Emissäre nach Kairo, Lissabon und Brüssel. Dort beraten die Europäische Union und die NATO über die Lage in Nordafrika. In getrennten Verhandlungen

kommen die Verteidigungsminister der 28 NATO-Staaten sowie die Außenminister der 27 EU-Staaten zusammen. Letztere wollen härtere Sanktionen gegen das Gaddafiregime abstimmen. Neben dem Sperren von weiteren Vermögenswerten ist eine Blockade von Zahlungen für Öllieferungen im Gespräch.
Aktuell hat Deutschland fast 200 weitere libysche Konten bei deutschen Kreditinstituten gesperrt. Dabei geht es insbesondere um Gelder der libyschen Zentralbank, der Libyan Investment Authority, der Libyan Foreign Bank und des Libya Africa Investment Portfolio, wie das deutsche Wirtschaftsministerium am Donnerstag mitteilte. Hintergrund der Eingriffe ist die geplante Verschärfung der Finanzsanktionen gegen das nordafrikanische Land. Hier habe nach ersten Veröffentlichungen zu der Debatte ein Abzug von Geldern noch vor Inkrafttreten der Verschärfung auf EU-Ebene gedroht, hieß es. Es sei nötig, einen Zugriff auf die Gelder zu stoppen, „um zu verhüten, dass die auswärtigen Beziehungen der Bundesrepublik Deutschlands erheblich gestört werden", hieß es im Wirtschaftsministerium. Gesperrt wurden Gelder unter anderem bei der Deutschen Bank, der Commerzbank und auch bei der Bundesbank.
Mit dem Treffen wird auch der Libyen-Sondergipfel der europäischen Staats- und Regierungschefs vorbereitet. Bei ihm soll unter anderem ein Hilfspaket für die Demokratiebewegungen im südlichen Mittelmeerraum beschlossen werden. Zudem könnte Gaddafi die Immunität aberkannt werden. Dadurch würde ihm der Schutz entzogen, den Staatschefs gewöhnlich genießen.
Bei dem Treffen der Verteidigungsminister wird nicht über die viel diskutierte Einrichtung einer Flugverbotszone über dem nordafrikanischen Land entschieden. Nach Angaben von Diplomaten wollen die Minister vielmehr Voraussetzungen für ein mögliches militärisches Eingreifen festlegen. Dazu zählt als **„eine klare rechtliche Grundlage"** ein Mandat des UN-Sicherheitsrates. Zudem müsse es unter anderem eine „starke Unterstützung" aus der Region für einen Militäreinsatz geben.

Ein Vertrauter des libyschen Machthabers wurde in Lissabon vom portugiesischen Außenminister Luis Amado empfangen, der zuvor die EU-Außenbeauftragte Catherine Ashton konsultiert hatte. Über den Inhalt des Gesprächs von Amado mit dem libyschen Emissär wurde in Lissabon portugiesischen Medienangaben zufolge nichts bekannt. Portugal hat den Vorsitz in dem UN-Komitee, das die Umsetzung der Sanktionen der Vereinten Nationen gegen Gaddafis Regime überprüft.

„Das Meer möge sich rot färben"
Libysche Rebellen tragen mutmaßliche Gaddafibefehle und andere Beweise zusammen, die Kriegsverbrechen belegen sollen. Laut „Observer" sind schon Tausende Dokumente sichergestellt. Sie zeigen offenbar, wie kaltblütig das Regime gegen seine Bürger vorgeht.
Seit Monaten wird die libysche Rebellenhochburg Misurata von Truppen des Machthabers Muammar al-Gaddafi belagert und beschossen, den Bewohnern mangelt es inzwischen am nötigsten. Nahrungsmittel und Medikamente sind knapp. Oft ist die Stadt von Hilfslieferungen abgeschnitten, in einigen Vierteln lauern Scharfschützen, immer wieder schlagen Bomben und Granaten der gaddafigetreuen ein. Wie viele Menschen seit Ende Februar in der Stadt ums Leben gekommen sind, ist unklar, aber die Aufständischen sind sich sicher: Verantwortlich für die prekäre Lage sind Gaddafi selbst und die militärische Führung des Regimes.
Daher sammelt eine Gruppe von rund 60 Aktivisten laut einem Bericht der britischen Sonntagszeitung „Observer" seit Wochen Beweise, die sich in einem möglichen Verfahren vor dem Internationalen Strafgerichtshof in Den Haag gegen Gaddafi verwenden ließen. Tausende von Dokumenten sind demnach bereits sichergestellt und werden an einem geheimen Ort in der Nähe des Hafens von Misurata aufbewahrt.
Die Papiere zeigen nach Angaben der Zeitung, wie kaltblütig das Gaddafiregime die Stadt bombardieren und systematisch aushungern lässt.

In einem Dokument wird der befehlshabende General, ein Mann namens Yusef Ahmad Bashir Abu Hajar, mit den Worten zitiert: **„Es ist strikt verboten, dass Nachschublieferungen, Tankwagen oder andere Dienstleister durch irgendeine Zufahrt oder einen Checkpoint in die Stadt Misurata gelangen."**
Ein weiteres Dokument weist die Regierungstruppen an, verletzte Aufständische zur Strecke zu bringen – das wäre ein Verstoß gegen die Genfer Konvention.
Unter Berufung auf die Ermittler in den Reihen der Rebellen berichtet die Zeitung außerdem, es gebe eine direkte Order von Muammar al-Gaddafi selbst, Misurata auszulöschen, das **„blaue Meer" möge sich „rot färben" vom Blut der Bewohner.**
Viele Unterlagen konnten die Aktivisten, zumeist offenbar Anwälte, zusammentragen, weil sie schon früh während der Kämpfe darauf pochten, dass die Kämpfer der Aufständischen umsichtig vorgehen. Wenn etwa die Rebellen eine Polizeistation, einen Armeestützpunkt oder ein anderes offizielles Gebäude einnahmen, sollten sie darauf achten, die Unterlagen dort zu sichern und nicht alles zu verwüsten. Andere Papiere, militärische Befehle etwa, stammen von Überläufern der Gaddafitruppen oder Soldaten, die im Kampf überwältigt wurden.
Noch ist kein Ende der heftigen Kämpfe in Sicht. Den Rebellen geht der unterstützende Einsatz der NATO nicht weit genug. „Alles geht zur Neige", sagte Ali Tarhuni, der bei den Aufständischen für Finanzen und Öl zuständig ist, in einem Interview mit der Nachrichtenagentur Reuters. Die westlichen Länder begriffen dies entweder nicht, oder es sei ihnen egal.
Mit Blick auf versprochene Zahlungen aus den eingefrorenen Konten Gaddafis im Ausland sagte er: „Da ist bislang nichts geschehen. Und ich meine wirklich nichts." Er sei es inzwischen leid, die Politiker aus Europa und den USA wieder und wieder auf ihre Zusagen anzusprechen. „Wir reden mit so vielen Menschen in all diesen Ländern und auf all diesen Konferenzen, und sie halten großartige Reden", sagte Tarhuni. „Politisch wissen wir das zu

schätzen, aber **was die Finanzen anbetrifft, sind sie ein Totalausfall. Unsere Leute sterben."**
Der Militäreinsatz koste die Rebellen umgerechnet täglich geschätzte 60 Millionen Euro, sagte Tarhuni. Woher das Geld kommen soll, ist nicht klar. Das Öl in der von den Aufständischen kontrollierten Region falle gegenwärtig als Einnahmequelle aus. „Ich rechne nicht damit, dass wir demnächst Öl produzieren. Die Raffinerien haben kein Rohöl, also laufen sie nicht", sagte Tarhuni. Seit einem Vierteljahr werden die Rebellen in ihrem Kampf gegen Gaddafi von der NATO aus der Luft unterstützt. Inzwischen kontrollieren sie das östliche Drittel Libyens, einen Großteil des westlichen Gebirges entlang der Grenze zu Tunesien und das umkämpfte Misurata am Mittelmeer. Auf Gaddafis Machtbasis Tripolis haben sie jedoch nicht entscheidend vorstoßen können.

Am Sonntag mussten sie bei ihrem Versuch, von Misurata aus in Richtung Hauptstadt voranzukommen, schwere Verluste hinnehmen, als sie unter Beschuss von Gaddafitruppen gerieten. Mehrere Aufständische wurden getötet. Die NATO griff nach Angaben eines Arztes, der in einem Feldlazarett die Verletzten behandelte, nicht ein. „Wir wissen nicht, was die NATO tut", sagte er.
Nach Angaben der libyschen Führung setzte die Allianz ihre Luftangriffe auf Tripolis fort. „Es wurden bewusst und mit Absicht Häuser von Zivilisten ins Visier genommen", sagte Vize-Außenminister Chaled Kaim. Regierungsvertreter führten Journalisten am Sonntag in ein Wohnviertel im Stadtteil Arada. Dort wurde ein menschlicher Körper aus den Trümmern eines Hauses gezogen. In einem örtlichen Krankenhaus wurden dann drei Leichen gezeigt, darunter die eines Kindes. Es handle sich um Tote des jüngsten Luftangriffs, behauptete ein Regierungssprecher. Ob die drei Leichen aus dem zerstörten Gebäude stammten, konnte nicht unabhängig bestätigt werden. Die Journalisten erreichten das Gebäude eineinhalb Stunden, nachdem in der Hauptstadt eine laute Explosion zu hören war. Während nach früheren Luftangriffen Rauch aus den Trümmern aufstieg, war da-

von in diesem Fall nichts zu sehen. Kürzlich hatte ein Mitarbeiter desselben Krankenhauses Reportern einen Zettel zugesteckt, auf dem es hieß, ein bei einem Autounfall verletztes Kind sei von der Regierung zum Luftangriffsopfer erklärt worden. Die NATO hat sich zu den Vorwürfen bisher nicht geäußert, will diese aber prüfen.
Am Donnerstag hatte das Bündnis aus Versehen das Feuer auf einen Konvoi der Rebellen bei Brega eröffnet. Am Samstag entschuldigte sich die NATO dafür. Sollte es Tote oder Verletzte bei diesem „unglücklichen Vorfall" gegeben haben, bedauere man dies.
Gaddafi selbst soll derweil angeblich darüber nachdenken, ins Exil zu gehen. Die in Dubai erscheinende Zeitung „Al-Bayan" meldete unter Berufung auf einen Vertrauten des Oberst, Gaddafi sei schockiert darüber, dass sich nach Beginn des Aufstandes vor drei Wochen mehrere seiner Getreuen von einst von ihm abgewandt haben. Er befürchte, einen Luftangriff von **„Verrätern"** aus den Reihen der Luftwaffe auf seine Unterkunft in Tripolis. Deshalb überlege er nun, ob er Libyen verlassen solle. Konkret denke er über ein Leben im Exil im Tschad oder in Niger nach.
Wie der arabische Nachrichtensender Al-Dschasira berichtete, sollen Vertraute Gaddafis bei der EU und der NATO für die offizielle libysche Position werben. Nach Kairo wurde General Abdurrahman al-Sawi geschickt. Er solle eine Botschaft Gaddafis an die ägyptische Führung überbringen, hieß es. Zudem wolle er den Generalsekretär der Arabischen Liga, Amre Mussa, treffen. Die Arabische Liga will über die Möglichkeit der Errichtung einer Flugverbotszone reden.
Die USA könnten nach Angaben eines hochrangigen Militärs binnen Tagen eine Flugverbotszone über Libyen errichten. „Wir können sehr schnell reagieren, wenn wir müssen. Wir sind auch darauf vorbereitet", sagte der General des gemeinsamen Kommandos der US-Streitkräfte, Raymond Odierno, am Rande einer Rede an der Harvarduniversität. „Ich glaube, innerhalb von ein paar Tagen wären wir wohl in der Lage, eine Flugverbotszone einzurichten."

Die libysche Regierung setzte unterdessen eine Kopfprämie von 500.000 Dinar (knapp 300.000 Euro) für die Ergreifung und Auslieferung des **Gaddafigegners Abdul Dschalil** aus. 200.000 Dinar wurden für Informationen ausgelobt, die zur Festnahme des ehemaligen Justizministers des Gaddafiregimes führen.
Frankreichs Präsident Nicolas Sarkozy will zwei Vertreter des oppositionellen libyschen Nationalrats empfangen. Bei dem Gespräch mit Mahmoud Jibril und Ali Essaoui gehe es vor allem um die humanitäre Lage in Libyen, teilte der Elysee am Mittwoch in Paris mit.
Starkes, diplomatisches Treiben bestimmt zurzeit die Tagesordnung der Weltführer. Doch wie schon eigentlich immer in der Geschichte, ist es schwer, eine einheitliche Grundhaltung und enges Zusammenstehen zu gefassten Beschlüssen zu erreichen.
„Wenn's ernst wird, verziehen sich die Deutschen", die Enthaltung der Bundesregierung in der Libyenkrise hallt beim G-8-Gipfel nach. Angela Merkel darf zwar über Finanzhilfen für arabische Staaten mitbestimmen, die die deutschen Steuerzahler erfreuen werden, doch beim Treff zum Krieg gegen Gaddafi aber bleibt die Kanzlerin Außen vor.
„Gaddafi muss aufgeben." Angela Merkel steht in einem Raum ohne Fenster. Hinter ihr klebt das französische G-8-Logo in Form des Eiffelturms an der Wand. Die deutsche Kanzlerin sagt ihren Satz sehr bestimmt, ihre Hände bilden vor dem Bauch ein Dreieck. Der G-8-Gipfel im nordfranzösischen Seebad Deauville ist gleich zu Ende, doch bevor Angela Merkel in den Flieger steigt, hat sie noch eine Botschaft. Sie will keinen Zweifel daran aufkommen lassen, dass die Deutschen ihre verbündeten in der Libyenkrise unterstützen, obwohl sie nicht gemeinsam mit ihnen Krieg führen. Die deutsche Enthaltung bei der Abstimmung über die Libyenresolution bei den Vereinten Nationen von Mitte März wirkt auch beim G-8-Gipfel in Deauville nach. Natürlich ist Deutschland nicht isoliert bei dem Treff der sieben wichtigsten westlichen Industriestaaten und Russlands. Dafür ist Europas größte Volkswirtschaft zu wichtig. Bei der Rettung des Euro, bei den

Finanzhilfen für die arabische Welt, überall werden die Deutschen gebraucht. Und dennoch: Wenn es wirklich ernst wird, wenn es, wie in Libyen, um Leben und Tod geht, verziehen sich die Deutschen auf die Zuschauerposition. So lautet der Vorwurf.

Wenn es noch eines Bildes bedurft hätte, um diese Entfremdung zu beschreiben, liefert es das Abendessen. Da saßen Staats- und Regierungschefs der G-8 in einem Restaurant in Standnähe beisammen und diskutierten über Nahost, die arabische Reformbewegung, andere Themen. Schließlich stand Libyen auf der Tagesordnung, genauer gesagt der Luftkrieg, den fünf der G-8-Staaten derzeit gegen das Regime Gaddafis führen. Da verließ Kanzlerin Angela Merkel den Raum. Während sie am anderen Ende der Stadt ein Hintergrundgespräch mit Journalisten führt, diskutieren Barack Obama, Nikolas Sarkozy, David Cameron sowie die Regierungschefs von Italien und Kanada den Kriegsverlauf. Deutschland ist beim Kriegsrat nicht dabei. Die Kanzlerin bestätigt den G-5-Treff am nächsten Tag. Weitere Fragen wischt sie schnell weg. Natürlich sind die Deutschen bemüht, den Kriegsrat herunterzuspielen. Es sei um den Verlauf der Luftangriffe gegangen, da habe Deutschland nichts zu suchen, sagt ein Merkelberater. Man sei sogar eingeladen worden, dabei zu sein. Aber Merkel habe gesagt, nein, macht ihr mal.

Ausgerechnet Sarkozy mühte sich um ein Happy End.

Das klingt einerseits plausibel, andererseits überhaupt nicht. Natürlich entspricht es dem Selbstverständnis Merkels, jetzt nicht bei den Details eines Krieges reinzureden, den Deutschland nicht führt. Sie wünscht der Allianz Erfolg, obwohl sie vor dem Waffengang gewarnt hatte und der Kriegsverlauf zeigt, dass sie recht damit hatte. Zwei Monate nach Beginn der Luftangriffe hält sich Gaddafi noch immer.

Wenn man freilich wenig später hört, wie David Cameron, der britische Premier, von dem Termin berichtet, spricht wenig dafür, dass die Türen für Merkel wirklich offen waren. Es sei ein Treff der in Libyen Krieg führenden Staaten gewesen, sagt der Brite. Thema war die militärische Strategie gegen Gaddafi, vor allem der

Einsatz britischer und französischer Kampfhubschrauber. Kaum vorstellbar, dass Briten und Franzosen da die Deutsche dabei haben wollten. Der Kanzlerin bleibt es vorbehalten, die friedlichen Mittel zu Unterstützung der **arabischen Revolutionsbewegungen** zu verkünden. 20 Milliarden Dollar an Finanzhilfen für Ägypten und Tunesien sagen die G-8 in ihrer Abschlusserklärung zu, sie sollen zwischen 2011 und 2013 vor allem von den großen internationalen Entwicklungsprogrammen kommen. Dazu gibt die EU noch einmal 1,3 Milliarden Euro für Tunesien und Ägypten.

Im Gegensatz zu Gastgeber Sarkozy liegt Merkel die Prahlerei mit dem Zahlenwerk nicht. Denn sie weiß: Das Geld muss bei den Leuten erst einmal ankommen, es fehlen konkrete Programme, um Ägypten und Tunesien wirkungsvoll zu helfen. „Wir müssen die Hilfen schnell konkret machen", mahnt Merkel. Deutschland wolle 300 Millionen Euro an ägyptischen Schulden umwandeln und das Geld zum Beispiel für die Ausbildung von 5.000 Jugendlichen nutzen.

Es ist ausgerechnet Nikolas Sarkozy, der am Ende dafür sorgen will, dass der Gipfel mit einem Happy End für die Deutsche endet. Die letzten Worte auf seiner Abschlusspressekonferenz sind an Merkel gerichtet. Am Donnerstagabend, da habe man beim Essen aufs Meer geschaut, hinaus auf den Sonnenuntergang über dem Atlantik. „Da ist die Angela ganz empfindsam geworden", sagt Sarkozy vor Hunderten von Journalisten. **„Und wenn die Angela empfindsam und glücklich ist bei der G-8, dann ist alles gut."**

Während Libyens Diktator Gaddafi seinen Gegnern mit einem Gemetzel droht, setzt US-Präsident Barack Obama auf diplomatische Zurückhaltung und das Prinzip Hoffnung. Aus gutem Grund: Ein wirkliches Druckmittel hat er nicht.

Der kahlköpfige Mann mit dem grauen Bart sieht verzweifelt aus: „Bitte, bitte, helfen Sie dem libyschen Volk", fleht Ali Aujali mit hartem arabischen Akzent im Frühstücksfernsehen des US-Senders ABC. Und noch einmal: „Bitte helfen Sie den Menschen. Sie verbrennen."

Seit sieben Jahren lebt Aujali in der US-Hauptstadt Washington: zuerst als Leiter der libyschen Interessensvertretung und später, nachdem sich die Beziehungen beider Staaten etwas lockerten, als offizieller Botschafter.

Jetzt hat der Diplomat seinen Dienst quittiert. Er wolle nicht mehr länger das Regime von Muammar el Gaddafi repräsentieren, beteuert er, sondern sein seit mehr als vier Jahrzehnten unterdrücktes Volk. Im gleichen Atemzug ruft er Barack Obama zur Unterstützung auf: **„Die amerikanische Regierung muss jetzt ihre Stimme sehr laut erheben"**, fordert er.

Nichts weiter als diplomatische Rhetorik.

Bisher ist Aujalis Appell weitgehend ungehört verhallt. Der US-Präsident hat sich nur ein einziges Mal persönlich zu den Ereignissen in dem nordafrikanischen Land geäußert und gleich noch zwei weitere Staaten mit dazu genommen: „Ich bin zutiefst besorgt über die Berichte von Gewaltakten in Bahrain, Libyen und im Jemen", ließ er in einem Statement verlauten. Das war bereits vor mehr als einer Woche.

Seitdem hat Obama das Feld seiner Außenministerin Hillary Clinton überlassen. Diese beschränkt sich auf diplomatische Rhetorik: „Die Gewalt ist völlig inakzeptabel", klagt sie etwa. An anderer Stelle konstatiert sie: „Wir glauben, dass die libysche Regierung für die Vorfälle verantwortlich ist und das Blutvergießen beenden muss."

Solche Sätze mögen zwar energisch klingen, bleiben aber wirkungslos, solange sie nicht mit der Androhung von Konsequenzen verbunden sind. Doch Drohungen an das Regime in Tripolis vermeidet Clinton bislang. Die Zurückhaltung hat einen guten Grund: Es gehe jetzt vor allem um die Sicherheit der in Libyen lebenden US-Staatsbürger, beteuert die US-Chef-Diplomatin: „Das Wohlergehen unserer Landsleute hat wie immer höchste Priorität." Mehr als 600 Amerikaner befinden sich laut State Department derzeit im Land. Das Außenministerium bemüht sich, 35 Angestellte der US-Botschaft in Tripolis und deren Angehörige zurück in die USA zu fliegen. Aber solange das eigene Personal in Gefahr ist,

schlägt Washington vorsichtige Töne an: Obama wolle kein „zweites Teheran" riskieren, sind US-Kommentatoren überzeugt. Der Begriff ist eine Anspielung auf das 444-tägige Drama in der US-Botschaft im Iran, bei dem eine Gruppe islamischer Studenten 52 Amerikaner vom 4. November 1979 bis 20. Januar 1981 als Geiseln nahm.
So beschränkt sich die Supermacht, zumindest nach außen hin, auf eine Rolle als Zaungast der Geschichte: **„Die Zukunft Libyens wird vom libyschen Volk entschieden"**, betont der neue Sprecher des weißen Hauses, Jay Carney. Darüber hinaus gibt es vor allem Kondolenzbekundungen: „Wir möchten den Familien der Opfer in Libyen unser Beileid ausdrücken", versichert Carney. Diese Strategie ist nicht unumstritten. „Präsident Obama sollte sich schämen", poltert etwa David Ignatius, Kolumnist der renommierten „Washington Post": „Dies hier ist ein klarer Fall von richtig und falsch. Die USA und ihre verbündeten sollten offen zeigen, was sie damit meinen, wenn sie Gaddafis Verhalten für inakzeptabel erklären."
Die EU hat sich auf Sanktionen gegen Libyen verständigt, im Land selbst wächst die Furcht. Diktator Gaddafi soll 12.000 Dollar Kopfgeld ausgelobt haben und tonnenweise chemische Kampfstoffe besitzen.
Zu den geplanten EU-Sanktionen gegen Libyens Diktator Muammar el Gaddafi gehören Reisebeschränkungen, Kontensperrungen sowie ein Exportverbot für Waffen und Polizeiausrüstung, hieß es übereinstimmend aus Brüsseler EU-Kreisen und dem Auswärtigen Amt in Berlin. Die politische Weichenstellung sei erfolgt, der formale Beschluss soll Anfang nächster Woche gefasst werden, teilten EU-Diplomaten mit. Sanktionen müssen grundsätzlich von allen 27 EU-Mitgliedsstaaten einstimmig beschlossen werden. Auch andere Staaten und Organisationen wenden sich gegen Gaddafi, der Druck wächst weltweit.
Unterdessen rief Gaddafi seine Anhänger im Kampf gegen die Aufständischen auf, **„Libyen zu verteidigen"**. Das Staatsfernsehen zeigte am Abend eine Ansprache des autokratischen Herr-

schers auf einem mit Getreuen gefüllten Platz in Tripolis. Gaddafi sprach von einer Mauer der sogenannten Roten Burg, eines Wahrzeichens der Stadt, über Mikrofon. Er forderte die mehrere Tausend Menschen starke Menge auf, das Land und dessen Erdöl zu verteidigen. **„Wir werden kämpfen, wenn sie das wollen"**, rief er. Wenn nötig, werde er die Waffenkammern öffnen, um alle Stämme zu bewaffnen, drohte er. **„Wir sind bereit, über den Feind zu triumphieren."**
Der UN-Menschenrechtsrat hat derweil die Suspendierung Libyens aus dem Gremium empfohlen und eine Untersuchung der Gewalt gegen Demonstranten in dem nordafrikanischen Land angeordnet. Auf seiner Dringlichkeitssitzung verurteilte der Rat zudem das Ausmaß der Gewalt, mit dem Staatschef Muammar Gaddafi gegen die Protestbewegung vorgehe. Über die Suspendierung Libyens entscheidet endgültig die UN-Vollversammlung, benötigt wird dafür eine Zweidrittelmehrheit. Auch die NATO schaltete sich mit einem Sondertreffen der 28 NATO-Staaten in Brüssel in die Libyenkrise ein. Ein unmittelbares militärisches Handeln der Allianz sei nicht geplant, sagten Diplomaten. Das Bündnis könne aber koordinieren, beispielsweise bei Evakuierungsaktionen. Am Abend will außerdem der UN-Sicherheitsrat zum dritten Mal in vier Tagen zusammenkommen und über den Schutz von Zivilisten beraten.
Die EU-Außenbeauftragte Catherine Ashton sagte nach Beratungen mit den EU-Verteidigungsministern bei Budapest: „Ich bin zuversichtlich, dass die Europäische Union restriktive Maßnahmen verhängen wird." Es müsse gewährleistet werden, „dass so viel Druck wie möglich aufgebaut wird, um die Gewalt in Libyen zu beenden". Das US-Finanzministerium wies die Banken an, einen möglichen Abfluss von libyschem Geld aus den USA zu melden. Nach Informationen der US-Botschaft in Tripolis verfügt die libysche Führung über ein Vermögen von 32 Milliarden Dollar (23 Milliarden Euro), das zum Teil in den USA angelegt ist.
Den Bundeswehreinsatz mit Kriegsschiffen und Transportflugzeugen vor Libyens Küste will der deutsche Außenminister unter-

dessen nicht als Drohkulisse gegen Gaddafi verstanden wissen. Der Einsatz diene „ausschließlich dem Zweck, unsere Staatsangehörigen außer Landes zu bringen", sagte der Außenminister im Deutschlandfunk. Derzeit sitzen noch etwa 160 Deutsche in dem nordafrikanischen Land fest. Insgesamt 3.600 Menschen mit europäischem Pass sollen sich dort noch aufhalten, 3.400 haben das Land offenbar schon verlassen. Auch andere Länder wie China oder die Türkei bemühen sich, ihre Bürger aus Libyen herauszuholen.

Während die Menschen in Ost-Libyen am Freitag die **„Befreiung"** ihrer Region feierten, schossen Soldaten in anderen Städten im Westen des Landes auf Demonstranten. Im Stadtzentrum der Hauptstadt Tripolis eröffneten sie das Feuer auf eine Gruppe von etwa 500 Demonstranten, wobei nach einem BBC-Bericht mindestens ein Mensch ums Leben kam. Eine etwa doppelt so große Gruppe von Gaddafi-Anhängern versammelte sich kurz darauf auf dem grünen Platz.

Ein von libyschen Aktivisten angekündigter **„Marsch der Millionen"** aus allen **„befreiten"** Städten auf Tripolis blieb zunächst aus. Ein Polizeioffizier in Bengasi sagte, einige Bewohner hätten sich auf den Weg in die Hauptstadt gemacht, um dort für den Sturz Gaddafis zu demonstrieren. Allein in Bengasi, wo die von Gaddafi befehligten Truppen nicht mehr präsent sind, sollen während der Unruhen der vergangenen Tage etwa 500 Menschen getötet worden sein.

Die Gaddafi verbliebenen Truppen gehen derweil weiterhin äußerst brutal gegen Regimegegner vor. Laut einem Polizisten in der nordostlibyschen Stadt El Baidha sind den ausländischen Söldnern vom Gaddafiregime 12.000 Dollar für jeden getöteten Demonstranten versprochen worden. Und es könnte noch schlimmer kommen. Gaddafigegner sind besorgt über chemische Waffen im Besitz des libyschen Regimes.

Etwa zehn Tonnen **Senfgas** befinden sich in den Arsenalen der Streitkräfte, sagte Peter Caril, Experte für Massenvernichtungswaffen bei der amerikanischen Arms Control Association, dem

US-Sender CNN. Das meiste davon werde in einer Anlage südlich von Tripolis vermutet. Der Anfang der Woche zurückgetretene libysche Justizminister **Mustafa Abdel Galil** sagte im Sender El Dschasira, dass Gaddafi nicht zögern werde, die chemischen Waffen einzusetzen. Vor allem dann nicht, wenn die Hauptstadt Tripolis bedroht sei. „**Wenn er zum Schluss wirklich unter Druck steht, ist er zu allem fähig. Gaddafi wird nur verbrannte Erde hinterlassen.**"

Während die Menschen in Ost-Libyen die „Befreiung" ihrer Region feiern, werden im Westen die Menschen niedergeschossen. In der Hauptstadt Tripolis begibt sich offenbar jeder in Lebensgefahr, der sich auf die Straße traut. Dennoch gehen die Menschen auf die Straße und es gibt weiterhin Proteste.
Truppen des libyschen Machthabers Muammar el Gaddafi schossen Zeugenberichten zufolge in der Hauptstadt Tripolis auf Demonstranten und töteten dabei mehrere Menschen. Im Viertel Sug el Dschomaa habe es Tote gegeben, sagte ein Bewohner der Nachrichtenagentur AFP. Auch aus anderen Vierteln in östlichen Vororten wie Ben Aschur und Faschlum berichteten Zeugen telefonisch, dass auf „**alle, die sich auf der Straße befinden**", geschossen werde. Zuvor hatten die Menschen sich zum Freitagsgebet versammelt.

Ausländer, die in der ebenfalls im Westen gelegenen Stadt Misrata festsitzen, sagten am Telefon: „Es gibt große Protestaktionen und wir hören immer wieder Schüsse." Oppositionelle hatten zuvor Videos von Demonstrationen in den Städten El Sawija und Tadschura im Internet veröffentlicht.
Im Osten des Landes haben Gaddafis Getreue dagegen die Macht verloren. In der Hafenstadt Bengasi versammelten sich Zehntausende, um gegen das Regime zu demonstrieren. Ein Polizeioffizier sagte, am Mittwoch und Donnerstag hätten sich einige Bewohner von Bengasi auf den Weg nach Tripolis gemacht, um dort für den Sturz von Gaddafi zu demonstrieren. Sie hätten keine Waffen

mitgenommen. „Heute ist aber niemand mehr nach Tripolis gefahren", fügte er hinzu.

Die Oppositionsbewegung befürchtet, dass ein Gegenangriff von Gaddafis Truppen bevorsteht. **„Wir erwarten jeden Moment eine Attacke"**, sagte ein desertierter Oberst namens Said. Trotz einiger übergelaufener Militärs und Soldaten ist die Oppositionsbewegung schlecht ausgerüstet. Sie verfügt gerade einmal über zwei Helikopter, zwei Flugzeuge sowie einige Waffen. Ein Sohn Gaddafis untermauerte den Machtanspruch seiner Familie. Die Anhänger der Oppositionsbewegung bezeichnete Seif El Islam im Interview mit dem türkischen Sender CNN-türk als **„Terroristen"**, denen seine Familie **„keine Handbreit Kontrolle"** über einen Teil des Landes gewähre. Die libyschen Behörden würden bald die Kontrolle über die Region im Osten des Landes zurückgewinnen, sagte er.

Der UN-Menschenrechtsrat beriet in Genf über einen Ausschluss Libyens aus dem Gremium. Die EU-Initiative, die auch die Berufung eines Sonderermittlers vorsieht, wird von den USA unterstützt. Widersprüchliche Angaben gab es über die Zahl der Opfer der Unruhen, die am 15. Februar begannen: Die Menschenrechtsorganisation Human Rights Watch sprach von 300 Toten, der italienische Außenminister Franco Frattini erklärte dagegen, Schätzungen über mehrere Tausend Tote seien glaubwürdig. Auch die UN-Hochkommissarin für Menschenrechte, Navi Pilllay, verwies in Genf auf Berichte über Tausende getötete und verwundete Zivilisten. Nach Informationen der Nachrichtenagentur dpa kamen allein in Bengasi 500 Menschen ums Leben.

Auch auf dem Washingtoner Kapitolshügel regt sich Unmut über Obamas Libyenpolitik. John Kerry, ein Parteifreund des demokratischen Präsidenten und zugleich Vorsitzender des Außenausschusses im Senat, ruft bereits nach einer Wiedereinführung der Sanktionen gegen Libyen. Das US-Embargo war 1986 nach dem

Bombenattentat auf die Berliner Diskothek „La Belle" verhängt worden, bei dem zwei US-Soldaten getötet und mehr als 50 verletzt wurden. Obamas Vorgänger George W. Bush hatte es 2004 wieder aufgehoben, nachdem Gaddafi sowohl dem Terrorismus als auch der Entwicklung biologischer, chemischer und atomarer Waffen abschwor. Doch Sanktionen allein sind Kerry noch zu wenig. Zudem soll die US-Ölindustrie ihre Operationen im Land bis auf Weiteres einstellen, fordert er: **„Wir müssen jetzt sofort und in den kommenden Tagen konkrete Schritte unternehmen, um zu zeigen, dass die Welt nicht nur mit Worten, sondern auch mit Taten antwortet, wenn ein Regime sträfliche Gewalt gegen sein eigenes Volk verübt."** Ob es tatsächlich dazu kommen wird, ist allerdings mehr als fraglich: „Wir prüfen den Vorschlag, konzentrieren uns im Augenblick jedoch darauf, das Blutvergießen zu stoppen", meint Obamasprecher Carney. Im Klartext heißt das: Wir halten uns raus, so gut es geht. Überhaupt besitzen die USA gegenüber Libyen deutlich weniger Druckmittel als etwa gegenüber Ägypten. Das inzwischen abgetretene Mubarakregime erhielt 1,5 Milliarden Dollar pro Jahr an direkter Hilfe aus Washington. Für Gaddafi gibt es nicht einmal eine Million. Auch der Handel zwischen beiden Staaten fällt kaum ins Gewicht. Zwar produziert Libyen jeden Tag rund **1,8 Millionen** Barrel Öl, der größte Teil davon wird jedoch nach Europa exportiert. Die USA führen im Tagesdurchschnitt **51.000 Barrel** libysches Öl ein, ein Anteil von gerade einmal **0,5 Prozent** am gesamten Öl-Import. Dagegen deckt Deutschland **acht Prozent** seiner Öl-Importe aus Libyen, Italien sogar **22 Prozent.** Bleiben noch die in Libyen tätigen US-Konzerne. Vier große Unternehmen – Conoco Phillips, Marathon Oil, Hess und Occidental Petroleum – sind derzeit im Land vertreten. Gemeinsam fördern sie rund 115.000 Barrel Öl am Tag. Das sind weniger als zehn Prozent der Tagesproduktion des Landes an schwarzem Gold. Dennoch will Senator Kerry genau dort den Hebel ansetzen: „Alle amerikanischen und internationalen Öl-Firmen sollten ihre Arbeit so lange stoppen, bis die libysche Regierung die Gewalt gegen Zivilisten stoppt", drängt er. Doch selbst wenn die USA ihre Ölhähne in der Sahara von heute auf morgen zudrehen würden, dürfte es mehrere Wochen oder sogar Monate dauern, bis ein Effekt spürbar wäre: „Unsere Möglichkeiten, mit Druck etwas zu erreichen, sind denkbar gering", meint Nahost-Experte Daniel Byman, Professor an der Georgetown-Universität in Washington.

Wenn es Obama und seinen Beratern wirklich ernst ist, das von Gaddafi angedrohte **„Gemetzel"** in Libyen zu verhindern, bliebe ihnen eigentlich nur noch die Drohung mit einem Militärschlag. Doch dieser gilt beim gegenwärtigen Klima als so gut wie ausgeschlossen. Nach Afghanistan und dem Irak will man keine dritte Front in der Region öffnen. So hofft man in Washington darauf, dass sich das Regime Gaddafi demnächst von selbst erledigt, dass immer mehr Getreue dem Diktator den Rücken kehren und sich auf die Seite der aufständischen schlagen. So wie Ali Aujali, der soeben zurückgetretene Botschafter Gaddafis in den USA. Doch bis es so weit ist, werden noch viele Bürger ihr Leben lassen müssen und Gaddafi kann sich in seinem River of Blood ein fröhliches Bad genehmigen.

Völlig offen ist dabei freilich noch die Frage, wie es nach Gaddafi eigentlich weitergehen soll. Auch die Obama-Administration hat noch keinen Favoriten ausgemacht. Und wenn, dann wird sie sich mit öffentlichen Bekundungen zurückhalten. Schließlich ist dem Präsidenten nur zu klar, dass gute Ratschläge aus den USA in Libyen nicht gerade willkommen sein dürften. Der Sprecher des US-Außenministeriums, P.J. Crowley, formuliert die offizielle US-Position deshalb so: **„Diese Angelegenheit muss letztendlich allein zwischen der libyschen Regierung und dem libyschen Volk entschieden werden".** Welche Regierung meint denn da der Regierungssprecher? Das Volk hat sich, wie andere Völker auch, erhoben und verlangt mehr Mitbestimmung. „Wir selbst werden weiterhin zu unseren Grundprinzipien stehen." Zwischen den Zeilen gelesen heißt das: Jetzt muss sich der Wille des Volkes nur noch durchsetzen. Und für den Fall, dass es die USA um Hilfe bittet, steht Washington bereit.

Der von Aufständischen umzingelte libysche Staatschef Gaddafi klammert sich mit aller Gewalt an seine schwindende Macht. Im Staatsfernsehen rufen seine Schergen zur Denunziation der Anführer der Proteste auf. Und auch seine Söhne kämpfen an der Propagandafront.

In einer im libyschen Staatsfernsehen verlesenen Erklärung forderte das Volkskomitee für die allgemeine Sicherheit die Regimegegner zur Abgabe ihrer Waffen auf. Wer seine Waffen abgebe und Reue zeige, werde straffrei bleiben, hieß es in der in Kairo mitgeschnittenen Erklärung. Diejenigen, die Informationen über Anführer der Proteste, deren Geldgeber oder Unterstützer lieferten, würden großzügig mit Geld belohnt.

Der seit 41 Jahren herrschende libysche Staatschef Muammar el Gaddafi hat nach den blutigen Protesten der vergangenen Zeit die Kontrolle über den Osten des Landes verloren. Gaddafi hat sich in einer Fernsehansprache allerdings unbeugsam gezeigt und mit weiterer Gewalt gegen Demonstranten gedroht. Auch seine Söhne denken nicht ans Aufgeben. Gaddafis Sohn El Saadi erklärte in einem Telefoninterview mit der „Financial Times" 85 Prozent des Landes seien „sehr ruhig und sehr sicher". Sein Bruder Saif el Islam arbeite derzeit an einer Verfassung für Libyen. Bisher hat das nordafrikanische Land keine Verfassung. Sein Vater werde künftig als Berater einer neuen Regierung fungieren, sagte El Saadi, der sich bisher international vor allem als mittelmäßiger Fußballer hervorgetan hatte. **„Mein Vater wird bleiben als großer Vater, der Ratschläge gibt."**

Saif el Islam selbst widersprach in der Nacht im libyschen Rundfunk Berichten über Angriffe der libyschen Luftwaffe auf Zivilisten. Seit Beginn der Unruhen seien einige wenige Menschen gestorben. **„Aber Leute, von Hunderten oder Tausenden zu sprechen und von Luftangriffen, das ist ein Witz selbst vom militärischen Standpunkt aus"**, sagte Saif el Islam. „Denn wie kann man mit Flugzeugen Demonstranten angreifen, selbst wenn man töten will?"

Westliche Diplomaten sind entsetzt über die verbalen Entgleisungen von Saif el Islam in den vergangenen Tagen. Der Gaddafisohn war von ihnen bislang eher als moderate Kraft innerhalb des Regimes angesehen worden. Inzwischen haben jedoch auch sie den Eindruck gewonnen, dass er ähnlich gewissenlos ist wie sein Vater. Auch Außenminister Guido Westerwelle (FDP) sagte am Mittwoch nach seiner Ankunft in Kairo, die jüngsten Äußerungen des Gaddafisohnes seien erschreckend gewesen. Die Gaddafitochter Aischa dementierte im staatlichen Fernsehen Medienberichte, wonach sie versucht habe, sich mit einem Privatflugzeug nach Malta abzusetzen. Dort soll sie angeblich keine Landeerlaubnis erhalten haben. Die Rechtsanwältin, die während der Aufzeichnung des libyschen Fernsehens vor dem gleichen Gebäude in Tripolis stand, vor dem schon ihr Vater eine wütende Rede gehalten hatte, sagte: **„Ich sage allen Libyern und Libyerinnen, die mich geliebt haben und die ich geliebt habe und die mich gut kennen, dass ich standhaft bleibe."**
Die Lage in Libyen bleibt weiterhin explosiv. Gaddafi hat sich mit Getreuen verschanzt. Außenminister Westerwelle traf derweil im Nachbarland Ägypten ein. Er verurteilte die Gewalt und drängte die EU, eine gemeinsame Lösung zu finden.
Im blutigen Machtkampf in Libyen wird es immer enger für Staatschef Muammar el Gaddafi. Nach Diplomaten, Regierungsmitgliedern und Soldaten wenden sich auch immer mehr Stämme von dem seit über 40 Jahren regierenden Herrscher ab. Gaddafi, der nicht kampflos aufgeben will, soll sich mit vier Brigaden in einem Stützpunkt in Tripolis verschanzt haben. Die wüsten Drohungen Gaddafis gegen das eigene Volk alarmieren die Staatengemeinschaft. Ausländer flüchten in Scharen aus dem Wüstenstaat. Wegen der unübersichtlichen Lage in dem Ölförderland steigen in Deutschland die Benzinpreise.
Der arabische Fernsehsender El Dschasira zeigte Bilder von Leichen in einem Krankenhaus in Tripolis sowie Aufnahmen von der libyschen Mittelmeerküste, auf denen zu sehen war, wie freiwillige Dutzende von Gräbern ausheben. Trotz erdrückender Beweislage

kann die EU sich bislang nicht zu Sanktionen gegen Gaddafi durchringen. Italien blockiert die Vorstöße von Deutschland und Frankreich, zu groß ist die Angst vor einem neuen Flüchtlingsstrom. Die EU-Mitgliedsstaaten seien zu Sanktionen bereit, falls die Gewalt nicht sofort ende, teilte die EU-Außenbeauftragte Catherine Ashton nach den Beratungen in Brüssel lediglich mit.
„Wir erleben einen geschichtsträchtigen Moment und müssen auf der richtigen Seite der Geschichte stehen", hatte zuvor EU-Kommissionspräsident Jose Manuel Barroso an die Europäer appelliert. „Wir stehen bereit, um die Ziele des libyschen Volkes zu unterstützen." Konkret nannte er die Nachbarschaftshilfe der EU.
Nach den blutigen Kämpfen in Libyen mit bis zu 1.000 Toten, wie es in Berichten hieß, rechnet Italien mit einem Exodus Zehntausender Migranten aus Libyen und anderen afrikanischen Staaten. Während sich Gaddafi an der Macht festkrallt, wird in Teilen des Landes schon gejubelt. Die Bewohner mehrerer Städte im Osten Libyens feierten die **„Befreiung"** ihrer Region.
Die Vereinten Nationen riefen Gaddafi auf, die Gewalt sofort zu stoppen. UN-Generalsekretär Ban Ki Moon, der Gaddafi bei einem 40 Minuten langen Telefonat ins Gewissen redete, sagte, einige der Ereignisse in Libyen **„scheinen klare Verstöße gegen das Internationale Recht und die Menschenrechte zu sein"**. Die Gewalt gegen Zivilisten dürfe nicht ungestraft bleiben. Welch wunderbare, weiche Aussprache doch ein Generalsekretär haben kann.
Tausende Europäer, Amerikaner und Asiaten flüchten derweil aus Libyen. Der türkische Außenminister Ahmet Davutoglu sprach von der größten Rettungsaktion in der Geschichte der Türkei. Das US-Außenministerium charterte zwei Katamarane, die Malta Richtung Tripolis verließen. Nach Angaben aus Brüssel befinden sich noch rund 10.000 EU-Bürger im Land.
Die Bundesregierung will möglichst alle in Libyen verbliebenen Deutschen in Sicherheit bringen, auf dem Luftweg oder mit Schiffen. Für den Notfall ist die Deutsche Marine mit drei Fregatten im Mittelmeer. Laut Außenminister Guido Westerwelle

hielten sich noch 250 Deutsche in Libyen auf. Am Vortag waren etwa 350 ausgeflogen worden. Zwei Transall der Bundeswehr stehen auf Malta bereit.
Am Abend flog die deutsche Luftwaffe weitere 74 Menschen aus Libyen aus. Die Kanzlermaschine „Konrad Adenauer" mit 47 deutschen und weiteren Passagieren aus 15 Nationen landete gegen 20:45 Uhr auf dem Militärflughafen Köln. Die Heimkehrer berichteten von chaotischen Zuständen am Flughafen in der libyschen Hauptstadt Tripolis. Tausende Menschen, darunter auch viele Libyer, wollten ausreisen und belagerten das Flughafengebäude, sagte ein Passagier nach der Landung in Köln. „Sie kommen nirgendwo da rein, Sie müssen sich durchprügeln", sagte er.
Libyens UN-Vizebotschafter Ibrahim Dabbashi, der sich tags zuvor von Gaddafi losgesagt hatte, sprach im UN-Sicherheitsrat von einem **„beginnenden Völkermord"**. Der Machthaber setze auch Söldner **„aus vielen afrikanischen Ländern"** ein. Luxemburgs Außenminister Jean Asselborn sprach unverhohlen von Genozid. **„Was in Libyen geschieht, ist Völkermord in höchster Potenz"**, sagte Asselborn im Deutschlandfunk.
Gewalt auf den Straßen von Tripolis, Chaos auf dem Flughafen. Aus Libyen zurückgeflogene Italiener berichten von Tagen des Schreckens. Der für tot erklärte Innenminister hat sich in Wirklichkeit den Protesten angeschlossen.
„Auf der Fahrt von Sabratha nach Tripolis haben sie versucht, uns zu lynchen, es war entsetzlich", berichtete ein Passagier wie die Zeitung „La Repubblica" schrieb. Die Angst sei noch in den Augen zu sehen gewesen. Er hatte Glück und war unter den ersten 175 Italienern, die nach Rom ausgeflogenen wurden. „Im ganzen Land gibt es Kämpfe, überall wird geschossen", erklärte der Italiener Fabrizio Carelli bewegt. „Die Lage in Tripolis ist wahnsinnig, die Straßen sind leer, und die Privattruppen Gaddafis schießen auf alles", fügte der dem Chaos entkommene Libyer Mohammed Sherif an. Von allen Seiten seien Schüsse zu hören gewesen, man habe sich nicht auf die Straße gewagt, so sagen auch andere.

„Angst hatten wir nicht, sie führen Krieg unter sich, zu uns, den Ausländern, sind sie freundlich", berichtete ein Italiener.
Kritik äußerten einige Rückkehrer an der italienischen Botschaft, von der sie sich alleingelassen fühlten. Der Flughafen von Tripolis sei jetzt eine Art Flüchtlingslager, „es mangelt an Wasser und Essen, während Tausende darauf warten, abfliegen zu können", so wurde der Zeitung „Corriere della Sera" berichtet. Man müsse sich drängelnd Platz verschaffen und für das Einchecken über die Leute steigen.
Wegen der angespannten Lagen will das Auswärtige Amt weitere Deutsche aus Libyen holen. Über die Bundeswehr und die Lufthansa seien weitere Sonderflüge geplant, sagte eine Sprecherin des Auswärtigen Amts in Berlin. Zwei Transall-Maschinen der Bundeswehr hatten Bundesbürger aus der libyschen Hauptstadt Tripolis nach Malta gebracht. Offen war zunächst, wann die Flugzeuge zurück nach Deutschland kommen und wie viele Bundesbürger noch auf Zwischenstopp in Malta waren. Bundeskanzlerin Angela Merkel (CDU) hatte sich äußerst besorgt gezeigt und der libyschen Führung Sanktionen angedroht. Eine durchgreifende, von der Europäischen Gemeinschaft gemeinsam getragene Entscheidung, gegen Gaddafi, stand nicht auf dem Protokoll.
Der von Libyens Machthaber Muammar el Gaddafi für tot erklärte Innenminister hat sich den Aufständischen angeschlossen. **Abdulfattah Junis** sagte in einem Telefoninterview des Nachrichtensenders El-Arabija, ein Anhänger von Gaddafi habe versucht, ihn zu erschießen. Der Schütze habe ihn jedoch verfehlt und stattdessen einen Verwandten des Ministers verletzt. Er sei nun kein Minister mehr, sondern ein Soldat im Dienste des Volkes, fügte Junis hinzu. Gaddafi hatte in einer wirren Ansprache im staatlichen Fernsehen erklärt, Aufständische hätten in der östlichen Stadt Bengasi den Innenminister getötet.
Der französische Staatspräsident Nicolas Sarkozy forderte wegen des blutigen Vorgehens von Sicherheitskräften gegen Demonstranten Sanktionen der EU gegen Libyen. Die internationale Gemeinschaft dürfe bei **„diesen gewaltigen Menschenrechts-**

verletzungen" nicht nur zuschauen, erklärte Sarkozy nach Angaben seines Büros. Er wies das Außenministerium in Paris an, Strafmaßnahmen gegen das Regime in Tripolis vorzubereiten. Außerdem wolle er Möglichkeiten prüfen lassen, Wirtschafts- und Handels- sowie finanzielle Beziehungen zu Libyen auf Eis zu legen, erklärte Sarkozy. Das Karussellfahren einiger Politiker hält weiterhin an. An ein Verlassen des Kreises ist im Moment nicht zu denken. Neue, durchgreifende Entscheidungen werden von einem zum anderen Tag verschoben, ein gemeinsames Vorgehen fehlt.
Die Äußerungen von Libyens Diktator Muammar el Gaddafi werden immer bizarrer. Wer auf die Straße geht, stehe unter Drogen, glaubt er und macht eine Terrororganisation dafür verantwortlich.
Hinter den Protesten stehen nach Meinung Gaddafis die Extremisten von El Kaida. Die Organisation manipuliere die Libyer, sagte Gaddafi in einer Fernsehansprache. Dort wurde er allerdings nicht live gezeigt, sondern am Telefon zugeschaltet – und vertrat seine These: El-Kaida-Chef Osama bin Laden sei der wirkliche Verbrecher. Keine vernünftige Person würde sich an den Protesten beteiligen. Die Menschen kämpften untereinander und stünden unter Drogen. Zugleich äußerte Gaddafi sein Beileid für all jene, die in den vergangenen Tagen ums Leben gekommen sind. Er bezeichnete sie als „Kinder Libyens". Einerseits. Andererseits beschimpfte Gaddafi die Aufständischen erneut. „Wenn ihr einander töten wollt, dann tut das", sagte er an die Adresse der Einwohner der Stadt El Sawija, aus der am Vormittag heftige Zusammenstöße zwischen Demonstranten und Gaddafitruppen gemeldet worden waren. Der Moderator des libyschen Fernsehens hörte sich die wirre Ansprache mit versteinertem Gesicht an.

Während Tausende Flüchtlinge das Land verließen, feierte der Osten des Landes die Befreiung von Gaddafi. Die Kontrolle über die erdölreiche Region soll dem Diktator völlig entglitten sein. In der Küstenregion um die Hafenstädte Bengasi, Derna und Tobruk am Mittelmeer sowie in El Baida hat die Opposition die Macht übernommen. Doch nicht nur das: Die Gegner des Revolutionsführers in der Region fühlen sich so stark, dass einige offenbar einen **„Marsch auf Tripolis"** zum Sturz Gaddafis organisieren wollen.

In anderen Teilen des Landes sollen dagegen weiter afrikanische Söldner gegen die Aufständischen eingesetzt worden sein. Auf einer Website der libyschen Opposition wurde ein Video veröffentlicht, das angeblich ein Verhör mit einem afrikanischen Söldner zeigt. Der Mann, der aus Mali stammen soll, erklärt, er sei am 16. Februar angeheuert und zusammen mit knapp 50 weiteren Männern zum Flughafen Labrak in der östlichen Region grüner Berg geschickt worden. Von dort seien er und die anderen Männer zu einer Kaserne gebracht und für den Kampf gegen Demonstranten bewaffnet worden. Die Echtheit des Videos war nicht zu überprüfen. Unklar ist auch, wie und wann der Mann von den libyschen Aufständischen überwältigt worden war. Die Vermutung, Gaddafi setze auf afrikanische Söldner, wirkt allerdings nicht abwegig. In den vergangenen Jahrzehnten unterstützte er immer wieder Freiheitsbewegungen und Rebellen auf dem Kontinent mit Geld, Waffenlieferungen und Ausbildung. Gerade in westafrikanischen Staaten wie Guinea, Sierra Leone oder Elfenbeinküste, aber auch im Kongo, Tschad oder Sudan gibt es nach Jahren von Krieg oder Bürgerkrieg ein Überangebot an Waffen und an Männern, die oft nichts anderes gelernt haben als das Kämpfen.

NATO-Generalsekretär Anders Fogh Rasmussen schloss ein Eingreifen des Militärbündnisses dennoch aus. Die blutigen Unruhen bedrohten weder die NATO noch ihre Partner, sagte Rasmussen am Rande eines Treffens in der Ukraine. Es gebe von keiner Seite eine Anfrage an die NATO für einen Einsatz.

In Libyen regiert weiterhin die Angst. Zehntausende Ausländer haben den Wüstenstaat bereits verlassen. Viele warten noch darauf, in Sicherheit gebracht zu werden. Die Regierung schickt drei Schiffe der Bundesmarine zur Rettung.

Die Rettung der Ausländer aus Libyen läuft auf Hochtouren. Zehntausende Europäer, Asiaten und Amerikaner warten darauf,

per Flugzeug, Schiff oder auf dem Landweg den Wüstenstaat zu verlassen. Genaue Zahlen gibt es nicht. Heimkehrer berichteten von chaotischen Zuständen in Libyen. Nach Angaben der EU-Kommission sitzen noch 5.000 bis 6.000 Europäer in Libyen fest, rund 1.000 davon in der Stadt Bengasi. 5.000 EU-Bürger seien bereits evakuiert worden, sagte ein Kommissionssprecher.
Zudem forderte die EU ihre Mitgliedsstaaten auf, im Notfall auch in der Nähe stationierte Kriegsschiffe bereitzustellen, um die noch rund 6.000 in Libyen gestrandeten Europäer in Sicherheit zu bringen. Es sollten sämtliche Möglichkeiten geprüft werden, die EU-Bürger auf dem Luft- oder Seeweg aus Libyen zu bringen, sagte Kommissionssprecher Raphael Brigandi. Die meisten Europäer halten sich seinen Angaben zufolge in der östlichen Region um Bengasi auf.
Griechische Fähren sollen im Auftrag Pekings rund 15.000 Chinesen aus Libyen in Sicherheit bringen. Zwei Fähren stachen vom libyschen Hafen Bengasi aus in See und nahmen Kurs auf die griechische Insel Kreta. An Bord: 4.600 Chinesen, 30 Thailänder und 30 EU-Bürger. Drei Flugzeuge der griechischen Luftwaffe sollten Griechen und andere EU-Bürger in Sicherheit bringen.
Die Türkei holte indessen auch fünf Deutsche aus Libyen heraus. Sie kamen mit etwa 3.000 Menschen auf zwei Fähren im türkischen Marmaris an, berichtete der türkische Nachrichtensender NTV. Die Türkei, die bisher mehr als 5.000 von insgesamt 25.000 ihrer Staatsbürger herausgeschafft hat, sichert die über das Mittelmeer laufende Rettungsaktion mit Fregatten ab. Auch Italien setzt Flugzeuge und Schiffe der Marine ein.
Italien fürchtet wegen der Eskalation in Libyen eine beispiellose Flüchtlingswelle und hat die EU zur Hilfe gegen die erwarteten Zuwandererströme aufgerufen. „Wir gehen von mindestens einer Millionen Flüchtlingen aus", sagte der italienische Innenminister Roberto Maroni auf einem Treffen der EU-Ressortchefs in Brüssel. Europa müsse „alle notwendigen Maßnahmen ergreifen", um sich dagegen zu wappnen.

Maroni berief sich auf eine angebliche Schätzung der EU-Flüchtlingsagentur Frontex. Diese hat selbst noch keine offizielle Zahl zu einer erwarteten Flüchtlingswelle genannt. Die Frontex-Experten gehen davon aus, dass sich in Libyen 500.000 bis 1,5 Millionen Einwanderer aus anderen afrikanischen Ländern aufhalten.

Deutschland, Österreich und die Schweiz kritisierten Maroni. Dieser betreibe „Panikmache", sagte die Schweizer Justizministerin Simonnetta Sommaruga. Verärgert zeigte sich auch Bundesinnenminister Thomas de Maiziere: „Es gibt keine großen Flüchtlingsströme bisher, wir sollten sie auch nicht herbeireden." Auf der italienischen Mittelmeerinsel Lampedusa seien bislang nur 6.000 Flüchtlinge aus Tunesien gelandet, von denen 50 einen Asylantrag gestellt hätten.

De Maiziere verwies darauf, dass Deutschland im vergangenen Jahr 40.000 Asylbewerber aufgenommen habe, Schweden 30.000 und Italien 7.000. „Das Land ist derzeit gefordert, aber bei Weitem noch lange nicht überfordert." Bei den nun eingetroffenen Einwanderern handele es sich „um eine Zahl, mit der das große Italien schon zurande kommt", setzte die Wiener Ressortchefin Maria Fekter nach.

De Maiziere sprach sich auch gegen die Aktivierung der sogenannten temporären Schutzklausel aus. Damit könnte die EU Flüchtlingen kollektiv Asyl einräumen. „Ich möchte nicht dazu beitragen, dass wir Flüchtlingsströme herbeiorganisieren oder herbeireden", sagte der Innenminister. Vielmehr müsse die EU dabei helfen, stabile Demokratien aufzubauen, die ihren Bürgern Jobs anbiete.

Doch gerade hier bestehen die Probleme. Unsere Welt befindet sich am Beginn einer **„Völkerwanderung der Armut"**. Dies was sich zurzeit in Nordafrika entwickelt, ist schon seit langer Zeit, weltweit zu einem der kommenden, größten Problemen der Zukunft angewachsen. Menschenströme überfluten alle Länder in denen ein relativ guter Lebensstandard herrscht. Jeder versucht aus der Armut zu entfliehen, möchte das nächste Level erreichen und ist bereit, seine Heimat und Familie hierfür aufzugeben. Die Großindustrie freut sich über billige Arbeitskräfte. Der Teufelskreislauf beginnt mit dem Verlust der Arbeitsplätze für die heimische Bevölkerung. Es wird nur noch nach Profit geschaut, historisch gewachsene Eigenschaften werden aufgegeben und um überleben zu können, ordnet man sich unter und schwimmt mit allen auf der weltweiten Globalisationswelle. Die Länder versuchen ihre Grenzen zu schließen, sich abzuschotten. Haben sie doch genug eigene wirtschaftliche Probleme zu lösen und sind vor allem nicht bereit, in großzügiger Nächstenliebe, zu teilen. Ich sehe in der Zukunft die Problematik der Völkerwanderung auf unserem Erdball als eines der größten zu lösenden Herausforderungen an. Jede Regierung der Welt wird gefragt sein.

Wegen der Unruhen in Libyen ziehen Konzerne ihr Personal ab. Die Ölförderung kommt teilweise zum Erliegen. Das hat unmittelbare Folgen an den Märkten und den Tankstellen.

Nachdem die libysche Ölproduktion zu großen Teilen gestoppt worden ist, sind die Preise für Öl und Benzin rasant weiter gestiegen. In Deutschland kostete Superbenzin in vielen Regionen bereits 1,53 Euro, Diesel kam auf 1,43 Euro pro Liter, jeweils drei Cent mehr als am Vortag. Nach Angaben des Chefs des italienischen Energiekonzerns ENI ist die Ölproduktion um 1,2 Millionen Barrel von geschätzten 1,6 Millionen pro Tag zurückgegangen.

Ein Barrel der für Europa wichtigsten Öl-Sorte Brent notierte in London bei fast 117 Dollar, rund 5,80 Dollar mehr als am Tag zuvor. An der New Yorker Terminbörse stieg der Preis für ein Barrel Rohöl der US-Sorte WT um 3,55 Dollar auf 101,65 Dollar. Damit lagen die Preise so hoch wie seit September 2008 nicht mehr. Innerhalb einer Woche wurde Öl um 20 Prozent teurer.

Viele internationale Ölkonzerne haben ihr Personal aus Libyen abgezogen und die Förderung eingestellt. Die Energiekonzerne Eni und Repsol hatten ihre Quellen geschlossen, die deutsche BASF-Tochter Wintershall kurz danach. Auch die französische Total dreht den Hahn zu. Die italienische Eni ist mit 244.000

Barrel für ein Viertel der libyschen Ölexporte verantwortlich, Wintershall kommt auf 100.000 Barrel pro Tag, Total auf 55.000.
Libyen ist ein großer Erdölproduzent in der Welt und hat mit 5,7 Milliarden Tonnen die größten Reserven in Afrika. Libysches Öl gilt als sehr hochwertig, viel davon wird nach Europa exportiert. Libyen ist der fünftwichtigste Lieferant von Rohöl für Deutschland. 2010 flossen 6,6 Millionen Tonnen von dort in die Bundesrepublik. Größter Lieferant war Russland mit über 35 Millionen Tonnen.
Händler begründeten den drastischen Anstieg auch mit der Sorge, die Proteste könnten auf weitere wichtige Öl-Lieferanten im Nahen Osten übergreifen. Allerdings bestehe selbst bei einem Totalausfall Libyens nicht die Gefahr von Lieferengpässen. Der größte Produzent der Region, Saudi-Arabien, hat nach eigenen Angaben noch große freie Förderreserven und könnte jederzeit mehr Öl pumpen.

Dreizehntes Kapitel

Die mich so stark bewegenden islamischen Revolutionen der Gegenwart sind nicht die einzigen die zurzeit stattfinden. Die Welt erfährt oft nicht viel aus Ländern, die nach wie vor für den Tourismus nur schwer zu besuchen sind und dazu von den unterdrückenden Staaten aufs Genaueste überwacht werden.
Einige Touristen haben bereits Tibet bereist, Kennen und Lieben gelernt. Es sollte aber nicht verschwiegen werden, dass es neben Tibet auch noch ein anderes Tibet gibt. Ein besetztes Land, vereinnahmt von China **– Xinjiang –**.
Die ersten Sekunden des Zwischenfalls in Urumqi wirkten, verglichen mit den Ereignissen der Vorwoche, fast unbeschwert. Nichts deutete darauf hin, was kommen würde. Eine frische Brise wehte an diesem Sommertag in der Stadt und lockte die Menschen aus ihren Häusern. Einige der Läden blieben geschlossen, weil ihre Fenster zerbrochen waren. Die Essensverkäufer aber schoben ihre Karren auf die Straßen wie immer. Sieben Tage zuvor waren bei Kämpfen zwischen Uiguren und Chinesen fast 200 Menschen getötet worden. Bei einem der blutigsten Zusammenstöße in China seit dem Massaker auf dem Platz des Himmlischen Friedens. Dort, mitten in Peking, hatten im Juni 1989 chinesische Soldaten mit Panzern eine friedliche Studentendemonstration brutal beendet. Im Sommer 2009, 20 Jahre danach, schickte die Regierung Zehntausende Polizisten in die Hauptstadt des Uigurischen Autonomen Gebiets Xinjiang, um dort einzugreifen. Diesmal in einen Konflikt zwischen Han-Chinesen und Uiguren. Die Han dominieren die chinesische Gesellschaft, doch die Uiguren, ein zentralasiatisches Volk, das eine Turksprache spricht, wehren sich gegen die Unterdrückung ihrer Kultur.
Am 13. Juli 2009 stehen im Uigurenviertel von Urumqi bewaffnete chinesische Polizisten an jeder Straßenecke. Das Einzige, was man hört, sind die Durchsagen aus den Lautsprechern der Kleinlaster, die langsam durch die Marktstraßen fahren und verkünden, dass es eine neue ethnische Harmonie gebe. Falls an diesem Montag noch

Unruhen in der Stadt schwelen sollten, so ist davon nichts zu sehen. Die meisten Uiguren sind Muslime, und um die Mittagszeit stehe ich gerade vor einer zentral gelegenen Moschee und frage mich, wie viele Besucher sich wohl drinnen versammelt haben mögen. Wie als Antwort auf meine Frage quillt plötzlich eine Menchenmenge heraus, Hunderte Gläubige strömen auf die Straße. Einen Augenblick später sind alle verschwunden.
Dann treten drei Männer aus der Moschee. Einer trägt ein blaues Hemd, einer ein schwarzes, einer ein Weißes. Ihre Gesichter sind heiter. Sie wenden sich nach Süden. Alle drei schwingen Holzknüppel über dem Kopf, wie Tambourmajore, die ihre Taktstöcke wirbeln lassen und denen die Kapelle davon marschiert ist. Sie laufen an den Reihen der Marktstände entlang. Die Leute dort rufen ihnen zu, egal was sie vorhätten, sie sollten damit aufhören.
Nach zwei Häuserblocks machen die Männer wieder kehrt. Kurz bevor sie an mir vorbeikommen, überqueren sie die Straße. Immer noch halten sie ihre Knüppel in die Höhe, die aussehen wie rostige Schwerter. Kaum sind die drei über die Straße gegangen, beginnen sie zu rennen, direkt auf eine Gruppe bewaffneter Chinesen zu. Der Mann in Blau sprintet voraus; die Polizisten laufen ihnen entgegen.
Plötzlich hallt ein Schuss durch die Straße. Doch die drei Uiguren halten auch im Angesicht des Todes nicht inne. Sie werfen sich ihrem Ende entgegen.
Tibets Kampf um die Unabhängigkeit von China verfolgen viele Menschen im Westen mit großer Aufmerksamkeit. Der ähnlich brisante Konflikt mit den Uiguren im benachbarten Hinterland aber ist lange nicht so bekannt. Das entbehrt nicht einer bitteren Ironie. Denn die Uiguren, eine Volksgruppe, deren Kultur allmählich verschwindet, bewohnten einst das Zentrum der bekannten Welt.
Xinjiang liegt in der Mitte Asiens, umgeben von einigen der höchsten Berge der Erde. Die Pässe über die verschneiten Höhenzüge führten Händler und Reisende einst über Pfade, die später zum Wegenetz der berühmten Seidenstraße gehören sollten. Die Re-

gion wurde zur Drehscheibe zwischen Asien und Europa. Buddhisten und Muslime, Händler und Stammesleute, Missionare und Mönche. Sie alle passierten diese Kreuzung zwischen den beiden Welten, und jeder hinterließ seine Spuren. So hat die Geschichte von Xinjiang die Menschen in der Provinz geprägt. Dort gibt es dunkle Gesichter mit Mandelaugen neben hellhäutigen Menschen mit schmalen, kohlschwarzen Augen. In Hotan, im äußersten Südwesten Xinjiangs, ist es die Geographie, die dieses uigurische Kaleidoskop der Kulturen schützt. Am einen Ende der Stadt erhebt sich eine Kette schneebedeckter Gipfel, am anderen erstreckt sich die Wüste Taklamakan.

Die Einwohner von Hotan sind größtenteils Bauern, viele von ihnen treffen sich jeden Sonntag auf dem Basar außerhalb der Stadt. Frauen stöbern in Zelten voll mit Seidenstoffen, Männer lassen sich den Bart stutzen und erzählen einander die neuesten Geschichten. Es ist ein Bild wie aus alten Zeiten, aber gelegentlich gibt es auch Anzeichen von Technik. Messerschmiede sitzen in langen Reihen auf umgebauten Fahrrädern, mit denen sie ihre Schleifsteine drehen. Das Ganze sieht aus wie der Überfall einer Horde Funken sprühender Radler.

In der Stadt treffe ich mich mit dem Musiklehrer Dawud. Ein Wandgemälde in seiner Schule zeigt ein Meschrep, eine traditionelle Zusammenkunft von Männern, bei der die Uiguren musizieren und Gedichte vortragen. Diese Treffen werden heutzutage von den Chinesen genau kontrolliert. Aus einem Stück Draht macht Dawud eine Art Plektrum und schlägt die fünf Saiten einer uigurischen Tambur-Laute. Er spielt Lieder, deren Wurzeln rund fünf Jahrhunderte zurückreichen.

Die verschiedenen Elemente der uigurischen Kultur sagen Entscheidendes über die Menschen dieser Region aus. Lange Zeit war ihre Heimat eine wichtige eurasische Schnittstelle. Das machte sie zu einem außerordentlich facettenreichen Volk. Deshalb lassen sich die Uiguren nicht gern in oberflächliche Kategorien einteilen. Doch im Laufe der Zeit hat die Welt das vergessen, mit verheerenden Folgen. Als sich der Handel auf die Meere verlagerte und die Seidenstraße an Bedeutung verlor, schwand das Interesse, das den Uiguren zuvor aus Ost und West zuteilgeworden war. Auch die Chinesen ließen die entlegene Region lange linksliegen. Xinjiang bedeutet „Neue Grenze".

Im Jahr 1932 schrieb ein britischer Offizier, der das Gebiet bereiste, in düsterer Voraussicht: «Vielleicht wird sich ein erwachendes China fragen, wo es seine überzähligen Millionen von Menschen ansiedeln soll, und so vernünftig sein, sich der westlichen Wissenschaften zu bedienen, um die Entwicklung von Xinjiang zu fördern.»

Doch im frühen 20. Jahrhundert dehnte die chinesische Regierung ihren Einfluss noch nicht auf die entfernte Region aus, und die Uiguren erklärten sich zweimal für unabhängig. Beim zweiten Mal, 1944, dauerte die Phase der Selbstbestimmung fünf Jahre an, bis zum Aufstieg von Mao und der Kommunistischen Partei, die Soldaten schickte und später das Atomtestgelände Lop Nur in Xinjiang einrichtete, um alle Unklarheiten zu beseitigen. Unter Mao erkannte China, dass dieses große, leere Territorium, wenn es auch sonst nichts zu bieten hatte, ein Puffer gegen fremde Einflüsse war. Die damalige Regierung rief ein Programm ins Leben, die „Xinjiang Produktions- und Baubrigade", eine Kombination aus Bauernhof, Garnison und Gefängnis. Siedler aus anderen chinesischen Provinzen sollten den Boden bearbeiten und die Grenzen bewachen. Die ersten kamen 1954, darunter mehr als 100.000 aus dem Militärdienst entlassene Soldaten. Einige Menschen wurden zum Umzug gezwungen, doch der Zustrom schwoll an, als die Regierung 1962 die Bahnlinie nach Westen bis Urumqi ausbaute und Bewohner aus überfüllten Städten wie Schanghai dorthin lockte, indem sie ihnen Nahrungsmittel und Kleidung versprach.

Mittlerweile hatten die Chinesen entdeckt, dass Xinjiang viel mehr ist als nur eine Pufferzone an der Grenze. Die Provinz besitzt etwas ganz Entscheidendes für das Überleben des Staats. In Xinjiang liegen bis zu 40 Prozent der chinesischen Kohlevorräte und mehr als ein Fünftel von Chinas Erdgasvorkommen. Und das

Wichtigste, dort lagert ein Fünftel seiner nachgewiesenen Erdölreserven, wobei Peking behauptet, es sei ein Drittel. Die Goldvorkommen, das Salz und die anderen Mineralien sind in dieser Liste noch gar nicht aufgeführt.

Xinjiang hat somit eine immense strategische Bedeutung. Mit dieser Erkenntnis rückten neue Aspekte in den Blick der chinesischen Führung. Die Provinz ist die größte entlegene Region, sie grenzt an mehr Länder als jede andere. Und dort lebt eine ethnische Gruppe, die schon zweimal versucht hat, sich abzuspalten.

Im Jahr 1947, während der zweiten Phase der uigurischen Unabhängigkeit, lebten etwa 220.000 Han-Chinesen in Xinjiang, das waren fünf Prozent der Bevölkerung. Die drei Millionen dort ansässigen Uiguren machten etwa 75 Prozent der Einwohner aus, der Rest war eine Mischung mittelasiatischer Ethnien. 2007 gab es bereits 9,6 Millionen Uiguren, doch die Zahl der Han-Chinesen war in der Provinz inzwischen auf 8,2 Millionen gestiegen. Es gibt auch Uiguren, die den Zustrom der Han für sich genutzt haben. Im aufblühenden Urumqi baute in den achtziger Jahren eine Wäscherin namens Rebiya Kadeer ihr Geschäft zu einem Kaufhaus aus und schließlich zu einem internationalen Handelsimperium. Sie wurde zu einer der reichsten Personen in China und zum Vorbild für ihre Landsleute. Eine Uigurin, die in der asia-tischen Ausgabe des Wall Street Journal vorkommt und Geschäftsleute wie Bill Gates trifft.

In vieler Hinsicht scheint sie symbolisch für Xinjiang zu stehen. In den letzten beiden Jahrzehnten des 20. Jahrhunderts stieg das regionale Bruttoinlandsprodukt um das Zehnfache. Doch vielen Uiguren geht es schlecht. Das große Geschäft in Xinjiang ist das Öl – und es liegt in der Hand staatlicher Energiekonzerne.

Viele gute Jobs in Xinjiang sind staatliche Posten. Und chinesische Beamte können schneller aufsteigen, wenn sie in die Kommunistische Partei eintreten, die wiederum eine Abkehr von der Religion verlangt. Das aber wollen die meisten Uiguren nicht.

Das paradoxe Ergebnis dieser Politik: Während sich die Han-Chinesen in Scharen hier niederlassen, finden die Uiguren in ihrem fantastisch reichen Land keine Arbeit und wandern schließlich nach Osten ab, um dort in den nicht staatlichen Fabriken der überfüllten Küstenstädte zu arbeiten.

Diese Entwicklungen erleben wir auch in Tonga. Tonganische junge Männer und Frauen sehen den Weg des Überlebens nur noch in der Ausreise nach Neu Seeland, Australien und Amerika. Im eigenen Land haben sie keine Chance mehr sich zu entwickeln. Die gelbe Streitmacht hat die meisten Positionen bereits besetzt.

Siehe mein Buch „Globalisierte Armut"

Die chinesische Regierung möchte deshalb in keinem Fall, dass der Aufbruch in der arabischen Welt auf die Volksrepublik China übergreift. Doch in großen Städten regt sich bereits Widerstand.

Im Pekinger Liang-Ma-Blumengroßmarkt werden selbst im Winter Orchideen aus allen Teilen Chinas verkauft. Jasmin-Sträucher aber sind nicht im Angebot. Nordchina liebt die duftenden Blüten weniger als der Süden. „Wir haben dafür keine Nachfrage. Erst ab Mai kriegen wir die Blüten", sagen die Verkäuferinnen. „In Peking ist die Zeit noch nicht für sie da."

Politisch hat **„Jasmin"** dagegen Hochsaison. Der Begriff ist im Internet zur von den arabischen Revolutionen übernommenen Chiffre für Forderungen von Bürgerrechtlern nach politischen Reformen geworden. Erneute anonyme Aufrufe über Mikroblogs und dem chinesischen US-Server Boxun.Com an die Öffentlichkeit, sich am Sonntagnachmittag zum Jasmin-Stelldichein einzufinden, versetzen Pekings Sicherheitsbehörden in nervösen Ausnahmezustand.

Dabei steht augenscheinlich nur Harmloses in den neuen Blogs, von denen immer noch keiner weiß, wer sie geschrieben hat, so wie das schon öfter der Fall war. Alle sollen sich im Zeichen des Jasmins auf dem Platz vor der McDonald Filiale in der Haupteinkaufstraße Wang Fujing einfinden.

Diesmal haben die Behörden vorgesorgt. Schon die U-Bahn Stationen auf dem Weg zur Haupteinkaufsstraße wimmeln vor Polizisten. Hundertschaften haben sich über die Fußgängerzone der

Wang Fuqing verteilt. Zufällig musste die Stadt auch noch den Platz vor dem Schnellimbiss wegen dringend anfallender Rohrarbeiten mit einer großen Baustelle versperren. Um sicherzugehen, dass kein Raum selbst für einen Einzelprotest bleibt, fahren am Nachmittag auch noch Reinigungsfahrzeuge hin und her.

Spaßig ist das dennoch nicht. Zwei deutsche Fernsehteams von ARD und ZDF, die schauen wollen, ob sich jemand zum Jasmin bekennt, werden vorübergehend festgesetzt, damit sie nicht filmen können. Pekinger Journalisten, darunter auch der Korrespondent von „Welt Online", werden schon auf den Zugangsstraßen gestoppt, Ihre Personalien aufgenommen und sie verwarnt, auf der Wangfujing-Straße Passanten zu interviewen. Am Tag zuvor hatte die Polizei Journalisten einbestellt oder antelefoniert, um ihnen die gleiche Botschaft zu übermitteln. Sie dürften niemanden fragen, der ihnen nicht vorab seine Genehmigung erteilt hat.

Eine Woche vor Beginn des Volkskongresses liegen die Nerven der Behörden blank. Die Partei mobilisiert Tausende Polizisten im ganzen Land, nachdem im Internet für Sonntag Jasmin-Treffpunkte in 23 Städten genannt werden. Am Sonntag davor, am 20. Februar, waren es erst 13 Städte. In Peking spazierte an dem Tag auch der US-Botschafter Jon Huntsman angeblich zufällig auf dem Platz vor McDonalds ins Bild. In patriotischen Internet-Foren wie „Anti-CNN" machen Fotos von ihm Furore. Seither glauben sogar einige in der Pekinger Führung, dass hinter Jasmin eine abgekartete internationale Absicht steht, China zum nächsten Domino-Stein zu machen.

Dabei tragen die virtuellen Aufrufe eher Happeningcharakter. „Wir müssen nicht unbedingt die derzeitige Regierung Chinas stürzen", heißt es süffisant in einem der Online-Manifeste. Sie würden der „herrschenden Partei Zeit geben, die Probleme zu lösen.". Die namenlosen „Jasmin-Organisatoren" führen Allerweltsklagen über Chinas grassierende Korruption und Inflation, über die Unterschiede zwischen Reich und Arm bis zur Forderung nach einer unabhängigen Justiz, freier Rede und dem Recht, „öffentlich die Regierung zu überwachen und zu kritisieren." Alle sollten dafür

„von jetzt an jeden Sonntag" auf den genannten Plätzen spazieren gehen. „Streicht vorbei, schaut Euch um oder tut so, als ob ihr nur vorbeigeht. Solange ihr nur dort seid, wird das autoritäre Regime vor Furcht zittern."

Pekings Verhalten entspricht der Vorhersage. Schon auf den ersten Jasmin-Protest reagierte die Polizei mit Dutzenden Festnahmen und harscher Medienzensur. Am zweiten Sonntag nahm sie in Schanghai und Peking sechs Personen fest. Verschleppte Anwälte wie Teng Biao, Tang Jitian oder Jiang Tianyong bleiben weiter verschwunden. Chinas höchster Sicherheitspolitiker Zhou Yongkang warnte nach dem ersten Jasmin-Aufruf die Behörden, „vorausblickend zu handeln" und erkennbare „Konflikte im Keim aufzulösen."

Premier Wen Jiabao schlug einen anderen Ton an. In einer Online-Auskunftsstunde, bei der er Fragen der Internetgemeinde vor dem Beginn des Volkskongress beantwortete, gestand Wen erstmals ein, wie leicht sich auch im reichen China der Funken zum Flächenbrand entwickeln kann, wenn er nur auf den richtigen Zunder fällt. Befragt nach der zunehmenden Inflation und Korruption in China, antwortete Wen: „Ich habe früher gesagt: Wenn Phänomene wie Preissteigerung und Korruption eine Gemengelage bilden, können sie Unzufriedenheit im Volk und **„sogar schwere Probleme in der Gesellschaft"** hervorrufen.

Seine Regierung werde in diesem Jahr nicht nur den Kampf gegen Korruption und Inflation zur Hauptaufgabe machen, sondern „Systemreformen" auf den Weg zu bringen, die die „Kontrolle des Volkes institutionalisieren" und ihm Einsicht- und Einspruchsrecht bei der Ausgabenpolitik der Regierung verschaffen. Er kündigte an, mit Steuer und Sozialreformen und besserer Kranken- und Altenschutz –Investitionen ungerechte Verteilungslücken zu schließen.

Trotz solcher Versprechungen vertraut die Partei auf ihre Polizeimacht und auf Zensur. Seit dem vergangenen Montag hat das Informationsamt des Staatsrats allen Internetservern verordnet, ihre Web- und Mikroblog-Seiten, Handy-SMS, Klingeltöne oder

Breaking News zu zensieren. Das Amt möchte nirgends mehr die erste Zeile eines populären Volksliedes sehen oder hören. „Hao Yi Duo Mo Li Hua." Übersetzt heißt das: **„Oh schöner Jasmin."**
Die Wirklichkeit des Polizeiapparates sieht entschieden anders aus als die Worte von Premier Wen Jiabao. Proteste und Widerstand will China bereits im Keim ersticken.
China fürchtet Proteste wie im arabischen Raum. Polizisten gehen hart gegen Demonstranten der **„Jasmin-Revolution"** vor.
China enthüllte wieder einmal mehr sein hässliches Gesicht als Polizeistaat. Die glitzernde Fassade der aufstrebenden Wirtschaftsmacht trat in den Hintergrund, als die Sicherheitskräfte in zwei Dutzend Städten mit geballter Macht auftraten. Das Signal war eindeutig: Wer versuchen sollte, mit etwaigen „Jasmin-Protesten" nach arabischem Vorbild seinen Unmut über Ungerechtigkeiten in China zum Ausdruck bringen zu wollen, muss mit der vollen Härte der Staatsgewalt rechnen.
Demonstrativ wurden in Peking und Schanghai ein paar Verdächtigte abgeführt. Mehr als ein Dutzend ausländischer Korrespondenten wurden vorübergehend festgenommen. Ein ausländischer Videojournalist wurde sogar niedergeschlagen, mehrfach ins Gesicht getreten und lag anschließend im Krankenhaus. Ziemlich rabiat traten die Polizisten auch gegen ihr eigenes Volk auf, verdächtigten jeden Passanten beim Einkaufsbummel, schikanierten und schubsten diejenigen herum, die sich das nicht gefallen lassen wollten.
Seit dem ersten Aufruf zu Protesten wurden bereits Dutzende Bürgerrechtler unter Hausarrest gestellt oder festgenommen. In Schnellverfahren wurde Anklage gegen Internetaktivisten erhoben, die den Aufruf zu sonntäglichen Protesten nur weitergeleitet hatten. Der Vorwurf: **„Untergrabung der Staatsgewalt."**
Wehret den Anfängen lautet die Losung der kommunistischen Führer. Der **„arabische Virus"** darf sich nicht in China ausbreiten. Nicht erst die Unruhen in der arabischen Welt, sondern schon die 1989 blutig niedergeschlagene Demokratiebewegung in China hatte sie gelehrt, dass Aufstände im Keim erstickt werden müssen.

„**Die Macht kommt aus den Gewehrläufen**", lautet das immer noch geltende Erbe des Revolutionärs Mao Tsetung, der noch eins wusste: „Ein einziger Funke kann einen Steppenbrand auslösen." Deswegen heiligt der Zweck die Mittel, verriet eine hohe Regierungsquelle die Denkweise: „Wir werden alles in unserer Macht stehende tun, damit China nicht den falschen Weg geht." Der richtige Kurs heißt wirtschaftlicher Fortschritt und alle Macht der Partei, die dafür vom Volk absolute Gefolgschaft verlangt. Zwar verfolgt China seit drei Jahrzehnten erfolgreich wirtschaftliche Reformen, aber politisch stagniert das Land, was sich noch als größte Gefahr für den wirtschaftlichen Wohlstand erweisen könnte.
Mit ihrer sechs Jahrzehnte währenden Alleinherrschaft müssen sich Chinas kommunistische Führer immer öfter den Vergleich mit arabischen Herrschern wie Husni Mubarak oder Muammar al-Gaddafi gefallen lassen. Gaddafi wollte sich sogar selbst ein Beispiel an dem Pekinger Massaker von 1989 nehmen, als er einen Militäreinsatz gegen die Demonstranten androhte: „Die Einheit Chinas war wichtiger als diese Leute auf dem Tian'anmen-Platz", sagte der libysche Staatschef.
Die Überreaktion der chinesischen Sicherheitskräfte auf den Protestaufruf demonstriert eigene Unsicherheit. Chinas Regierungschef Wen Jiabao blies am Wochenende zur Propaganda-Offensive. Er räumte gesellschaftliche Spannungen ein und sicherte mehr soziale Gerechtigkeit zu. Aber mit bloßen Versprechen wollen sich viele Chinesen nicht mehr abspeisen lassen. „Ich habe das Gefühl, dass viele Leute darauf warten, dass endlich etwas passiert", sagte der im Exil in Taiwan lebende ehemalige Studentenführer Wu'er Kaixi. „Die chinesische Regierung hat viel darüber nachgedacht. Sie weiß, dass sie nur eine Chance hat – und zwar indem sie jedes Aufbegehren schon in den Anfängen unterdrückt."
Chinas Behörden hatten viele ausländische Journalisten einbestellt und ihnen mit Ausweisung gedroht, falls sie sich nicht an die Anweisungen der Polizei hielten. Für jede Recherche im Pekinger Zentrum müsse künftig eine Genehmigung der Regierung einge-

holt werden, sagte der Vizedirektor der städtischen Behörde für auswärtige Angelegenheiten. Damit nimmt Peking de facto die Pressefreiheitsregeln zurück, die vor den Olympischen Spielen von 2008 auf internationalen Druck hin erlassen worden waren.

Von deutscher Stelle aus bezeichnete man das chinesische Vorgehen als sehr beunruhigend. „Wir haben die chinesische Regierung bereits mehrfach aufgefordert, die freie Berichterstattung für deutsche und ausländische Medienvertreter zu gewährleisten", so in einer Pressemitteilung.

Einen Erfolg können die Demonstranten indes für sich verbuchen. Die Angst der Regierung ist inzwischen offenbar so groß, dass sie sich zu einer Änderung ihrer Öffentlichkeitspolitik gezwungen sah. Nachdem Chinas Medien die Jasmin-Proteste zwei Wochen lang totschwiegen haben, veröffentlichten sie nun Warnungen: Störenfriede wollten zu „Straßenpolitik" und „illegalen Versammlungen" anstiften. An Universitäten und Schulen wurden Versammlungen einberufen. Ein Schüler berichtete, er und Klassenkameraden seien gezwungen worden, ein Bekenntnis zur Kommunistischen Partei abzulegen. Nicht nur Studenten erscheint ihr gegenwärtiges System überholungsbedürftigt. Die Bevormundung durch den Staat, bei dem es nur um wirtschaftliches Wachstum geht, gefällt vielen nicht mehr. Es macht sich eine gewisse Unzufriedenheit in der Bevölkerung breit, bei dem, wie Mao Tsetung es nannte, **„Ein einziger Funke einen Steppenbrand auslösen kann."**

Der Wandel in der Bevölkerung verursacht die Notwendigkeit des politischen Umdenkens. Nicht nur wirtschaftliche Erfolge zählen, sondern Menschlichkeit ist die Losung der Stunde.

Wladimir Lenin sagte als russischer Kommunistenführer bereits

Der Große erscheint nur groß, wenn wir vor ihm auf den Knien rutschen.

Vierzehntes Kapitel

Wie verschieden unsere Welt und Kultur auch sein mag, in Diktaturen und kommunistischen Regierungen gelten andere Werte. Menschenrechte werden missachtet, persönliche Freiheiten beschnitten und absolute Staatstreue ist gefordert.
Napoleon sagte bereits:
Revolution ist eine Meinung, die auf Bajonette trifft.

Lassen Sie mich kurz auf das südostasiatische Land Birma eingehen. Wir alle kennen die zarte und doch so kraftvolle, über 7 Jahre unter Hausarrest stehende Kämpferin für Demokratie **Suu Kyi**. In ihrer ersten Rede nach sieben Jahren Hausarrest hat sich Birmas Oppositionsführerin **Aung San Suu Kyi** kämpferisch gezeigt und die Militärmachthaber zu Reformen aufgefordert. „**Grundlage der demokratischen Freiheit ist die Meinungsfreiheit**", sagte die Friedensnobelpreisträgerin vor Tausenden Anhängern in der Hauptstadt Rangun.
In ihrer ersten Rede in Freiheit hatte die Friedensnobelpreisträgerin ihre Vision von einer freien Gesellschaft skizziert. Und ihre Rückkehr in die Politik angekündigt. Zugleich rief die 65-Jährige ihre Anhänger auf, die Hoffnung auf einen Wandel in dem vom Militär abgeschotteten Land nicht aufzugeben. Demokratie sei, wenn das Volk die Regierung kontrolliert. „Wir müssen dafür einstehen, was richtig ist", sagte sie vor dem Hauptquartier ihrer Partei, der Nationalen Liga für Demokratie. Auch kündigte sie ihre Rückkehr in die Politik des südostasiatischen Landes an. Sie werde mit „allen demokratischen Kräften" zusammenarbeiten, sagte sie. „Ich möchte der Stimme des Volkes Gehör verschaffen, und dann entscheiden wir über das, was wir machen wollen." Sie wolle sich dafür einsetzen, die Lebensbedingungen in Birma zu verbessern.
„**Nichts kann erreicht werden, wenn die Menschen nicht einbezogen werden.**"
Unter den Anwesenden waren auch Agenten des Regimes in Zivil, schilderten Augenzeugen.

Suu Kyi hat 15 der vergangenen fast 21 Jahre in Isolation verbracht. Sie kämpft seit 1988 für Demokratie in ihrem Land. Dadurch wurde sie zu einer Symbolfigur der Opposition. Die Militärjunta wirft ihr Destabilisierung vor und hat den Hausarrest in den vergangenen Jahren immer wieder unter fadenscheinigen Gründen verlängert. Kurz vor der ersten Wahl wurde er aufgehoben. Am folgenden Wochenende hatte das Land gewählt. Es war die erste Wahl seit 20 Jahren. Das Militär sorgte aber dafür, dass es nach fast fünf Jahrzehnten die Macht praktisch behält. Ein Viertel aller Parlamentssitze sind für das Militär reserviert, ebenso wichtige Regierungsposten.
80 Prozent der restlichen Sitze hat angeblich die vom Militär selbst gegründete Partei USDP gewonnen. Sie wird von ehemaligen Generälen dominiert, die kurz vor der Wahl die Uniformen ablegten. Suu Kyi und ihre Partei hatten zum Wahlboykott aufgerufen, die NLD wurde daraufhin offiziell aufgelöst.

Die Militärjunta, die das südostasiatische Land im eisernen Griff hält, zeigte sich vom wachsenden internationalen Druck unbeeindruckt. Die Sicherheitskräfte erklärten fünf Pagoden und Klöster in Rangun zu Sperrgebieten, um weitere Demonstrationen zu unterbinden. Dazu gehörten auch die Shwedagon- und die Sule-Pagode, von denen die friedlichen Protestmärsche der Mönche ihren Ausgang genommen hatten. Der oppositionelle Rundfunksender Voice of Burma berichtete unterdessen, in Birmas zweitgrößter Stadt Mandalay hätten Soldaten der 33. Division den Gehorsam verweigert und nicht wie angeordnet auf Mönche und andere Demonstranten geschossen. Weiter meldete der in Oslo ansässige Sender, die Militärjunta habe am Freitag die Internetverbindungen mit dem Ausland abschalten lassen.
Als offiziellen Grund gab die staatliche Telekomgesellschaft den Bruch eines unterseeischen Kabels an. Mails und Blogger-Berichte sowie über das Internet verschickte Videofilme von Privatpersonen waren in den vergangenen Tagen wichtige Informationsquellen zu den Protestaktionen in Birma. Bei der Protestbewegung

von 1988 dauerte es noch Tage, bis Berichte über um sich schießende Soldaten an die Öffentlichkeit gelangten. Die Lage in Birma bleibt explosiv. In Rangun gingen die Sicherheitskräfte den dritten Tag in Folge gewaltsam gegen Demonstranten vor.

Nach offiziellen birmanischen Angaben waren zehn Menschen bei den Protesten getötet worden, darunter ein japanischer Pressefotograf. Westliche Diplomaten in Rangun gehen indes davon aus, dass die Zahl der Opfer tatsächlich wesentlich höher liegt.

Der UN-Sonderbeauftragte Ibrahim Gambari, der sich um eine Entschärfung der Lage bemühen soll, wurde in Birma erwartet. UN-Generalsekretär Ban Ki Moon rief in New York die herrschende Militärjunta zu einem „konstruktiven Dialog" mit Gambari auf. Die Machthaber sollten den Weg zu einer „friedlichen" und „nationalen Aussöhnung" beschreiten. Das weiße Haus verlangt unterdessen von der Militärjunta, Gambari müsse alle Konfliktparteien treffen können. Dazu zählten auch die religiösen Führer der Buddhisten, Verhaftete und die seit Jahren unter Hausarrest stehende Friedensnobelpreisträgerin Aung San Suu Kyi.

Die US-Regierung hat als Reaktion auf die gewaltsame Eskalation in Birma Sanktionen gegen 14 Mitglieder der Militärjunta verhängt. Indes riefen die ASEAN-Staaten ihr Mitgliedsland zur Einstellung aller Gewalt gegen Demonstranten auf.

Washington habe Vermögenswerte von teilweise namentlich genannten, hochrangigen Regierungsvertreter in den USA eingefroren, teilte das US-Finanzministerium am Donnerstag mit. Der US-Präsident mache mit der Maßnahme klar, dass „wir kein Regime unterstützen, das versucht, die Stimmen des birmanischen Volks durch Unterdrückung und Einschüchterung zum Schweigen zu bringen", sagte ein Sprecher. Zu den Betroffenen zählen auch der Vorsitzende des **„Staatsrats für Frieden und Entwicklung"**, wie sich die Junta selbst nennt, General Than Shwe, sowie der Vizechef General Maung Aye. US-Bürgern ist es außerdem verboten, mit ihnen in geschäftliche Beziehung zu treten. Seit 2003 gilt bereits ein Importverbot für Waren aus Birma wie zum Beispiel Teakholz und Erdgas.

Birmas Militärregierung hatte die Gewalt gegen die Demokratiebewegung trotz internationaler Proteste verschärft. Soldaten erschossen dem Staatsfernsehen zufolge am Donnerstag mindestens neun Menschen, darunter einen japanischen Fotografen. In der Millionenstadt Rangun fielen Schüsse, nachdem Soldaten die Protestierenden ultimativ aufgefordert hatten, die Straßen zu räumen. Krankenhäuser und Diplomaten berichteten von vielen Verletzten. Bei Razzien in Klöstern nahmen Sicherheitskräfte Hunderte buddhistische Mönche fest, die die Proteste angeführt hatten.
Nachdem bereits zahlreiche westliche Staaten auf einen Gewaltverzicht der Militärjunta gepocht hatten, forderte auch die südostasiatische Staatengemeinschaft ASEAN ihr Mitgliedsland Birma auf, alle Gewalttaten gegen die Demonstranten sofort einzustellen. Die ASEAN-Außenminister hätten bei ihrem Treffen in New York „mit Abscheu die Berichte zur Kenntnis genommen, dass automatische Waffen zum Einsatz gekommen sind", sagte der singapurische Ressortchef George Yeo.
Die Außenminister hätten dem birmanischen Ressortchef U Nyan Win deutlich gemacht, dass die Lage in Birma Auswirkungen auf „die Reputation und die Glaubwürdigkeit" der gesamten Staatengemeinschaft habe. Die Mitgliedschaft in der Zehnstaatengemeinschaft ist für Birmas weitgehend isolierte Führung einer der wichtigsten Kontakte auf internationaler Bühne.
Bei dem gewaltsamen Vorgehen der birmanischen Sicherheitskräfte gegen Demonstranten in Rangun ist mindestens ein Mensch getötet worden. Dies teilten Mediziner in der Hauptstadt mit. Drei weitere Menschen seien durch Schüsse verletzt worden. Bei keinem der Opfer handele es sich um einen Mönch. Die Nachrichtenagentur Reuters meldete hingegen unter Berufung auf „Klosterkreise" den Tod von mindestens zwei Mönchen.
Die Mönche ließen sich auch durch die Schlagstockattacken nicht vertreiben. Etwa tausend gruppierten sich erneut und setzten ihren Protestzug durch die Innenstadt fort. Tausende Passanten und Schaulustige ließen die kahl geschorenen Männer in ihren roten und safrangelben Gewändern hochleben, als sie sich der Sule-

Pagode näherten. Als sich über ihren Köpfen Gewitterwolken zusammenzogen und die sengende Sonne verdunkelten, ging ein frohes Raunen durch die Menge. In Birma, wo sich abergläubische Vorstellungen hartnäckig halten, gilt das Phänomen vielen als gutes Zeichen des Himmels.
Eine andere Demonstration führte zum Haus der seit Jahren unter Arrest stehenden Oppositionspolitikerin und Friedensnobelpreisträgerin Aung San Suu Kyi. Dort wollten die Mönche es allein mit der Soldateska der Militärregierung aufnehmen. „Lasst uns alleine demonstrieren, bitte reiht Euch nicht ein", riefen sie den Anhängern der Demokratiebewegung zu.
„Keine Gewalt, sondern Güte und Liebe".
Die Proteste werden aber wohl wenig Wirkung erzielen. In Birma wird nach Ansicht eines Südostasien-Experten auch auf lange Sicht weiterhin das Militärregime regieren. Die Chancen für einen Sturz der Armee und eine Demokratisierung des Landes seien „extrem gering", sagte der Politikwissenschaftler Marco Buente vom Giga-Institut für Asienstudien in Hamburg. „Die oppositionellen Kräfte sind zu schwach. Es gibt nichts, was der militärischen Macht im Wege steht." Auch von internationalem Druck verspricht sich der Experte wenig.
Der internationale Druck war schon in der Vergangenheit wirkungslos", sagte Buente. „Das Militär will seine Macht mit aller Kraft erhalten." Eine Demokratisierung erfordere in erster Linie eine Aufspaltung der Militärjunta. Das ist aus der Erfahrung mit Militärdiktaturen etwa in Südamerika bekannt. „Es muss verschiedene Fraktionen innerhalb der Armee geben, die sich auf die Seite der Reformer stellen. Davon wissen wir zurzeit in Birma nichts. Es fehlt ein Reformer oder eine liberale Richtung im Militär. Die Junta ist sehr stabil."
Wir wissen nicht viel über die eigentlichen Forderungen der Menschen in Birma. Was wir wissen ist, dass sie die Unterdrückung der menschlichen Freiheit nicht mehr länger ertragen wollen und hungrig nach Demokratie sind. Das Land lebt isoliert und vieles dringt nicht an die Außenwelt. Doch wenn wir das bisher Gelesene

richtig deuten, werden in vielen Ländern der Welt die Menschenrechte mit Füßen getreten. Die Bevölkerungen haben erkannt, das **Leben mehr als nur Überleben ist.** Die sozialen Gerechtigkeiten sind nicht gleich verteilt. In der Bildung und Ausbildung besteht großer Mangel. Arbeitsmöglichkeiten sind vernichtet oder werden es kurzfristig sein, das Recht auf freie Entwicklung der Persönlichkeit ist eingeschränkt, Religionsfreiheit wird behindert und unsinnige Kriege belasten unsere Entwicklung in vielen Teilen der Welt. Ich möchte daher auf die Resolution 217 A (III) der Generalversammlung vom 10. Dezember 1948, der allgemeinen Erklärung der Menschenrechte, der Vereinten Nationen zu sprechen kommen.

In der Präambel heißt es:

Da die **Anerkennung** der angeborenen Würde und der gleichen und unveräußerlichen Rechte aller Mitglieder der Gemeinschaft der Menschen die Grundlage von Freiheit, Gerechtigkeit und Frieden in der Welt bildet, da die **Nichtanerkennung und Verachtung der Menschenrechte** zu Akten der Barbarei geführt haben, die das Gewissen der Menschheit mit Empörung erfüllen, und da verkündet worden ist, dass einer Welt, in der die Menschen Rede- und Glaubensfreiheit und Freiheit von Furcht und Not genießen. Das höchste Streben des Menschen gilt, da es **notwendig** ist, die Menschenrechte durch die Herrschaft des Rechtes zu schützen, damit der Mensch nicht gezwungen wird, als letztes Mittel zum Aufstand gegen Tyrannei und Unterdrückung zu greifen, da es **notwendig** ist, die Entwicklung freundschaftlicher Beziehungen zwischen den Nationen zu fördern, da die Völker der Vereinten Nationen in der Charta ihren Glauben an die grundlegenden Menschenrechte, an die Würde und den Wert der menschlichen Person und an die Gleichberechtigung von Mann und Frau erneut bekräftigt und beschlossen haben, den sozialen Fortschritt und bessere Lebensbedingungen in größerer Freiheit zu fördern, da die Mitgliedstaaten sich verpflichtet haben, in Zusammenarbeit mit den Vereinten Nationen auf die allgemeine Achtung und Einhaltung der Menschenrechte und Grundfreiheiten hinzuwirken, da ein gemeinsames Verständnis dieser Rechte und Freiheiten von größter Wichtigkeit für die volle Erfüllung dieser Verpflichtung ist, verkündet die Generalversammlung diese allgemeine Erklärung der Menschenrechte als das von allen Völkern und Nationen zu erreichende gemeinsame Ideal, damit jeder Einzelne und alle Organe der Gesellschaft sich diese Erklärung stets gegenwärtig halten und sich bemühen, durch Unterricht und Erziehung die Achtung vor diesen Rechten und Freiheiten zu fördern und durch fortschreitende nationale und internationale Maßnahmen ihre allgemeine und tatsächliche Anerkennung und Einhaltung durch die Bevölkerung der Mitgliedstaaten selbst wie auch durch die Bevölkerung der ihrer Hoheitsgewalt unterstehenden Gebiete zu gewährleisten.

Artikel 1
Alle Menschen sind frei und gleich an Würde und Rechten geboren. Sie sind mit Vernunft und Gewissen begabt und sollen einander im Geiste der Brüderlichkeit begegnen.

Artikel 2
Jeder hat Anspruch auf alle in dieser Erklärung verkündeten Rechte und Freiheiten, ohne irgendeinen Unterschied, etwa nach Rasse, Hautfarbe, Geschlecht, Sprache, Religion, politischer oder sonstiger Anschauung, nationaler oder sozialer Herkunft, Vermögen, Geburt oder sonstigem Stand.
Des Weiteren darf kein Unterschied gemacht werden aufgrund der politischen, rechtlichen oder internationalen Stellung des Landes oder Gebietes, dem eine Person angehört, gleichgültig, ob diese unabhängig ist, unter Treuhandschaft steht, keine Selbstregierung besitzt oder sonst in seiner Souveränität eingeschränkt ist.

Artikel 3
Jeder hat das Recht auf Leben, Freiheit und Sicherheit der Person.

Artikel 4
Niemand darf in Sklaverei oder Leibeigenschaft gehalten werden; Sklaverei und Sklavenhandel in allen ihren Formen sind verboten.

Artikel 5
Niemand darf der Folter oder grausamer, unmenschlicher oder erniedrigender Behandlung oder Strafe unterworfen werden.

Artikel 6
Jeder hat das Recht, überall als rechtsfähig anerkannt zu werden.

Artikel 7
Alle Menschen sind vor dem Gesetz gleich und haben ohne Unterschied Anspruch auf gleichen Schutz durch das Gesetz. Alle haben Anspruch auf gleichen Schutz gegen jede Diskriminierung, die gegen diese Erklärung verstößt, und gegen jede Aufhetzung zu einer derartigen Diskriminierung.

Artikel 8
Jeder hat Anspruch auf einen wirksamen Rechtsbehelf bei den zuständigen innerstaatlichen Gerichten gegen Handlungen, durch die seine ihm nach der Verfassung oder nach dem Gesetz zustehenden Grundrechte verletzt werden.

Artikel 9
Niemand darf willkürlich festgenommen, in Haft gehalten oder des Landes verwiesen werden.

Artikel 10
Jeder hat bei der Feststellung seiner Rechte und Pflichten sowie bei einer gegen ihn erhobenen strafrechtlichen Beschuldigung in voller Gleichheit Anspruch auf ein gerechtes und öffentliches Verfahren vor einem unabhängigen und unparteiischen Gericht.

Artikel 11
1. Jeder, der einer strafbaren Handlung beschuldigt wird, hat das Recht, als unschuldig zu gelten, solange seine Schuld nicht in einem öffentlichen Verfahren, in dem er alle für seine Verteidigung notwendigen Garantien gehabt hat, gemäß dem Gesetz nachgewiesen ist.
2. Niemand darf wegen einer Handlung oder Unterlassung verurteilt werden, die zur Zeit ihrer Begehung nach innerstaatlichem oder internationalem Recht nicht strafbar war. Ebenso darf keine schwerere Strafe als die zum Zeitpunkt der Begehung der strafbaren Handlung angedrohte Strafe verhängt werden.

Artikel 12
Niemand darf willkürlichen Eingriffen in sein Privatleben, seine Familie, seine Wohnung und seinen Schriftverkehr oder Beeinträchtigungen seiner Ehre und seines Rufes ausgesetzt werden. Jeder hat Anspruch auf rechtlichen Schutz gegen solche Eingriffe oder Beeinträchtigungen.

Artikel 13
1. Jeder hat das Recht, sich innerhalb eines Staates frei zu bewegen und seinen Aufenthaltsort frei zu wählen.
2. Jeder hat das Recht, jedes Land, einschließlich seines eigenen, zu verlassen und in sein Land zurückzukehren.

Artikel 14
1. Jeder hat das Recht, in anderen Ländern vor Verfolgung Asyl zu suchen und zu genießen.
2. Dieses Recht kann nicht in Anspruch genommen werden im Falle einer Strafverfolgung, die tatsächlich aufgrund von Verbrechen nichtpolitischer Art oder aufgrund von Handlungen erfolgt, die gegen die Ziele und Grundsätze der Vereinten Nationen verstoßen.

Artikel 15
1. Jeder hat das Recht auf eine Staatsangehörigkeit.
2. Niemandem darf seine Staatsangehörigkeit willkürlich entzogen noch das Recht versagt werden, seine Staatsangehörigkeit zu wechseln.

Artikel 16
1. heiratsfähige Männer und Frauen haben ohne jede Beschränkung aufgrund der Rasse, der Staatsangehörigkeit oder der Religion das Recht, zu heiraten und eine Familie zu gründen. Sie haben bei der Eheschließung, während der Ehe und bei deren Auflösung gleiche Rechte.
2. Eine Ehe darf nur bei freier und uneingeschränkter Willenseinigung der künftigen Ehegatten geschlossen werden.
3. Die Familie ist die natürliche Grundeinheit der Gesellschaft und hat Anspruch auf Schutz durch Gesellschaft und Staat.

Artikel 17
1. Jeder hat das Recht, sowohl allein als auch in Gemeinschaft mit anderem Eigentum innezuhaben.
2. Niemand darf willkürlich seines Eigentums beraubt werden.

Artikel 18
Jeder hat das Recht auf Gedanken-, Gewissens- und Religionsfreiheit; dieses Recht schließt die Freiheit ein, seine Religion oder seine Weltanschauung zu wechseln, sowie die Freiheit, seine Religion oder seine Weltanschauung allein oder in Gemeinschaft mit anderen, öffentlich oder privat durch Lehre, Ausübung, Gottesdienst und Kulthandlungen zu bekennen.

Artikel 19
Jeder hat das Recht auf Meinungsfreiheit und freie Meinungsäußerung; dieses Recht schließt die Freiheit ein, Meinungen ungehindert anzuhängen sowie über Medien jeder Art und ohne Rück-

sicht auf Grenzen Informationen und Gedankengut zu suchen, zu empfangen und zu verbreiten.

Artikel 20
1. Alle Menschen haben das Recht, sich friedlich zu versammeln und zu Vereinigungen zusammenzuschließen.
2. Niemand darf gezwungen werden, einer Vereinigung anzugehören.

Artikel 21
1. Jeder hat das Recht, an der Gestaltung der öffentlichen Angelegenheiten seines Landes unmittelbar oder durch frei gewählte Vertreter mitzuwirken.
2. Jeder hat das Recht auf gleichen Zugang zu öffentlichen Ämtern in seinem Lande.
3. Der Wille des Volkes bildet die Grundlage für die Autorität der öffentlichen Gewalt; dieser Wille muss durch regelmäßige, unverfälschte, allgemeine und gleiche Wahlen mit geheimer Stimmabgabe oder einem gleichwertigen freien Wahlverfahren zum Ausdruck kommen.

Artikel 22
Jeder hat als Mitglied der Gesellschaft das Recht auf soziale Sicherheit und Anspruch darauf, durch innerstaatliche Maßnahmen und internationale Zusammenarbeit sowie unter Berücksichtigung der Organisation und der Mittel jedes Staates in den Genuss der wirtschaftlichen, sozialen und kulturellen Rechte zu gelangen, die für seine Würde und die freie Entwicklung seiner Persönlichkeit unentbehrlich sind.

Artikel 23
1. Jeder hat das Recht auf Arbeit, auf freie Berufswahl, auf gerechte und befriedigende Arbeitsbedingungen sowie auf Schutz vor Arbeitslosigkeit.

2. Jeder, ohne Unterschied, hat das Recht auf gleichen Lohn für gleiche Arbeit.
3. Jeder, der arbeitet, hat das Recht auf gerechte und befriedigende Entlohnung, die ihm und seiner Familie eine der menschlichen Würde entsprechende Existenz sichert, gegebenenfalls ergänzt durch andere soziale Schutzmaßnahmen.
4. Jeder hat das Recht, zum Schutze seiner Interessen Gewerkschaften zu bilden und solchen beizutreten.

Artikel 24
Jeder hat das Recht auf Erholung und Freizeit und insbesondere auf eine vernünftige Begrenzung der Arbeitszeit und regelmäßigen bezahlten Urlaub.

Artikel 25
1. Jeder hat das Recht auf einen Lebensstandard, der seine und seiner Familie Gesundheit und Wohl gewährleistet, einschließlich Nahrung, Kleidung, Wohnung, ärztliche Versorgung und notwendige soziale Leistungen sowie das Recht auf Sicherheit im Falle von Arbeitslosigkeit, Krankheit, Invalidität oder Verwitwung, im Alter sowie bei anderweitigem Verlust seiner Unterhaltsmittel durch unverschuldete Umstände.
2. Mütter und Kinder haben Anspruch auf besondere Fürsorge und Unterstützung. Alle Kinder, eheliche wie außereheliche, genießen den gleichen sozialen Schutz.

Artikel 26
1. Jeder hat das Recht auf Bildung. Die Bildung ist unentgeltlich, zum Mindesten der Grundschulunterricht und die grundlegende Bildung. Der Grundschulunterricht ist obligatorisch. Fach- und Berufsschulunterricht müssen allgemein verfügbar gemacht werden, und der Hochschulunterricht muss allen gleichermaßen entsprechend ihren Fähigkeiten offenstehen.
2. Die Bildung muss auf die volle Entfaltung der menschlichen Persönlichkeit und auf die Stärkung der Achtung vor den Men-

schenrechten und Grundfreiheiten gerichtet sein. Sie muss zu Verständnis, Toleranz und Freundschaft zwischen allen Nationen und allen rassischen oder religiösen Gruppen beitragen und der Tätigkeit der Vereinten Nationen für die Wahrung des Friedens förderlich sein.
3. Die Eltern haben ein vorrangiges Recht, die Art der Bildung zu wählen, die ihren Kindern zuteilwerden soll.

Artikel 27
1. Jeder hat das Recht, am kulturellen Leben der Gemeinschaft frei teilzunehmen, sich an den Künsten zu erfreuen und am wissenschaftlichen Fortschritt und dessen Errungenschaften teilzuhaben.
2. Jeder hat das Recht auf Schutz der geistigen und materiellen Interessen, die ihm als Urheber von Werken der Wissenschaft, Literatur oder Kunst erwachsen.

Artikel 28
Jeder hat Anspruch auf eine soziale und internationale Ordnung, in der die in dieser Erklärung verkündeten Rechte und Freiheiten voll verwirklicht werden können.

Artikel 29
1. Jeder hat Pflichten gegenüber der Gemeinschaft, in der allein die freie und volle Entfaltung seiner Persönlichkeit möglich ist.
2. Jeder ist bei der Ausübung seiner Rechte und Freiheiten nur den Beschränkungen unterworfen, die das Gesetz ausschließlich zu dem Zweck vorsieht, die Anerkennung und Achtung der Rechte und Freiheiten anderer zu sichern und den gerechten Anforderungen der Moral, der öffentlichen Ordnung und des allgemeinen Wohles in einer demokratischen Gesellschaft zu genügen.
3. Diese Rechte und Freiheiten dürfen in keinem Fall im Widerspruch zu den Zielen und Grundsätzen der Vereinten Nationen ausgeübt werden.

Artikel 30
Keine Bestimmung dieser Erklärung darf dahin ausgelegt werden, dass sie für einen Staat, eine Gruppe oder eine Person irgendein Recht begründet, eine Tätigkeit auszuüben oder eine Handlung zu begehen, welche die Beseitigung der in dieser Erklärung verkündeten Rechte und Freiheiten zum Ziel hat.

Fünfzehntes Kapitel

Die Lebensgrundrechte aller Menschen sind laut den 30 Paragrafen, mit allen Rechten und Pflichten geregelt. Dass die traurige Wirklichkeit leider anders aussieht, muss hier nicht erwähnt werden. Wir sehen und hören es täglich. So möchte ich ein Grundrecht herausgreifen, um zu verdeutlichen. Das Recht auf Bildung der Kinder. Im Paragraf 28 heißt es:

Die Vertragsstaaten erkennen das Recht des Kindes auf Bildung an. Um die Verwirklichung dieses Rechts auf der Grundlage der Chancengleichheit fortschreitend zu erreichen, werden sie insbesondere:
a.) den Besuch der Grundschule für alle zur Pflicht und unentgeltlich machen;
b.) die Entwicklung verschiedener Formen der weiterführenden Schulen allgemeinbildender und berufsbildender Art fördern, sie allen Kindern verfügbar und zugänglich machen und geeignete Maßnahmen wie die Einführung der Unentgeltlichkeit und die Bereitstellung finanzieller Unterstützung bei Bedürftigkeit treffen;
c.) allen entsprechend ihren Fähigkeiten den Zugang zu den Hochschulen mit allen geeigneten Mitteln ermöglichen;
Bildungs- und Berufsberatung allen Kindern verfügbar und zugänglich machen;
d.) Maßnahmen treffen, die den regelmäßigen Schulbesuch fördern und den Anteil derjenigen, welche die Schule vorzeitig verlassen, verringern.
Die Vertragsstaaten treffen alle geeigneten Maßnahmen, um sicherzustellen, dass die Disziplin in der Schule in einer Weise gewahrt wird, die der Menschenwürde des Kindes entspricht und im Einklang mit diesem Übereinkommen steht.
Die Vertragsstaaten fördern die internationale Zusammenarbeit im Bildungswesen, insbesondere um zur Beseitigung von Unwissenheit und Analphabetentum in der Welt beizutragen und den Zugang zu wissenschaftlichen und technischen Kenntnissen und

modernen Unterrichtsmethoden zu erleichtern. Dabei sind die Bedürfnisse der Entwicklungsländer besonders zu berücksichtigen.
Was bedeutet dieses Recht?
Kinder haben ein Recht darauf, alles zu lernen, was sie lernen wollen und was sie lernen können. Deshalb muss jedes Kind die Möglichkeit haben, eine Schule zu besuchen. Und damit ein Kind durch nichts daran gehindert werden kann, steht in diesem Artikel sogar:
Es besteht Schulpflicht: Alle Kinder müssen die Grundschule besuchen, und der Besuch der Schule darf nichts kosten. Auch die wichtigsten Schulbücher sollen die Kinder kostenlos bekommen. Und wenn es am Wohnort der Familie keine geeignete Schule für das Kind gibt, muss dafür gesorgt werden, dass das Kind die Schule in einem anderen Ort gut erreichen kann. Die Kinder sollen auch gern zur Schule gehen. Die Lehrkräfte sollen alles tun, damit die Kinder möglichst viel lernen und, wenn sie wollen, auch zur Hochschule gehen können. Kinder müssen in der Schule anständig behandelt werden. Das heißt: Sie dürfen nicht geschlagen, nicht angeschrien und nicht gedemütigt werden. Auch in der Schule muss ein Kind geschützt werden. **Kein Kind soll Angst haben vor der Schule.**
In den höheren Klassen stehen Schülerinnen und Schüler bald vor der Frage: Was soll ich mal werden? Es gibt so viele interessante Berufe, von denen Kinder und auch ihre Eltern nichts wissen. Berufsberatung und Bildungsberatung sollen weiter helfen.
Fast alle Staaten der Welt haben diesen Artikel unterschrieben. Sie müssen also dafür sorgen, dass alle Kinder zur Schule gehen und etwas lernen können. Leider kümmern sich nicht alle Staaten ausreichend um die Bildung der Kinder. Tatsache aber ist:
Du hast, wie alle Kinder auf der Welt, das Recht auf Bildung.
Achtzig Millionen Kinder gehen nicht in die Schule. Allein 46 Millionen von ihnen leben in Afrika. Dort ist es besonders schlecht bestellt um den allgemeinen Schulbesuch. Der Grund ist meistens, dass die Menschen zu wenig Geld haben. In der Hälfte aller

Länder, die es auf der Welt gibt, werden nämlich Schulgebühren erhoben. Sie sind häufig viel höher als das, was die Eltern im Monat verdienen. Dazu kommen Kosten für Schuluniformen, Bücher, Prüfungen und das können sich viele Eltern nicht leisten! Wenn die Schule kostenlos wird, schnellt die Zahl der Anmeldungen sofort in die Höhe:
In Kenia zum Beispiel wurden die Schulgebühren 2003 abgeschafft. Seitdem sind 1,3 Millionen Kinder zusätzlich in den Schulen angemeldet worden!
Gemeinsam haben alle Länder entschieden, dass für alle Kinder auf der Welt der Schulbesuch kostenlos sein soll. Das Ziel war, dass bis 2015 alle Kinder auf der Welt in die Schule gehen können. Doch davon sind wir weit entfernt. Die meisten armen Länder geben viel zu wenig Geld für Bildung aus. Die reichen Länder haben zwar versprochen zu helfen, halten ihre Versprechen aber nicht ein.
Dabei ist der Schulbesuch enorm wichtig! Nur wer etwas lernt, kann der Armut entkommen. In der Schule erfahren die Kinder beispielsweise, wie wichtig Hygiene und Gesundheitsvorsorge sind und lernen, wie sie sich gegen Aids oder andere Krankheiten schützen können. Und sie lernen, wie wichtig es ist, einen guten Beruf zu haben, um dann als Erwachsener auch für sich und seine Familie sorgen zu können.
Schule ist da besonders wichtig, wo Kinder Schreckliches erlebt haben, zum Beispiel im Krieg oder während einer Flucht. Deshalb versuchen Hilfsorganisationen, in Flüchtlingslagern oder in Städten, in denen die Kämpfe aufgehört haben, so schnell wie möglich wieder Unterricht anzubieten. So haben die Kinder wieder ein Stück normalen Alltag und verlieren vom Wissen her nicht den Anschluss an Gleichaltrige.
Allen Kindern muss es möglich sein, zur Schule zu gehen! Oft dürfen Mädchen aus religiösen Gründen nicht in die Schule, wie es lange in Afghanistan der Fall war. Oder die Kinder müssen arbeiten und Geld verdienen, weil die Familie arm ist, und können deshalb nicht zur Schule gehen. Für sie sollten Schulen geschaffen

werden, in denen sie nachmittags oder abends lernen können. In Deutschland besteht für Kinder Schulpflicht. Schulplicht bedeutet, dass alle Kinder spätestens ab dem siebten Lebensjahr in die Schule gehen müssen. In manchen Bundesländern, zum Beispiel in Berlin, werden Kinder schon mit fünf Jahren eingeschult. Zunächst besucht jedes Kind vier Jahre, in manchen Bundesländern sechs Jahre lang die Grundschule. Danach geht es weiter auf einer sogenannten weiterführenden Schule. Das kann eine Hauptschule, eine Realschule, ein Gymnasium oder eine Gesamtschule sein.

Der Schulunterricht ist in Deutschland nicht überall gleich. Das liegt daran, dass die Bundesländer entscheiden, wie der Schulunterricht aussehen muss. Und in den 16 Bundesländern gibt es da einige Unterschiede. In manchen Bundesländern gibt es schon in der dritten Klasse Noten, in anderen erst ab der fünften Klasse. Und die Schulpflicht kann auch unterschiedlich lang dauern: In einem Bundesland braucht man 13, im anderen nur 12 Jahre bis zum Abitur. Wer in Deutschland als Schüler in ein anderes Bundesland umzieht, dem kann es passieren, dass er ein Jahr länger zur Schule gehen muss: Die Vollzeitschulpflicht dauert in dem einen Bundesland neun Jahre, im anderen sind 10 Schuljahre Pflicht.

Auf jeden Fall aber ist der Schulbesuch kostenlos für alle, die auf eine staatliche Schule gehen. Es gibt aber auch Privatschulen, wie etwa die Waldorfschulen, Montessorischulen oder die UNESCO-Schulen. Dort müssen die Eltern Schulgeld bezahlen.

In den vergangenen Jahren wurden viele Tausend Schülerinnen und Schüler in Deutschland getestet, zum Beispiel bei der PISA-Studie und das Ergebnis mit Schülern in anderen Staaten verglichen. Man fand heraus, dass deutsche Kinder schlechter lasen als Kinder aus Finnland, dass schwedische Kinder besser rechnen konnten, Kinder aus Kanada Sachtexte schneller verstanden und Kinder aus Taiwan Probleme rascher lösten. Warum? Kinder aus Deutschland sind keineswegs dümmer oder finnische Kinder etwa die klügsten und begabtesten. Aber in anderen Ländern wird teilweise anders unterrichtet und anders gelernt. Man fand heraus, dass Kinder und Jugendliche

a.) **besser lernen**, wenn man sie nicht nur belehrt, sondern ihnen zeigt, wie sie sich selbst Wissen aneignen können
b.) **besser lernen**, wenn sie beim Lernen sogleich ausprobieren können, was sie gerade lernen
c.) **besser lernen**, wenn sie Fehler machen dürfen ohne dafür bestraft zu werden
d.) **besser lernen**, wenn Gleichaltrige ihnen Dinge erklären, als wenn es Erwachsene tun
e.) **am besten lernen**, wenn sie das, was sie lernen sollen, anderen zu erklären haben, Lob Ermutigung brauchen und eine Note im Zeugnis viel zu wenig ist
f.) **am besten lernen**, wenn sie zu zweit ein Problem lösen sollen.

Inzwischen hat man viel aus diesen Untersuchungen gelernt und der Unterricht ist in vielen Schulen viel bunter geworden. Was aber bei den Untersuchungen auch aufgefallen ist: In Deutschland hängt der Schulerfolg vieler Kinder davon ab, aus welcher Familie sie kommen. Wer Eltern hat, die Abitur gemacht haben, macht selbst meist auch das Abitur. Wer Eltern hat, die eine schlechtere Ausbildung haben, der muss sich meist sehr viel mehr anstrengen, um das Gleiche zu erreichen. Das muss sich in Deutschland noch verbessern. Die Schule soll alle Kinder so gut wie möglich fördern und dabei darf die Herkunft keine Rolle spielen.

Um unseren Kindern eine gute Ausbildung, ein kindgerechtes Aufwachsen und ein Leben in Zufriedenheit zu ermöglichen, müssen die meisten von uns arbeiten, oft hart und lange arbeiten. Unsere Gesetze sehen ein Recht auf Arbeit und ein Recht auf Einkommen vor. Gerade in den letzten Jahren hat es aber durch die weltweite Globalisierung starke Veränderungen auf diesem Gebiet gegeben.

Der klassische Begriff der Erwerbsarbeit ist in unserer heutigen Gesellschaft nicht mehr angemessen. Während die volkswirtschaftliche Leistung stetig ansteigt, macht die Computer- und Informationstechnik immer mehr Menschen im Produktions- und Dienstleistungsbereich gänzlich überflüssig.
Da wo Menschen nicht zu ersetzen sind, vorwiegend im Non-Profit-Sektor, also in der Sozialarbeit, insbesondere bei der Betreuung älterer Menschen, im Bildungsbereich, in Wissenschaft, Kunst, Religion und Sport, wird seit Jahren immer weniger investiert und unsere Gesellschaft ist hier immer mehr auf unentgeltliche, ehrenamtliche Arbeit angewiesen.
Die Notwendigkeit, Einkommen über immer weniger vorhandene Arbeit zu erzielen, erzeugt zunehmend Existenzangst und befördert Neid und Egoismus. Dem Gegenüber steht der wachsende volkswirtschaftliche Reichtum, an dem immer weniger Menschen in unserem Gemeinwesen teilhaben. Diese Situation erfordert die Entflechtung bzw. Trennung von Arbeit und Einkommen. Das garantierte Einkommen würde nicht nur aus dem Schlagwort Freiheit eine Realität machen, es würde auch ein tief in der religiösen und humanistischen Tradition des Westens verwuzeltes Prinzip bestätigen, dass der Mensch unter allen Umständen das Recht hat zu leben. Dieses Recht auf Leben, Nahrung und Unterkunft, auf medizinische Versorgung, Bildung usw. ist ein dem Menschen angeborenes Recht, das unter keinen Umständen eingeschränkt werden darf, nicht einmal im Hinblick darauf, ob der Betreffende für die Gesellschaft „von Nutzen ist."
Der Erwerbscharakter der Arbeit bleibt erhalten, soweit Bedürfnisse über das Basiseinkommen hinaus befriedigt werden sollen. Da das Aufgeben eines Arbeitsplatzes nicht mehr existenzbedrohend ist, wird sich der Arbeitsmarkt entscheidend verändern und der neuen Freiheit zum Tätigsein anpassen.
Ein bedingungsloses Grundeinkommen stärkt die Demokratie, ermöglicht Freiheit und fördert Leistungsbereitschaft und Verantwortungsgefühl der Menschen. Gleichzeitig fördert es Eigenini-

tiative, den Glauben an das Positive im Leben und die Solidarität der Menschen untereinander.

Die Zukunft unseres Landes liegt darin, die Freiheit und Selbstbestimmung der Bürger in unserem demokratischen Gemeinwesen zu stärken und sie in gesellschaftliche Entwicklungsprozesse mit einzubeziehen, anstatt weiter den Weg zunehmender Bevormundung zu beschreiten.

Wir wissen, das gute Bildung die Sozialsysteme stärkt, denn wer an der Bildung spart, zahlt später doppelt drauf. Menschen ohne beruflichen Abschluss sind besonders von Arbeitslosigkeit bedroht. Während die Arbeitslosenquote unter Hochschulabgängern bei gerade mal vier Prozent liegt, sind fast ein Viertel der Menschen ohne beruflichen Abschluss von Arbeitslosigkeit betroffen.

Bildung und Ausbildung ist also der Schlüssel für ein selbstbestimmtes Leben und kommt der gesamten Gesellschaft zugute. Gerade in Zeiten der Krise müssen deshalb genügend Ausbildungsplätze für die jungen Menschen zur Verfügung stehen. Denn jeder hat das Recht auf eine Zukunft. Dass für mehr Ausbildungsplätze die Unternehmen mehr in die Pflicht genommen werden müssen, fordern nach der IG-Metall-Studie **„Gemeinsam für ein gutes Leben"** 74,4 Prozent der Menschen in Deutschland. Doch auch nach Ausbildung oder Studium darf Bildung nicht aufhören. Eine gute Qualifikation, die vor Arbeitslosigkeit schützt, muss immer wieder auf den neuesten Stand gebracht und weiterentwickelt werden. Sie bedarf also permanenter Weiterbildung. Die Mehrheit der beschäftigten ist bereit für solche Maßnahmen und Fortbildungen, doch die meisten Unternehmen investieren zu wenig in ihre Belegschaften. Sie erklären Weiterbildung lieber zur Privatsache und verlegen ihren Produktionsstandort in Billigländer, wo von Menschenrechten nicht gesprochen wird.

Doch jeder Beschäftigte sollte die Möglichkeit haben, sich beruflich weiter zu qualifizieren. Wenn es um betriebliche Belange geht, müssen die Unternehmen für Angebote sorgen. Individuelle Wünsche nach Weiterbildung sollten vom Staat unterstützt werden.

Das nutzt den Beschäftigten und den Unternehmen gleichermaßen.

Nach dem Recht auf Bildung und Arbeit mit Entlohnung möchte ich noch auf das Recht des Lebens zu sprechen kommen.

Artikel 3
Jeder hat das Recht auf Leben, Freiheit und Sicherheit der Person.

Mit dem Ausdruck **Welthunger** wird die Situation beschrieben, dass auf der Welt Menschen unter Unter- und damit einhergehender Mangelernährung leiden.
Die Zahl der hungernden Menschen ist in den letzten Jahren deutlich gestiegen, steigt jedoch langsamer als die Bevölkerung an: 1990 waren es etwa 822 Millionen, im Jahr 2008 etwa 963 Millionen Menschen. Am 19. Juni 2009 berichtete die BBC, dass nun offiziell eine Milliarde Menschen hungern. Das ist etwa jeder siebte Mensch auf der Erde. Jedes Jahr sterben etwa 8,8 Millionen Menschen, hauptsächlich Kinder, an Hunger, was einem Todesfall alle 3 Sekunden entspricht.
Die meisten Hungernden leben in Asien und der Pazifikregion (524 Millionen), gefolgt von Afrika südlich der Sahara (206 Millionen). Auch in Lateinamerika (52 Millionen), dem Nahen Osten (38 Millionen) und vielen osteuropäischen Ländern ist Hunger ein Problem. Die meisten Hungernden leben in Entwicklungsländern (820 Millionen). Aber auch in den Schwellenländern (hauptsächlich der Gemeinschaft unabhängiger Staaten) (25 Millionen) und den Industrieländern (9 Millionen) gibt es Hungernde.
Zu unterscheiden ist hierbei zwischen akuten Hungersnöten, die durch Naturkatastrophen oder Konflikte ausgelöst werden, und dem chronischen Hunger, der von Armut betroffene Bevölkerungsgruppen dauerhaft betrifft. Chronischer Hunger macht den überwiegenden Teil des heutigen Welthungers aus.

Einig ist man sich darüber, dass Hunger verschiedene Ursachen hat. Welchen davon jedoch wie viel Bedeutung beizumessen ist, ist je nach politischem Standpunkt und Interessenzugehörigkeit umstritten. Für die kommenden Jahrzehnte wird der globalen Erwärmung eine zunehmende Bedeutung beigemessen.

Hunger entsteht heute selten dadurch, dass es rein mengenmäßig zu wenig Nahrung gibt. Verschiedene soziale, politische und ökonomische Faktoren sind dafür verantwortlich, dass die Nahrung zuweilen nicht zu denjenigen gelangt, die sie brauchen.
50 % der Hungernden sind Kleinbauern, die hauptsächlich von dem leben, was sie selbst anbauen. Da sie arm sind, können sie bei Bedarf keine ausreichenden Nahrungsmittel dazukaufen und sind von Hunger bedroht, wenn ihre Ernte schlecht ausfällt oder wenn sie Produkte zum Verkauf anbauen, um vom Erlös Nahrungsmittel zu kaufen, sie aber keine existenzsichernden Preise für ihre Waren erlösen können. 20 % der Hungernden sind Landarbeiter ohne eigenes Land, weitere 20 % leben in städtischen Elendsvierteln, die restlichen 10 % sind Fischer und Viehzüchter. Auch sie sind aufgrund ihrer Armut für Hunger anfällig. In vielen Ländern wird die Situation durch Naturkatastrophen, wie Klimaschwankungen, Dürre, Überschwemmungen, durch bewaffnete Konflikte, Korruption und schlechte Regierungsführung verschärft.
In den Industrieländern wird erst in jüngster Zeit Hunger als gesellschaftliches Problem diskutiert. Es ist allerdings gesamthaft weniger gravierend als in den Entwicklungsländern. Die Ursachen sind indes ähnlich: zunehmend ungleiche Einkommensentwicklung sowie in einigen Industrieländern eine relativ hohe Arbeitslosigkeit.
In den USA hungerten im Jahr 2005 10,8 Millionen US-Bürger. Insgesamt waren es gar 35 Millionen, also jeder achte US-Amerikaner, die „Schwierigkeiten hatten, sich zu ernähren". Offiziell gibt es jedoch keine „Hungernden", da die US-Regierung seit dem November 2006 stattdessen von Menschen mit „sehr geringer

Nahrungssicherheit" spricht. Die Hilfsorganisation New York Food Bank gab im Juni 2008 bekannt, dass drei Millionen New Yorker, also mehr als jeder dritte, nicht genug Geld für Lebensmittel haben. 2007 nahmen 1,3 Millionen New Yorker die Hilfe von Suppenküchen in Anspruch. In den USA haben nach Schätzungen des CDC 30 % der Einwohner einen BMI von über 30 kg/m^2 und gelten damit als fettleibig. Sozial Schwächere, wie Ungebildetere, ärmere, sowie benachteiligte Minderheiten, Indianer und Schwarze sind sehr viel stärker von Übergewicht betroffen.

Im Januar 2010 hat Feeding America (FA), früher America's Second Harvest genannt, ihren Bericht „Hunger in America 2010." publiziert. Die in Chicago basierte Organisation betreut jährlich 37 Millionen Personen. Nach ihren Umfrageergebnissen bekommen 37 Millionen Menschen in den USA, davon 14 Millionen Kinder und 3 Millionen Senioren, nicht genug zu essen.

Die Weltbevölkerung hat sich im letzten Jahrhundert nahezu vervierfacht; sie ist von 1900 bis 2003 von 1,6 auf 6,3 Milliarden gestiegen. Im Januar 2006 umfasste die Weltbevölkerung 6.519 Milliarden Menschen. Besonders in den Entwicklungsländern wächst die Bevölkerung. Hohes Bevölkerungswachstum muss nicht zwangsläufig zu Hunger führen, in vielen Entwicklungsländern halten jedoch die natürlichen Ressourcen und das Angebot an Arbeitsplätzen nicht damit Schritt, sodass Bevölkerungswachstum, ich sage"Überbevölkerung" zu einem Hungerrisiko wird. Gesamthaft schrumpft durch das Weltbevölkerungswachstum die verfügbare landwirtschaftlich nutzbare Fläche pro Kopf.

Das starke Bevölkerungswachstum in den Entwicklungsländern hat verschiedene Ursachen. In Ländern ohne staatliches Rentensystem sind die eigenen Kinder die einzige Altersversorgung. Fehlende Bildung und ausbleibende sexuelle Aufklärung erschweren die Familienplanung, zudem werden Verhütungsmittel zum Teil aus religiösen Gründen abgelehnt. Traditionell gelten hohe Kinderzahlen als wünschenswert, was auch mit der hohen Kindersterblichkeit zusammenhängt, die es auszugleichen galt. Sinkt die Kindersterblichkeit, folgt erst mit zeitlicher Verzögerung eine Senkung

der Geburtenzahlen. In dieser Phase des demografischen Übergangs kommt es zu einem starken Wachstum der Bevölkerung.
Die Strukturen des Welthandels sind eine weitere Ursache für den Hunger in den Entwicklungsländern. Der Welthandel wird durch die Industrieländer dominiert. Der Anteil von Westeuropa am weltweiten Export betrug 2000 39,5 %, der Anteil von Nordamerika 17,1 %. Der Anteil Afrikas dagegen lag 2000 bei 2,3 %.
Die Industrieländer propagieren einen freien Welthandel und drängen daher die Entwicklungsländer dazu, Importbeschränkungen aufzugeben und ihre einheimische Landwirtschaft nicht mit Subventionen zu unterstützen. Die Industrieländer selbst subventionieren ihre Landwirtschaft jedoch massiv und fördern mit Exportsubventionen den Export von Produktionsüberschüssen in Entwicklungsländer. Man nennt dies „Agrardumping". Diese Überschüsse werden dort zu künstlich verbilligten Preisen angeboten und konkurrenzieren die Landwirtschaft der Entwicklungsländer. Einheimische Bauern verlieren als Folge ihre lokalen Absatzmärkte, müssen ihre Produktion auf den eigenen Bedarf beschränken oder ganz einstellen. Dadurch können ganze Länder von Importen abhängig werden. So war Mexiko einst ein führender Produzent von Mais in Lateinamerika, muss jedoch heute fast die Hälfte seines Maisbedarfs aus den USA importieren.
Daneben beschränken die Industrieländer mit Handelsbarrieren den Import landwirtschaftlicher Produkte aus Entwicklungsländern.
Die Industrie ist in den meisten Entwicklungsländern schwach entwickelt. Viele Entwicklungsländer sind vom Export eines einzigen Rohstoffes abhängig. Diese wirtschaftlichen Strukturen stammen aus der Kolonialzeit, in der die Industrieländer ihre Kolonien zum Export von Rohstoffen und gleichzeitig zur Abnahme ihrer Industriegüter gezwungen hatten. 2001 waren 95 % aller Exporte von Guinea-Bissau Cashewnüsse 76 % des Exports von Burundi war 2001 Kaffee. 72 % aller jamaikanischen Exporte war Aluminium. Entsprechend schwer werden diese Länder von Preisschwankungen dieser Produkte getroffen, wie der

Verfall des Kaffeepreises und die Folgen für Kaffeebauern auf der ganzen Welt deutlich machten.

Die Staatsverschuldung der Entwicklungsländer führt dazu, dass die betreffenden Länder einen großen Teil ihrer Wirtschaftsleistung für Zinszahlungen an das Ausland aufbringen müssen. Dadurch stehen ihnen weniger Mittel für Entwicklung und Armutsbekämpfung zur Verfügung.

Seit dem Zweiten Weltkrieg zeichnet sich eine Veränderung der Ernährungsgewohnheiten auf der Welt ab. Der Fleischkonsum ist stark gestiegen, besonders in den Industrieländern, seit einiger Zeit auch in Schwellenländern.

Heute werden viele der Tiere, die zur Fleischproduktion gemästet werden, mit Getreide gefüttert. Etwa ein Drittel der weltweiten Getreideernte wird für die Fütterung von Nutztieren verbraucht. Nur etwa 10 % des verfütterten Getreides wird dabei in Fleischmasse umgewandelt, die restlichen 90 % sind für die menschliche Ernährung verloren. In Brasilien dient bereits ein Fünftel der landwirtschaftlichen Nutzflächen zur Futtermittelproduktion für die Viehmast, und es wird weiterhin Regenwald
abgeholzt, um weitere Anbauflächen dafür zu schaffen.

Durch eine Senkung des Fleischkonsums könnten große Anbauflächen und Getreidemengen zugunsten der menschlichen Ernährung genutzt werden statt für die Viehmast.

Eine vergleichbare Problematik sehen Umweltschutzorganisationen und Wissenschaftler in der zunehmenden Verwendung von landwirtschaftlichen Flächen für die Produktion von Biokraftstoffen. Anfang 2007 stiegen in Mexiko die Preise für Tortillas, ein dort sehr verbreitetes Grundnahrungsmittel, weil in den USA immer mehr Mais zu Bioethanol verarbeitet statt wie bisher in Schwellenländer wie Mexiko exportiert wird. Anfang 2008 warnte das Welternährungsprogramm, dass die Biotreibstoffproduktion, die steigende Nachfrage nach Futtermitteln für die Fleischproduktion und Ernteausfälle infolge des Klimawandels zu steigenden Nahrungsmittelpreisen und mehr Hunger führten.

Die Preise für Reis und andere Grundnahrungsmittel sind in den Jahren 2007 und 2008 weltweit stark angestiegen, was in vielen Ländern, wie beispielsweise den Philippinen, die Versorgung gering verdienender Bevölkerungsschichten bedroht. Dies wird einerseits mit zunehmendem Wohlstand in asiatischen Ländern erklärt, der zu erhöhter Nachfrage führe. Andererseits wird diskutiert, ob eine mögliche Verknappung der globalen Erdölproduktion, als Folge eines globalen Ölfördermaximums bereits durch steigende Preise für Treibstoffe zu einer Verteuerung von Lebensmitteln führt.

Die Lösung des Problems Welthunger ist komplex. Ein Patentrezept gibt es nicht. Je nach Region müssen die dortigen sozialen, politischen, wirtschaftlichen, ökologischen und geografischen Bedingungen berücksichtigt werden.
Der Bekämpfung der Armut kommt eine zentrale Bedeutung zu. Ein Schritt dazu könnte eine Reform der Welthandelsstrukturen sein, etwa der Abbau der milliardenschweren Exportsubventionen, mit denen die Industrieländer ihre landwirtschaftlichen Überschüsse verbilligt in Entwicklungsländer exportieren und so die einheimische Kleinlandwirtschaft stark unter Druck setzen. Weitere Maßnahmen könnten Schuldenerlasse, höhere und effizientere Entwicklungshilfen und die Sicherstellung gerechter Rohstoffpreise sein.
Als weitere Maßnahme wird oft ein verbesserter Zugang für landwirtschaftliche Produkte aus Entwicklungsländern zu den Märkten der Industrieländer gefordert. Ob höhere landwirtschaftliche Exporte den Hungernden helfen, ist jedoch fraglich. Meist kommen die Exporterlöse lediglich einer kleinen Schicht von Großgrundbesitzern zugute. In vielen Ländern ist der Landbesitz sehr ungleich verteilt, die Mehrheit der Hungernden sind landlose Landarbeiter und Kleinbauern. Landreformen wären vielerorts ein Ansatz, um die Ursachen von Hunger und Armut anzugehen.
Methoden zur Eindämmung des Bevölkerungswachstums sind bessere sexuelle Aufklärung und Familienplanung. Auch allgemei-

ne Bildungsprogramme für Mädchen und Frauen können dazu beitragen, das Bevölkerungswachstum einzudämmen; laut Studien der Weltbank ist die Geburtenrate bei Frauen ohne Schulbildung dreimal höher als bei Schulabsolventinnen. Kontrovers beurteilt werden staatlich verordnete Maßnahmen wie die Einkindpolitik Chinas; im dicht bevölkerten afrikanischen Ruanda, wo die Geburtenrate bei etwa sechs Kindern pro Paar liegt, bestehen Pläne für eine „Dreikinderpolitik".

Ein weiterer Ansatzpunkt ist die Verbesserung der landwirtschaftlichen Produktionsmethoden, insbesondere die Förderung produktiverer und umweltschonender Anbautechniken und entsprechende Bildungsprogramme für Bauern. Die Bekämpfung der Landverödung soll verhindern, dass landwirtschaftlich nutzbares Land verloren geht. Undemokratische Strukturen und schlechte Regierungsführung stehen in vielen Entwicklungsländern der Bekämpfung des Hungers im Weg. Gezielte Förderungen für demokratische Reformen und Programme zur Bekämpfung von Korruption durch internationale Organisationen könnten in diesem Bereich eingesetzt werden.

Das International Food Policy Research Institute vergleicht in einem Welthunger-Index die Lage von 119 Entwicklungsländern und osteuropäischen Transformationsstaaten in den letzten 25 Jahren, um den politischen Willen gegen Hunger zu stärken. In zwei Dritteln der Länder hätten sich magere Erfolge gezeigt. Zehn afrikanische Staaten stehen am Schluss der Liste, Burundi zu allerletzt: Sie alle leiden indirekt an Kriegsfolgen. Stabile Länder wie Ghana und Nachkriegsländer wie Mosambik, Äthiopien und Angola hätten in den letzten zehn Jahren **„beeindruckende Fortschritte"** erzielt. Besonders in Asien zeigt sich, dass positive wirtschaftliche Entwicklung eine bessere Stellung im Welthungerindex bewirkt, wo in Landwirtschaft, Bildung und Gesundheitsvorsorge investiert wird. Indien sei Beispiel für schlechte Regierungsarbeit, mit trotz Wirtschaftsboom vielen unterernährten Kindern.

Bedingt durch die sich ständig erhöhenden Weltbevölkerungszahlen, der umsichgreifenden Arbeitslosigkeit, verbunden mit sinkenden Löhnen und einer starken Verringerung der landwirtschaftlichen Anbauflächen, entstehen Knappheiten. Knappheiten für Rohstoffe.
Rohstoffe sind endlich, Wiesen und Felder nicht beliebig erweiterbar, doch die globale Nachfrage wächst stetig. In Folge schnellen die Lebensmittelpreise in die Höhe und Hunderttausende sind vom Hunger bedroht.
Die Koordinaten der Weltwirtschaft ändern sich mit atemberaubendem Tempo. Bis jetzt beherrscht vor allem die Finanzkrise die Schlagzeilen: die Not vieler Hausbesitzer in Amerika, Beinahe-Zusammenbrüche von Banken, Milliardenverluste in der gesamten Finanzwirtschaft. Einer der wichtigsten Aspekte des Aufruhrs an den Finanzmärkten wird dabei leicht übersehen:
Nicht zum ersten Mal in der Geschichte kommen Länder der ehemaligen Dritten Welt den Ländern der Ersten Welt zu Hilfe.
Früher wurden Banken in New York, London und Frankfurt gerufen, wenn irgendwo auf der Welt Währungen unter Druck gerieten oder Kredithäuser zusammenbrachen. Heute müssen diese Banken bei Staatsfonds am Persischen Golf und in Singapur um Kapital betteln, damit sie ihr Geschäft fortführen können. Die Wall Street als Inbegriff des westlichen Finanzsystems hat einen Glaubwürdigkeitsverlust erlebt, der nur schwer zu reparieren sein dürfte. Mehr noch: China und Indien verhindern derzeit mit ihren exorbitanten Wachstumsraten, dass sich die Rezession aus den Vereinigten Staaten ausbreitet. In Washington hat der Internationale Währungsfonds eine Reform beschlossen, die den Schwellenländern deutlich mehr Einfluss gibt, zulasten der Europäer.
Der Aufstieg früherer Entwicklungsländer hat auch einen Preis für die Weltwirtschaft: die Rückkehr der Inflation. In Deutschland steigen die Preise so schnell, wie seit 14 Jahren nicht mehr, in Amerika hat die Teuerung trotz Rezession die Marke von vier Prozent Überschritten, und in vielen ärmeren Ländern ist es noch viel schlimmer.

Bisher hatten Billiglöhne in Osteuropa und Asien weltweit die Inflation niedrig gehalten. Jetzt wachsen dort Einkommen und Wohlstand, und damit steigen die Preise für Öl, Weizen, Reis und viele andere Rohstoffe. Die Teuerung reduziert die Kaufkraft der Verbraucher und führt zu globalen Verwerfungen. Die amerikanische Notenbank senkt die Zinsen, weil sie, zu Recht, Angst vor der Finanzkrise hat. Die Europäische Zentralbank ändert nichts, weil sie, ebenfalls zu Recht, die steigenden Preise fürchtet. Beides zusammen macht den Euro zu teuer und den Dollar zu billig. Für viele arme Länder ist die Teuerung eine Katastrophe. In Haiti stürzte die Regierung über Hungerunruhen, auf den Philippinen bewachen Soldaten Reistransporte.

Dieser Inflationsschub ist für die Welt auf Dauer von größerer Bedeutung als die Finanzkrise. Die Krise wird irgendwann vorüber sein, die Veränderung in der globalen Nachfrage aber nicht. Die Preise für Rohöl, Reis und Mais mögen vielleicht spekulativ überhöht sein, aber sie werden nie wieder auf das frühere Niveau fallen. In ihnen drückt sich fundamentale Knappheit aus: **Rohstoffe sind endlich, Wiesen und Felder nicht beliebig erweiterbar, auch wenn die Nachfrage noch so sehr wächst.**

Zunächst einmal zeugen die höheren Preise auch von einer positiven Entwicklung. Dank der Globalisierung wird der Wohlstand gerechter unter den Nationen verteilt, so nimmt jedenfalls an. Millionen Menschen können sich zum ersten Mal in ihrem Leben ausreichend und gut ernähren, sie streben nach Luxusgütern wie Europäer und Nordamerikaner auch. Höhere Agrarpreise sind ein Segen für Bauern überall auf der Welt, sie führen zu höheren Einkommen und regen die Produktion an. Die Zeiten dürften vorbei sein, in denen Landwirte dafür bezahlt wurden, die Früchte ihrer Arbeit zu vernichten.

Kurzfristig allerdings wirft der globale Umbruch ungeheure Probleme auf. In armen Ländern, die auf Nahrungsimporte anwiesen sind, drohen Hungerkatastrophen und politische Destabilisierung. Demagogen nutzen den Zorn über teuren Reis und Mais für ihre

Zwecke. Hier müssen die Weltbank und nationale Entwicklungsorganisationen mit gezielter Hilfe für die Betroffenen eingreifen.
Konsequenzen hat die Teuerung auch für die Klimapolitik. Biosprit aus Mais, Raps und anderen Agrarrohstoffen ist keine Alternative mehr zu fossilen Brennstoffen. Beim Stand der Technik führt die staatliche Förderung der Bio-Treibstoffe dazu, dass Autos mit Menschen um knappe Agrarflächen konkurrieren. Die Subventionen der amerikanischen Regierung für Bioalkohol haben zur Teuerung von Mais in Mexiko und anderen lateinamerikanischen Ländern beigetragen. Die europäische Agrarpolitik sollte komplett überholt werden. Es kommt heute nicht mehr darauf an, Überschüsse zu vermeiden und die Einkommen der Bauern künstlich aufzubessern.
Besonders die Deutschen müssen aufpassen, dass die globalen Umbrüche nicht zu internen Verteilungskonflikten führen. Während der Ölpreiskrise der frühen siebziger Jahre versuchten die Gewerkschaften, sich für Kaufkraftverluste durch massive Tariflohnerhöhungen bei den Arbeitgebern schadlos zu halten. Das Ergebnis war steigende Arbeitslosigkeit und jahrelange Stagflation, also die Kombination von hoher Inflation und Stagnation der Wirtschaft. Wenn die Tarifparteien nicht aufpassen, könnte die Lohnrunde dieses Jahres eine ähnliche Fehlentwicklung auslösen. Auch die deutsche Politik muss sich auf die globale Dimension der Veränderungen einstellen.

Der Chef des Internationalen Währungsfonds (IWF), betrachtet den weltweiten Anstieg der Lebensmittelpreise als ebenso großes Problem für die Weltwirtschaft wie die globale Finanzkrise.
„Es gibt heute nicht nur eine reine Wachstumskrise, sondern eine mindestens ebenso wichtige Krise entwickelt sich gerade durch das Anziehen der Inflation sowie der Preise von Rohstoffen und besonders Lebensmitteln", sagte Strausskahn dem französischen Fernsehsender France 24.
„In einer Anzahl von Ländern, namentlich in Afrika, wird dies zu wirtschaftlichen Turbulenzen führen, aber auch zu beträchtlichem

individuellen Leid, weil es eine der Ernährungsgrundlagen destabilisieren wird", führte er aus.
Mit Blick auf die internationale Finanzkrise sagte Strausskahn den betroffenen Ländern Hilfe und Beratung zu. Allerdings seien die derzeitigen Probleme nicht durch die Art von Wechselkursproblemen ausgelöst worden wie frühere Perioden wirtschaftlicher Unsicherheit.
Dennoch werde der IWF eine Rolle dabei spielen, den Staaten den nötigen Rat zur Verfügung zu stellen. Diese werde allerdings oft abseits der Öffentlichkeit geschehen.

Hauptgründe für die höheren Lebensmittelpreise sind der höhere Ölpreis, die zunehmende Zahl von Wetterkatastrophen und die rasch wachsende Nachfrage nach Nahrungsmitteln in China, Indien und Brasilien
Die Bekämpfung dieser Ursachen gestaltet sich schwierig. So verteuern die höheren Ölpreise die Nahrungsmittel gleich in mehrfacher Hinsicht. Sie treiben nicht nur die Kosten der Lebensmittelproduktion vom Dünger über den Transport bis hin zur Verarbeitung nach oben, sondern setzen auch einen Anreiz zur Förderung von Biotreibstoffen. Das wiederum hat zur Folge, dass die Preise für Mais, Zucker oder Sojabohnen steigen.

Zwei Drittel aller unterernährten Menschen leben weltweit in nur sieben Ländern: Bangladesch, China, Demokratische Republik Kongo, Äthiopien, Indien, Indonesien und Pakistan.
Die Region mit den meisten unterernährten Menschen ist weiterhin Asien und der Pazifik mit 578 Millionen.
In Sub-Sahara-Afrika ist der Anteil der unterernährten Menschen 2010 mit 30 Prozent oder 239 Millionen, nach wie vor am höchsten.
Auf nationaler Ebene sehen die Fortschritte sehr unterschiedlich aus. In der Zeit von 2005 bis 2007 hatten in der Demokratischen Republik Kongo, Ghana, Mali und Nigeria das Millenniumsentwicklungsziel 1 bereits erreicht, während Äthiopien und andere

Staaten das Ziel fast erreichen. Dennoch ist der Anteil der unterernährten Menschen in der Demokratischen Republik Kongo auf 69 Prozent angestiegen.

In Asien haben Armenien, Myanmar und Vietnam das erste Millenniumsentwicklungsziel bereits erreicht, gefolgt von China.

In Lateinamerika und der Karibik haben Guyana, Jamaika und Nicaragua das MDG1 erreicht, während Brasilien auf dem Weg dorthin ist.

Nachwort

Lucky Dube, der südafrikanische Freiheitsmusiker, hat mit seiner weltbekannten Reggae Musik ausgedrückt, was die Welt auf vielen Plätzen der Erde bewegt. Nur ein zusammenwachsen in Fairness und gegenseitigem Respekt in unserer bunten Völkergemeinschaft von Hautfarben und unterschiedlichen Kulturen, leben in verschiedenen Religionen, bei sehr unterschiedlichen Staatsformen und Regierungen, wird unserem Leben in Zukunft einen friedlichen Weg sichern.
Kriege gehören nicht hinzu.
In verschiedenen Zeitabständen fanden Revolutionen statt. Die Menschen verstanden sich nicht gebührend behandelt, wurden oft misshandelt und in ihrer Freiheit eingeschränkt. Ihrer Arbeitskraft beraubt und persönlich unterdrückt. Der Unmut entlud sich dann in Revolutionen, wenn die wirtschaftliche Einkommensdecke zu dünn wurde und der Hunger zu stark. Viele mussten dabei ihr Leben lassen, damit ihren Nachkommen eine menschlichere Zukunft gesichert werden konnte.
Revolution ist eine Meinung, die auf Bajonette trifft.
Doch viele Revolutionen veränderten die Welt in ihren Grundfesten. Die Menschen kämpften für Freiheit, Gleichheit und Brüderlichkeit. Nun werden wir Zeuge einer neuen Veränderung. Wir sehen nun , auch Nordafrika und der Mittlere Osten werden von einer umgreifenden Revolution überrollt.
Viele denken, was kann ich als Einzelner verändern.?
Die verstehende, zusammenarbeitende Gemeinschaft macht stark und ich hatte in meinem Leben die Möglichkeit vieles Unrecht gehen zu sehen. Oft nicht ersetzt mit den Verbesserungen, die wir erwartet haben, doch kleine Schritte führen auch zum Ziel, denn
der Weg ist das Ziel.
Leider müssen wir auch weiterhin zur Kenntnis nehmen, dass, wenn über das Grundsätzliche keine Einigkeit besteht, es sinnlos ist, miteinander Pläne zu machen. So ist es für mich als unerträglich anzusehen, dass von der Weltgemeinschaft immer noch

diktatorische, zum Teil selbst ernannte Staatsführer sich am Ruder halten können und unermessliches Leid zu der Bevölkerung bringen können, obwohl klare Beschlüsse der Weltgemeinschaft vorliegen.

Zum Schluss meiner Ausführungen erlaube ich mir, die von der Ehefrau des Amerikanischen Präsidenten, am 21.6.2011, gehaltene Rede von Soweto, Süd Afrika, einzublenden. Sie soll dem verehrten Leser zeigen, dass, trotz aller widrigen Umständen in unserer Welt, es auch heute noch Denker und Lenker mit Moral und Ethik gibt, deren Lebenseinstellung nicht änderbar ist und die bereit sind, für die Rechte der Menschen einzustehen und zu kämpfen.

Genießen Sie die Rede von Michelle Obama!

Danke. Vielen, vielen Dank.

Es ist mir eine Freude und eine Ehre, hier mit Euch heute zusammen zu sein.
Ich möchte zunächst Graça Machel für die gerade gnädig, gütige Einführung zu Beginn danken. Es ist überwältigend für mich.
Und ich möchte ihr für ihren lebenslangen Dienst als Vorkämpferin für Frauen und Kinder danken. Aus der Tiefe meines Herzens, möchte ich Ihnen für all die Güte und Großzügigkeit, die Sie meiner Familie erwiesen haben, für unseren Besuch hier in Südafrika, danken. Vielen, vielen Dank.
Es ist mir auch eine Ehre, die Bühne mit einer anderen bemerkenswerten Führerin, Baleka Mbete, zu teilen. Sie hat eine entscheidende Rolle bei der Förderung der Gleichstellung und den Förderungen der Entwicklungen hier in Südafrika gespielt. Vielen Dank an beide von Ihnen für den Austausch ihrer Erfahrungen hier an diesem Tag, mit uns allen.

Ich möchte auch dem Erzbischof von Johannesburg für die Ehrung, die er uns heute mit seiner Anwesenheit geschenkt hat, danken.

Junge Frauen in Führungspositionen

Und natürlich möchte ich unsere Ehrengäste, zu erkennen an diesen eingeladenen 76, außergewöhnlichen jungen Frauen in Führungspositionen hier aus Südafrika und von dem ganzen afrikanischen Kontinent herzlichst willkommen heißen.
Dies sind junge Frauen, die ihre Gemeinden und ihr Land verwandeln, und lassen Sie mich Ihnen sagen, ich bin von allen sehr beeindruckt. Ich bin so stolz auf alles, was sie bisher erreicht haben.
Und schließlich möchte ich den Staats- und Regierungschefs und der Gemeinde von Regina Mundi für das Ausrichten für uns in diesem heiligen Raum heute danken. Es sind mehr als drei Jahrzehnte vergangen, aber die Einschusslöcher in der Decke, der gebrochene Altar sind noch so lebendig, erinnern an die Geschichte, die hier stattgefunden hat.

Und Sie alle kennen die Geschichte, als vor 35 Jahren, gerade in diesem Monat, eine Gruppe von Studenten einen friedlichen Protest geplant hatte, um ihre Empörung über ein neues Gesetz, zu äußern. Tausende von ihnen gingen auf die Straße, in der Absicht, friedlich zu marschieren, in diesem Stadtteil, um das Orlando Stadium herum.
Aber als die Sicherheitskräfte das Feuer eröffneten, flohen einige hier in diese Kirche. Die Polizei folgte zunächst mit Tränengas und dann mit Kugeln.

Geschützt durch dieses Heiligtum wurde niemand in der Kirche getötet, aber Hunderte verloren ihr Leben an diesem Tag, darunter ein Junge namens Hector Pieterson, der gerade 12 Jahre alt war, und Hastings Ndlovu, der gerade 15 war.

Viele der Studenten wussten noch nicht einmal über den Protest Bescheid, als sie in der Schule an diesem Morgen ankamen. Aber sie stimmten zu, sich zu beteiligen, wohl wissend, den damit verbundenen Gefahren, denn sie waren fest entschlossen, ihre Ausbildung zu verdienen, ihr eigenes Potenzial zu erreichen.

Symbol der Entschlossenheit

Der Erzbischof bemerkte, dass dieser Junitag nicht das erste oder das letzte Mal war, dass diese Kirche in den Gegenströmungen der Geschichte stand. Sie war als **„das Parlament von Soweto"** bekannt. Wenn die Gemeinde ihre Hymnen sang, machten Aktivisten ihre Pläne, singend nannte man die Orte und Zeiten von geheimen Treffen.

Gottesdienste und sogar Beerdigungen wurden oft zu Anti-Apartheid-Rallyes. Und wie es Präsident Mandela einmal formulierte: **„Regina Mundi wurde ein weltweites Symbol für die Entschlossenheit unseres Volkes, sich zu befreien."**
Es ist eine Geschichte, die in diesem Land und in diesem Kontinent sich entfaltet hat, und auch in meinem Land – die Geschichte von jungen Menschen vor 20 Jahren, vor 50 Jahren, die, bis ihre Füße wund waren, marschierten, die Schläge und Kugeln und Jahrzehnte hinter Gittern ertragen mussten, die alles riskiert und geopfert haben, um ihre Freiheit, die sie ja verdient hatten, zu erreichen.
Es kommt von ihnen, dass wir uns hier und heute versammeln können.
Es kommt von ihnen, dass so viele dieser jungen Frauen in Führungspositionen nun ihre Träume verfolgen können.
Es kommt von ihnen, das ich heute vor Ihnen als First Lady der Vereinigten Staaten von Amerika stehe.
Das ist das Vermächtnis der Unabhängigkeit. Generationen der Freiheit. Und alle – all die jungen Menschen dieses Kontinents –

sie sind die Erben, die Blut, Schweiß, Opfer und für Liebe gekämpft haben.

Also die Frage ist heute, was werdet Ihr aus diesem Erbe machen? Welches Erbe werden Sie für Ihre Kinder und Ihre Enkel hinterlassen? Was für eine Generation werdet Ihr sein?

Grund für das Kommen zu SA

Ich stelle diese Frage an junge Menschen in jedem Land auf jedem Kontinent. Aber es gibt einen besonderen Grund, warum ich hierher kommen wollte, nach Südafrika, ich möchte mit euch allen sprechen.
Mein Mann hat mir gesagt, das Afrika ein wesentlicher Bestandteil unserer vernetzten Welt ist. Und wenn es um die entscheidenden Herausforderungen unserer Zeit geht – die Schaffung von Arbeitsplätzen in unserer globalen Wirtschaft, die Förderung von Demokratie und Entwicklung, dem Klimawandel entgegenzutreten, Extremismus, Armut und Krankheit zu bekämpfen – für all dies sieht die Welt nach Afrika und erkennt sie als einen wichtigen Partner an.
Deshalb möchte mein Mann nicht einfach auf die Erweiterung der Verwaltung eine helfende Hand für Afrika sein, sondern sich auf eine Partnerschaft mit Afrikanern, die ihre Zukunft durch die Bekämpfung der Korruption, den Aufbau starker demokratischer Institutionen, durch die wachsenden Probleme des Umweltschutzes Verantwortung zeigen und sich auf die Pflege der Kranken konzentrieren. Mehr als je zuvor, werden wir für Euch alle, besonders unsere jungen Menschen, versuchen, sie auf den rechten Weg zu führen.

Und ich sage das nicht nur, damit Sie sich alle wohl und gut fühlen. Tatsache ist, dass in Afrika, Menschen unter 25 Jahren bis zu 60 Prozent der Bevölkerung ausmachen. Und hier in Südafrika sind fast zwei Drittel der Bürger unter dem Lebensalter von 30

Jahren. So, in den nächsten 20 Jahren, in den nächsten 50 Jahren wird unsere Zukunft durch **Ihre** Führung gestaltet werden.

Führung

Ich möchte für einen Moment eine Pause einlegen. Für das Wort – **Führung** – weil ich so oft, wenn wir über das, was das Wort bedeutet, nachdenken, was es bedeutet. Ein Führer zu sein bedeutet, Wissen. Denken wir an die Präsidenten und Premierminister. Wir denken an Menschen, die Gesetze oder den Befehl an Armeen erlassen, sie führen große Unternehmen, Menschen mit ausgefallenen Titeln, großen Gehältern.

Und die meisten jungen Leute passen nicht in dieses Bild. Und ich weiß, dass oft, wenn sie, um Ihrer Stimme Gehör zu verschaffen, feststellen, dass die Leute manchmal nicht immer zuhören. Ich weiß, es gibt diejenigen, die ihre Meinung zurückhalten, sie sagen sich, du bist nicht bereit. Sie sollten sich zurücklehnen und warten, bis Sie an der Reihe sind.

Aber ich bin heute hier, weil, wenn es um die Herausforderungen geht, wir einfach keine Zeit haben, uns zurückzulehnen und zu warten.

Ich bin hier, weil ich glaube, dass jeder von euch bereit ist, genau hier und genau jetzt, zum Beginn der Bewältigung dieser Herausforderungen beizutragen.
Und ich bin hier, weil ich die wahre Führung kenne. Führung, die Familien starkmacht. Führung, die Gemeinden und Nationen verwandelt, diese Art von Führung beginnt selten in Palästen oder Parlamenten.

Diese Art der Führung ist nicht von einem bestimmten Alter oder Status begrenzt. Und diese Art der Führung ist es nicht nur, um dramatische Ereignisse, die den Lauf der Geschichte ändern können.

Stattdessen ist wahre Führung oft mit den kleinsten Handlungen verbunden, in den ungewöhnlichsten Orten und von den unwahrscheinlichsten Individuen.

Ich meine und denke, was hier passiert ist in Soweto vor 35 Jahren. Viele der Studenten, die den Aufstand führten, waren jünger als ihr alle. Sie trugen Schilder aus Kartons und warben auf Säcken für ihr Anliegen.

Doch gemeinsam angetrieben brachten sie diese Sache in das Bewusstsein der Welt. Und wir feiern den National Youth Day und National Youth Monat jedes Jahr zu ihrer Ehre.

Ich meine, denken Sie an die Großen des Kampfes – Menschen wie Albertina Sisulu.
Verwaist, als Teenager arbeitete sie als Krankenschwester, um ihre Geschwister zu unterstützen. Und als ihr Mann, Walter Sisulu, Generalsekretär des ANC wurde, war es an ihr, für ihre Familie zu sorgen.
Als er 26 Jahre lang gefangen gehalten wurde, war es an ihr, seine Arbeit fortzusetzen. Und das tat sie auch. Mit einer heftigen Mutterliebe zu diesem Land warf sie sich in den Kampf.
Sie führte Boykott und Sit-ins und Demonstrationen, als Tausende von Frauen aus diesem Land, in Pretoria gegen das Pass-Gesetz protestierten. Es waren Frauen in allen Farben, viele von ihnen nicht viel älter als ihr alle. Einige von ihnen trugen ihre Babys auf dem Rücken. Und für 30 Minuten standen sie in völliger Stille, dann erhoben sie ihre Stimmen, nur um den Freiheit-Song wie **Nkosi Sikelel iAfrica** zu singen. Ihr Motto war einfach, aber klar: **„Wenn Sie eine Frau schlagen, schlagen sie auf einen Felsen."**

Eine klare Vision für die SA

Ma Sisulu, die Schüler von Soweto, die Frauen in Pretoria, hatten wenig Geld, noch weniger Status, keine Lust Titel zu tragen oder darüber zu sprechen. Aber was sie hatten, war ihre Vision für ein **freies Südafrika**. Was sie hatten, war ein unerschütterlicher Glauben, dass sie würdig ihre Freiheit bekamen – und sie hatten den Mut, an diesem Glauben festzuhalten. Jeder von ihnen entschied sich, ein Felsen für Gerechtigkeit zu sein. Und mit unzähligen Handlungen von Mut und Trotz, verwandelten sie gemeinsam diese Nation.
Zusammen ebneten sie den Weg für freie und faire Wahlen, für einen Prozess der Heilung und Versöhnung und für den Aufstieg von Südafrika als eine politische und wirtschaftliche Führung auf der Weltbühne.

Jetzt weiß ich, warum Ihre Generation auf diesen Kampf blickt, und auf die zahlreichen Befreiungsbewegungen des vergangenen Jahrhunderts. Sie mögen denken, dass all die großen moralischen Kämpfe bereits gewonnen sind, doch, wenn Sie die Geschichten von Löwen wie Madiba und Sisulu und Luthuli hören, denken Sie vielleicht, dass man sie nie messen kann bis zu ihrer echten Größe. Aber während die heutigen Herausforderungen nicht immer begeistern, die hohe Rhetorik oder die hohe Dramatik der Kämpfe vorbei sind, sind die Ungerechtigkeiten bei der Hand nicht weniger grell, das menschliche Leid nicht weniger akut.Sie können die Generation sein ...
So machen wir uns nichts vor: Es gibt noch so viele Ungerechtigkeiten die es wert sind, Opfer zu bringen. Es gibt noch so viel Geschichte.
Sie können die Generation sein, die Entdeckungen macht und die Anlaufstellen baut, die unsere Volkswirtschaften verwandeln werden.
Sie können die Generation sein, die Chancen und Wohlstand bringen, ohne zu vergessen, dass es auch noch Ecken des Hun-

gers gibt und so vertreibt den Hunger von diesem Kontinent für immer.

Sie können die Generation sein, die HIV/AIDS in unserer Zeit beendet, die Generation, die nicht kämpft nur für die Krankheit, sondern das Stigma der Krankheit, die Generation, die die Welt lehrt, dass HIV vollständig vermeidbar und behandelbar ist, und sie sollten nie eine Quelle der Scham sein.

Sie können die Generation sein, die Ihre Führungskräfte in die Verantwortung für eine offene, ehrliche Regierung und auf allen Ebenen der Regierung bringt, die Briefmarken zu sein, die vor Korruption schützen und die Rechte eines jeden Bürgers, frei zu sprechen, offen zu ehren, zu lieben und wen sie frei wählen können.

Sie können die Generation sein, um sicherzustellen, dass Frauen nicht mehr als Bürger zweiter Klasse und Mädchen ihren angestammten Platz in unseren Schulen haben.

Vor allem zu Hause ...

Sie können die Generation sein, die aufsteht und sagt, dass Gewalt gegen Frauen in jeglicher Form, an jedem Ort, einschließlich zu Hause, die Rechte der Frauen verletzt. Es ist eine Menschenrechtsverletzung. Und es hat keinen Platz in einer Gesellschaft.

Sie sehen, das ist die Geschichte, die Ihre Generation machen kann.

Nehmen Sie eine Änderung ...
Um ehrlich zu sein, nicht immer ziehen all die Bemühungen die Aufmerksamkeit der Welt auf sich, mit Ausnahme von heute.
Sie werden nicht finden, dass selbst führende leidenschaftliche Proteste, die Stadien füllen und Straßen der Stadt sperren, die Veränderungen, die Sie suchen, können nur langsam Stück für Stück kommen. Nicht durch radikale Änderungen in das Gesetz, sondern durch tägliche Verbesserungen im Leben der Menschen.

Und von meinem Mann, aus Erfahrung ... Doch ich kann Ihnen aus meiner eigenen Erfahrung sagen, dass diese Arbeit nicht weniger sinnvoll ist, nicht weniger inspirierend, und nicht weniger dringend ist, als das, was Sie lesen können in den Büchern der Geschichte.

Sie sehen, es ist nicht so lange her, dass mein Mann und ich jung waren. Glaubt es oder glaubt es nicht. Gerade erst dann begann unsere Karriere. Nachdem Barack sein Studium abgeschlossen hatte, bekam er einen Job als Community Organizer in den kämpfenden Vierteln auf der South Side von Chicago.
Eine Menge Leute waren arbeitslos und konnten kaum durchkommen. Kinder hatten nur wenige Chancen und wenig Hoffnung für ihre Zukunft. Und glauben Sie mir, es dachte niemand, dass dieser magere Junge mit dem lustigen Namen je einen Unterschied machen könnte.
Aber Barack begann, mit den **Menschen zu sprechen**. Er drängte sie, die Arbeit an der Veränderung zu sehen. Bald, ganz langsam, begannen die Leute zusammenzukommen, um für Ausbildungsprogramme und bessere Schulen und sicherere Unterkünfte für ihre Familien zu kämpfen.
Langsam begannen die Nachbarschaften sich umzudrehen. Nach und nach begannen die Menschen das Gefühl, wieder hoffnungsvoller zu werden. Und das machte Barack spürbar hoffnungsvoll.
Und ich hatte ein ähnliches Erlebnis in meiner eigenen Karriere, wie mein Mann. Ich komme aus bescheidenen Verhältnissen. Meine Eltern opferten alles, was sie hatten, sodass ich eine Ausbildung bekommen konnte. Und nach meinem Abschluss bekam ich einen Job bei einer großen, schicken Anwaltskanzlei – gutes Gehalt, großes Büro. Meine Freunde waren sehr beeindruckt. Meine Familie war stolz. Ich konnte den amerikanischen Traum leben.
Aber ich wusste, dass etwas fehlte. Ich wusste, ich wollte nicht so sein, im großen Gebäude ganz allein in einem Büro zu sitzen und Memos schreiben. Ich wollte mich auf den Boden der Arbeit

begeben, mit Kindern, der Familie helfen, Essen auf den Tisch bringen und ein Dach über dem Kopf haben.

So verließ ich diese Arbeit für einen neuen Job. Ich begann eine Ausbildung, um mich für eine Karriere im öffentlichen Dienst ausbilden zu lassen. Ich verdiente viel weniger Geld. Mein Büro war nicht so schön. Aber jeden Tag habe ich mich an die jungen Menschen gewandt, sie zu gewinnen, ihre Fähigkeiten zu sehen und Vertrauen aufzubauen. Und dann sah ich sie als Mentor gehen, um andere Jugendliche zu inspirieren. Und das hat mich inspiriert, ich konnte es fühlen. Es funktioniert immer noch so.

Sehen Sie, mein Mann und ich, wir haben nicht vor, Gesetze zu ändern, wir haben nicht vor, einen großen Preis zugewinnen, damit wir unsere Bilder in der Zeitung sehen können. Aber wir machten einen Unterschied im Leben der Menschen. **Wir waren Teil von etwas Größerem als uns.** Und wir wussten, dass wir mit unserem eigenen kleinen Weg dazu beitrugen, eine bessere Welt zu bauen. Und das ist genau das, was so viele junge Menschen tun, jeden Tag in diesem Kontinent.

Junge Frauen

Diese 76 jungen Frauen sind herausragende Beispiele. Nehmen Sie Gqibelo Dandala von hier aus Südafrika. Sie hinterließ eine lukrative Karriere im Investment-Banking für die Zukunft des afrikanischen Tochter-Projects. Eine Organisation, die in die jungen Frauen in ländlichen Gebieten und Townships Selbstbewusstsein vermittelt. Zu ihrer Arbeit sagt sie: **„wir bauen ein Erbe, das überleben wird und wir entwachsen unserer Armut."**

Und dann gibt es Robyn Kriel. Sie ist eine junge Reporterin aus Simbabwe, die über Korruption und Menschenrechtsverletzungen in ihrem Land geschrieben hat. Sie war von der Polizei geschlagen, ihr Haus durchsucht, ihre Mutter im Gefängnis. Aber sie hat immer noch nicht ihre Leidenschaft für die Berichterstattung verloren, weil, wie sie es ausdrückte, dem Volk von Simbabwe „ihre Geschichten erzählt werden sollen".

Und dann gibt es Gnade Nanyonga, aus Uganda. Hey, Grace! Sie verwaiste im Alter von 13, begann das Kochen und den Verkauf von Fischen während ihrer Schulferien, um ihre sechs Geschwister zu unterstützen.
Entschlossen, eine Ausbildung zu bekommen, gründete sie ihre eigene Firma, und sie machte genug Geld, um sich durch die Universität zu bringen. Und sie ist jetzt eine Organisation, Frauen vor Ort arbeiten in ihrem Unternehmen, damit sie ihre eigenen Familien unterstützen können. Von ihren Erfolgen, so sagt sie einfach – das sind ihre Worte – **„Ich habe es allen Widrigkeiten zum Trotz geschafft und ich will ein Beispiel für alle Mädchen in meinem Land und darüberhinaus sein".**
Nun könnte Grace zufrieden sein viel Geld zu machen und nur für ihre eigene Familie zu sorgen.
Gqibelo hätte die Karriereleiter erklettern können, doch sie hat es nie bereut. Wo ist sie? Bitte stehen Sie auf. Komm schon, wo ist sie? Ist sie da draußen? – wo ist Robyn?
Niemand würde Robyn verantwortlich machen können, denn nach allem, was sie durchgemacht hat, die Berichterstattung zu beenden und sie zu verfolgen. Sie hat sich für keine leichte Karriere entschieden. Aber diese jungen Frauen – und das sind nur einige Beispiele von vielen, die weitergehen. Diese jungen Frauen konnten sich nicht auf ihrem eigenen Erfolg ausruhen, wenn sie erkannten, dass sie für andere Menschen kämpften.
Sie sehen, das ist, wie Menschen mit Gewissen die Welt sehen. Es ist oft der Glaube, dass, wenn jedes Kind hungrig ist, es auch mir wichtig ist, auch wenn es nicht mein Kind ist, wenn jede Familie durch Krankheit zerstört ist, dann kann ich nicht zufrieden sein mit meiner eigenen Gesundheit, wenn jemand, weil, wie sie aussehen oder was sie glauben, verfolgt werden, dann nimmt man mir meine Freiheit und bedroht auch meine Rechte.

Und am Ende, dieses Gefühl der Verbundenheit, die Tiefe des Mitgefühls, die Entschlossenheit im Angesicht der schier unlösbaren Aufgaben, das sind die Qualitäten des Geistes und des Herzens, sodass ich hoffe, dass Ihre Generation sie zu definieren weiß.

Ich hoffe, dass alle von Ihnen die Behaglichkeit ablehnen, dass das Leiden anderer nicht Ihr Anliegen ist, oder wenn Sie sie nicht selbst lösen können, alle Probleme der Welt, dann sollten Sie es nicht einmal versuchen.
Anstatt, wie einer unserer großen amerikanischen Präsidenten Teddy Roosevelt, pflegte zu sagen, ich hoffe, dass ihr euch in Arbeit begebt, **„was du kannst, mit dem, was du hast, wo du bist"**, denn am Ende, ist es dass, was sie zu einem Löwen macht. Nicht Glück, nicht Ruhm, nicht die Bilder in den Geschichtsbüchern, **aber die Weigerung, ein Zuschauer zu sein,** wenn andere leiden. Das Engagement für Sie können jedoch dazu dienen, wie Sie persönlich sind.

Erste über die Hürden

Nun, es ist nicht einfach. Ihr Frauen wisst das bereits. Wir haben Fehler und Rückschläge. Kritiker und viele Momente der Frustration und Zweifel. Aber wenn Sie jemals starten den Mut zu verlieren, so wollte ich wissen, was sie voneinander denken und deshalb brachte ich euch heute hier alle zusammen.
Denken Sie an Grace, sie unterstützte ihrer Familie ganz allein. Und über Robyn, der die Schläge zusetzten, sodass sie anderen Leuten ihre Geschichte erzählen konnte, damit sie ihr Leid ertragen konnte. Denken Sie über Ma Sisulu nach, indem sie ihre Kinder allein ernährte, als lebende Anklage, im Exil und im Gefängnis, als Reflexion über ihre Reise. Ma Sisulu hat einmal gesagt, in Demut und voller Überzeugung, **„All die Jahre hatte ich nie ein bequemes Leben."**

Wir können nicht immer ein bequemes Leben haben. Und Sie werden nicht immer in der Lage sein, alle Probleme der Welt auf einmal zu lösen. Aber nicht immer unterschätzen Sie die Auswirkungen. Wie uns die Geschichte gezeigt hat, kann Mut anteckend sein und wir hoffen, ihn mit in unser eigens Leben zu nehmen.

Etwas ist passiert, wenn Leute zu fragen beginnen – „Warum soll mein Sohn zur Schule gehen, aber nicht meine Tochter?" bittet ein Vater, oder eine Mutter fragt: „Warum soll ich Geld zahlen, um zu bestechen, damit ich ein Unternehmen gründen kann, um meine Familie zu unterstützen?" Oder ein Schüler steht auf und erklärt: „Ja, ich habe HIV, und sehen Sie, wie ich behandelt werde, und sehen Sie, wie können wir seine Ausbreitung stoppen."
Sehen Sie, und dann inspirieren sie bald andere und beginnen selbst Fragen zu stellen. **Sie inspirieren andere, Sie beginnen hervorzutreten.**

Und das sind die **„Wellen der Hoffnung"**, von denen US-Senator Robert Kennedy sprach, als er vor 45 Jahren als junger Mann hierher kam, um in Südafrika zu sprechen. In seinen Worten, sagte er, **„die zahllosen unterschiedlichen Handlungen von Mut und Glauben, können die mächtigsten Mauern der Unterdrückung und des Widerstandes wegfegen."**
Und das ist wie eine Kirche, sie kann ein Parlament geworden sein.
Das ist wie eine Hymne, es kann ein Aufruf zum Handeln sein.
Das ist wie eine Gruppe von jungen Menschen, mit nicht mehr als einigen handgemachten Zeichen und der Glaube an das eigene gottgegebene Potenzial, das Volk wachzurütteln.
Und das ist, wie junge Menschen auf der ganzen Welt, sie können sich gegenseitig inspirieren und schöpfen Kraft von einander.

Amerikas Geschichte

Ich danke heute den jungen Aktivisten, die an der American Library hier in Soweto versammelt sind und die Reden von Dr. Martin Luther King für ihre Inspiration lesen.

Und ich bin auch wie Dr. King, und ich bin erfreut darüber, wie junge Südafrikaner die amerikanische Bürgerrechtsbewegung Hymne **„We Shall Overcome"** in den Straßen von Kapstadt und Durban singen.
Und ich bin erfreut, wie **Nkosi Sikelel iAfrica** durch die Universitäten in den USA hallte und ich denke, das die Schüler – darunter auch mein Mann – für den geplanten Boykott der Studenten, hier Unterstützung in Südafrika finden würden.
Und ich bin in dieser Kirche, um zu danken. Sehen Sie dieses Glasgemälde der Darstellung des Freiheitskampfes, es wurde von den Menschen in Polen gespendet. Auch der Frieden Pol, im Park außerhalb, wurde von Menschen aus Japan gespendet und jede Woche kommen Besucher aus allen Ecken rund um den Globus hierher, um Zeugnis abzulegen und werden von Ihrer Geschichte inspiriert.

Und schließlich möchte ich der Geschichte meines eigenen Landes gedenken. Ich meine, Amerika gewann seine Unabhängigkeit vor mehr als zwei Jahrhunderten. Es sind fast 50 Jahre her, seit den Siegen der eigenen Bürgerrechtsbewegung. Aber wir kämpfen immer noch jeden Tag für unsere Ziele und leben für unsere Ideale. Und jeden Tag sind es unsere jungen Menschen, die wegweisend sind. Sie sind diejenigen, in unserem Militär. Sie sind diejenigen, die im Unterricht in den Schulen kämpfen, Freiwilligenarbeit leisten und unzählige Stunden in unzähligen Möglichkeiten in den Gemeinden verbringen.
Und in diesen letzten Präsidentschaftswahlen waren sie in unserer Demokratie, wie noch nie zuvor beschäftigt. Sie studierten die Fragen, folgten den Kampagnen, klopften an Türen im eisigen Schnee

und der prallen Sonne, drängten die Menschen zu Stimmen. Viele warteten stundenlang in der Schlange, um ihre Stimme abzugeben. Ich habe die gleiche Leidenschaft, die gleiche Entschlossenheit, für junge Menschen zu dienen. Ich habe sie auf der ganzen Welt getroffen, von Indien bis El Salvador, von Mexiko bis das Vereinigte Königreich, hier in Südafrika habe ich sie gesehen.
So, heute möchte ich Sie wissen lassen, erhebt Euch und leitet eure Familien an zu arbeiten, in Euren Gemeinden, Euren Ländern und Eurer Welt, ich möchte Sie wissen lassen, dass Sie nie alleine sind. Sie sind nie allein.

Als Bobby Kennedy hier in Südafrika vor all diesen Jahren sagte: **"Sie sind mit anderen jungen Menschen in jedem Land verbunden, sie kämpfen mit ihren Problemen und Sie mit Ihnen, aber alle stimmten einem gemeinsamen Ziel zu, entschlossen eine bessere Zukunft zu bauen."**
Und wenn jemand von euch schon einmal zweifelt, dass man die Zukunft nicht bauen kann, wenn irgend jemand Ihnen sagt, dass Sie nicht wollen oder Sie nicht können, dann möchte ich Sie bitten, mit einer Stimme zu sagen – **die Stimme einer Generation** – „Yes, we can." Was sagst du? Ja, wir können. Was sagst du? **Ja, wir können!**

PUBLIKUM: **Ja, wir können!**
OBAMA: **Was sagst du?**
PUBLIKUM: **Ja, wir können!**
OBAMA: Ich danke euch allen so sehr. Gott segne Sie.

Mein inneres Anliegen besteht darin, Verständnis für anders Gläubige und Denkende zu wecken. Unsere Mitmenschen als Mitmenschen anzusehen und ein enges Zusammenleben in der bunten Weltengemeinschaft zu schaffen, damit die Zukunft auch als solche bezeichnet werden kann.

Gerade diese Veränderungen bewegen uns zurzeit. Wie auch immer sich die Entwicklungen entfalten werden, die Menschen haben wiedereinmal gezeigt, wir wollen

leben, nicht nur überleben.

Epilog

We're created in the image of God
And who are you to separate them
Bible says, he made in his image
But it didn't say black or white
Look at me you see BLACK
I look at you I see WHITE
Now is the time to kick that away
And join me in my song
Different colours-one people— Different colours-one God

Hey you politician, Never seperate the people here
Never try to seperate the people, Some were from America
We were from South Africa, Some were from Japan
We were from China, Some were from Australia
We were from the U.K., Some were from Zimbabwe
We were from Ghana, Some were from Jamaica
We were from Russia, Some were Christians
We were Muslims, Some were Jewish
We were Hindus, Some were Buddist
We are all the people of the World

Lesen Sie auch von Hans-Jürgen Briest

Hans der Tonganer
Ein gelebter Lebenstraum auf der anderen Seite der Welt

271 Seiten
ISBN: 978-3-86683-870-3
BISAC: Erlebnisbericht/Reisen/Leben

Unser Leben ist ein Traum
Unsere Träume sind unser Leben

„MALO LELEI" Welcome to Tonga.

Wenn wir immer wüssten, wo wir hingehen, würden wir gar nicht erst aufstehen, um zu gehen.Die erlebte und gelebte Lebensgeschichte soll zeigen, wie wichtig es ist aufzustehen, um zu gehen, zu leben, zu lieben, um auch geliebt zu werden.
Das vorliegende Buch ist nicht nur eine wahre Lebens- und Liebesgeschichte einer Person. Es ist vielmehr eine Aufzeichnung interessanter, lehrreicher, informativer und unterhaltender Erinnerungen eines aufregenden, bewusst erlebten Lebens, gepaart mit den verschiedensten, persönlichen Erlebnissen. Der Leser nimmt Teil an den Stationen des Lebens und der Reisen, kann die gesammelten Erfahrungen teilen und durch die Augen des Autors sehen. Die detaillierten und tief greifenden Beschreibungen regen die Fantasie des Lesers an. Nehmen Sie teil an einer Weltreise, erleben Sie die polynesische Kultur hautnah und erfreuen Sie sich an der Reise durch ein ausgefülltes, auf der anderen Seite der Welt, erlebtes, buntes Leben.

Ein altes chinesisches Sprichwort besagt:

**Einhundert Kilometer Reisen sind besser als ein Jahr Schule
Meine Reise betrug mehr als einhundert Kilometer**

Lesen Sie auch von Hans-Jürgen Briest

Die Wirklichkeit des Lebens

Erlebtes Leben gelebt

348 Seiten
ISBN: 9781461050315
BISAC: Erahrungsbericht, Umwelt, Kommunikation, Lebensqualität

Ich kann jeden beliebigen Tag in der Menschheitsgeschichte nehmen. Immer werde ich eine ähnlich lange Liste mit Indizien finden, die darauf hindeuten, dass es so nicht mehr lange weitergehen kann.
Denn immer haben die Menschen, oder die Natur, Mittel und Wege gefunden, diese Dinge in den Griff zu bekommen, doch noch einmal die Welt zu Retten, zu überleben.
Meine Frage ist nur, wie wir überleben werden. Zu viele Katastrophen begleiten unser tägliches Leben.
Das vorliegende Buch ist als ein Plädoyer gegen die allgemeine Gleichgültigkeit und den täglich wachsenden Ansprüchen. Dies besonders in der schnelllebigen Zeit, in der wir leben.
Rückbesinnung zu grundlegenden Wertvorstellungen soll aufgezeigt werden. Neue Denkbilder für unser Leben werden aufgezeigt. Sie sollen uns helfen, viel über uns selbst zu lernen und eine entspanntere Einstellung zu schaffen. Nicht nur zu uns selbst, sondern auch zur Natur. Verborgene Potenziale sollen aufgedeckt werden um dem Leben damit eine positivere Wendung zu geben.
Thema und Inhalt wurden lebensnah und verständlich umgesetzt. Praktische Denkmodelle und Ratschläge wurden in Zusammenhang gebracht.
Bedingungen, sowie die Möglichkeiten und die Entwicklungen des Bereiches Umwelt, Kommunikation und Lebensqualität im Ganzen, sind in eine gelungene Gedankenfolge gebracht.

Lesen Sie auch von Hans-Jürgen Briest

Globalisierte Armut

Die neue arme Armut

380 Seiten
ISBN-10:1461063701
BISAC: Social Science / Poverty/Demokratie/Arbeit/Umwelt

Allein innerhalb einer Woche im Oktober 2007 konfiszierte die tansanische Regierung beispielsweise im Hafen von Daressalam 73 Container mit Tropenholz, die für China bestimmt waren.
Und in einem Bericht der US-Botschaft Daressalam heißt es unverblümt:

Das Exportverbot für Holz, das die Regierung 2004 verhängt hat, gilt weithin als wirkungslos.

Dieses Buch ist ein leidenschaftliches Plädoyer, zu einem sehr brisanten und aktuellen Thema, nämlich der Plünderung und der neuen Armut auf der ganzen Welt und all ihre Folgen für die arbeitenden Menschen, Tier und Natur.
Hat man das Buch gelesen, denkt man, einen Krimi bewältigt zu haben, aber die beschriebene Welt ist leider Realität.
Und die, die diese Welt regieren, für sie verantwortlich sind, haben an Aufarbeitung kein Interesse.
Eine couragierte Zeitanalyse, mit der Forderung, Werte für sich, für den Einzelnen und für die Gesellschaft, aber auch global, neu zu definieren, um schließlich allen eine Überlebenschance zu ermöglichen.

Lesen Sie auch von Hans-Jürgen Briest

Verlust des ewigen Eises

Es ist Zeit Alarm zu schlagen !

378 Seiten
ISBN-10:1460986210
BISAC: Science / Klimawandel/Umwelt/General

Es wird warm, die Erde wärmt sich auf. Polkappen und Gletscher sind am verschwinden.
Die globale Entstehung und Auswirkungen des Klimawandels auf unseren Planeten Erde und deren Veränderungen auf das Leben der Menschen und der weltweiten Umwelt in der wir heute leben.
Weltweit schmelzen die Gletscher in alarmierender Geschwindigkeit. Auch die Polarregionen verlieren ihre Eiskappe, riesige Eisberge treiben mit den Meeresströmungen bis in tropische Regionen. Schwere Stürme verwüsten ganze Landstriche in immer kürzerer Folge. Große Trockenheit wechselt sich mit sintflutartigen Niederschlägen ab. Flüsse treten über ihre Ufer, denn die Böden können nach Dürreperioden kaum mehr Wasser aufnehmen. Mit zunehmender Erwärmung des Klimas werden sich solche Wetterextreme häufen. Immer mehr Menschen werden durch die Ausbreitung der Wüsten, zunehmende Hochwasser und Stürme oder durch den steigenden Meeresspiegel in Zukunft aus ihrer Heimat vertrieben. Der Klimawandel ist Realität. Wir können nur noch beeinflussen, wie gravierend er wird.

Je früher die Trendumkehr geschafft wird, desto besser.

Die Investition beginnt heute, damit wir morgen noch einen Gewinn erzielen können.
Den Gewinn des Lebens in einer menschenfreundlichen Umwelt.

Der Autor

Hans-Jürgen Briest wurde am 15.9.1947 in Wiesbaden geboren. Seine Kindheit, beginnend in der Nachkriegszeit, verbrachte er in Wiesbaden. Nach Abschluss der Grundschule entschied er sich, mit vierzehn Jahren, für eine Lehre als Kfz-Handwerker Lehrling, bei den Stadtwerken Wiesbaden AG.

Nach erfolgreichem Abschluss der Lehre arbeitete er noch ein Jahr in seinem erlernten Beruf und bewarb sich dann bei der Hessischen Bereitschaftspolizei als Polizeiwachtmeister. Die Ausbildung fand in Mühlheim/Main statt. Schon nach weniger als zwei Jahren verließ er den Polizeidienst auf eigenen Wunsch und konnte einen Taxibetrieb in seiner Geburtsstadt übernehmen. Als geschäftsführender Vorstand schied er aus dem Taxigeschäft aus und übernahm eine Versicherungsagentur in Mainz. Bis zum Beginn seiner Weltreise lebte er in Heidenrod und siedelte 1989 nach dem Kingdom of Tonga, in der Südsee über. In seinem zweiundsechzigsten Lebensjahr begann er sein erlebt, gelebtes Leben, auf der anderen Seite der Welt, aufzuzeichnen und gab etwas von seinen gesammelten Erfahrungen vieler Erlebnisse auf seinen Reisen preis. Seit einundzwanzig Jahren lebt er nun in Tonga und hat mit seiner neuen Familie erfolgreich sein Geschäft aufgebaut und betreibt es bis heute.

Hans-Jürgen Briest

www.ingramcontent.com/pod-product-compliance
Lightning Source LLC
Chambersburg PA
CBHW060231290526
45789CB00001B/5